本书作者

王宇钢

王进

王婵娟

左伟

汤波艳

何小怡

何尧启

吴伟

宋涛

岑怡

张洁

张晶

李援越

杨云

肖丽丹

武娜

		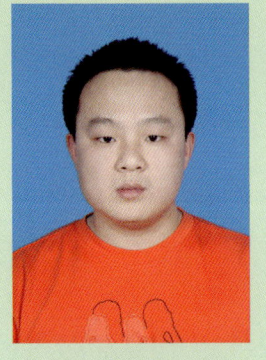	
范海芹	范莉娜	金潇骁	金燕

胡敬民	唐志明	徐竹	陶盛阳

谢芳	靳峡	潘盛之	薛玉梅

教育部特色专业建设项目

行旅悟道

龚 锐／主编

石朝平 毛继桂／副主编

北京·旅游教育出版社

序

旅游与设计

  旅游与航空服务学院前身是旅游学院,我曾经在那里工作、生活过。为了提高教育教学质量,学院组织教师们各抒己见,并汇编成册,要我写序,思之再三,便以《旅游与设计》为题作此文。

  旅游是人们借游乐、观光鉴赏或对异地文化进行体验为主要目的的外出休闲活动,其本质是丰富人们的精神生活。在工业社会未充分发展起来的19世纪以前的传统社会里,由于社会生产生活的条件限制,这种活动主要是体现在辛苦倍尝的旅行者的生活中,对一般人而言很难企及。当然,以休闲消遣为目的的外出旅行活动,中国在魏晋南北朝时已成为士大夫阶层中部分人生活的一种时尚,而西方直到16世纪的意大利才成为可能,17、18世纪才在英国、法国、德国等西欧国家发展起来。

  尽管现代意义上的旅游诞生于19世纪的60年代,依据凡勃伦《有闲阶级论》一书的分析,他认为在1936年以前的社会生活中,以消遣娱乐、增长知识、丰富阅历以及疗养健身为目的而去旅游的可能性,只能在特权阶层里才能享有。以大众旅游形成而开启的现代旅游业及其发展则是20世纪30年代西方国家实行带薪休假制度之后才出现的。特别是20世纪50年代以后,大众化的国际旅游在西方社会繁荣起来。旅游也由此成了现代化的一种工具、全球化的一种标志、一种人们的生活方式,不仅是欠发达国家就连发达国家也因旅游业而发生种种让人意想不到的变化,在经济、政治、文化、生活等层面重塑着国家、群体、个体之间的关系。

  从国家的角度看,借旅游活动鼓励人的流动,进而促进资本的流动和商品消费,从而拉动一国一地的国际贸易和国民经济的发展,使旅游经济成为各国经济的一个重要构成部分。同时各国还积极投资旅游,研发旅游资源,兴办旅游设施,出台利于旅游发展的国家政策,鼓励外国游客入境旅游。于是旅游借经济活动进入国家的政治生活,旅游活动的繁荣与否成为衡量一个国家或地区社会是否稳定的风向标。

  从民族的角度看,旅游促进了民族间的交往,增强了民族间的了解,构建了民族间的和谐,同时也是民族文化发生变迁的一种外部性强势力量。不可否认的是,经济欠发达民族,利用民族文化自身的独特性发展旅游业以实现民族经济的转型,带动了民族地区经济的发展。当然不应忘记的是,一个民族在利用旅游业这个舞台步入世界的同时,旅游业也为民族文化的变迁培植了土壤。也正是基于这样的事实,很多学人展开了对少数民族地区发展民族旅游业所带来的文化真实性进行讨论,从而对民族文化的保护与开发形成了多元的视野。

从个体的角度看,个体既是国家的公民,也是一定民族成员的一分子。作为国家公民,他可以成为一个潜在的游客或者一个潜在的旅游从业者。作为民族成员的一分子,他是该民族文化的载体之一,也是该民族文化的传承者之一,对民族文化的自觉关涉到民族旅游的可持续发展问题。

总之,旅游业给人们带来的影响是实实在在的。旅游的效应遍及整个社会的各个体系结构。

正因为旅游业给人们带来的这种实实在在的影响,才引起社会的关注和人们对它的研究。旅游发展的早期,即19世纪80年代,在接待国外游客的观光游览过程中,瑞士人从建筑结构的变化意识到"一个新工业诞生了",即接待游客的高层宾馆建筑。而法国学者拉乌尔·布朗夏尔则认为:"旅游业是一种开发经营业,开发供外国人来参观的国家景点。这种经营首先要便利参观。为此,必须创建入境通道,开辟道路、林间小道、铁路;然后,要安排进入的工具。具有供乘骑的牲口、小轿车、旅行大客车、舒适的火车车厢;最后还必须拥有生存和休息的场所:餐馆、旅店、别墅。"

到了20世纪初期,比利时的一位国际金融专家说道:"旅游业是最值得推荐的资本投资方式之一。"20世纪20年代,法国学者L.奥夏的《致国家经济委员会的报告》宣称:"从前,旅游业是一种个人旅行得好的艺术。今天,它已经成为对旅行者接待好的国家产业。由此可知,旅游已从个人或集体的消遣领域全面地转变为总的经济领域。"

"二战"后的30年间,随着世界经济的复苏,许多国家、个人及其家庭的收入增加了,特别是其中的可自由支配的收入提高了,这有力地刺激了私人消费的增长,旅游业的物质财富消费和服务方面的消费自然也包含其中。毫不夸张地说,旅游业的利润增大几乎涉及各类人群和各个社会阶层。并且在这一过程中,旅游经济活动的技术性、经济性和金融性得到彰显。

又由于旅游是一种人文现象,旅游过程中人们通过感官去认识事物,即使是旅游的经济活动,即为了满足自由时间或旅行需要而进行的整个协调行动和旅游资源开发,把人文资源、自然资源、资本和原材料转化为服务和产品的活动则更具有人文性、社会性和文化性。这些特征更多地体现为旅游给旅游目的地社会生活、民族文化所带来的变迁方面。比如在当今的旅游中,人们因追求经济利益而过分使用的旅游技术和商业设施所导致的社会生活同质化反而阻止了旅游价值的充分发挥。总之,旅游是把双刃剑,既有好的一面,也有不利的一面。

旅游要想获得可持续发展,就得提高旅游生产的能力。生产是任何经济部门特有的变量之一。确切地说,旅游生产是指业务部门在一年的确定时序里,所创造的最终全部服务和物产的价值。其目的是给旅游者提供消费的物产和服务。在这一生产过程中,最有特殊性的产品,就是把旅游目的地的人文资源和自然资源加工成可供游客享用的景观、景点。这样的产品不仅富集了教育与知识含量,而且也体现了知识的科学性、文化的创造性。可以说,教育就是授人对事物思维之方式,对生活设计之手段,然后通过设计实践进行实在的生活。从这一逻辑出发,我们惊讶地看到,自人类诞生后的人为事象,其实都经过了文化的事先设计。比如,我们穿戴着的经过设计了的衣装,吃着经过设计了的食品,生活在经过设计了的房屋里,使用着经过设计了的各种物品。就连我们漫步着的街道、流连忘返的商场、人来人往的广场等,也都是经过设计了的。人们无意识地生活在设计的海洋中,生活本身就是设计的起源地,设计本身归根结底就是我们对生活的发声。如此看来,设计不是一种技能,而是捕捉事物本质的感知力和洞察力。如果说产品是设计的产物,那么经过精心设计的产品,就可能唤醒人们沉睡的意识,激发人们对资源利用进行创新,进而影响人们的消费模式,然后使社会生活方式发生改变。旅游产品也是教育精心设计过的产品,这种产品体现了设计的本质,那就是将潜在的可能性呈现在人们的眼前,从而描绘出人们心中所共有的愿景。下面这个例子就是明证。

"2001年,英国第一家具有旅游性质的科学探险中心在南部约克郡开业。这个中心集中了多种极具优势的旅游活动项目,包括传统博物馆和主题公园性质的娱乐活动。它吸引人的地方在于提供了适合各个年龄阶段的人的活动项目。麦格那中心以一个过去的钢铁厂为基地,用钢铁和土、空气、火、水4种元素为主题开发了一系列项目。让到访旅游者参与各种富有挑战性的互动活动非常具有吸引力,例如该中心向到访旅游者展示炼钢炉、打铁过程、电磁起重机操作和燃料添加的规范操作。在这个过程中,到访旅游者能够接触到真正的煤矿,亲自操作作业控制块,可以通过无线电制作音乐,并可以在"时间隧道"旅行了解地球岩石在历史长河中的形成过程。"

目前,高等教育是人们旅游知识与技能培养的主要机构,为将来旅游发展储备知识和人才,为未来旅游活动提供了更大的发展空间和环境。客观地说,旅游这种生活方式在多大程度上被人们选择,与个体的受教育程度是有明显联系的。大量事实证明,长期接受正式教育的个体更倾向于参与各种形式的休闲旅游活动,尽管他们参与的活动类型与他过去毕业时的取向有所不同。个人受教育程度越高,就越倾向于参与休闲旅游活动。受过高等教育的人更倾向于参与多种活动,比如户外消遣、体育运动、文化旅游、继续教育、阅读,等等。这其中的原因,一方面是由于人们可自由支配收入增加后,有能力在休闲旅游上花费更多的钱,另一方面是因为人们有更多的机会、条件结交休闲旅游的新伙伴,接受更多休闲旅游方面的教育。

教育在旅游中的重要性不言自明。当然,作为高等教育旅游专业的设计者们如何通过教学科研提升自我的旅游产品设计能力,是摆在我们面前的一个重大任务,而具体组织实施教学科研的实体及其组织者在文化产业长足发展的今天,如何把单体的设计者凝聚起来,以发挥团队协作的力量,也是摆在我们面前的一个挑战。可喜的是,今天放在我们面前的这本集子,就是我校旅游与航空服务学院所有同人的一份设计答卷。由于多种原因,尽管有那样或这样的不足,必定这是一事开端的经验缺失而致。也因这样,它又把希望预留在下一份设计中。

是以为序。

杨昌儒

2013-6-7 觉悟斋

目 录

一、文化视域下的旅游学研究 ………………………………………… 1

文明、文化视域下的旅游者行为失范探析 …………………………… 3
浅谈民族文化与跨文化旅游 …………………………………………… 8
旅游政治学若干问题探析 ……………………………………………… 18
冲突管理的东盟方式 …………………………………………………… 27
从社会学和旅游管理体制双纬度解析旅游中的社区参与 …………… 36
对民族文化旅游资源产权制度中所有者缺位现象的探讨 …………… 43
符号学视角下导游的体验生产研究 …………………………………… 49
试析贵州少数民族"民族—国家"意识的形成 ……………………… 56
旅游研究"西学东渐"的一本力作 …………………………………… 63
试析明代贵州的改土归流及"国家"认同 …………………………… 65
单一生成与先验存在 …………………………………………………… 76
浅析旅游目的地软环境建设 …………………………………………… 82
论影视旅游的本质及其类型 …………………………………………… 85
旅游发展模式下社会影响的比较研究 ………………………………… 91
贵州石漠化形成的文化因素 …………………………………………… 97
乡村旅游场域内的文化资本研究 ……………………………………… 104
人类学理论碰撞下的"原生态文化"概念刍议 ……………………… 112

二、旅游发展的再探讨 ………………………………………………… 121

突出核心竞争力,打造贵州新的旅游增长极 ………………………… 123
贵州梵净山佛教文化旅游的深度开发 ………………………………… 131
旅游市场新热点 ………………………………………………………… 139
贵州茂兰国家级自然保护区生态旅游社区的构建与发展探讨 ……… 144
浅谈小型私营酒店的经营策略 ………………………………………… 150
试论酒店顾客感知服务质量的控制 …………………………………… 157
镇山村村民旅游态度的定量研究 ……………………………………… 164
从利益相关者理论探讨贵州乡村旅游的发展 ………………………… 174
基于生态文明视角下对资源衰退型工业区旅游产业路径研究 ……… 180
论社会主义新农村建设中的和谐乡村旅游环境 ……………………… 185
体验导向型红色旅游产品开发探析 …………………………………… 191
旅游物流及其发展探讨 ………………………………………………… 195

1

关于百里杜鹃景区旅游公路改造的一些思考 …………………… 199

三、教苑拾穗 ………………………………………………………… 205
　　略论女权运动对现代英语的影响 ………………………………… 207
　　文化导入与英语语言教学 ………………………………………… 211
　　浅析多民族地区旅游英语教学改革 ……………………………… 216
　　实践性教学方法在旅游礼仪课程中的具体运用 ………………… 222
　　从理论走向实践 …………………………………………………… 228
　　如何利用"读秀"学术搜索引擎进行学科研究 …………………… 233
　　空中乘务专业实验教学体系建设的思考 ………………………… 239
　　从过程导向教学到学生实际能力的培养 ………………………… 242

四、科学求真、人文求善 ……………………………………………… 247
　　科学求真、人文求善 ……………………………………………… 249
　　试论贵州民族大学和谐校园建设 ………………………………… 251
　　高技能人才失衡的分析及测度研究 ……………………………… 255
　　基于生态学的高技能人才开发研究 ……………………………… 262
　　浅析高校辅导员思想政治教育工作的开展 ……………………… 270
　　从《萨摩亚人的成年》看我们的教育 …………………………… 273
　　浅谈高校辅导员如何做好学生思想政治教育工作 ……………… 277
　　试论高校后勤形象建设　推进后勤服务育人 …………………… 280

后　记 ………………………………………………………………… 285

文化视域下的旅游学研究

文明、文化视域下的旅游者行为失范探析

龚 锐

（贵州民族大学旅游与航空服务学院 贵阳 550025）

【摘 要】 本文在界定文明、文化概念，并厘清二者间关系的基础上，从文明、文化的视野剖析了旅游者行为失范现象，认为只要存在文化差异，就可能在旅游交往中出现文化冲突。就性质而言，有的文化冲突是因旅游者的经验不足，信息不对称，而非文化因素所致；而有的文化冲突则是因旅游者自身的主观因素使然，如文化上的优越心态所带来的傲慢、偏见甚至干涉；如大传统、小传统带来的文化陋习，以及社会结构变迁所导致的规范缺位等。

【关键词】 文明；文化；行为失范

文明、文化这两个概念人言人殊。

十年前就有人指出："英语中文化的定义有260多种，据说是英语词汇中意义最丰富的二三个词之一。"十年后仍有人认为："从各自的问题视域和思辨角度出发，不同学科和立场的研究者都对这一概念作出了广狭不一、取向各异的界定，其说之繁不下百种。文化的含义亦因之而日趋庞杂和深广。"

虽然在这点上我没有办法一一介绍这些不同的观点，而只能自己对"文明"与"文化"及其二者间关系的看法在此与大家交流。

首先，我们来给"文明"（civilization）与"文化"（culture）这两个使用频率极高的而又极为模糊的概念作一个简要的界定。

在我看来，所谓"文明"，是指人类借助科学、技术等手段来改造客观世界，通过法律、道德等制度来协调群体关系，借助宗教、艺术等形式来调节自身情感，从而最大限度地满足基本需求，实现全面发展所达到的程度。我们知道，人作为一种"类存在"至少具有使用和制造工具（包括一切科技手段），依赖和凭借社会关系（包括一切社会制度），渴求情感慰藉（包括一切精神享受）这三个基本特征。唯其如此，人类才可能有对真的探索，对善的追求，对美的创造。反过来说，只有在对真、善、美的探索、追求和创造之中，人类才能最大限度地满足自身的基本需要，实现自身的全面发展。在这一点上，任何时代，任何地域，任何种族的人类群体概莫能外。从这一意义上讲，人类文明有统一的价值标准。

所谓"文化"，是指人在改造客观世界、在协调群体关系、在调解自身情感的过程中所表现出来的时代特征、地域风格和民族样式。这里所指出的"特征"、"风格"、"样式"这

[作者简介] 龚锐（1960— ），男，四川自贡人，贵州民族大学旅游与航空服务学院教授、博士生导师，主要研究方向为社会学、人类学、旅游学。

三个词,绝对不是统一的、一致的,而恰恰是不同的。这是由于人类文明是由不同民族在不同时代和不同地域中分别发展起来的,因而必然会表现出不同的特征、风格和样式。设想一下,如果没有不同的时代特征、地域风格、民族样式,整个人类文明的历史进程将会显得多么的单调和乏味。

那么"文明"与"文化"之间的关系又如何理解呢?让我们用一些最简单的例子来说明问题吧。

譬如吃饭,我们吃的食物能否果腹,有无营养,是否卫生,其间存在一个文明的问题;至于是吃西餐还是吃中餐,是吃法国大餐还是吃日本料理,这其间又有一个文化的问题。在前一种意义上,我们可以说茹毛饮血是不文明的表现;在后一种意义上,我们却不能说茹毛饮血就是没有文化的标志。

譬如穿衣。我们穿的衣料能否取暖,是否舒适,可否满足人类自身的基本需要,这其间存在一个文明的问题;至于是穿西服还是穿和服,是穿旗袍还是穿超短裙,这其间又有一个文化的问题。在前一种意义上,我们可以说衣衫褴褛是不文明的表现;在后一种意义上,我们却不能说穿中山装是没有文化的标志。

譬如工具,我们用的器皿会不会渗水,是否坚固,这其间有一个文明的问题;至于是用石器,还是用玉器,使用彩陶还是用黑陶,这其间又有一个文化的问题。在前一种意义上,我们可以在石器时代、陶器时代、青铜器时代、铁器时代之间排列出一个文明的序列;在后一种意义上,我们却不能说色调单一而有质地细密的黑陶没有文化地位。

如此说来,文明与文化是两个既相联系,又相区别的概念:文明是文化的内在价值;文化是文明的外在形式。文明的内在价值通过文化的外在形式得以实现;文化的外在形式借助文明的内在价值而有意义。一般说来,文明的内在价值总要通过文化的外在形式体现出来,而文化的外在形式之中总会包含着文明的内在价值。所以吃中餐还是吃西餐则是一种文化的外在形式——我们很难设想有一种不带民族、时代、地域特征的,没有任何风格和样式的抽象的饭菜。

而本文正是要从文化角度来分析旅游者的行为失范(不文明行为)现象,以求更客观地了解其文化动因,而不仅仅是片面地指责。

一、游客行为失范部分来自文化差异

尽管"文化"是一个很难定义的范畴,但学界比较认同的关于"文化"的定义,是人类学家 E. 泰勒在其代表作《原始文化》一著中指出的:"文化或文明,是一种复杂的整体,包括知识、信仰、艺术、道德、法律、习俗,以及作为社会成员的个人所后天获得的一切其他能力和习惯。"在每个社会和群体中,由于自然环境、地域、人种、历史等因素的作用,人们形成了特定的生产方式和生活方式,以统一的角色和契约(有利的与无利的)构成的约束体系而发生着作用。比如,在东方很多国家吃饭的工具是筷子,而在西方文化中,吃饭的工具却是刀叉,诸如此类的文化差异是客观的,不以人的意志为转移的,不应简单地进行价值角度的"善意"判断,任何一种将自身的文化强加于另一方文化的霸权主义企图都是违背客观规律的,故此承认文化多样性已经成为人们的共识。游客行为失范的原因部分源于纯粹的文化差异因素,由于经验的缺失,对目的地的文化习俗、规则禁忌等所知甚少,很可能在无意中造成了行为失范。

同时还应该看到,文化差异也可导致文化霸权主义行为,体现为对异域文化的轻视、干涉甚至践踏。文化差异不仅体现在东西方之间,种族与种族之间,国家与国家之间,而且体现在一个国家或者社会中,反映在诸如亚文化、反主流文化的区别中。亚文化与某一群体的不同价值、表象和行为相联系,这些群体的自我认同对立于更广大、更占统治地位的社会,比如一个多民族国家内部各个少数民族文化所体现出来的符号特征;反主流文化描述那些蔑视多数标准和价值的人们。只要存在这些文化差异,都可能在旅游交往过程中,出现文化冲突。旅游现象的发生多以对文化差异的体验为基础,在民族旅游(ethnictourison)中,原住民所在地的民族文化的特殊性,不仅体现于文化的物质表现形态——如建筑、艺术、服装、雕刻等方面——具有的独特性,还体现在作为民族内在精神符号的文学、神话、禁忌、宗教等要素中,民族文化的外显形式是其特有的规范或规则,旅游交往越深入,发生规则冲突的可能性就越大。规则冲突的实质则是文化冲突。但就性质而言,有的文化冲突是因旅游者的经验不足、信息不对称等非主观因素所造成的。有的文化冲突则是因旅游者自身的主观因素所致,如文化上的优越心态而带来的傲慢、偏见甚至是干涉,其背后的心理根源很可能是人类心灵中那种证明等级化和分类化的冲动。

二、国民文化可能导致旅游行为的差异

梁启超在戊戌变法以后,倡导"作育新民",力图去改造中国人的"国民性"。所谓国民性,就是生活在某一国家的人们受特殊文化历史传统影响而在性格结构、思维方式、价值观念、生存方式、行为范式等方面表现出来的持久性特征,任何人都不可能脱离某一特定文化环境的影响而孤立存在。旅游者也不例外。同属儒文化圈中的中国和日本旅游者在国际上的声誉与形象就存在巨大差异。下面从两方面分析国民文化如何造成了两国旅游者的行为表现。

(一)信任程度

福山(2001)认为,虽然同属儒教社会,但日本和中国有很多重要区别。日本人拥有以社团(而不是血缘)为中心的文化,社团的地位超过了家庭的地位,能够在家庭和国家之间自发性地建立牢固的社会团体,服从规则且凝聚力强,形成了强大的社会资本。而中国的社群生活以家庭和血缘为基础,通常被认为是"有国、有家而无社会"的一种马鞍形组织。这就从文化角度解释了为什么在西方会出现如此众多的社会组织,去宣扬和推动可持续发展、绿色消费、负责任旅游等先进理念。如美国等国家,贸易协会,旅游与饭店类行业协会多属于非政府(NGO)性质的自发性组织,在行业标准、行为准则、培训、市场等各个方面发挥着巨大的作用。还有一点尤其需要指出,社群生活局限于家族式家庭的文化传统,导致的另一后果就是道德责任和道德约束仅限于家族或家庭中,在这个范围之外的集体中,人与人之间的信任度降低,人的道德责任感也随之降低,很可能表现出各种不可思议的败德行为。

(二)价值序列

在一个文化所体现的价值观体系中,各种普遍认同的价值存在优先性问题,为了保

证排列在前的价值要素的实现,而不惜牺牲其他价值要素是一条铁律。并由此决定了各民族不同的生活方式和价值取向。比如"忠"与"孝"在中日两国文化中,就体现了不同的地位,儒家传统虽然从近代以来在中国遭到两次毁灭性打击,但中国文化的深层次价值和儒家的关系却根深蒂固,孝在这个价值序列中处于基础地位,人所负有的道德责任是从家庭开始的,从"孝者,德之本也","孝悌者,其为仁之本也","老吾老以及人之老,幼吾幼以及人之幼"这类儒家经典教诲中,可以发现中国人的道德担当以家庭的"孝悌"开始依次展开,然后扩至家庭以外的"仁",直至"四海之内皆兄弟也",孝悌所体现出的血缘纽带在传统中国人的生活中处于基础性位置。然后是仁爱精神向外的推演。而在日本,其民族传统文化最优先级别的价值是"忠",忠于等级秩序和集团主义精神,这是日本人行为背后的基础文化动因。根据孙禄江(2010)的研究,虽同属儒家文化圈,但由于不同的历史传统的存在,中日之间在道德和规则方面呈现明显不同,其论述是:"中国人重视道德修养高于道德实践,行为动机优于行为过程,这是中国道德和日本道德的根本区别。"对日本人而言,道德的全部就在于对社会规约与制度的遵守,因为日本的道德所要求的完全是对"公"的规约与遵守,只要遵守就是有道德,不遵守就是无道德,与个人的修养没有什么关系,所以可以称其为"公德";中国人强调的首先是个人的修养,而不是对社会规约的遵守,因此可以称其为"私德"。中国人与日本人最大的差别在于中国人非常注重各项规定的本质,而在一定程度上忽视细节。日本人对秩序和社群生活的优先考虑,体现在日本人对规则的严格执行和对细节、利益的重视上。

三、社会结构变迁所导致的规范缺位

费孝通先生认为,中国传统社会的基层结构是一种"差序格局",是一个依据私人联系所构成的网络,在这样的结构中,社会道德主要是在私人联系中发生意义。古人所说的"五伦",没有任何一"伦"是属于公德的。大多数的传统中国人,事实上并没有进入到日常的公共生活领域,对公共生活的基本规则是极为陌生的。由此看来,当我们看到刚从乡土社会走进现代社会的中国人所表现出来的一系列违反公德的行为时,并不需要作"中国人为什么突然变得这么自私了"的诘问,因为此前的中国人本来就一直在"私人"的圈子里活动。改革开放以来,城市化水平不断提高,人口流动性加大,中国社会面临着在结构变迁过程中产生的规范性缺位的挑战。在传统乡土社会的中国,人们生活的习俗、习惯是单一的,静止的,绝大多数人从出生以后其生活空间就被限制在一定的范围内,春耕、夏种、秋收、冬藏,日出而作,日落而息,人际关系相对简单,主要以家庭和家族为中心,主要遵循传统延续下来的那些简单的习俗惯例,生活就会顺利展开,而不会出现大的差池。在这样的社会中,生活的变化主要来自两方面:一是四季转换,二是生命周期,不管是哪种变化,前人的经验,都是解决生活问题的主要凭借。可是,当面临生活空间获得极大释放的状况,原有的家族血缘纽带及其展现出来的行为规则在悄然瓦解,这个过程随着市场经济意识形态的逐渐渗透而加快了,人转换了角色,从"农村人"转型为"城里人",从"农民"转型为"农民工",抑或获得了更多的社会角色,比如企业家、旅游者、等等。在此过程中,旧的规范被打破,而新的规范却没有形成或没有受到应有的重视,人们在承担了更多新角色的过程中,在很大程度上延续了原有的生活习惯和行为方式,并没有获得充分的关于新的角色的认识。

四、结论和建议

通过上述文化视域下对旅游者行为规范的分析,笔者提出建议如下:

(一)要认识到在探讨旅游者道德失范行为的管理对策过程中,应包含有"时间维度"的考虑。除了旅游系统中不同部门在短期内采取措施去加以解决,还需着眼于对此问题的长期战略安排。

(二)大力支持民间组织对先进旅游理念的推动和宣传,目前,在国外有大量的社会组织在"可持续"理念的指导下推动负责任旅游、生态旅游、志愿旅游、伦理旅游等"现代性旅游"方式,这是克服现代大众旅游的负面影响的重要趋势。为此,政府部门在此类公益性组织的注册登记、资金、宣传等方面给予支持,可能更有利于此类中间型组织的培育和积极的公民精神的形成。

(三)采取多种方式,由多种主体对旅游者进行游前、游中、游后的教育和信息传递,尤其对旅游目的地的文化习惯禁忌、目的地旅游规范进行事先学习和采取措施进行行为强化。

(四)深化对旅游伦理规范的研究,并根据不同目的地的特征和特殊要求制定出相应的、更具可操作性的道德行为准则。

浅谈民族文化与跨文化旅游

潘盛之　何尧启

（贵州民族大学旅游与航空服务学院　贵阳　550025）

【摘　要】 在全球化进程中，族际间的文化差异往往成为旅游活动的吸引物。然而，在旅游过程中让游客体验到异文化的差异，同时又因文化差异的过度显现而不能完成旅游活动。于是，在跨文化旅游中如何把握文化差异度，是首要解决的问题。本文试从人类学视角作一些初步探讨。

【关键词】 民族文化；文化差异性；跨文化旅游

引言

不同文化背景的人们相互往来，必然存在跨文化交往问题。当旅游尚未成为现代人们的一种生活方式，文化差异构成族际间人们交往的障碍时，通常情况下族际间交往多因政治关系、生产需要、商品需求，以及技术、教育、军事等的交流而展开。尽管这种跨文化交往从多个层面进行，由于仅涉及当事人双方，影响面有限。然而，在旅游已成为当今人们一种生活方式，并在全球化进程中社会生活越来越同质化的背景下，族际间不同程度的文化差异反而变成了旅游活动的吸引物。于是旅游成为了"不同文化间交往的另一个特殊形式"[①]，跨文化旅游也成为了人们日常生活中一种跨文化交往的现象。据世界旅游组织2001年2月22~23日在日内瓦的旅游研讨会的预测，到2020年，全球国际旅游者将达15 161亿人次[②]。这意味着全球约有四分之一的居民将去到异国他乡——一个文化背景与他（她）不同的国家进行跨文化旅游活动。为此，旅游过程中既要使游客体验到异文化的差异，以满足他们的旅游愿望，又要使游客不至于因文化差异过度而不能完成旅游活动，于是如何把握文化差异度去实现跨文化旅游，或者说在跨文化旅游中如何处

[作者简介]潘盛之（1963—　），男，侗族，贵州凯里人，贵州民族大学旅游与航空服务学院副教授，主要研究方向为人类学、民族学；何尧启（1966—　），男，瑶族，广西梧州人，贵州民族大学旅游与航空服务学院副教授、自然地理学博士。

① [德]马勒茨克著；潘亚玲译：《跨文化交流：不同文化的人与人之间的交往》"导言"，北京大学出版社，2001年版，第3页。

② Henryk F. Handszuh, Symposium on Tourism Services, World Tourism Organization (WTO2OMT), 22 - 23 February 2001 Geneva, Switzerland. p. 5.

理文化差异,以拆除"存在于人与人的思想之间"的"藩篱"①是值得旅游学者深究的问题。

一、民族文化差异性与跨文化旅游

文化是人们在改造外部自然和自身自然过程中经累积而建立起来的"那些既存在于人的行为中,又存在于他的精神和物质产品中的构想、信念、观念和世界观所组成的"②人类所特有的生活方式。人类生活方式一般从物质创造、制度建构、价值体系三个维度来展现文化内涵。首先,从物质创造的维度看,"文化"一词来自拉丁语"Cultura",意为耕作、培养、对自然增长实施管理等,因此"文化唯物论"认为,"文化最先表示一种完全的物质过程"。③ 因为人类本身就是自然界的一分子,人只能靠自然界进行劳动以维系生活。"为了生活,首先就需要衣、吃、住以及其他东西。因此第一个历史活动就是生产满足这些需要的资料,即生产物质生活本身。"④于是这些物质文化主要体现为工具、建筑、器物等有形的物质设备,由于这些物质设备的显性存在,从而最易被人们注意到。其次,从制度建构的维度看,人类在劳动过程中累积了进行物质生产的经验,为了让这种物质生产能有序进行,物质生活资料能稳定供给,这些经验不断被制度化,最后制度化了的经验又转过来规范人们的生活行为,并决定了"他们与自然界进行物质交换的方式,调整他们在此生存活动中的相互关系,使他们的行为表现为他们所意向的、或在文化传统中所表达的东西"。⑤ 这些制度文化在生活中具体化为社会习俗与禁忌、生产技术与规律、国家法律与制度等。最后,从价值体系的维度看,文化价值体系的功能就在于为人类社会活动提供一种基本的历史性导向,即向人们表示"什么是可欲的,什么是恰当的,以及什么是善的或恶的"⑥价值观、信念、态度和知识。也就是说,"只有在人类的精神改变了物质,使人们依他们的理智及道德的见解去应用时,物质才有用处"。⑦ 正由于人们之间价值的一致性,才能使价值体系"被社会成员内在化,并成为其行动的指南",从而为人类"社会秩序奠定了基础"。⑧

在上述三个文化层次的互动中,物质文化是基础,价值体系为上层建筑,制度文化是两者的桥梁,因为这个互动"既是物质文化的精神化,又是精神文化的物质化。一方面,它把人们相互之间及其与自然界之间的现实的物质关系,升华为一种权力意志的表现;另一方面,它又把精神解释的某些意识观念,具体化为社会行为和组织框架的实践"。于

---

① [美]拉里.A.萨姆瓦等著;陈南等译:《跨文化传通》,北京:生活·读书·新知三联书店,1988年版,第1页。
② [德]马勒茨克著;潘亚玲译:《跨文化交流:一个不同文化的人与人之间的交往》,北京大学出版社,2001年版,第8页。
③ [英]特瑞·伊格尔顿著;方杰译:《文化的观念》,南京大学出版社,2003年版,第2页。
④ 中共中央马克思恩格斯列宁斯大林著作编译局编:《马克思恩格斯选集》第1卷,北京:人民出版社,1972年5月版,第32页。
⑤ 陈庆德著:《资源配置与制度变迁》,昆明:云南大学出版社,2001年版,第31页。
⑥ [英]肯尼思·麦克利什主编;查常平等译:《人类思想的主要观点:形成世界的观念》(下),北京:新华出版社,2004年版,第1504页。
⑦ [英]马林诺夫斯基著;费孝通等译:《文化论》,北京:中国民间文艺出版社,1987年版,第5页。
⑧ [英]肯尼思.麦克利什主编;查常平等译:前引书,第1504页。

是"制度文化成了物质文化系统和精神解释系统二者互动关系的传承场"。①

人要生存,首先满足其机体对衣、食、住的全部需求。为了满足这些需求,人必须为展开这些活动做出安排。"作为自然的、肉体的、感性的、对象性的存在物"的人,"和动植物一样,是受动的、受制约的和受限制的存在物……"②这样作为个体的人在面对自然的时候,他的能力是微不足道的,必须与他人联合并组织起来结成社会才能进行人的生活。因为人"无论就其内容或就其存在方式来说,都是社会的活动和社会的享受。自然界的人的本质只有对社会的人说来才是存在的;因为只有在社会中,自然界对人说来才是人与人联系的纽带,才是他为别人的存在和别人为他的存在,只有在社会中,自然界才是人自己的人的存在的基础,才是人的现实的生活要素。只有在社会中,人的自然的存在对他说来才是自己的人的存在,并且自然界对他来说才成为人"。③ 所以,人是以社会为纽带而"群居的动物"④。也正是在"群居"的过程中,通过合作组成为一个个具体的具有不同知识、价值和道德意识的群体——民族,并在此基础上与自然博弈。

民族是一种以"文化体"⑤为纽带而存在的,这样的"文化体"就是该民族与其所处的外部环境进行交往而建构起来的经验知识体系,以及又以这些经验知识体系作用于外部环境再建构起来的自然和社会的文化综合体,并以这个综合体为后天的文化传统、社会基础而进行物质与精神再创造呈现出来的现实的生活方式。不同"文化体"间的差异主要源于两个方面,一是由于地理作用,每个民族所面对的外部自然环境不同,自然导致该民族与自然交往所形成的该民族的物质文化生活方式不同;二是各民族在改造外部自然形成的社会生存环境,并依此建立起来的文化传统,以及在该文化传统规范下的社会精神生活方式也存在着差别。从社会发展的历史来看,人类对自然环境的利用形成了狩猎—采集型民族文化、斯威顿型民族文化、游牧型民族文化、农业型民族文化和工业型民族文化五种类型。⑥ 即使在同一类型中,因各民族应对的具体自然生态有异和文化传统不同,也出现了不同的亚类型文化样式。例如同是游牧民族,在我国内蒙古草原上蒙古族盛行南北向游牧的生活方式,然而居住在新疆天山南北的维吾尔族、青藏高原的藏族和云贵高原的彝族盛行从山上到山下"垂直"游牧的生活方式。再从工业民族文化类型来看,欧美发达国家是这一类型的典范。无论是英国、法国、德国,还是美国、加拿大和澳大利亚,尽管"他们对发明、教育、选举权和民族主义的观念,在所有基本点上都是一致的,他们的服装、风俗习惯、贸易方式等也都如此"。⑦ 但是他们在这些文化特质中的差别也是明显的。比如"美国拥有重型火车和大型机车以及数千英里的铁轨,实际上几乎等于世界其他国家的总和,它必须被看作是铁路文化的中心"。"如果我们转而讨论服装或

---

① 陈庆德著:前引书,第33页。
② 马克思:《1844年经济学哲学手稿》(1844年5~8月),载《马克思恩格斯全集》第42卷,北京:人民出版社,2000年5月版,第167页。
③ 马克思:前引书,第83页。
④ 恩格斯:《自然辩证法》(1873~1883年),载《马克思恩格斯选集》第2版第4卷,北京:人民出版社,1972年,第376页。
⑤ 陈庆德著:前引书,第31页。
⑥ 杨庭硕等著:《民族文化与生境》,贵阳:贵州人民出版社,1992年版,第92-95页。
⑦ [美]克拉克·威斯勒著:《人与文化》,北京:商务印书馆,2004年版,第23页。

时髦风尚,中心似乎就在法国,更具体地说是在巴黎。而谈到棉花和羊毛织品,中心似乎就转移到了英国。在化学工业方面,中心是在德国。"①可见,民族文化差异是人类社会的客观实在,它既是该民族的特色标志,又是民族间相互区别的特征,更是民族间具有吸引力的吸引物。

旅游是现代人的一种生活方式。旅游活动能否展开,下列两方面的因素是相对比较重要的,一方面是游客及其旅游需求的生成,另一方面作为东道主是否具有对游客产生吸引力的旅游吸引物。就前者而言,民族与文化是一种对应关系,即有什么样的民族就有什么样的文化,有什么样的文化就形成什么样的民族,那么一个个被该民族文化模塑了的个体成员,在将要展开的旅游活动中,有可能成为一名潜在的货载异质文化的游客。文化本是为满足人们对生活安全可靠的需求,使自己行为有序化、稳定化、模式化、作业标准化,从而降低生活过程中的不确定性,是增强对未来的预见性的手段和工具。生活于自身民族文化中的每个成员必须接受该民族文化的规范,才能达成这种安全可靠的生活状态。然而这些规范在实现自身文化功能的同时,也为异质间文化的往来设置了屏障,使不同民族的人们只能生活在自身民族文化的"藩篱"中。显然,这些"藩篱"彰显了不同文化的存在,由是求新求异成为了不同民族间相互交往的一种文化心理诉求,亦是人们借旅游活动去了解、学习、体验、享受异文化的难得机遇,因此,民族文化差异导致的人们求新求异心理,客观上又促成了游客旅游需求的生成。从后者来看,每个民族生存其间的自然环境本身,因地质地表的差异,致使地势地貌、山河走向、生态植被等结构因具有异质性自然特征而浑然天成的自然景观长期以来就是旅游活动的吸引物,每个民族与自然环境进行交换所形成的社会环境,以及与之相伴相生的人造物、村寨聚落、城市建筑、社会制度、风俗习惯、伦常道德、歌舞艺术、价值观念等文化现象更是旅游活动不可或缺的文化景观。这样的文化景观是该民族人们为了某种社会实践的需要,利用所在自然环境有意识地创造的人为景象。这些人为景象是被人内化了的自然的一种文化性存在,它反映出每个民族的心理倾向和特点,以及每个民族物质文化发展的程度。比如社会制度的结构,建筑的布局特点,房屋的构造排列,街道的规划设计等,无一不反映出该民族的精神风貌,故而文化景观也是一个民族和时代内在精神的外化表现形式。在"现代社会就是景观的社会"②,"景观生活已经成为人们的一种生存状态"③的大众化旅游时代,相异性的民族文化景观因深受游客欢迎,由此成为了旅游吸引物,并以"民族文化是旅游活动的灵魂"获得了充分表达。当然,民族文化差异也成为了跨文化旅游中的显性问题而被人们所关注。

二、民族文化差异在跨文化旅游中的呈现维度

跨文化旅游就是具有不同文化背景的人们以旅游为平台进行的社会交往活动。作为文化产物的人的行为,由于受到其所归属的民族文化的影响,旅游活动过程中人们自

---

① 同上书,第31-32页。
② [法]居伊·德波著;梁虹译:《景观社会评论》"中译序",桂林:广西师范大学出版社,2007年版,第3页。
③ 同上书,第6页。

然会把日常生活的行为无意识地、不由自主地表现出来,由是我们看到了民族文化差异的呈现。一般情况下,民族文化差异会潜藏在生活的方方面面,并通过行为表现出来。由于人的行为是受文化支配的,特别是价值观能长期地影响人的思想,统领人们的行为在较长时间内保持一致而不变,比如宗教信仰如是。如果说,价值观从历史发展的纵向去支配人的行为的话,那么社会制度则从历史发展的共时性方面规范人的行为,思维则是行为动机的决定性机制,三者相互作用。因此,我们将从价值观、思维方式、社会制度三个维度去探讨民族文化差异如何以行为差异的方式展现出来。

1. 因价值观不同而引起的行为差异

价值观就是人们对事物与人的评价尺度,这些评价尺度在社会化过程中被该民族社会成员内化为行为的指南,即给人们处理日常生活问题提供价值判断或作出道德标准,"它界定了什么是应当与不应当、什么是有用与无用、什么是恰当与不恰当、什么是合适的行为,以及什么类型的事件会被社会所接受并令人满意"[1],同时为人们的行为选择提供导向,指明应该如何去表现自己的行为,并对为什么这样选择作出较为合理的解释。由于价值观深受生活于其中的民族文化的影响,该民族社会成员的价值观也烙上了该民族文化的特性,这些特性表现为该民族社会成员都遵循相同的思想理念或价值取向,以及这些理念支配下的行为趋向,致使"每一个人'的性格'都有若干方面像所有的人"[2],所以从价值观层面看,民族间文化的差异就是民族性差异或国民性差异。这些民族性差异较明显地反映在宗教信仰、意识形态和集体观念等方面。

信仰伊斯兰教的民族,伊斯兰教教义及其规范就是伊斯兰民族社会的价值观。在日常生活中,信仰伊斯兰教的人(穆斯林)都有以下一些信念与行为,人们只信仰唯一的神——安拉(亦称真主),除安拉外再不信仰其他神灵,每天要做五次礼拜,每年的斋月(一月十日)实行全民全月斋戒,缴纳定量课税,有条件的穆斯林一生中要到麦加朝觐旅游一次,禁吃猪肉和饮酒。在中东,阿拉伯穆斯林民族皆认为只有真主才能预知未来,凡人是不具有这种能力的。在平常即使人们只是偶尔谈一谈未来,因犯忌而被视为行为放肆、精神不正常甚至疯子。信仰藏传佛教的我国藏族,他们认为以五体投地磕长头叩拜的方式最能表达对佛的虔诚,而且这种表达方式到达一定次数后,人将得到来世的永生。基于这样的信仰,很多藏族人把一生中的积蓄大部分用来支付从家乡到拉萨布达拉宫朝圣的费用,并以三步一磕头的方式爬行数百甚至上千公里的路程到达拉萨。这种对佛的虔诚行为成为了西藏特有的文化景观,让西方人向往。

民主是西方国家意识形态中的一种价值观,不过在希腊人看来,民主应体现为与该事件相关的所有人都应参与决策的过程,于是对于需要通过会议形式来完成这一过程时,他们通常的做法就是让有关人员全部参与拟定会议具体内容的工作,让大家在会议上充分发表自己的看法与意见,会议需要开多长时间就开多长时间,直到事情有了结果才散会。美国人奉民主为真理,为捍卫真理可以进行坚决的斗争。但是对于一件事情或项目来说,怎样通过会议去落实民主,美国人与希腊人是有区别的。对于这种情况,美国

---

[1] [澳]赖辛格·托纳著;朱路平译:《旅游跨文化行为研究》,天津:南开大学出版社,2004年版,第84页。
[2] 李亦园:《文化与行为》,台北:台湾"商务印书馆",1966年版,1992年第2版,第2页。

人不希望像希腊人那样用没有时间限制的会议去履行民主,总是想限制会议的时间,先就一般原则达成协议,至于具体内容则交由下属小组去起草。正是由于双方从一件事情或项目上对民主精神理解上的差异,导致他们之间一连串的会议无果而终,并且都对对方的行为感到不快①。

从传统上看,中国的社会结构是以农耕村寨为社区,以家庭为基础,家庭中以父子关系为中心,其他关系则围绕这一中心而展开。父子关系不但作用于家庭,也作用于家族甚至扩及宗族与国家。中国传统政治伦理中的君臣关系,实则为中国家庭中父子关系模式的延伸。在这种背景下孕育的中国人性格常常表现出一种这样的集体观念,那就是"服从权威或长上;恪守本分;保守和不喜变迁;不鼓励个人主义,主张中庸态度"②。与中国相反,由于美国社会主张人不论大小都有自己的自由和自由选择的权利。基于这样的理念,在家庭中父子关系着重于培养孩子建立自立精神,给予他们行为自由的余地,鼓励孩子积极表现自我,发挥自己的想象力,反对以成年人的标准去要求小孩,使他们在生活中知道如何依据自己的行为偏好去行事。以这种理念模塑出来的美国人,在社会交往中常体现出以自我为中心,个性鲜明,常以个人喜好去确定与他人相处,人际之间平等思想突出,做事富于创新性,即强调与他人的不同。

总之,价值观是人们的信仰、意识、观念等形成的"深层结构"及其在这种"结构"规范下的行为选择和行为表现。

2. 因思维方式有别所导致的行为差异

思维方式,简言之,就是思考的方式。它是人们认识反映客观世界的能动过程。思维方式对客观世界的能动反映有两种形式,即形象思维/感性认识和逻辑思维/理性认识。一般而言,思维过程就是借助语言对感性材料加以分析综合,由表及里,去伪存真,以认识事物的本质和规律。日常生活中,人们的形象思维/感性思维多于逻辑思维/理性思维,因为人的生活要依赖于社会,失去社会,人就没有了物质生活和精神生活。可见,人的思维质料既来自于社会,又要受制于社会。由是尽管不同民族人们思维的机理相同,但具体到每个民族的社会存在、自然存在的背景是有差别的,当然能动地反映客观存在的思维也应是不同的。同样的,当这些思维作用于不同民族人们的日常生活时,呈现给我们的则是这些不同民族的人们在他者看来具有某种行为的倾向性。有的倾向于形象性思考,有的较多地表现为理性思考。

从宏观方面观察这一问题时,我们觉得西方人比较长于理性思维,而东方人则偏向于感性思维。自古希腊以来,在西方大多数人的思维中一直以概念为基石去追求事物的规律,认为概念和具体的客观现实之间有直接的关联性。特别是文艺复兴以后,随着西方工业文明的发展,技术理性更强化了人们在这方面的认识,工作生活中非常注重理性逻辑思维。人们普遍承认真理外在于人的主观思想,而内在于人的社会生活,如果人们能遵循正确的逻辑程序,通过科学实践予以实证就可以发现真理。但东方人并不这样去思考,在他们看来,真理虽然可以被认识,必定不是通过科学的探索和以逻辑推理的方式

---

① [美]爱德华·霍尔著;侯勇译:《无声的语言》,北京:中国对外翻译出版公司,1995年版,第6页。
② 李亦园:前引书,第22页。

去获得的,是真理在生活中自显出来的。因此强调,只要耐心等待,真理也会出现。① 鉴于这样的思考,西方人非常注重自己在社会生活中的行为。比如美国人、澳大利亚人、加拿大人都主张每个人应恪守自己的信念、原则和生活方式。英国人认为,人们应负责地对生活提出自己的见解,如果自己的主张是有见地的,那么他(她)就应该坚持自己的意见而不改变,并把经常改变意见的人称为"变色龙"加以鄙视。与西方人不同,东方人不大看重自己的观点和见解,而比较注重人们之间的关系,即每件事情并不在乎自己的想法,而考虑自己是否给予别人面子和别人是否给予自己面子,所以在别人面前失去面子被视为重大事情。②

如果我们再从美国人与日本人的婚姻观去比较,同样在微观方面也反映了东西方之间的思维差异。美国人的婚姻观是建立在自由主义和个人主义之上的,婚姻的缔结必须遵从具有独立思维能力的男女双方的自由意愿,只要男女双方同意即可结婚,不必考虑自己父母的意见。在确定结婚对象后,双方才告知自己的父母,因此,美国盛行的是自由恋爱结婚。自然地,当双方认为他们之间的爱情不存在后,就意味着婚姻的终结。然而日本人认为,婚姻自古有之,正常与健康的青年男女到了结婚年龄,就应该结婚成家,生儿育女。如果没有生理上的特殊原因,日本社会一般不允许独身的。当然结婚后一般不允许离婚。于是结婚不仅是当事男女双方的事情,也是家庭中父母的事情。在等级制度盛行的日本社会,婚姻缔结必须得到家庭长辈的同意,长辈给青年人相亲,介绍对象就成了日本婚姻的特色文化。这里应引起我们注意的是,日本被视为一个高度西化的东方国家,生活中日本人并不缺乏理性思想,但是在处理婚姻事务中却依然遵循传统的感性思维模式。

3. 因社会制度差异而引起的行为差别

世界在人类面前的展开是无序的,但人类社会的生活又需要有序地运行。个体生存能力的有限性,迫使个体间必须相互依赖并结成一定的社会关系,形成合力去调适于生存环境。在这一过程中,个体认知与行为的差异性都是对社会合力形成的障碍,因此统一个体间在认知上达到一致,在行为上达到步调协调,就需要个体间、个体与群体间,以及群体与群体间按照一种约定把实践中累积而成的、有利于生活的经验知识规范化、习惯化、经验化,并以此去约束该民族社会人们的观念和行为。这种约定机制就是社会制度。它一旦形成,在后来的发展中则构成了该民族社会人们生活过程的文化规范及传统,并让后来者依据这些制度去调适自己的行为,而且使他们懂得这样的行为有哪些好处,违反这些行为将给自己带来哪些不利,在潜意识中形成趋利避害的惯习性行为反应。正由于如此,文化人类学功能派认为,制度是人类文化的集大成者,文化的真正单位是制度。③ 制度内容非常广泛,大到国家法律制度,小到社团组织的章程、准则和条例,以及生活中的习俗习惯、伦理规范、礼节、礼仪和禁忌等。制度是一个社会群体普遍遵行的行为准则,因而从民族文化的角度看,它明显地表现出文化的民族特性,于是同样的行为在不

---

① [美]拉里.A.萨姆瓦等著;陈南等译:《跨文化传通》,北京:生活·读书·新知三联书店,1988年版,第66页。
② 于植元:《东西方生活文化比较事典》,大连理工大学出版社,1992年版,第513—515页。
③ [英]马林诺夫斯基著;费孝通等译:《文化论》,北京:中国民间文艺出版社,1987年版,第92页。

同的民族文化中具有不同的内容,同一的内容可以在各种行为中找到各种不同的表现。总之,制度体现了人们在社会结构中的特殊社会关系。

我们知道,在泰国、日本和中国都信仰佛教,但三个国家都以自己的文化传统形成了敬佛的不同行为表现。在泰国,至今还遵循佛教的古老传统"雨安居"制度,即在雨季期间(农历的三月至七月)主张佛教徒不外出修行,应在寺内坐禅修学,接受供养。由于泰国是以佛教立国,几乎全民信佛,泰国形成了在"雨安居"期间,人们不相互走访,在家休息的习俗。如果在这期间到泰国旅游或进行商务往来,很可能会遇到不容易找到你要找的人的尴尬局面。在日本,信佛不分僧俗,即所有的佛教徒都是俗家弟子,没有区别于世俗社会的僧侣集团,所以日本的佛教徒可以居家结婚,生儿育女。在中国(除西藏外)与日本相反,僧侣集团与世俗社会有实质区别,严格规定出家僧人不得结婚和生养子女,若有违反,将受到严惩。所以当日本游客来中国拜佛旅游时,我们不应责怪日本佛教徒对佛的不敬,而应多一些尊重他者的文化选择。

美国和日本都是发达的资本主义国家,第二次世界大战以后两国的经济往来非常密切,都实行资本主义自由市场的运行模式,在生产经营管理方式上相互借鉴。尽管如此,两国不同的文化传统还是给两国的经济经营方式造成了不同的风格。比如日本是一个盛行"纵向社会(等级社会)"[①]的国家,企业以家族集团形式去组建。当某人加入该企业后,他(她)就被视为该家族的成员,只要不犯大错误,就可以在公司终身工作。同时,日本社会中盛行的等级制在企业里也得到了贯彻。一个员工工资的高低不是按其工作能力与贡献的大小、工作效率的高低去衡量,而是按其进入公司的时间先后次序来确定,一个人进入公司的时间越长,其工资越高。年轻人再有能力,工资也不会比先进入公司者高。正因为企业把员工视为"家"里的成员,员工也把企业视为"家"里,所以员工不会因其他原因而跳槽。[②] 美国人因奉行个人主义原则,看法恰好与日本人相左。美国人认为公司仅是个人谋职的地方,工作中你有什么能力就干什么样的活,拿什么样的工资,不认同论资排辈。如果某项工作能发挥自己的才干,拿到了理想的报酬,就可以在该公司多待些时间,否则就走人。不断地变换工作环境没什么大惊小怪的。

社会制度是一种带有刚性的原则,通过该民族的历时性发展而成为一种社会化惯习,并被视为该民族社会固有的传统文化,作用于该民族的共时性日常生活,因而它成为了民族文化在民族间社会成员中具有显性行为差异表现的载体。

三、民族文化差异在跨文化旅游中的对策思考

对跨文化旅游来说,民族文化差异既是旅游吸引物,又是影响其能否成功的一种障碍。因为以旅游目的地的旅游吸引物所形成的旅游景观,是从旅游目的地民族文化视角去加工的,对异族游客而言要想理解其中的文化内涵很难,因为游客是以自己的民族文化为参照系去解读异民族及其文化的。因此,在旅游过程中,东道主也好,游客也罢,他们都是从本民族文化的角度去理解异民族及其文化与行为的。这种无意识状态下的文

---

① [日]中根千枝著;陈成译:《纵向社会的人际关系》,北京:商务印书馆,1994年版,第35-60页。
② 陈其南著:《文化的轨迹》,沈阳:春风文艺出版社,1987年版,第96-105页。

化认知行为使人们"在理解他种文化时,首先自然按照自己习惯的思维模式来对之加以选择、切割,然后是解读"。① 这必然导致"当然地认为自己群体或民族的价值观念、社会规范、社会语言规则等要比其他民族或群体的价值观念、社会规范、社会语言规则等更加真实、更加正确"②的民族文化本位偏见。民族文化本位偏见给东道主与游客带来的影响,一是使东道主不能理性和有效地把握游客的民族文化属性,在将自己的民族文化转换成旅游景观进行展示时,容易造成反差过大;二是由此导致游客对异民族文化理解的难度增加,甚是无法理解,使跨文化旅游失去乐趣,从而影响游客的旅游情绪及其旅游活动。为此,在跨文化旅游中如何把握民族文化的差异度,就成为了问题解决的关键。我们认为可从如下几个方面去应对。

首先,要弱化东道主和游客的民族文化本位偏见,在两者间强化并树立文化相对主义思想,加强对旅游从业人员的文化相对主义理论的培训,培植游客对被展示民族文化的兴趣。旅游从业人员如何看待经营中所涉及的异民族文化,尤其需要他们利用文化相对主义这一理论去引导游客和旅游目的地群众,从而形成旅游活动中所有相关人员都能理性地对待异民族文化,确保旅游活动的成功,显得尤其重要。因为文化相对主义主张:所有民族的文化都具有同等价值,没有高低之分;一切民族文化都是为该民族的社会成员服务的,它的存在和延续无须凭借他种文化的支持,因此,任何一种文化行为离开了它所属的民族生存背景就毫无意义,相对于具体民族而言,民族文化的价值都是有效的、独立的、完整的、相对的,并不存在普遍适用于一切民族的文化价值标准;要认知任何一种具体的民族文化,只有深入到该民族文化的生活中去观察、去体验,从被认知对象的立场和价值观出发,并加以理性的归纳总结,才能保证他者对异民族文化的认识具体化,才能保证认知结果具有相对的确证性。在跨文化旅游活动中,要实现游客对异民族文化的体验,就要让游客对被展示的民族文化产生兴趣。一般情况下,对于不易理解的事物,人们就不会去关注它,鉴赏它。如此一来,失去了游客对被展示民族文化的兴趣,被展示的民族文化也就失去了成为旅游景观的价值。由于游客不可能自然地、自觉地获得被展示民族文化的立场和价值观,那么我们就得培养游客对异民族文化的鉴赏能力,得让游客获得被展示民族文化的立场和价值观。这样一来,自然给旅游从业人员的经营活动提出新的要求,他们不仅要物色可供展示的民族文化特征,还得通过潜移默化的手段在娱乐和消闲中引导游客获得必需的该种文化的立场和价值观,也就是有意识地使游客在实际的旅游活动中完成价值观的转换。可见,利用文化相对主义提供的换位认识异民族文化的思维方式,使我们能弱化民族本位偏见的干扰,从理论层面为跨文化旅游的实施铺垫思想基础。

其次,从旅游资源开发的操作层面看,在将民族文化转化为具体的可资利用的旅游景观时,尽量加大对民族文化中显性文化要素的开发利用。显性文化要素主要是指那些与特定物质关系紧密的文化现象。这些特定物质,有的属于自然产物,比如山脉、河海、森林等,有的属于社会产品,比如实物、住房、衣着、交通设施,等等。由于这些客观存在

---

① 乐黛云、勒·比松:《独角兽与龙:在寻找中西文化普遍性中的误读》,北京大学出版社,1995年序言,第1页。
② 贾玉新:《跨文化交际学》,上海外语教育出版社,1997年版,第108页。

的物质,不论出生于哪一个民族的个体,都能直接感知到它的存在与性质,因而直接作用于这些物质的文化要素,也很容易被游客牵连地感知到。在跨文化旅游活动中,由于游客在异民族文化氛围中的体验,既要受到时间的限制,又要受到空间的限制,因而他们不可能全面地认识和理解他所接触到的异民族文化全貌。要想对一个异民族文化做到全面的了解,那是民族学家的任务。游客又不是民族学家,他没有必要去了解异民族文化的全貌。于是在跨文化旅游活动中,游客只能感知到那些表征性的、外露性的异民族文化特征,也就是顺理成章的事情了。能做到这一点,对于旅游来说已经完全足够了。例如,对西欧的游客来说,北非沙漠的炎热干燥,会使他感到很不适应。同样的,身穿通体的白色长袍,而且不穿内衣的北非柏柏尔人着装,也很容易被西欧游客发现。稍加联想后,很多游客都会注意到,柏柏尔人的衣着文化与其特定的自然气候环境有一定的关系,因而柏柏尔人的衣着文化要素,自然成了西欧游客容易感知的显性文化要素了。由于这样的物质文化现象,既利于激发游客的情绪,又给游客留下深刻的印象,所以它们能够成为旅游资源开发的主体。①

最后,增强对民族文化中的隐性文化现象的诠释力度。隐性文化现象与显性文化现象刚好相反,它们主要作用于人们的精神生活,它的主要内容包括一个民族的伦理道德、价值观念、认知模式、审美情趣、行为规范,等等。这些文化特征存在于人们的头脑中,并不以特定的物质形态直接显露出来,具有潜在性和隐含性,外族游客难于感知、理解。由于游客参与旅游活动是为了休闲娱乐,不是为了科学研究,尽管它们客观地存在着,一般情况下也难以意识到它们的存在,更难于把握它们的特征。它们对旅游活动几乎不产生直接影响,仅表现为一种无形的存在,完全处于游客感知的死角和盲点之中,对旅游活动不具有直接的利用价值,成了旅游活动的事外之物。尽管如此,隐性文化要素对所属民族成员的思维活动仍然具有制约作用。在旅游过程中,必须加大对此类文化现象的诠释力度。比如,西欧的基督教各民族都认为"13"是个不祥的数字,因而在一般情况下是很少出现"13"这个数字的。楼层不会有"13楼",座位很少有"13"号,谈话中涉及"13"时,也想方设法地避开它。此种状况让外族游客感到不可思议。要想使游客获得满意的跨文化旅游效果,就得从宗教信仰、生活习俗、社会制度等多角度进行巧妙的诠释,才能奏效。②

---

① 潘盛之:《旅游民族学》,贵阳:贵州民族出版社,1997年版,第140–143页。
② 同上书,第143–145页。

旅游政治学若干问题探析

唐志明

(贵州民族大学旅游与航空服务学院　贵阳　550025)

【摘　要】旅游政治学作为政治学与旅游学的一门交叉学科最早出现于20世纪70年代的美国。这与大众旅游兴起和旅游业发展后人们对旅游的政治效应的关注,以及政治学纵向发展中所凸显出来的横向拓展趋向分不开。对各种理论流派及其主要观点的追问、梳理和评价是旅游政治学研究的内核。

【关键词】政治学;旅游学;旅游政治

政治学是研究政治现象及其发展规律的综合性科学。伴随着政治学和其他学科的交叉结合,旅游政治学作为政治学的一个分支在20世纪70年代初露端倪,并逐渐把旅游政治生活和各种旅游政治现象纳入其特定的研究对象之中。30年来,大多数旅游政治学研究者把最主要的学术视野聚焦于旅游政治学科建设、旅游政治化或政治旅游化的种种表现形态上。

一、旅游政治学的兴起

早在20世纪70年代前,旅游政治并没有引起旅游学、政治学和政策分析学领域应有的关注,它们对旅游资源分配的政治维度、旅游政策的产生和旅游发展政治等问题缺乏足够的研究兴趣。主要原因有以下几个方面:一是公域和私域的许多决策者不愿承认旅游的政治本质;二是旅游政治研究没有得到官方应有的重视,官方既不鼓励,也不给予财政支持;三是旅游没有被当作一个严谨的学术课题,一个对旅游有学术兴趣的政治学家可能被蔑视为一位寻求免税度假的机会主义者;四是旅游政治维度研究缺乏统一的方法与理论基础。[①]

作为对旅游现象进行政治分析的旅游政治学,是20世纪70年代形成和发展起来的新兴交叉学科。它的形成和发展除了与这一时期学术界对政治边缘学科的浓厚兴趣外,同时也与全球大众旅游的兴起与迅速普及分不开。战后世界旅游的崛起和腾飞使旅游的经济、社会和文化影响日益彰显,一些国家和地区的执政党和政府不得不从政治层面关注与利用旅游活动,于是旅游现象就日渐异化为一种内涵丰富的体现执政党意志和国

[作者简介]唐志明(1965—　),男,贵州民族大学旅游与航空服务学院教授、博士,主要研究方向为基础旅游学、旅游法学、旅游社会学、旅游人类学及国际问题。

① Colin Michael Hall, Tourism and Politics: Policy, Power and Place, John Wiley&Sons, New York, 1994, pp. 2–5.

家利益的政治行为。这为旅游政治学的最初形成奠定了基础①。政治作为"为社会做出和执行权威性分配(具有约束力的决策)的行为或相互交往",是确认和协调旅游活动中各个行为体根本利益关系的最有效手段,解决旅游活动中在权力分配和运用影响下谁得到什么的问题,始终主导着旅游政治学研究的话语权。

自修诺特(Jean-Maurice Thurot)1975 年在《经济学》(Economia)杂志发表文章,提出"旅游是政治的一种简单继续"的灼见后,对旅游政治研究感兴趣的人逐渐多了起来。时至今日,尽管旅游政治学研究成果还远不能和生态政治学、网络政治学等其他政治边缘学科相提并论。但 30 年来学者们的辛勤耕耘毕竟为旅游政治学发展成为一门独立学科作了许多有益的探索,尤其是以美国为代表的西方旅游政治学研究已取得初步性成果,为下一步旅游政治学的发展奠定了一定的基础。

二、旅游政治学研究的理论流派

用政治学理论和方法研究旅游现象,解读旅游与政治之间的互动,是旅游政治学的出发点和归宿。政治学作为一门古老学科,其理论源远流长,丰富多彩,这为旅游政治研究提供了多维范式。从 20 世纪 70 年代中期开始,越来越多的学者运用政治学知识谱系及其相关交叉学科研究旅游政治学科建构、旅游与政治制度、意识形态、政治过程、政治权力、政治文化、政治社会化、政府管理、国际关系等领域的相互影响。

(一)学科建构论

战后大众旅游活动的普及与旅游经济的突起,为旅游活动与政治生活的联姻创造了条件。不管你是否承认旅游政治这个术语,旅游政治化或政治旅游化的意涵总是潜藏在国际国内旅游政策的夹缝中。旅游作为政治的连续统(continuum)受到现代政治制度内政治动力学因素——政治领导人、政党、利益或压力集团的青睐。相比之下,旅游政治学术研究却远远滞后于旅游政治的实际发展。从 20 世纪 70 年代中期起,国外开始有少数学者关注旅游政治化和政治旅游化的进程,相继从旅游政治学科建构视角解读旅游政治不被政治学家和政策分析学家重视的各种情形,探析旅游政治学的内涵、学科性质、基本研究对象。这类作品主要有马修斯(Harry G. Matthews)的《国际旅游和政治学研究》(1975)、里奇特(Linda K. Richter)的《旅游政治和政治学》(1982)、科斯托斯(Kosters)的《没有政治学的旅游学缺陷》(1984)、马修斯和里奇特的《政治学与旅游》(1991)等文章,以及霍尔(Colin Michael Hall)的专著《旅游与政治学》(1994)等。

(二)权力政治论

以权力解释千变万化的旅游现象,在旅游政治研究中占有极为重要的地位。法国著名结构主义人类学家列维·施特劳斯曾在游历了许多地方后写下了如此感言:"只有到了那个时候,我才知道,也许是第一次知道,旅游的概念是如何被权力的概念完全腐蚀。"②美国权力政治学派著名代表人物哈罗德·拉斯韦尔(Harold Lasswell)那句政治就

---

① [美]戴维·伊斯顿:《政治体系》,北京:商务印书馆,1993 年版,第 139 页。
② 转引自彭兆荣:《旅游人类学》,北京:民族出版社,2004 年版,第 87 页。

是关于权力,即"谁得到什么?如何和为何得到?"①的理论范式,基本上成了支撑旅游政治研究的核心范式。从这一视角论证的著作有亨利·G.马修斯(Harry G. Matthews)的《国际旅游:政治与社会分析》(1978)、林达·K.里奇特(Linda K. Richter)的《亚洲的旅游政治学》(1989)、科林·米切尔·霍尔(Colin Michael Hall)的《旅游与政治学》(1994)、杰夫里斯(Jeffries D.)的《政府与旅游》(2001)。论文有布里屯(Britton, S. G)的《第三世界旅游的政治经济学》(1982)、吉肯斯(Jenkins, C. L.)和亨利(Henry, B. M.)的《发展中国家政府对旅游的参与》(1982)、埃里奥特(James Elliot)的《政治、权力与泰国的旅游》(1983)、霍尔(Hall, D. R.)的《社会主义的对外旅游:阿尔巴尼亚的"斯大林"模式》(1984)等。

(三)政治系统论

旅游政治是由一系列复杂活动所构成的行为系统,如何使来自社会内外部环境的影响流转化为官方政策、决策和执行行动,是旅游政治研究不能回避的重要方面。美国政治学教授马修斯和堪培拉大学政治学教授霍尔分别在《国际旅游:政治与社会分析》和《旅游与政治学》著作中,根据戴维·伊斯顿政治系统分析模式,解析了旅游决策过程的步骤及其相关变量,构建了旅游政治系统的动力反应模式。马修斯认为,旅游决策与行动是旅游政治系统模式中两个最基本的互为变量,决策者与系统成员通过输入和输出这两个环节而实现相互间的沟通。也就是说,政府或旅游主管部门基于政治目的,通过输入内外部环境的要求及系统成员的需要和支持,制定和实施积极或保守的旅游政策,并把它们输出给系统成员,系统成员会根据其利益需求作出不同的反应和选择,旅游决策者再把反馈信息吸纳到下一步的旅游决策中。②霍尔的分析模式与马修斯的大同小异,但更强调权力分配、价值观和制度安排对旅游决策的影响。

(四)女性政治论

男女两性在生理和心理上的差异,使他们在社会角色及思想行为的表现明显不同。在传统的性别政治和文化中,存在着绝对不能跨越的重男轻女的性别歧视藩篱。如女权主义批评家所指出的,政治理论的模式是男人,而不是女人。③兴起于20世纪60年代中期旨在追究性别支配的社会和文化根源的女权运动"第二次浪潮",对从政治的高度审视性别与旅游活动中的生产和消费关系产生了重要影响。这方面成果主要有玛格丽特编辑出版的研究文集《旅游中的性别》(1995)、拉赫尼(Leheny, D.)的《亚洲性旅游的政治经济学》(1995)、里奇特的《在旅游研究中关于性别、政治作用的探讨》(1998)等论文。

(五)政治稳定论

政治和社会稳定是旅游赖以生存与发展的前提和基础,没有稳定的政治社会环境,旅游目的地就会失去既有和应有的客源市场。旅游对政治社会环境动荡性所表现出来的过度敏感与脆弱,往往使旅游成为国内国际政治与社会暴力性事件的最大受害者。考

---

① 参见[美]拉斯韦尔:《政治学:谁得到什么?何时和如何得到?》,北京:商务印书馆,1999年版.
② Harry G. Matthews, International Tourism: A Political and Social Analysis, Schenkman Publishing Company, Inc. USA, 1978, p.92.
③ Rebecca Grant, "The Sources of Gender Bias in International Relations Theory", in Rebecca Grant and Katleen Newland (eds), Gender and International Relations, Open University Press, 1991, p.9.

察国际战争、国内战争、政变、恐怖主义、政治暴乱、政治抗议、社会动荡和罢工等暴力事件对旅游活动与旅游业发展的消极影响,一直是学界的高度关注点,主要成果除了亚伯拉罕·皮扎姆(Abraham Pizam)和尤尔·曼斯菲尔德(Yoel Mansfeld)主编的《旅游、犯罪和国际安全问题》论文集外,还有泰也(Victor B. Teye)的《解放战争与非洲旅游发展:以赞比亚为例》(1986)、《政变与非洲旅游》(1988),松梅兹(Sevil F. Sonmez)的《恐怖主义威胁对国外旅游决策的影响》(1998)、《旅游、恐怖主义与政治稳定》(1998)等文章。

（六）国际政治论

国家间旅游关系的发生是国家利益博弈使然,只要世界在政治上还是由国家所构成,那么国际政治中实际上的最后的语言只能是国家利益。国际旅游关系中冲突、竞争与合作的存在,往往是国家间总体关系的晴雨表和延伸。运用现实主义、自由主义、建构主义、依附论和世界体系论等国际政治学理论分析国际旅游与国际政治的互动关系,特别是关于旅游对世界和平的贡献,国际战争、国际恐怖主义对国际旅游发展的破坏性影响进行定性和定量分析,成了许多学者的偏好主题,并取得了较为显著的研究成果:著作类有马修斯的《国际旅游:政治与社会分析》、里奇特的《亚洲的旅游政治学》(1989)、大卫·L.埃杰尔(David L. Edgell)的《国际旅游政策》(1990)、霍尔的《旅游与政治学》(1994)、亚伯拉罕·皮扎姆和尤尔·曼斯菲尔德主编的《旅游、犯罪和国际安全问题》(1996)、达伦·J.替莫西(Dallen J. Timothy)的《旅游与政治国界》(2001)等。论文类有德阿莫(D'Amore, L.)的《旅游——世界和平业》(1988)和《旅游——和平的重要动力》(1988)、加发利(Jafari, J.)的《旅游与和平》(1989)、T.瓦(Turgut Var)和R.布雷利(Russ Bmyley)的《旅游与世界和平:土尔其个案》(1989)、T.瓦和R.施鲁特(Regna Schluter)的《旅游与和平:阿根廷个案》(1989)、F.布朗(Brown, F.)的《旅游是真正的和平缔造者吗?》(1989)、J.阿普(John Ap)和T.瓦的《旅游会促进世界和平吗?》(1990)、D.莱斯利(David Leslie)的《北爱尔兰的旅游与和平》(1996)、巴特勒(Butler R. W.)和B.毛(Mao, B.)的《分裂的准国家间旅游》(1995)与《分裂国家间旅游的概念和理论涵义》(1996)、L.余(Yu, L.)和莫宏昌(Moo Hyung Chung)的《旅游是政治分裂国家之间低政治活动的一种动力》(2001)、吉姆(Samuel Seongseop Kim)和普利多克斯田(Bruce Prideaux)的《旅游、和平、政治和意识形态:金刚山旅游方案在朝鲜半岛的影响》(2003)等。

三、旅游政治学研究的内核

政治学和旅游学是两门综合性都非常强的学科,它们在各自的纵向发展中所凸显出来的横向拓展趋向,为旅游政治学的构建提供了理论支持和学科养分,可以说是旅游政治学的学科基础和学科母体。这就决定了旅游政治学研究必然具有相当的广泛性。

（一）关于旅游政治学学科建设方面

目前旅游政治学领域的研究相当薄弱,从旅游政治或旅游政治学概念到学科体系建设都存在许多有待开发的处女地,霍尔的《旅游与政治学》是迄今为止从政治学学科体系解读旅游现象的唯一专著。马修斯写道:"旅游著作总的来说缺乏政治研究。"[①]里奇特也

---

① Colin Michael Hall, op. cit, p.2.

认为,虽然旅游"逐渐引起社会科学家们更多的关注,仍然缺少持续不断的政治方面的研究"。① 科斯托斯针对政治学没有把旅游作为自身的研究范围这一缺陷提出了中肯的批评意见,认为"如果多学科交叉的旅游科学的发展没有必要的政治分析成分,那么它将不可能是完美的"。② 关于旅游政治学的学科定位,学者们认为它是一门交叉学科,而落脚点是政治学,即用政治学的一般理论和方法来研究旅游现象。马修斯还从旅游行为科学维度分析了政治学同经济学、心理学、人类学、社会学和地理学一样,对旅游学研究具有同等重要的地位。③ 关于旅游政治学的研究对象,学者们的看法不尽相同。马修斯认为,旅游政治研究有三个主要方面:市场营销,特别是城市化国家市场营销中的旅游政治;正在发展中的东道主社会的旅游政治;关于旅游,特别是发展中国家旅游的意识形态争论。④

现有的旅游政治研究成果主要集中在下列几个方面:个别国家或地区旅游发展政策研究;旅游发展,特别是发展中国家旅游发展政治经济学;旅游的意识形态本质;构建分析旅游政治和政府影响的恰当框架与方法。从发展趋势看,学者们在注重强调权力分配的"高政治"领域研究的同时,也逐渐给强调经济利益分配、旅游承载力或可持续发展等"低政治"领域应有的关注。

(二)关于旅游与世界和平关系方面

这是旅游政治学研究中人们普遍关注的一个重要领域,它包括理论研究和实证研究两个维度。如何看待旅游与世界和平的关系,国外学术界目前尚无定论,归纳起来无非表现为三种态度。以世界旅游组织为代表的乐观派认为,无论是从社会文化角度,还是从政治角度考察旅游与和平的作用,旅游都是一种促进理解与和平的巨大力量,因为旅游能通过人际间的接触与交往促进不同文化间的渗透与宽容,促进不同政治制度和意识形态之间的沟通与理解。只要能缩小分歧,扩大共识,就能在很大程度上缓和以至消除可能会引起战争或由其所造成的紧张局势。一些学者还通过对朝鲜半岛、土耳其、希腊、阿根廷和北爱尔兰等旅游个案研究,为世界旅游组织提出的"世界旅游能够成为世界和平的动力"提供佐证。但也有少数悲观学者对此提出了异议,认为旅游作为重要的和平力量还为时尚早⑤,充其量也不过是未来主义者的声明而已⑥,因为"旅游本身既不能导致偏见的自行消除,也不会促进社会关系的改善。旅游仅仅为社会接触的发生提供机会"⑦。布朗(Brown)更是直截了当地提出质问:"旅游能促进世界和平确实是一个著名

---

① [美]琳达·里奇特:《在旅游研究中关于性别、政治作用的探讨》,见威廉·瑟厄波德主编;张广瑞等译:《全球旅游新论》,中国旅游出版社,2001年版,第376页。
② Martinus J. Kosters, (1984). The deficiencies of tourism science without political science. In *Annals of Tourism Research*, 11(4): p. 610–612.
③ Harry G. op. cit, p. 88.
④ Ibid.
⑤ Barlow, M. (1988). Tourism, peace, and conflict: a geographer's perspective. In Tourism – a Vital Force For Peace (ed. L. D'Amore and J. Jafari), Color Art Inc., Montreal, Canada, p. 108.
⑥ Din, K. (1988) Tourism and peace: desires and attainability. In Tourism – a Vital Force For Peace (ed. L. D'Amore and J. Jafari), Color Art Inc., Montreal, Canada, p. 80.
⑦ Anastasopoulos, P. G. (1992). Tourism and attitude change: Greek tourist visiting Turkey. *Annals of Tourism Research*, 19(4): p. 629–642.

并且时髦的观点,可它真能做得到吗?"① 有的学者通过对曾经有过出境旅游体验的人进行问卷调查,结果发现,旅游体验对游客产生积极影响的只占极少数,多数游客的态度往往是朝消极的方向变化,那些有过出境旅游体验的人对旅游能促进世界和平作用的认识比无出国旅游体验者更持不大积极甚至否定性态度,这说明旅游既不能影响人们彼此间的看法,也不能密切人们之间的关系。亚伯拉罕·皮扎姆和皮尔斯(Pearce)等折中派人物则认为,旅游在世界和平领域的确有积极的作用,能间接促进不友好国家间和平的实现,条件是游客要有机会与东道国居民进行零距离接触,遗憾的是现有的旅游产品设计与市场运作不能满足这样的条件。因此,那种坚信旅游会导致全球范围理解与和平的观点未免有点夸大其词。②

(三)关于旅游与政治稳定方面

和平的国际环境、稳定的政治局势是旅游发展的首要条件和保障。旅游对社会政治动荡的敏感性与脆弱性表现十分突出。国外学者基本上围绕政治稳定对旅游发展的重要性和政治暴力事件对旅游发展的负面影响展开研究。霍尔认为,"政治稳定是吸引国际游客前往目的地的一个基本条件"。③ 里奇特和沃(Waugh)更是以批评的口吻说:"当政治环境出现不稳定时,旅游会急速下滑。""不幸的是许多国家的领导人和规划者既不明白也不愿意接受不是自然风光和文化吸引,而是政治平静构成旅游首要条件这一事实。"④ 也许旅游者的出游动机与目的会存在差异,但目的地的人身财产安全却是游客们不得不考虑的重要共同因素。影响旅游行为与发展的不稳定性政治因素很多,常见的有国际战争、国内战争、政变、恐怖主义、政治暴乱、政治抗议、社会动荡和罢工等政治暴力事件。这些事件对游客心理和旅游供求关系等方面所造成的消极影响由国外学者归纳为:人们由于担心安全问题而取消或推迟、变更旅游计划,不愿意卷入一场不愉快的体验;新闻媒体对政治暴力事件的宣传报道,可能会造成人们对某一国家或地区的不安全感,从而妨碍其旅游业的发展;有关国家政府可能发出旅行忠告,或禁止本国公民前往事发地;旅游者在另一国家或地区的亲朋好友可能劝阻客人到访;交通部门与旅游服务部门因政治暴力事件致使陆、海、空出入境口岸关闭可能会损失大量客源;国际会议、商务会议可能因政治暴力事件而取消、延期或转移到别的目的地,从而使客流减少;政府为了使遭受政治暴力事件危害的旅游业,特别是受损害的旅游形象得以恢复与发展,须花费巨额资金来进行广告宣传,可能不得不降价促销;妨碍外资投向旅游产业;一国或地区的政治暴力事件可能影响周围国家的旅游业发展;国际性政治暴力事件往往会影响或改变全球的国际旅游格局;安全检查,特别是边防检查所需的时间更长,这使部分游客心感不适;旅游运作商、旅行社与航空公司不愿冒险组团到危险地区,担心预定不足而加价会损毁它们的商业信誉;游客和航空公司旅行保险可能会困难重重;前往事发地观光的游客

---

① Brown, K. (1989) Is tourism really a peacemaker? *Tourism Management*, 10 (4), p.270–271.
② Abraham Pizam. Does tourism promote peace and understanding between unfriendly nations? In Abraham Pizam&Yoel Mansfeld, ed, Tourism, Crime and International Security Issues, John Wiley&Sons, Inc., New York, 1996, p.211.
③ Colin Michael Hall, op. cit, p.92.
④ Richter, L. K. and Waugh Jr, W. L. (1986). Terrorism and tourism as logical companions. *Tourism Management*, December, p.231.

可能会遭到歧视性的待遇,甚至被列为黑客;民用机场、宾馆等旅游设施可能被军方和难民占用;外币黑市的出现等。①

(四)关于旅游与政治结构方面

旅游对各国政治结构的影响,主要表现在各国政治结构的变迁,以及由结构调整带来的政治功能的变化等方面。专门职能的旅游机构的设立,是旅游问题获得足够政治关注的产物。霍尔在《旅游与政治学》第二章考察了各种与旅游政策和发展相关的国家机构及其运行,讨论了国家在旅游发展中的作用,特别是关注政府在旅游活动中所扮演的角色,指出了影响旅游政策和决策的各种政治因素,譬如制度安排、政治精英、利益集团与权力等,尤其是强调意识形态和政治哲学影响的重要性。从世界范围看,因各国政治体制和行政管理体制不同,它们在旅游主管机构的设置上可谓五花八门。按世界旅游组织提供的资料,大致分为五种模式:旅游委员会模式,如美国的全国旅游政策委员会;旅游部模式,如菲律宾旅游部;混合职能模式,该模式又分为两种情况,一是混合职能部,如马来西亚的文化旅游部,二是在其他职能部下设旅游主管机构,如韩国在交通部设旅游局;直属内阁或中央政府的旅游局模式,如中国国家旅游局;不属于政府部门序列的非中央机构模式,如爱尔兰旅游局。这些机构的主要职能是:协调、规划、立法、激励、充当利益保护人等。不同模式下政府对旅游的参与度存在差异,复合制国家的政府参与度一般要比单一制国家低。②

(五)关于国际旅游与国际关系的互动方面

在旅游活动中地位日趋凸显的国际旅游,是一种与国际关系密不可分的国家间交往行为。一方面和平稳定的国际关系格局和国家之间的友好合作,是国际旅游得以存在和发展的重要保障;另一方面国际旅游作为一种异文化交往行为,在主客之间架起了沟通之桥,这对消解国家间的误会和隔阂,促进国际关系的改善与和平愿景的实现具有极其重要的现实意义。莫拉那(Mowlana)和史密斯(Smith)认为,旅游作为一种商业活动,在很大程度上是对外政策的一个方面,全球旅游基本结构构成了国际关系的一个重要组成部分。尤里(Urry)则强调,"旅游国际化意味着不分析其他国家正在发生的变化,就不能解释任何特定社会中的旅游方式"。③ 国家间旅游流的激励与限制通常是积极政治关系与消极政治关系的晴雨表。马修斯认为,世界旅游被证明能产生三个层次的国际关系:第一,在非政府层次上,不同国家居民个人相互接触并体验不同于己的文化,这是一种私人国际关系的发展,当然,它会因政府行为而改变;第二,有一种国际关系的公共层次,这关系到政府与政府之间对事关产业和旅游活动重大事项的处理;第三,有一种企业——政府层次的国际关系,在其中,旅游涉及政府与国外私人投资的相互作用和影响。④ 霍尔从四个方面分析了旅游作为国际关系基本组成部分的表现形态:第一,旅游是国际外交、国家对外政策议程和国际贸易的一部分;第二,旅游被作为取得国际合法性和尊重威权制度

---

① See Abraham Pizam & Yoel Mansfeld, ed, Tourism, Crime and International Security Issues, John Wiley & Sons, Inc., New York, 1996, p. 159 – 160, p. 232 – 233.
② Colin Michael Hall, op. cit. p. 20 – 58.
③ Ibid. , p. 59.
④ Harry G. Matthews, International Tourism: A Political and Social Analysis, pp. 10 – 11.

的一种工具;第三,旅游被当作满足领土要求的一种手段;第四,旅游是和平的动力①。修诺特从依附论视角分析了旅游活动的频繁性造成了东道国对客源国的经济依赖,这种依赖会影响东道国对客源国的对外政策。② 马修斯站在第三世界的立场上,通过对加勒比地区的个案研究,把意识形态对国际旅游的影响归纳为:旅游业是殖民主义和帝国主义的一种新形式;旅游是殖民经济的一部分;大多数的世界旅游是白人制度和价值观的一种侵蚀。③ 阻碍国际旅游发展的各种限制也是学者们非常关注的问题,有人把它分为五大类四十个选项,内容涉及东道国和客源国对出入境手续、随身携带物品、投资经营许可等领域④。地缘政治的变化是改变国际旅游发展模式、流向和流量的根本因素,一些学者通过对以意识形态和社会制度同质性为基准处理国家对外关系的冷战时代的旅游进行研究发现,观念建构是影响国际旅游发展的关键。譬如1950～1959年期间,共有170万美国旅游者访问了古巴,占旅游者总数的85%,1959年古巴革命成功后,严重依赖美国客源市场的古巴因受美国制裁而受重创。⑤ 前东欧社会主义国家为了最大限度地减少本国人民与西方国家人民之间的接触,以避免思想"污染",对发展国际旅游进行了名目繁多的限制。⑥ 冷战和平结束,东西方对抗的政治格局被打破,东欧的旅游市场对西欧全方位开放,这无疑会引起欧洲以至全世界旅游流向与流量的巨大改变。

(六)关于旅游与国界关系方面

国界是国家的象征,它的自然屏障与交界国的相关边境政策和政府管理结构的差异,是影响国际旅游发展的关键性因素。在全球化愈演愈烈的今天,各国对国界线如何具体划分虽然不像过去那样寸土必争,但对国界所能带来的各种政治、经济、社会和文化利益的关注却远远甚于过去。马兹莱特(Matsnetter)把旅游与国界之间的关系分为三种类型:一是远离国界的旅游区,在这种类型区里,国界对旅游的影响很大程度上取决于可渗透度;二是仅与一国国界相毗邻的旅游区,这种情形除了能把一些游客吸引到旅游区所在国外,也会吸引部分游客到交界的非旅游区国,这为后者发展旅游提供了机会;三是跨界旅游区,这种情形对于交界双方来说可以把区内旅游资源作为一个整体进行合作,否则,国界会成为旅游发展的瓶颈。⑦ 替莫西则在马兹莱特研究的基础上深入考察了国界在旅游发展中的三种功能,即壁垒功能、目的地功能和修饰功能,分析了国际关系的改善和地缘政治的变化对边境旅游发展的影响,强调国界两边国家之间合作进行旅游规划的原则和必要性。

(七)关于性旅游与政治关系方面

《旅游中的性别》一书从男女间的现实权利、行动和资源所有权角度分析性别在旅游中劳动分工的强化作用,以及性旅游对男女观念和行为的影响。拉赫尼认为性旅游是一

---

① Colin Michael Hall, Tourism and Politics: Policy, Power and Place, p. 62.
② David L. Edgell, International Tourism Policy, Van Nostrand Reinhold, New York, 1990, p. 39 – 40.
③ Harry G. Matthews, International Tourism: A Political and Social Analysis, p. 78.
④ Colin Michael Hall, op. cit, p. 65 – 66.
⑤ 罗吉那·施卢特:《旅游业的发展:拉美国家透视》,见威廉·瑟尼波德主编:《全球旅游新论》,中国旅游出版社,2001年,第210页。
⑥ 斯蒂芬·威特:《前欧洲共产主义国家对入境旅游的开放》,见《全球旅游新论》,第366页。
⑦ Dallen J. Timothy, Tourism and Political Boundaries, Routledge, London, 2001, p. 10.

种政治现象,它"不是天上掉下来的,或者某个地方所特有的,而是几十年的政治选择和政治事故所造成的"。他还以日本和泰国为例,分析了女权发展对性旅游市场的冲击和对政府决策的影响①。里奇特则探讨了性别问题上有重要政治意义的旅游研究领域,列举了政治组织和旅游中发生的对性别差异有重要影响的各种趋势。里奇特认为,旅游活动中男女分工不平等,男性控制了私人和公共旅游部门的大权,而女性通常是旅游"第一线"的最适宜人选,甚至把女性卖淫作为旅游吸引物合法化。②

总而言之,以美国为代表的旅游政治学研究虽然取得了初步性成果。然而,研究力量薄弱、研究范围狭窄、成果数量不多以及研究深度不够等问题的存在,毫无疑问是制约当前旅游政治学学科体系发展的重要瓶颈。

---

① Leheny, D. (1995) A Political Economy of Asian Sex Tourism, *Annals of Tourism Research*, 22(1): p. 367–388.
② [美]琳达·里奇特:《在旅游研究中关于性别、政治作用的探讨》,见《全球旅游新论》,第376—388页。

冲突管理的东盟方式

唐志明

(贵州民族大学旅游与航空服务学院　贵阳　550025)

【摘　要】如何有效预防和解决国家间的冲突,维护地区及全球的和平与稳定,这一直是战后国际社会和区域主义实施冲突管理的基点与诉求。东盟根据《联合国宪章》、万隆会议精神和其他国际法基本准则,结合东南亚国家的冲突管理实践,制定和实施了一套被誉为能够体现东盟方式基本特性的冲突管理模式。本文主要考察国际冲突管理的理论分析框架,东盟冲突管理的基本原则、冲突类型及其管理方法,以及后冷战时代东盟冲突管理所面临的挑战。

【关键词】冲突管理;国际冲突;东南亚;东盟方式

　　冲突与合作是国际关系的两种基本状态。相对于合作而言,冲突对人类社会所造成的破坏性和危害性更容易引起人们的关注与深思。借助各种手段对国际冲突进行有效控制和管理,防止冲突的爆发、扩散和升级,促进冲突的最终解决,维护世界和平,不仅是联合国的重要使命,也是包括东盟在内的区域主义的一项基本诉求。

　　从东盟成立的初衷和整个历史发展进程来看,如何有效预防、控制和解决成员国内部及成员国之间的冲突,促进东南亚地区的和平、稳定、发展与繁荣,这一直是东盟的核心诉求,它在《联合国宪章》、万隆会议精神及其他国际法准则的基础上,根据东南亚地区冲突的实际,结合东南亚国家的冲突管理经验,创制了一套被誉为能够体现"东盟方式"基本特性的并与东南亚政治特点相适应的冲突管理模式。这种模式不仅为东盟为政者

[作者简介]唐志明(1965—　),男,博士,贵州民族大学旅游与航空服务学院教授。

所推崇,而且为学界所关注①。国内在这方面的既有研究基本侧重于东盟处理内部争端的普遍性原则与方式,重点是在不干预原则,而对东盟冲突管理体系的历史叙事及一些典型性争议事件处理的手段、进程和结果等方面的立体式关注明显不足,鉴此,本文将依据国际冲突管理理论对东盟冲突管理基本原则与方式进行历时性梳理,并对其所面临的挑战或困境作进一步的探析。

一、国际冲突管理的理论分析框架

冲突是一个具有不同学科内涵的多义词。从社会学角度说,冲突泛指"某一可认同的人群(不论是部落群体、种族群体、具有相同语言的群体、具有相同文化的群体、宗教群体、社会经济群体、政治群体还是其他群体)有意识地反对一个或几个其他可自我认同的人群,原因是它们追求的目标相互抵触或看上去相互抵触"。[1]在国际政治学语境中,冲突是指具有不相容目的的国家之间的一种状态。国家利益或目标的对立是国际冲突的最基本表征。

国际冲突管理是综合运用外交、经济和军事等手段,对冲突进行控制和处理的行为。现代国际冲突管理思想萌发于文艺复兴时期,而《威斯特伐里亚和约》则开创了国际冲突管理程序化、制度化之先河。

国际冲突管理不同于一般意义上的"管理"。由于在国际冲突管理过程中存有大量的不可知与不确定性因素,因此,它不能像一般意义上的"管理"那样能完全按既定的计划有序进行。要有效控制冲突的爆发和升级,尽可能以非暴力方式解决冲突问题并不是一件容易的事情。当代国际政治学之所以成为一门显学,其中的一个重要原因就在于它对人们普遍关注的国际冲突管理所进行的不懈探索。有的学者主张,要从根本上使冲突消除,必须从源头着手,为此,"原罪说"、"权力冲动说"、"自然状态说"与"人性本恶说"等范式应运而生。不过,这些主张过于抽象,理想主义色彩过浓,缺乏可操作性。有的学者则提出,实施冲突管理需要一个既使用权威又使用民主的决策程序,在此环境中使决策者做出一个富有弹性但又极具力度的决定的管理模式[2]。联合国、欧盟与东盟等国际

---

① 国内外学术界关于这方面的研究主要可参考:Ramses Amer, "Conflict management and constructive engagement in ASEAN's expansion", *Third World Quarterly*, Vol. 20, No. 5, 1999; Kamarulzaman Askandar, Jacob Bercovitch and Mikio Oishi, "THE ASEAN way of conflict management:old patterns and new trends", *Asian Journal of Political Science*, Vol. 10, No. 2, 2002; Jürgen Haacke, "The concept of flexible engagement and the practice of enhanced interaction:intramural challenges to the 'ASEAN way'", *The Pacific Review*, Vol. 12 No. 4, 1999; Rajshree Jetly, "Conflict management strategies in ASEAN:perspectives for SAARC", *The Pacific Review*, Vol. 16 No. 1, 2003; Mely Caballero – Anthony, "Mechanisms of dispute settlement: the ASEAN experience", *Contemporary Southeast Asia*, Apr1998, Vol. 20 Issue 1; Ramcharan Robin, "ASEAN and non – interference:a principle maintained", *Contemporary Southeast Asia*, Apr2000, Vol. 22 Issue 1; John Funston, "Principle of non – intervention:practice and prospects", ISEAS paper, No . 5 March 2000; Hoang Anh Tuan, "ASEAN dispute management:implications for Vietnam and an expanded ASEAN", *Contemporary Southeast Asia*, Apr1996, Vol. 18 Issue 1; Mely Caballero – Anthony, "*Regional security in Southeast Asia:beyond the ASEAN way*", ISEAS Publications, Singapore, 2005; 曹云华:《论东盟的内部关系－东盟区域一体化的发展及主要成员国间的关系》,载《东南亚研究》,2006 年第 5 期;王小民、刘长安:《东盟不干涉内政原则:过去和未来》,载《东南亚研究》,2001 年第 1 期;杨光海:《东盟处理内部争端的原则、渠道和方式》,载《东南亚研究》,1999 年第 3 期;王小民:《东盟不干预原则的演变:从不干涉内政到加强相互影响》,载《东南亚》,2000 年第 2 期;[加拿大]阿米塔·阿查亚著:《建构安全共同体:东盟与地区秩序》,上海人民出版社,2004 年。

组织在冲突管理方面的各种尝试和努力就是属于这种模式。

国际冲突既可由利益选择的客观事实所引起,也可由决策者的错误知觉而产生。因此,在国际冲突管理决策中,代表国家和国际组织的决策者应把握好慎用武力、适时让步、有效沟通、遵循国际法等原则[3],尽可能减少因决策失误而导致对冲突管理的不利局面。

冲突的发展过程,实际上也是冲突各方试图实现既定利益和目标的过程。它大致可以分为四个阶段:非冲突阶段、早期冲突阶段、潜在冲突阶段和冲突公开化阶段。冲突避免、冲突预防、冲突解决或冲突消除是冲突过程中冲突管理的三种主要方式。所谓冲突避免,是指用于回避目标不相容情况发生的各种方法;冲突预防,是指在目标不相容的冲突形势出现后一切用以防止恶性冲突行为发生的手段;冲突解决或冲突消除,是指在公开冲突阶段任何旨在化解和消除恶性冲突行为的方法。我们既可以把冲突避免、冲突预防、冲突解决或冲突消除视为一种静态操作技术,也可以把它们视为动态的管理过程。但不同阶段所采用的冲突管理战术是不一样的[4]。

表1 冲突发展的阶段和冲突管理的主要方式

管理方式	适用阶段	表现形态	管理目标	管理战术
冲突避免	非冲突阶段	客观上存在不相容目标	确保引起目标不相容的形势不要发生	①提供足够的所需资源或名誉地位;②通过价值重构,减少或分流个人和群体对稀缺资源的需求与竞争程度。
冲突预防	早期冲突阶段;潜在冲突阶段	认识到不相容目标存在	确保冲突形势不导致恶性的冲突行为	①冲突调整:在可接受的规则下缓和与化解冲突形势;②冲突压制:以强制或威胁性手段制止恶性的冲突行为发生。
冲突解决			通过和解、调解、斡旋、仲裁和使用武力,结束冲突行为。	①自愿和解;②第三方介入,包括调解、斡旋、仲裁和使用武力等。
冲突消除	冲突公开化阶段	冲突行为	冲突各方对价值、目标、心态和行为等进行调整,发自内心地支持冲突的解决。	多渠道沟通

冲突管理涉及三个基本因素:(1)暴力与强制,包括物质上和心理上;(2)第三方介入,包括调解、斡旋、仲裁和使用武力等;(3)不同形式的讨价还价,主要表现为说服、许诺、威胁、施惠和使用武力等[5]。

二、东盟冲突管理的基本原则

东盟被国际社会公认为是发展中国家控制和处理冲突最成功的地区之一。自《曼谷宣言》发表以来,尽管东盟成员国之间小摩擦不断,但从未发生过任何武装冲突。东盟主义者往往对此津津乐道,赞不绝口。马来西亚前总理马哈蒂尔是这样评价东盟对冲突管理作用的。他说:每当在骚乱、抗议、冲突,有时甚至是暴力冲突出现的关键时候,东盟发挥了如此重要的作用,以至使一个在历史上从未进行过合作的区域变成了一个和平与繁荣的合作性地区[6]。相互尊重、互不干涉、灵活务实是东盟实施冲突管理的根本出发点。《东南亚友好合作条约》明文规定:"深信缔约国之间分歧和争端的解决,应当按合理、有效和充分灵活的程序来处理,避免可能危及或妨碍合作的消极态度。"[7]

东盟同其他区域主义一样,总是把促进域内安全作为一体化路线图的基本诉求。东南亚素有"东方巴尔干"之称,民族矛盾、宗教冲突、文化差异、政治分歧与经济差距随时都有可能点燃这个火药桶,从而危及东南亚地区的和平与稳定。三十多年来东盟一直在遵循《联合国宪章》、万隆会议精神和其他国际法准则的基础上,结合本地区冲突管理实践与不断变化的情势,积极探索一条适合东盟实情的动态冲突管理模式和基本原则。

表2 东盟的冲突管理原则及其在基本文献中的相应表述

基本文献名称 及其通过时间	对冲突管理基本原则的相应表述
《曼谷宣言》 (1967年)	加强团结、平等合作;互相谅解、睦邻友好;保障各成员国免遭外来干涉,维护它们的民族特性;维护正义、法治和遵守《联合国宪章》。
《和平、自由和中立区宣言》 (1971年)	互利合作;反对外来干涉,维护民族特性,确保国家的自由、独立和领土完整;遵守《联合国宪章》。
《东盟第一协调宣言》 (1976年)	互利合作;消除颠覆活动对东南亚稳定所造成的威胁,增强东盟的抗御力;民族自决;主权平等;互不干涉内政;尊重所有其他国家。
《东南亚友好合作条约》 (1976年)	各国相互尊重彼此的独立、主权、平等、领土完整和民族特征;每个国家有权保持其民族生存不受外来的干涉、颠覆或压力;互不干涉内政;用和平手段解决分歧或争端;放弃使用武力或武力威胁;在缔约国家内实行有效的合作。
《东盟远景2020》 (1997年)	增进合作;平等互敬;以和平方式解决各种争端;东盟地区论坛是解决争端的一种有效方式。
《东盟第二协调宣言》 (2003年)	遵守《联合国宪章》和其他国际法基本准则;不干涉内政;协商一致;增强国家和地区的抗御力;尊重国家主权;放弃威胁和使用武力;和平解决分歧与争端。

东盟建立的一个重要性战略目标虽说是要促进东南亚地区的和平与稳定。但《曼谷宣言》并没有对如何实现此目标作一些特别规定,只是强调"希望本着平等和伙伴关系的精神为促进东南亚的区域合作而奠定共同行动的坚实基础,从而对本地区的和平、进步和繁荣做出贡献……在本地区的国家关系中,通过坚持不懈地维护正义和法治以及遵守

联合国宪章的原则,来促进区域和平及稳定"。[8]难怪有学者认为,东盟对成员国之间社会和经济合作促进的关注甚于冲突管理[9]。因为按照新功能主义一体化理论的外溢逻辑,冲突管理属于高级政治范畴,在区域一体化初始阶段,只能选择政治敏感性低的经济和社会领域作为区域一体化的突破口,然后通过其外溢功能,实现政治一体化,把冲突管理纳入政治制度安排的框架中。

1971年的《和平、自由和中立区宣言》再次重申《联合国宪章》与万隆会议精神,强调东盟五国要"尽一切必要的努力赢得外部大国对东南亚作为一个和平、自由和中立区的承认和尊重,并摆脱外部大国对东南亚的任何形式和方式的干涉",以便实现"东南亚地区的持久和平"。[10]历史证明,外部大国对东南亚事务的干涉往往是导致东南亚冲突的一个重要因素。《和平、自由和中立区宣言》实际上是要求东盟国家采取共同行动,尽一切努力避免大国对东南亚事务的干涉,同时东盟亦不卷入大国之间的竞争。严格说来,它并不是东盟各国内部之间冲突管理的纲领性文献,而是对外关系的一种战略罢了。1976年《东南亚友好合作条约》和《东盟第一协调一致宣言》的签署,表明东盟的角色定位已经明确,其冲突管理能力得到显著增强。这两个文件的签署,标志着东盟的冲突管理体系初步形成。

《东南亚友好合作条约》规定,东盟缔约国应当以下列基本原则处理国家间冲突和国家内部冲突:(1)各国相互尊重彼此的独立、主权、平等、领土完整和民族特征;(2)每个国家都有权保持其民族生存不受外来的干涉、颠覆或压力;(3)互不干涉内政;(4)用和平手段解决分歧或争端;(5)放弃使用武力或武力威胁;(6)在缔约国家内实行有效的合作[11]。

《东盟第一协调一致宣言》强调通过政治、经济、社会、文化和安全等事项加强东盟成员国之间的合作,以便创造和平稳定的地区环境,尽快地用和平手段解决地区内部的争端[12]。

《东盟远景2020》和《东盟第二协调宣言》除了重申前几个文件中冲突管理的基本精神外,还逐渐将原本属于非正式性范畴的东西,如协商一致、第二轨道外交等以法律的形式确认下来,并力求通过以增强国家和地区抗御力的方式来规避、预防和解决东盟地区的各种冲突。这表明东盟对冲突管理体系的认知已日渐成熟。

非正式性、非对抗性、协商一致是东盟方式的基本内涵,它决定着东盟冲突管理的形式和内容。但是东盟冲突管理的表现形态并非仅限于非正式性,而是非正式性与正式性的有机结合。所谓正式性,是指以宣言、条约、协定和议定书等法律形式对冲突管理规范所作的一般性规定,而非正式性,则是指官方文件没有载明却又在冲突管理实践中灵活运用的行为准则,它包括克制、责任心、忍耐、协商一致、尊重不同传统在内的东盟价值观等。非对抗性,是指东盟主张以和平方式解决内外部争端,建立一个和平、自由、中立、无核、稳定与繁荣的东南亚。协商一致表明,东盟不是以表决制的形式,而是通过协商,所有成员一致同意的一种决策方式。建设性、自主性与和平性管理地区冲突的构想,不仅体现在东盟的官方文件中,而且存在于非正式性场景中。适时用第一轨道外交和第二轨道外交交替处理成员国间的冲突问题,是东盟冲突管理的一大特色。与欧盟相比,东盟在冲突管理方面只存在主权汇集,而不存在主权委托。

为了把冲突管理落到实处,东盟还创设了首脑峰会、外长会议以及高官会议等一系列执行机构,有时一年内这些机构的会晤竟高达230次之多,尚不包括双边处理边界问题和军事合作的联合委员会的接触。冷战结束后,东盟利用美苏在东南亚对峙局面消失,世界和亚太正在走向多极化以及大国间的相互制衡,积极推行大国平衡战略,把世界和亚太有影响的国家纳入东盟编织的网中,如借助与对话伙伴国会议、亚太经济合作组织、东盟地区论坛和亚欧会议等,树立东盟在亚太事务处理中的主导权,进而消除因外力作用而引起东南亚地区冲突诱发的各种因素。

三、东盟的冲突类型及其管理方法

东盟成立以来,随着国际体系和东南亚地缘政治的变化,东盟的冲突类型及其管理方法也在发生变化。从冲突的主体属性来看,东盟的冲突可以分为国家间冲突和国内冲突两种,而后者又可以分为国家建构中的冲突和革命性冲突。就历时性而言,东盟的冲突可以分为冷战和后冷战两个时期。对由西方列强不顾东南亚民族、宗教和语言差异而人为划界所引起的国家间冲突,东盟的态度是本着相互尊重彼此的独立、主权、平等、领土完整之精神,以和平方式解决国家间冲突。

表3 东盟地区国家间冲突[13]

国家之间	问题	结果	冲突管理
马来西亚-菲律宾:沙巴要求 (Sabah Claim,1963/1968至今)	领土	未解决	东盟协调、克制、双边谈判
马来西亚-泰国:疆界争端 (Border dispute,20世纪50年代后期至今)	领土	未解决	克制、双边谈判
马来西亚-印度尼西亚:相互对抗 (Konfrontasi,1963~1966年)	领土 意识形态	解决	领导层更换
印度尼西亚-新加坡:两名印尼船员被新加坡处绞刑事件 (Officer hanging incident,1968年)	间谍	解决	克制、东盟协调、双边协商
菲律宾-新加坡:菲律宾女佣被新加坡处死刑事件 (Flor Contemplacion Affair,1995年)	法律纠纷	解决	克制、东盟协调、双边协商
文莱-马来西亚-菲律宾-越南:南沙群岛 (Spratly Islands,20世纪50年代末至今)	领土	未解决	克制、双边和东盟协商
马来西亚-新加坡:普蒂岛/佩德拉布朗卡岛之争 (Pulau Batu Putih / Pedra Blanca,20世纪至今)	领土	未解决	克制、国际法庭

分裂主义运动是东盟创始成员国的一种普遍政治现象。它的产生一般与某一群体的共同认知、语言、宗教、文化、经济和政治遗产有关。其中较典型的有泰国南部的穆斯林运动,菲律宾南部的摩洛民族解放阵线,印度尼西亚的西巴布亚、亚齐和东帝汶。尽管当事国采取了镇压、安抚、国家一体化方案等政策,效果并不理想,除东帝汶外,其他冲突

至今均未得到解决。不干涉主义是东盟成员国相互间处理分裂主义运动的核心原则。

表4 东盟国家建构中的冲突[14]

国家建构	问题	结果	冲突管理
泰国:南部 (1967年至今)	社会-政治、分裂、独立	未解决	政府镇压
菲律宾:棉兰老岛 (1970年至今)	社会-政治、分裂、独立	未解决	政府镇压、安抚政策
印度尼西亚:亚齐 (1989年至今)	社会-政治、分裂、独立	未解决	政府镇压
印度尼西亚:西巴布亚 (1965年至今)	社会-政治、分裂、独立	未解决	政府镇压、国家一体化方案和乡村发展
印度尼西亚:东帝汶 (1975~2002年)	社会-政治、分裂、独立	解决	政府镇压、国家一体化方案

四、东盟冲突管理面临的挑战

尊重主权与领土完整,互不干涉内政,以非武力方式解决争端,协商一致,求同存异,是东盟解决成员国间冲突以及成员国内部冲突的基本原则与精神,其中互不干涉是核心。不干涉有两层含义:一是东盟成员国之间互不干涉;二是不容许外部大国干涉东盟事务。在操作方法上,东盟不干涉原则强加于其成员国的主要义务是:(1)禁止对成员国政府对待其人民的行动进行批评,包括违反人权的行动在内,禁止把国家的国内政治体系和政府风格作为决定东盟成员国资格的基础;(2)批评被认为是侵犯了不干涉原则的行为;(3)禁止为反对任何一个成员国中央政权的反叛者提供庇护和支持;(4)对成员国开展的反对颠覆性和破坏性的行动提供政治支持和物质援助[15]。冷战时期东盟各成员国基本上都能对域内冲突保持自我克制,协商解决,不诉诸武力,反对把冲突国际化。

冷战结束后,由于世界和亚太政治格局的根本变化,东盟国家对冲突管理的内涵、原则与方法逐渐产生了分歧,冲突管理的东盟方式的基本属性面临前所未有的挑战,主要原因在于:大东盟建立所带来的经济与政治多样性的扩大,经济危机中各成员国对风险规避的诉求,以不干涉主义为核心构建东盟冲突管理框架所表现出来的滞后性,以及冲突国际化的发展趋势。

美苏对抗的消失和两种意识形态较量的弱化,不仅减弱了东盟对西方大国的依附性,而且大大减轻了东盟对意识形态和多米诺效应的种种顾虑。建立一个包括东南亚十国在内的大东盟,被东盟国家领导人认为是促进东南亚地区安全和实施大国平衡战略的又一重要力量。越南、老挝、缅甸和柬埔寨相继被吸纳为新成员,极大地加剧了东盟内部政治与经济发展的不平衡性,加重了协商一致的难度,降低了冲突管理的效能。

由亚洲金融危机对东南亚地区肆虐所引起的东盟内部的紧张状态被证明是对东盟

冲突管理规范的又一个挑战。这种状态在新加坡与马来西亚和印度尼西亚的关系中表现得更加明显。新加坡给印尼50亿美元的援助,并不能阻止哈比比总统和李光耀总理之间的唇枪舌战。马来西亚由于得不到新加坡的援助,撤出了与新加坡联合军事演习计划,宣布所有在马来西亚国内生产的货物都必须通过马来西亚自己的港口和机场出口,把矛头直指新加坡,甚至还暗示希望从新加坡一点点地收回它们的领土。

客观而论,冲突管理的东盟方式在冷战时期对东南亚的和平、稳定与繁荣具有一定的贡献,特别是国家间的冲突,有的已得到妥善解决,有的尽管还没有得到根本解决,但至少可以控制在不爆发的状态中。后冷战时代,面对缅甸人权问题、柬埔寨危机与东帝汶问题,一向崇尚不干涉主义的东盟地区主义似乎显得有些无能为力,成为影响东盟同美国、欧盟和日本等西方主要大国关系的致命性因素,进而影响到东盟大国平衡战略的实施效应。

冲突国际化是后冷战时期国际冲突管理的基本趋势。人权与民主、冲突溢出效应和环境危机通常是造成东盟成员国内部冲突国际化,进而对东盟不干涉规范构成挑战的重要变量。在东盟与外部世界的接触中,人权与民主问题一直是其不得不涉及的问题。美国和欧盟对东盟国家人权与民主状况的挑衅,联合国对地区冲突人道主义干预的普世化,使一向坚持以国家主权高于一切的东盟左右为难。此外,一个国家的内部冲突对其他成员国所造成的溢出效应,如难民问题、毒品问题、恐怖主义问题等往往不是一个国家能独立解决的,需要他国的参与和配合。一个国家对环境危机管理的不力,极易造成邻国间关系的紧张。1997年印尼的森林大火使新加坡和马来西亚充满了愤怒。

表5 近年来东盟的冲突及其管理[16]

新趋势(类别)	问题	结果	冲突管理
缅甸军人政变 (1988年至今)	民主运动、民族和解	未解决	镇压、西方的经济制裁、东盟的建设性接触与调解
柬埔寨危机 (1997~1998)	联合政府的瓦解	解决	西方的经济制裁、东盟与日本的调解、普选
印尼森林大火 (1997年至今)	烟雾扩散	未解决	多边讨论、要求印尼在预防森林火灾加大与邻国合作并对受害国进行赔偿
马来西亚安瓦尔事件 (1998年至今)	政治竞争	未解决	镇压、个人意见表达与东盟抑制
东帝汶危机 (1999~2002年)	社会-政治、分裂、独立	解决	联合国干预

冷战期间东盟国家间关系的稳定在很大程度上取决于东盟的奠基者们对东盟所确立的互不干涉内政原则的共识。进入20世纪90年代后,新的一代领导人开始崛起,由于成长环境不同,他们对互不干涉内政原则的认识也与其前辈们有所不同。他们提出应该依据新的环境变化,重新认识互不干涉内政原则,并提出了"建设性干预"(Constructive

Intervention)和"灵活接触"(flexible engagement)等设想,防止冲突的外溢效应和国际化对东盟所带来的消极影响,确保东盟在世界和亚太事务中的主导权。可以说,尽可能化解经济危机、政治危机和环境危机中可能出现的各种争端,加快新老成员国在冲突管理中的一体化建设,积极参与冲突管理的国际合作,重新认识东盟现有的冲突管理原则、机制、模式和方法,适时建立一套灵活、务实、高效的冲突管理体系,是东盟未来冲突管理改革的基本方向。

[参考文献]

[1] [美]詹姆斯·多尔蒂,罗伯特·普法尔茨格拉夫.争论中的国际关系理论.阎学通、陈寒溪等译.北京:世界知识出版社,2003.

[2] [美]罗伯特·希斯.危机管理.王成等译.北京:中信出版社,2001.

[3] 丁邦泉主编.国际危机管理.北京:国防大学出版社,2004.

[4] 胡平.国际冲突分析与危机管理研究.北京:军事谊文出版社,1993.

[5] 陈汉文编著.在国际舞台上.成都:四川人民出版社,1985.

[6] Hashim Makaruddin, ed. , *Reflections on Asean: Selected Speeches of Dr Mahathir Mohamad Prime Minister of Malaysia*, Subang Jaya, Selangor Darul Ehsan, Malaysia, Pelanduk Publications(M)Sdn Bhd, 2004, p. vii.

[7] 东盟秘书处网站 http://www.aseansec.org/1217.htm

[8] 东盟秘书处网站 http://www.Aseansec.org/1212.htm

[9] Ramses Amer, "Conflict management and constructive engagement in ASEAN's expansion", *Third World Quarterly*, Vol. 20, No. 5, 1999, p. 1051.

[10] 东盟秘书处网站 http://www.aseansec.org/1215.htm

[11] 东盟秘书处网站 http://www.aseansec.org/1217.htm

[12] 东盟秘书处网站 http://www.aseansec.org/1216.htm

[13] Kamarulzaman Askandar, Jacob Bercovitch and Mikio Oishi, "The ASEAN Way of Conflict Management: Old Patterns and New Trends", *Asian Journal of Political Science*, Vol. 10, No. 2, 2002, p. 27.

[14] Kamarulzaman Askandar, Jacob Bercovitch and Mikio Oishi, op. cit. , p. 23.

[15] [加拿大]阿米塔·阿查亚.建构安全共同体:东盟与地区秩序.王正毅、冯怀信译.上海人民出版社,2004.

[16] Kamarulzaman Askandar, Jacob Bercovitch and Mikio Oishi, op. cit. , p. 37.

从社会学和旅游管理体制双纬度解析旅游中的社区参与

——以贵州西江千户苗寨为例

薛玉梅

(贵州民族大学旅游与航空服务学院 贵阳 550025)

【摘 要】 社区参与是人类呼唤人文精神、社会和谐的产物。在旅游体制转型的厚实背景下,社区参与以其字面表象仓促上阵,在市场经济中,社区参与的践行力度不够。西江"家庭博物馆"这一政府主导的福利性社区参与,打开了在福利的公平与获利中唤醒古老民族村寨的民族认同与自尊的思路。诚盼求索理论与实践,得以在旅游经济发展中回归古民族村寨的人文和谐,积极建构社区参与在旅游中的社会学原创内涵。

【关键词】 关键词:社区参与;福利性社区参与

人类社会在艰辛奋斗的历史累积中,似乎经历了两次选择:一次是从社区到社会,另一次是从社会到社区。第一次选择是为了振兴经济,加速物质发展。在其后追求财富聚集的若干年间,造就了一边是物质的熠熠生辉,而另一边是贫穷的遍体鳞伤,两相辉映更加剧社会物化发展,人性情欲化发展,物的法则、经济的理性法则肆虐了人的法则[1],人们开始感受到了社会在追求现代化物质高度发展的同时,人性被从中剥离,人们在享受的同时,也在经受失落。人类开始了第二次选择①:从社会到社区。人们需要一个相互依偎、相互信任、相互付出、同生共荣的人际纽带,充满开明祥和、公平正义的人文环境。社区就是这样一个在人类前行与反思中的呼唤与回归。然而,时代已经进步,社区不能仅仅作为社会人性化、人本化的朴素代言物,而是要作为高一级的能够充分自我给氧这样一个地缘活体出现,社区应犹如人体造血干细胞,能够输出生命的能量,既能够满足社区成员的心理需求,造就人本化的和谐社区,自身又要能够具有创造财富的活力,促进社会经济、生产力的继续前行,因为社会的发展已经历物质与精神的不平衡,不需要又一次经历精神与物质的不平衡,社区的建设与发展,需要在丰裕的物质财富积淀中才能完成高科技背后的人性和谐的寻求。如果说西方发达社会向社区的回归是一种物极必反的被动反应,那么中国社区建设则是在认清西方发达社会发展弊病后的自觉选择。但是,中国社会社区化的发展是困难的,中国社会陷入了经济功能急剧膨胀与社会立法和社会福利制度建设相对滞后所造成的社会功能严重空缺的不对称情况,并承受着由此带来的

[作者简介] 薛玉梅(1971—),女,汉族,贵州民族大学旅游与航空服务学院副教授,主要研究方向为旅游心理学。

"相对剥夺"、人情冷漠、社会犯罪、精神匮乏和道德衰微等系列社会问题[2]。立足特有的民族文化渊源,中国社区发展需要在权利重组、机构重组、资源重组、理念重构的氛围下,科学调动、组合社区的各个要素参与社区建设,共谋社区的发展,激活社区的生命与能量,在真实、全面的社区参与中获得社区物质经济的发展,同时满足社区居民的心理需求,构建高科技、财富、人文关怀并行的和谐社区。社区参与因时务之需出现在社会学视野下,并被贴切地界定为:为了自身的发展而在外界指导下主动寻找适宜的发展道路,为此,在一定地域下共享公共基础设施、心理上紧密相连的人自愿以各种方式、强烈的责任感与热情融入并寻求发展。

但是,当社区参与从社会学视野走入旅游经济发展中时,其本身的深刻内涵却发生了巧妙的移花接木。旅游目的地政府为发展经济,往往吸纳企业资金入驻当地,当地居民作为资源持有者,起初因观念、资金的贫乏,无意也无力将持有物转化为旅游吸引物,此后,当目睹其原生的代代传承的资源在旅游带来的经济效益中被解读为一种资本,在强势文化的侵袭与藐视中被解构,又因经济的注入而被资本持有者们重构,他们的意识在贫穷中猛然觉醒,逐渐为归属自己的自身资源在这种任意解构与重构的经济获益中,深感不平。于是,社区参与因其字面的含义而被纳入旅游发展的进程,但是,作为一种能够从根源上解决因获益不均而带来的不得不面对的投资者、政府、当地居民之间矛盾的有效手段,被认定为能够缓解弱势与强势、资源持有者与获益者、被主导者与主导者之间矛盾的一个具有相当效能的过程。然而,实际上,社区参与并没有使预期得以实现,当地居民——资源持有者们并没有真实地成为获益人,即便是在一些起步较早、社区参与相对较成熟的旅游地,当地村民仍然始终没有放弃出外打工能获利更多的念头,这在很多案例研究中已经得到证实,究其原因:一是当地村民的社区参与程度不深;二是旅游淡旺季明显,使旅游始终只能作为当地村民田间劳作的额外附加值,并没有成为村民可以赖以为生的主要经济来源。

参与程度不深,其后有诸多深刻的根源,不应该淡忘它与中国旅游业从起步到作为经济产业发展的历史脉络存在着的千丝万缕的联系。在旅游尚未进入人们的视野,中国的各种相关资源一直"养在深闺人未识",因其自身资源属性被分属于各相关的政府职能部门,能算得上旅游的仅限于当时政府事务往来的一些接待。当发达国家社会的多元发展,社会物质财富积累到一定程度以后,旅游作为各种社会需求与个体需求在一定的天时地利中相互碰撞的产物,确实富有给地方政府创造财富的特征。当大家放眼望去,发展中国家纷纷获得了在自己土地上发展经济、创造财富的新思路,开始展望旅游,尤其对于靠偏远贫瘠无力的土地而又再无所依的少数民族山村,更是如此。与大环境接轨,应新产业之需,中国各级政府成立了最初负责管理旅游的职能部门,在一些地方上,这类职能部门命名为旅游管理委员会,与此同时在政府努力协调下,把一些认为可以作为旅游景点的资源从有关所属部门划出,归入旅游部门,因为利益介入其间,曾经司空见惯的资源,即将会成为旅游经济的发源点,初生但已经足见可爱的婴儿炙手可热,但作为一个新的产业,独立的旅游职能部门势在必行,因此,这样一个并不简单的过程在政治力量下得以不同程度地完成,但在资源盘根错节的所属关系中,经济利益隐患蛰伏其下,与此同时,旅游管理委员会破冰前行,开始了最初的具有本土韵味的旅游市场运作,因为经验不足,可供借鉴的本土先行者不多,所以起初的旅游经营似乎主要是围绕门票展开。因为其时旅游业刚刚抬头,受社会政治、经济整个大环境良好发展的影响,其后旅游态势勃然发展,地方旅游局正式出现。也是在逐渐壮大的经历中,旅游局不得不开始认真思索资源开发、设施建设、旅游经营等话题。如果说在旅游起步之初,旅游局的成立与发展催生了旅游的强劲态势,那么,伴随着旅游的一路前行,旅游局的管理模式逐渐在实践中显现出捉襟见肘的被动一面。首先,历史赋予的隐患始终若隐若现,比如:某些地方,自然植被景观资源划属园林局管辖,水源景观划属水利局管辖,在旅游经营过程中,需要不断与相关部门协调,取得相应的支持。与水利局协调,水库可以开闸放水,增加景点观赏指数;与园林局协调,可以因需要进行个别树木的适当修剪。小心翼翼的背后,是因利益、观点分歧,部门间的摩擦一直处于潜伏之势,稍有不慎,一点即燃。其次,旅游局作为政府的职能部门,需要妥善应对较多的人情关系,不可避免地出现较多的"免单旅游",不利于地方经济的发展。最后,资金匮乏横亘在旅游发展的面前,即便是可以获得银行贷款的支持,部分地方旅游局担心作为政府部门直接经营旅游产业,其间如有纠纷,恐于政府形象不妥。基于这些原因,旅游以待发之势,难以向前大步跃进。

  因地域特征不同,经济发展不同,文化背景不同,地方政府尝试各具特色的旅游管理形态的转变。一种是:政府开始向外界寻求资金支援,主要是企业合作伙伴,在企业资金加盟的同时,政府以一定的条件向企业转让旅游景区经营权,政府负责景区具体经营以外的宏观事务。这种模式在中国乡村旅游中也较为普遍,企业运作既有利于市场的拓展,又使旅游部门从一系列矛盾、人情、资金困扰中解脱,进行宏观调控与政策管理,同时,政府从经营权转让中持续地获取经济利益,谋求地方经济的发展,有效解决旅游发展中政府所面临的一些尴尬。这种典型的"政府 + 企业"模式,在某些地区,因为村民土地被征拨用于景区基础设施建设或涉及村民利益或村民作为某种资源的持有者等原因,一般会带有政府的一个附加条件:解决或部分解决当地村民的就业问题。因此,这个模式通常又会变成"政府 + 企业 + 村民(村民组织)"。因为所处的地域不同、旅游发展的阶段不同、政治经济因素不同,面临的问题也不同,另一种旅游管理形态——政府完全主导,仍然发挥着较好的作用,寻求资金援助与谋求旅游发展均由政府完成。

  这两大类旅游经营管理模式都打上了浓厚的中国烙印。中国数千年的华夏文明充满了君主崇拜、权威崇拜、土地崇拜,历史的渊源使居住在这片土地上的人们具有一种依赖与服从,一个习惯于做顺民的百姓是较难应对一个民主化政府的,所以旅游发展顺理成章仍为政府主导。同时世代囿于土地的人们,小农意识强、追求眼前利益,注重短期成效,最终导致全民参与意识低,参与的政治平台与制度不健全。此外,也因为同一地缘的历史文化积累,农民一词代表的不仅是地域上的区别,而且是一种身份的象征[3],一种文化、政治、经济的都处于弱势的象征,他们不是往往容易被忽略,而是注定要被忽略。所以,在发展经验不丰富的情况下,旅游仓促上阵,在第一种类型中,导致了政府、企业与当地村民之间出现了难以避免的若干刚性矛盾——当地村民被忽悠了自己拥有资源的知情权,当地村民拥有的潜在经济价值在转向旅游经济的过程中,以极低的经济获利或者说干脆被拒之于门外的方式被掠夺等,社区参与于是在这样的矛盾情景下介入。但是,即便是在两类旅游管理模式中,社区参与仍然停留在浅层,并未表现出其作为解决矛盾的手段的有效性。一是:社区参与多是为解决矛盾,取其字面含义而被引入或在某些旅游初始地是作为一个耳熟能详的词语被援引,是来自社会学的舶来品,其含义浸润在经济的功利色彩中,摒弃了社区参与的原意:社区的人们全身心投入,并在外界帮助下为寻求自身发展而寻找适宜的发展道路。在实际旅游发展中,再加之前已述及的深深根植的经济、文化成因,社区村民参与在技术上、观念上与经济上的弱小力量、被动地位和被施与昭然显示,当家做主的主动参与几成泡影。二是:旅游本身在中国肩负发展地方经济的重任,尤其在土地贫瘠无力、偏远的少数民族村寨,旅游更是被全新展望,更被视为发展地方经济的唯一路径。所以,在这些地方,更倾向于看到旅游的正效应,而忽略旅游产生的负效应,当地政府及其村民很难主动对发展旅游可能具有的风险、不良情况作出预先的评估与判断,进而权衡旅游与经济发展的利弊,出台相应的旅游发展政策,因此,导致在旅游发展中多是"出现问题就应对问题、解决问题"的局面,很难谈得上主动,使以文化的尊重、保护、诠释为代表的和谐人文环境难以作为旅游发展的议程,主动出现在旅游发展的蓝图下被民族自尊、被民族自豪主动谋求、主动建构,进而阻碍了在创造旅游经济的同时,合情合理地以本地区本民族特有的文化特质或资源特质营造旅游特色,进一步创建地方民族的尊严与自豪。在旅游经济中阐释接受、欣赏与尊重,驱除所谓的强势文化与弱势文化之分,凸显旅游经济环境下的人本精神,剥离尤其贫穷村寨作为旅游环境下新型殖民地的存在,这才理应是社会学视野下的社区参与和发展。但是,不得不面对的感伤是在经济贫困之地,首当其冲是经济、是物质财富,生存有盈余时,才会出现给以社会公平正义的福利[4],当福利将人们从生活的桎梏下解脱时,人性才会出现回归,这也是旅游地村民在旅游发展中,不知不觉去迎合外来旅游者,逐渐失去自身持有物的原因,这其间折射出的应该是值得人同情的一面和需要帮助的一面,这种帮助还更需要来自精神方面的东西,树立民族尊严与自豪感,不因经济弱势和旅游者的眼神而丧失本民族文化与精神。就这个意义上讲,贵州省的千户苗寨西江,在政府的努力与主导下,正在建立的一种社区参与新模式是值得关注的。

西江千户苗寨地处贵州省雷山县,是中国最大的苗族古寨,且是中国第一个苗族村寨博物馆,现有1 288户,5 120人,苗族人口占99.5%。苗寨占地面积61.498公顷,耕地面积3 579亩,人均耕地2.78亩。土地贫瘠,年轻人大多出外打工,守土者以务农为生,随着旅游者对古老民族的好奇与探寻,西江门户洞开,旅游渐有成效,游客量由2003年的1.35万人次递增至2006年的7.5万人次,村民人均年收入由2003年的1 390元提高到2006年的1 550元。从事苗家乐的户数从2003年的12户发展到现在的30户(正常接待);民族歌舞表演队从无到现在的2个队,共表演820余场,观众达26万人(次);民族工艺店从2003年的6个发展到现在的28个;从事旅游服务行业人员从2003年的60余人发展到现在的260余人。由此不难看出数据代表的旅游经济。西江于2003年正式授牌"苗族村寨生态博物馆",旅游正式起步发展就始于博物馆挂牌,作为露天博物馆一是跟随大流,以旅游促经济;二是为了保护遗产,但保护的初衷依然是为了更好地发展旅游,更有利于满足旅游者的旅游好奇心。当大家拭目期待旅游发展的正效应时,负效应也相伴而生。西江村民祖辈相传的物品从搁置于墙角走到了与旅游者进行经济交易的前台,经济意识在贫乏的村民中觉醒后,势不可挡,传统文化习俗也在现代文明、现代生活方式的冲击与碰撞中面临着破坏、异化、失传、流失,而且民族民间文化遗产一直处于原发状态,散落民间,没有形成规范化、系统化管理,对保护构成了难度。2007年,西江千户苗寨馆和镇政府共同在西江开展文化遗产保护评级补助试点工作,鼓励兴建家庭博物馆。苗寨馆和镇政府对农户拥有的各种民族特点的物品,包括苗族吊脚楼、传信工具(含铜鼓和木鼓)、生产工具、日常生活工具、服饰与饰品、生活技术机具、节庆道具与乐器(含芦笙和牛角)、宗教器物、丧葬用品等进行登记,成立由村民代表、千户苗寨馆人员、村干部、西江民族文化专家、民族民间手工艺代表组成的"西江千户苗寨文化遗产保护农户评级评定委员会",其成员对农户进行现场评定,综合确定参评农户级别,并报工作领导小组审批。对荣获"家庭博物馆"称号的农户依据级别颁发相应的奖金与家用电器奖励,级别分三级,奖金从1 000~2 000元不等。调查表明,当地居民的参与积极性高涨。村民争相在自己家清理一或两间房布置家庭展馆,有些条件并不完全具备的农户,则几户聚集在一起商议,优势互补,联合建立家庭博物馆,共同参与,争相参评。村民普遍认为获得"家庭博物馆"既可以得到可观的奖励,又可以增加对游客的吸引指数,更有利于做好"苗家乐",同时还可以将祖传物品传给后代。家庭博物馆挂牌实行摘牌制度。很多已经挂牌的农户享受着文化遗产保护模范户荣誉的同时,看到周围其他农户跃跃欲试,也给他们带来不容忽视的危机感,不断增加各种家藏的文化遗产,并制作标签和说明,使家庭博物馆更加规范。羊排寨的唐家是一级家庭博物馆,该家掌门人认为:以后的东西只能比现在多,才不被摘牌。在户户获益、机会均等的状态下,农户不仅生发了良好的竞争意识,而且村民脱口而出就是"文化遗产保护",也昭示着"文化遗产"概念正式在苗寨民心中扎根。

西江家庭博物馆的兴建迎来了西江欣欣向荣的曙光。竞争给以社会前行的动力,福利给以社会公平与祥和。西江全民高涨投入的社区参与,虽然经济获益尽显其间,但它与以往社区参与的利益色彩有很大的不同:西江村民的社区参与不是商业性质,而是在政府完全主导下,没有商业机构介入的村民单方获益的福利行为。虽然尚需在经济的诱导下,才能帮助当地村民在最古朴、本能的需要中意识到民族持有物的存在价值、衍生保护的行为,但显然已经在这种福利性社区参与行为中逐渐诱发了村民的本民族认同感、民族自尊感。如果回望与反思中国贫穷村落的旅游发展史,我们不难发现:由于中国贫穷的土地,尤其贵州贫瘠的土地难以提供其上的居住者充分的物质保障,因而,旅游从其根植贫穷山村的一刹那,就注定了社会发展的不平衡,贫瘠的山村没有多元的路径可供发展,除了传统农业,只有旅游,在旅游带来的商业性经济中,社区参与一直盲从于强弱之间不平等的经济利益,弱者变得更弱。强与弱是一种多层面比照的结果。村落在旅游经济没有进入其间前,或许并不以为弱,在安于现状中自我满意,在目睹旅游经济发展和弱势参与中,迅速获取了理念上、技术上、价值观上浅层的认知,然后,被现代化的物质表征吸引、说服,效仿、盲从接踵而至,毫无反抗的主动改变显然在告别原有的、现在可被视为落后的状态。但,村民尚不能加入现代文明,他们只能在自己鄙为落后的原生与企盼现代的夹缝中徘徊,真正因为在经济弱势中又再散失本民族的认同感、自尊感,而沦为名副其实的"弱势群体"、"弱势文化"。旅游发展的初衷是让人们离开贫穷,然而诸多不平衡,被视为新兴旅游殖民地的贫穷村落在物质上正在离开贫穷,但在精神上、文化上正在回归贫穷。社区参与无论在城市现代化进程中,还是在乡村脱贫致富中,都是在努力创造与社区经济发展并行的人类的公平正义、和谐安宁、互尊互爱。如果以村寨为一个社区的话,旅游作为经济手段介入少数民族村寨的发展,给他们带来了自卑、自身不认可等心理上的衰微,这是人类社会前行中不可避免的,因此,旅游中的社区参与尤其义不容辞,应肩负更高层的使命:让盲从现代化表征的村民在共融其间的参与中,找回自己民族的自尊、民族的价值观,重塑民族认同,在社会的多元发展中,屹立自己与本民族的存在,真正完成旅游创造经济,经济创造百姓安居乐业的良好效应与使命,还当地村民一个经济发展与人文和谐的村落。显然,这种重返不是在村寨城市化、现代化中回归,而是在帮助他们重新获得本民族的认同感与自尊感中,与发展经济的同时回归,最终骄傲地践行人类多元并存的道理。实践已经显示在旅游发展之初,商业运作中的社区参与因其种种前已述及的历史、体制、政治、文化等根源,似乎较难担当起这样的责任,相比之下,西江政府和村民努力共创的福利性社区参与正在开始绽放社会学视野下的原创内涵,但社区参与还意味着社区的居民共融其间、共谋自身的发展。福利在缺失雄厚的经济依托下,能走多远?如何发展经济?这依然是西江政府和村民共同面临的要务。如果说已经认清保护就是为了发展旅游,那么现在就需要谈保护如何发展旅游。西江镇政府实施的政府主导的福利性社区参与,是否也能像当年美国克林顿政府的"授权社区和事业社区",以250万或300万美元的联邦财政注入,自己翻身,在5年内引入40亿美元的公共或私人投资那样[5],能够借政府"经济支持"这颗种生子?尽管这样的类比可能是不和谐的,但发达国家和发达城市其后的社区发展思路值得深思。

旅游,尤其在贫穷偏远的山村是作为——别无选择下,再创造再挖掘自身传承的或自然或文化资源,以创造经济的一种极具内心张力的渴望的表达,这种表达塑造了人类的行为。"政府协调、引入企业"的模式中,在一定程度上解决政府所面临的困境,但在旅游经济单纯发展的同时,遗失了民族的文化、民族自尊、民族精髓,社区参与滞留于表层;西江完全政府主导下的福利性社区参与深得民意,并正在福利获益中诱发本民族的认同、自尊与文化传递,但在经济发展中底气不足、步履维艰。旅游的发展前行在两大模式或并行或融汇的轨道上,为了创造物质文明与人文关怀并驾齐驱的民族村寨,在理论尚未前行下,任何为谋求发展所作的努力与躬身实践,都是需要并值得我们热情期待,也是需要我们认真思考与努力求索的。

[参考文献]

[1][2]夏学銮.中国社区建设的理论架构探讨.北京大学学报(哲学社会科学版),2002,(1):127-133.

[3]保继刚,孙九霞.社区参与旅游发展的中西差异.地理学报,2006,(4):401-413.

[4]夏学銮.中国人价值重构规律和心理承受能力研究.中国改革,2001,(6):54-55.

[5]夏学銮.国外社区问答.社区,2001,(9).

[6]夏学銮.中国社区发展的策略和战略.唯实,2003,(10):69-72.

[7] 夏学銮. 从社区社会化到社会社区化. 社区漫谈, 2001, (2):29-30.

[8] 夏学銮. 中国社区发展的理念探讨. 北京行政学院学报, 2001, (4):50-54.

[9] 保继刚, 文彤. 社区旅游发展研究述评. 桂林旅游高等专科学校学报, 2002, (4):13-17.

[10] 孙九霞. 社区参与旅游发展研究的理论透视. 广东技术师范学院学报, 2005, (5):89-92.

[11] 孙九霞. 守土与乡村社区旅游参与——农民在社区旅游中的参与状态及成因. 思想战线, 2006, (5):59-64.

[12] 孙九霞, 保继刚. 从缺失到凸显:社区参与旅游发展研究脉络. 旅游学刊, 2006, (7):63-68.

[13] 王云才. 中国乡村旅游发展的新形态和新模式. 旅游学刊, 2006, (4):8.

[14] 刘军萍. 国外乡村旅游管理者与经营者角色定位之启示. 旅游学刊, 2006, (4):8-9.

[15] 石培基, 张胜武. 乡村旅游开发模式述评. 开发研究, 2007, (4):104-107.

[16] 卞显红, 沙润, 邹丽敏, 黄震方. 旅游与社区一体化发展研究. 地域研究与开发, 2005, (5):71-76.

[17] 郑向敏, 刘静. 论旅游业发展中社区参与的三个层次. 华侨大学学报(哲学社会科学版), 2002, (4):12-18.

对民族文化旅游资源产权制度中所有者缺位现象的探讨

范莉娜

(贵州民族大学旅游与航空服务学院 贵阳 550025)

【摘 要】 现有的民族文化旅游资源产权制度安排在某种程度上已束缚民族旅游地的持续发展,并妨碍文化旅游资源的持续利用,而所有者缺位已成为其中最大的障碍,并直接导致民族文化旅游资源的产权困境。本文通过田野调查、文献资料分析等研究方法,试图进一步剖析所有者缺位现象及其影响,以期拓宽理论研究的视域。研究发现,在完善法律保障的基础上,能够通过合理安排产权制度来解决民族文化旅游资源产权制度中的所有者缺位问题。

【关键词】 民族文化;旅游资源;产权制度;所有者;缺位

近几年来,民族文化旅游资源的开发利用速度加快,旅游业在民族地区经济发展中的作用明显增强,并已成为文化旅游的一大热点。然而,在实际发展中随着民族文化旅游资源在利用中出现的矛盾,以所有者缺位为首的资源产权问题衍生出一列障碍,严重阻碍民族旅游地的发展,并影响到整个社区的和谐。基于此,本文将以民族旅游地内集体所有的土地及地上附属物,以及民俗风情为核心,并以旅游吸引物的旅游目的地为研究对象,试图寻找解决问题的办法。

一、民族文化旅游资源的产权内涵

(一)旅游资源产权的内容及明晰

对于产权的界定至今还没有一个准确的说法,在西方比较流行的产权定义是,产权是受制度(法律、规则、习惯)保护的对财产的权利。[1]科斯等人在其理论中认为,产权是指由物的存在及关于它们的使用所引起的人们之间相互认可的行为关系,产权安排确定了每个人相应于物时的规范,每个人都必须遵守他与其他人之间的相互关系,或承担不遵守这种关系的成本[2]。产权安排的中心任务是,表明产权的内容如何以特定的和可以预期的方式来影响资源的配置与使用,以及产出的构成和收入的分配等。德默塞茨(Demsetz)[3]认为,产权的重要功能是引导人们实现将外部性较大地内在化的激励。合理的产权安排能够最高效率地配置和使用稀缺资源,同时,激励人们最佳地使用其财产,以获得最大的收益。目前,我国旅游资源的产权安排属于国家所有,政府代表国家行使

[作者简介]范莉娜(1979—),女,汉族,贵阳市人,贵州民族大学旅游与航空服务学院副教授、博士研究生,从事旅游管理教学与研究工作。

旅游资源的所有权,成为资源的供给和分配者,民族文化旅游资源作为旅游资源的一部分,其产权的安排也不例外。现阶段我国旅游资源产权制度安排具有三个基本特征[4]:①旅游资源的所有权主体只有国家。②政府代表国家支配旅游资源,旅游资源的行政管理代替旅游资源的产权管理。③旅游资源管理部门分割,造成资源低效率利用。

(二)民族文化旅游资源的产权内涵

笔者认为,民族文化是指某一民族所创造的不同形态特质的复合体,民族文化的基本构成包括物质文化、制度文化、精神文化。[5]而民族文化旅游即是以民族文化为载体来开展的系列旅游活动。

作为旅游产品类型的民族文化旅游,应将民族旅游地(通常是民族村寨,也称民族社区)视为一个整体开发成产品。民族文化旅游的关键往往不在于某个亮点,而是游客身临其境时所感受到的浓郁的民俗氛围,包括物质文化资源中的山水风光等自然环境和村庄布局、民居、服饰、寺庙、人文遗址、农具、文字记载等和非物质文化资源中的民族风情、节日庆典、口传文化、语言、宗教习俗、社区文化组织等,而后者往往体现出民族文化中的制度文化和精神文化。旅游的实质是文化的解读和体验,因此,文化就成为了基础和关键因素,也决定了文化资源本身在民族村寨旅游开发中的决定性意义和价值。[6]因此可见,民族旅游地居民既是旅游资源的创造者,也是所有者,这就决定了在进行民族旅游开发时,应经过社区居民的许可,并通过契约的形式协商解决经营开发的各项事宜。民族旅游地作为文化遗产是历史形成的,具有公共性,其最终产权属国家所有。地方政府作为国家产权的代理人,有权利,也有义务对民族村寨进行管理。在居民、集体和国家三个所有者中,居民为民族文化旅游资源最原始也是最直接的产权主体,担负着特殊的角色,他们既是民族文化旅游重要的人文资源,是旅游活动的客体;同时又是重要的旅游资源产权主体和旅游开发的主体之一。

二、对所有者缺位现象的剖析

(一)所有者缺位

少数民族自身对民族文化旅游资源产生保护意识和开发利用的积极性,是其保护和开发的根本,而目前我国旅游资源产权安排是不利于在开发中对民族文化资源保护的。由于民族文化旅游资源的所有权主体只有国家,即公有制,通常而论,公有制企业被看作"无主财产"或"所有者缺位"的组织。[7]同样,民族文化资源在概念上属于国家所有,属于我国国民,但实际上,这个所有者也是虚设的,即"所有者缺位"。同时,虽然无形的民族文化体现于少数民族的个体或群体之中,但产权的所有权却不是少数民族自身,这在产权制度的安排上必然会不利于对民族文化旅游资源的保护。目前,国家这个虚设的委托人将旅游资源的代理权交给了当地政府,当地政府与国家组成了委托—代理关系。经济的发展能否有效率和公平要看是否存在着市场合约,而目前对民族文化资源的这种产权安排和委托—代理关系恰恰消除了市场合约基础,市场无法纠正资源的不合理开发与保护,因为在"所有者缺位"的情况下,造成当地政府"内部人"控制的局面。[8]政府在委托权力的过程中不能保证资源开发利用的公平性和有效配置性,政府裁量的有偿使用费用远远低于资源本身的价值,开发商付出的成本在短期内就可以收回,这就失去了对开发商的内在激励,同时政府人事变动引起产权内容的变动,对旅游资源的浪费在所难免。科斯定理[9]认为,经济体双方无论怎样行动,只要产权得到有效界定,最终结果是有效率的。菲吕博腾也认为,产权的有效界定使双方都能朝向一个由帕累托均衡所支持的"合约曲线"上的一个更令人满意的状况发展。政府和开发商在开发计划的制订和利润分配方面,都没有考虑到征求传统文化真正"主人"的意见,目前的产权安排从根本上剥夺了少数民族自身的权益,广大少数民族没有得到民族文化资源开发后带来的应有收益,没有成为民族文化资源开发的最大受益者,因此,在旅游开发权利上属于弱势群体的少数民族,也就丧失了对自身民族文化资源保护的积极性。

（二）软约束

产权理论及其实践是通过对财产关系的明确界定,确定产权的归属及相互认可的行为维系,即界定人们成本和收益的规则,以及如何协调的原则、方式,提高资源配置效率。[10]在传统体制中,国有资产所有者虽然在理论上存在,即所有者是国家,但由于前已提及的所有者缺位,在实际经济活动中国家所有者代表没有真正到位,且国有资产代理人和管理者对所有者权益的关切度比较淡薄。同时,由于产权共有不可能在资源内部进行产权清晰,进而体制内的各个主体普遍缺乏责任感和积极性,具有搭便车的显著倾向。因此,在对民族文化旅游进行开发时,对经济活动的约束主要依靠各级行政部门和行政长官,以及行政性命令决定约束经济活动的各个方面。这种约束只能是一种软约束,与"人治"是紧密相连的,常常通过人情、关系、帮派等途径使约束弱化,导致经常出现"拍脑袋工程"、"形象工程",最终国有资产受到侵害,民族旅游地社区居民利益被损害。而在此背景下,开发商们由于追求自身最大的利益,便进行粗放的经营和管理,这种方式也会损害民族地区旅游业赖以生存和发展的资源质量,威胁经济的可持续发展。

（三）由旅游资源复合体特性产生的产权主体多元化

由于所有者缺位,民族文化旅游资源具有复合体的特性,导致形成复合的资源产权主体。[11]这些资源权属人在旅游资源开发的过程中,凭借其资产权益,必然要求对收益进行要素分配,也即国家、集体和个人在理论上都应具有对旅游资源开发的收益权。在引进企业开发的过程中,企业由于资本要素的投入,也是当然的利益主体之一。这样旅游地旅游的利益主体就包括:政府部门、村民委员会、社区居民、企业（投资者）及个体商户。如果我们再从整个社区旅游开发系统来考虑,那么其中利益相关方应当包括:旅游企业及上下游企业、游客、作为社区旅游系统外部环境的周边社区。各利益主体在旅游资源产权界定含糊的情况下,极易出现利益纠葛。

三、解决措施

民族文化旅游资源产权制度中的所有者缺位现象已引起旅游开发中的一系列矛盾和困境。长久以往,不仅不利于民族文化旅游的管理和开发,也会对社区的可持续发展形成威胁,进而影响到整个民族旅游地的和谐发展。因此,必须从根本上对这种现象进行改善,具体措施有以下两点:

（一）完善法律保障体系，强化监督约束机制

目前，在我国的旅游立法中，对民族文化旅游资源的产权属性尚未作规定，导致实践中出现了相关问题而无法可依。应该承认旅游资源的财产权属性，才能防止所有权缺位，让所有者有法可依地维护其权益，从而也为法律上协调当地居民与旅游开发商之间的收益分配找到依据。任何产权形式只有获得法律的认可，才能合法地加入社会交易过程。

完善法律保障体系主要有以下五点：第一，强化贯彻《宪法》中相关内容，明确土地全民所有和集体所有的所有权主体。《宪法》第四条规定："各民族都有使用和发展自己语言文字的自由，都有保护或者改革自己的风俗习惯的自由"，实际上也是对民族文化旅游资源的产权属性关系作了明确的规定。第二，重新修订《土地管理法》，对它要明晰产权；或者赋予农民对其所承包土地的农业用途及旅游用途的统一使用权；或者政府如要改变或增加土地用途，则必须通过合法征地，付给农民一定数额的征地费用及用地补偿，变农民集体所有土地为国家所有；由此避免土地使用权出现多重主体而产生的外部性问题。第三，加快制定《民族文化旅游资源保护条例》，大部分省份都有历史文化名城保护条例，但缺乏"产权"的保护内容，而近年来"民族文化旅游资源保护"是存在问题较多的一部分。为此，应当尽快制定民族文化旅游资源保护条例，明确规定具体的保护内容、范围，规定各级政府的保护责任和文物文化部门的职责权限。使得民族旅游地在进行旅游开发时，有参照的底线和标准。同时还应加快建立包括执法部门、政府部门、学术机构、新闻媒体、社区居民、民间组织以及国际相关组织在内的监督体系，形成多方参与的社会监督体系和机制。第四，特别需要增加社区参与的相关条款，对居民参与的目标、性质、权限、程序、组织、方式、途径等予以明确。同时建立居民申诉的法律制度，接受社区居民的上诉和投诉，对违反旅游开发法律规定的部门和个人依法给予严惩。第五，最重要的是要加快《旅游资源法》的制订，在法律上明确旅游资源所有者的权利及义务，认定自然旅游资源和人文旅游资源的价值，尤其是对不可再生资源的折补价值的补偿与实现、使用权出让途径、使用范围和程序做出明确的法律规定。总之，应对民族文化旅游资源的开发、保护、规划、交易等重大事项制定明确的规则，使其有法可依，有据可查。

（二）对民族文化旅游资源产权的合理安排

如上所述，目前少数民族文化产权处于一种"所有者缺位"的状态。如果对民族传统文化的保护只是局限在上层的政府部门或社会有识之士，而得不到下层的、它的原生土长的文化创造者或主人公的支持，那么该民族传统文化一旦面对现代化的强烈冲击，其衰落是必然的。[12]保护民族文化应依赖于民族的自觉意识和内在因素，而不应完全依靠外在的强制性力量来保护。产权的作用激励着产权的拥有者对资源的最有效的使用和保护。正因如此，在旅游开发的过程中，政府应对产权进行合理的安排，见下图。

一、文化视域下的旅游学研究

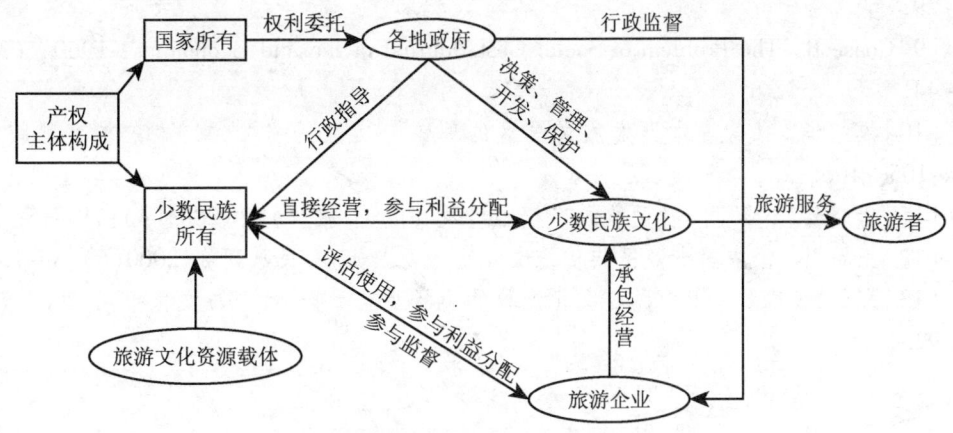

民族文化旅游资源产权的合理安排图

从上图的民族文化旅游资源产权安排来看,民族旅游地的居民对于其传统文化享有产权,居于民事主体地位,享有使用、收益以及处分等权利。[13]实际上,社区居民的这种权利可以通过两种途径来实现:一是在居民"现代性知识"储备充足的情况下,其自身可以直接参与民族文化旅游的经营,享有完整的产权,进行使用收益;二是居民在对市场经济知识供应不足的情况下,可以产权主体的身份将民族文化的经营权许可让渡给现代企业经营,村民享有相应的身份权,比如参与规划、参与开发、参与监督等,同时也享有相应的财产权,也即是同旅游企业参与收益的分配。而在这一关系群中,国家及政府的角色与职能发生了变化,从原来的产权主体或代理人的地位变为纯粹的公共服务者的地位。他们的主要功能一方面就是提供政策支持和行政指导,另一方面对旅游企业的经营进行行政监督和管理,这样既有利于行政体制改革和政企分开,又有利于旅游企业经营权的相对独立,还有利于少数民族文化和利益的保护。

[参考文献]

[1]吕中楼. 新制度经济学研究. 北京:中国经济出版社,2005.

[2]R·科斯,A·阿尔钦,D·诺斯等. 财产权利与制度变迁. 译:上海人民出版社,1994:201-250.

[3]哈罗德·德姆塞茨. 所有权、控制与企业. 北京:经济科学出版社,1999:36-128.

[4]刘旺,张文中. 对构建旅游产权制度的探讨. 旅游学刊,2002(4):27-29.

[5]金毅. 民族文化旅游开发模式与评价. 广东技术师范学院学报,2004(1):41.

[6]孙兆霞. 试论乡村旅游开发中资本主导的缺陷及产权制度创新. 中南林业大学学报,2007(3):23-25.

[7]周其仁. 公有制企业的性质. 经济研究,2000(11):3-12.

[8]单纬东. 少数民族文化旅游资源保护与产权合理安排. 人文地理. 2004(19):

26-29.

[9] Coase R. The Problem of Social Cost. Journal of Lawand Economics, 1960, (3): 41-44.

[10] 依绍华. 私营资本开发旅游景区的理论与实证研究. 北京: 旅游教育出版社, 2004:105-106.

[11] 唐晓云, 赵黎明. 社区旅游产权困境及其改善. 旅游科学, 2005(4):11-15.

[12] 王希恩. 论中国少数民族传统文化现状及其走向. 民族研究, 2000(6):8-16.

[13] 郑均, 黄高钰. 少数民族文化产权的现状及其重构. 教育与文化市场, 2007(6):90-92.

符号学视角下导游的体验生产研究

范莉娜

(贵州民族大学旅游与航空服务学院　贵阳　550025)

【摘　要】 本文基于导游员的角度,将符号的解读和建构问题纳入到旅游体验中进行研究。笔者首先分析了导游在旅游体验中的作用及游客感知效果,进而提出了增强导游体验生产能力的几点措施,以期在理论和实践层面展示一个新的视角。

【关键词】 符号学;导游;旅游体验

卡希尔的"人是符号的动物"的观点让符号成为人类认知事物的媒介。旅游也是一种符号化的过程:人们通过旅游与客观世界互动,形成了内涵丰富的广义旅游符号系统。[1]旅游之所以具有强烈的吸引力和号召力,很大程度上在于旅游本身的符号感知意义。[2]如何解读这种符号体系,以及怎样构建这种体系,都带有非常重要的社会意义。尽管对相关领域的研究国内外已有很大进展,但在符号学视角下作为重要"文化媒介物"或"符号经纪人"的导游,对他们在旅游体验经济中的角色和作用还很少谈及。

一、本文的几个基本范畴

首先要厘清文中所涉及的几个基本范畴,包括:符号、文化、旅游体验和导游。

(一)符号

现代符号学诞生在19世纪,符号学是一门研究符号的科学。本文主要采用现代符号学奠基人、美国哲学家查尔斯·S·皮尔斯(Charles Sanders Peirce)的观点来诠释这个定义,即能够被用来在某方面代表其他的任何物象。[3]由此可见,凡是人类所承认的一切有意义的事物都可构成符号,符号涉及的范围是相当宽泛的。皮尔斯认为:"尽管世界不完全由符号组成,但世界充满了符号。"[4]他还提出了著名的符号三角理论,即符号的意义来源于三组关系,即:所指(所指的对象/概念)、符号(用于代表事物的能指)和解释项(解释符号的东西)。所指与能指之间构成表征的关系;能指和解释项之间构成意指的关系;而解释项主要受文化、社会规则的约定。

(二)文化

在文化和符号之间存在着紧密的联系,符号从属于文化系统。从西文的语源来看,"文化"一词源于拉丁文的"cultura",原意为土地耕耘和作物培育。"文化"是一个使用频率最为频繁却又很难给出统一定义的词。其中克鲁伯(1951)给出的定义比较有代表性,他提出"文化是概括各种外显或内隐行为模式的概念。文化通过对符号的学习和传授,文化的基本内核来自传统,其中以价值观念最为重要。"[5]在王宁(2001)看来,任何一种或一类文化都应当是文化载体、文化规则和文化意义的统一。[6]文化载体就是文化的物质层,包括物质形态、行为方式和表征体系;文化规则是一种深层的结构,它是一个民族、地域或阶层的"主体性结构",是文化的核心,包含人格结构、认知结构、心理情感结构、鉴赏品位、感知方式,等等。这里尤需指出的是,对于文化规则这个术语,符号学家们一致认为,任何一种符号的能指与所指之间的约定是由各个文化群体集体编码的,在不同文化群体中的人,很可能因所处的文化规则情境不同而有不同的编码规则。

(三)旅游体验

旅游体验是旅游过程中的核心内容,对旅游体验的研究始于20世纪60年代中期的西方学术界。布尔斯廷(Boorstin)将旅游体验(tourism experience)定义为一种流行的消费行为。[7]谢彦君是国内最早比较系统地探讨旅游体验中的符号及其解读体验,并尝试给出旅游体验定义的学者。他指出,旅游体验是旅游个体与外部世界取得暂时性的联系从而改变其心理水平,并调整其心理结构的过程,是旅游者的内在心理活动与旅游客体所呈现的表面形态和深刻含义之间相互交流或相互作用后的结果,是借助于观赏、交往、模仿和消费等活动方式实现的一个序时过程[8]。

(四)导游

导游,这个概念最早是由施密特提到:一个旅游者,不仅从汽车上能欣赏到当地的风景,而且需要从导游的评论中得到被诊释的景点[9]。根据旅游经理人国际协会的定义,"导游,是指引导游客并介绍给他们古迹、遗址、博物馆、城市或地区;使用访问者的语言并用一种启发性和娱乐性的方式,解释关于文化和自然遗产和环境"[10]。霍洛韦最早对导游形成系统研究,他认为,导游与旅游团的交流可以增加群体的士气和社会的互动。[11]导游决定了旅游目的地的游客满意度与所提供的服务。导游充当游客与社会环境之间的"缓冲器",安排翻译,交通,处理问题,解决旅客的困难,为旅客供给处于安全环境的旅游,因为他们被认为是游客和'未知'环境之间的"中介"[12]。

二、问题与假设

(一)充满着符号的旅游世界

处在旅游世界中的个人,无时不在使用符号,利用符号来达成目的、构建意义,不仅一些具体的形质的东西具有符号特征和品质,而且某种抽象的概念也蕴藏着丰富的符号意义[13]。实际上,在构成旅游世界的所有维度和内容层次上,都存在着被符号化的可能性,因此,也就产生了帮助旅游者了解和解读符号的必要性(见下表)。旅游者在这种情境下会去诠释符号的意义,并总是有自己的一种理解。此时的导游完全可以充当这样的"符号经纪人",既可对各类符号进行编码及发码行为。

	旅游符号
旅游时间的符号	可以购买自由
旅游空间的符号	生活在别处、梦幻、旅游剧场
旅游世界中人所具有的符号	身份符号、角色符号、外表符号、行为符号

续表

	旅游符号
旅游对象化的符号	自然类旅游对象物(贵州黄果树瀑布、巫山神女峰、杭州西湖等);人文类旅游对象物(长城、金字塔、埃菲尔铁塔等)
旅游媒介符号系统	导游使用的扩音器、照相机、摄像机、宣传手册等

（二）导游和旅游者的互动特殊性

影响旅游体验质量的因素是十分复杂的,其中"行为"或"过程"性因素就是一个重要变量[14]。在旅游者的旅游过程中,由导游所扮演的角色的特殊性,导游和旅游者的互动就可能成为旅游体验过程中各个影响因素的重中之重。

尽管表面上看旅游者和导游都处在"旅游世界"中,但从各自的角色认知角度看,导游作为从事导游工作的职业人员,更倾向于扮演一种日常工作中的常规角色(诸如向导、讲解员、朋友、地区或国家形象大使),具有职业优势,因此在与旅游者的互动中会占据主导地位,并且这种互动关系及主导地位绝大多数时候是通过语言来实现的。人们通过频繁的社会交往而形成的,在运用语言方面自成体系的、具备与其他群体有明显区别的语言标记的群体称为"语言社群"[15]。

根据符号互动理论,导游与旅游者互动过程中会使用大量的话语、行为或服饰等,这些都会形成一个"编码—发码—受码—解码"的过程。这种互动行为能否达到预期目的,制约因素很多,其中,导游正确地把握语境和情景,有的放矢地"编码",直至"发码"至关重要。导游提供服务时要以旅游者为轴心,以提高旅游者旅游体验质量为最终目的,亦即要选择最能提高旅游体验质量的话语和行动来与旅游者进行互动。

（三）导游在体验生产中的角色定位

导游在旅游世界中充当的角色如下：

1. 新型文化媒介人

"新型文化媒介人",这一概念由布尔迪厄于1984年提出,是指新文化商品与体验的创造者,他们充任了大众的"教唆者",指导了人们的生活方式。[16] 他们总是同商品化领域中的最新发展保持着密切联系,因此,他们也将审美天性与审美感知向广大民众传播。而导游员毫无疑问也是新型文化媒介人中的一员。如果旅游者想要达成一次成功的旅游符号性消费,离不开导游员在整个过程中的策划和运作,他们充当起引领旅游消费意识与观念的倡导者,引导人们对旅游消费市场中新事物的认识,同时也激发人们对新事物的兴趣。

2. 语言游戏中的"讲故事者"

旅游世界的符号性直接体现为一种现代社会的语言游戏。利奥塔表明,在这种游戏中隐藏的是一种情绪,更确切地说是一种心灵的状态。[17] 在此过程中,现实世界、事件与历史被以戏剧性的方式戏剧化,被整个地加以非现实化,这也是一种神话性的处理。具体到旅游活动中,也同样存在着这种语言游戏中的符号距离,如上所述,在旅游消费中,人们真正要追求的不是绝对的真实,也不是要在旅游体验中验证旅游对象物的真或是假,他们需要的是对他们现实生活的一种反叛、一种超现实、一种存在于远方的与日常生活拉开距离的想象的、不一样体验。因此,导游需要成为一个高超的语言游戏者或是更简单地称为"讲故事的人",依靠自身的语言技能和服务能力帮助旅游者来构建头脑、意识中的这种符号距离,生产梦幻和感性,进而实现由纯粹的商品销售者变为追求分享的关系型导游的转变[18]。

(四)问题的提出

通过上述的简单梳理,概而言之,本文想要探究的问题有:

(1)导游的体验生产能力对游客旅游体验有什么影响?

(2)符号化生产中影响体验效果的因素有哪些?

(3)导游对旅游体验的符号化生产是什么?

三、对问题解答的几点思考

基于上述分析,本文将从以下三个方面探究导游在旅游体验中的生产性问题:

(一)导游的体验生产能力对游客旅游体验的影响

这种影响可以通过图1来表示,其中横轴表示导游生产体验的能力强弱,纵轴表示旅游对象物符号性的强弱。

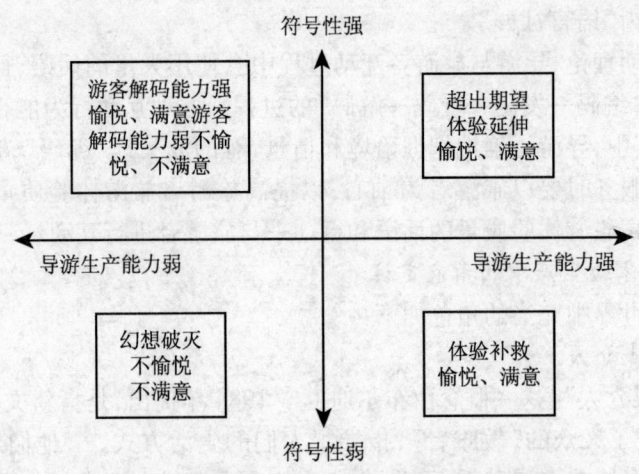

图1 导游的体验生产能力对游客旅游体验的影响

(1)符号性强—导游生产能力强:在此象限中,旅游对象物自身的符号性特征强,再加上导游生产体验的能力也很强,游客不仅能感知旅游对象物符号的能指,还能在导游员的导游过程中深入理解所指,使旅游者的旅游质量超出期望,整个旅游过程获得愉悦和满足。

(2)符号性弱—导游生产能力强:在此象限中,旅游对象物自身的符号性特征较弱,但只要导游生产体验的能力强,就能有效弥补能指、反应能指,帮助游客去感知和理解,游客的旅游体验也会是愉悦和满足的。

(3)符号性弱—导游生产能力弱:在此象限中,旅游对象物自身的符号性特征弱,再加上导游生产体验的能力也很弱时,是最不理想的一种状态,旅游者在旅游过程中既不能感知符号的能指,又不能理解符号的所指,那肯定是一次失败的旅游体验。

(4)符号性强—导游生产能力弱:在此象限中,旅游对象物自身的符号性特征强,但导游生产体验的能力弱。在这种情况下,如果游客解码能力强,他依然能自我对旅游对象物进行感知和解读,也能获得愉悦和满足,但在人—人互动上的体验会受到影响;如果游客解码能力弱,在旅游过程中就会出现既不能感知符号能指,又不能理解符号所指的状态,自然不会愉悦和满足。

这种愉悦和满足的与否直接会影响(1)旅游者个体与目的地之间积极关系的建立;(2)整个产业发展的积极后果。

(二)符号学视角下影响导游生产体验效果的因素分析

符号学视域下,在导游与游客的互动活动中,其生产体验的效果会受到多方因素的影响,诸如导游的背景特征和生产能力、旅游者的背景特征和旅行特征及当时、当地的情境因素等,笔者把这些因素简单整理用图2表示。

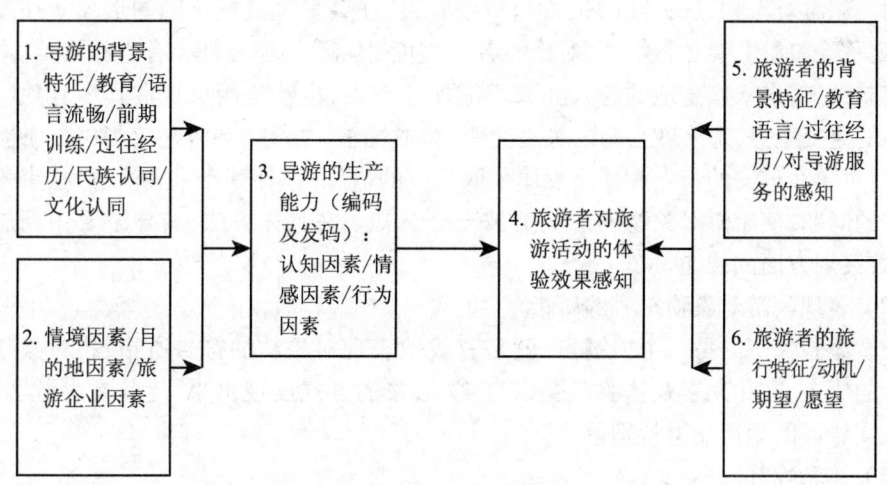

图2 影响导游生产体验效果的因素

(三)导游在旅游体验中的符号性生产

按照索绪尔的符号学观点,任何一个符号均是形式和意义的统一体。这里把旅游过程中完整的符号解读归纳成下列两个步骤:

1.感知旅游对象物符号的能指,即符号的外在形式。这一过程是游客通过视、听、触、嗅等感官对符号外在形态的感知,也是对符号形式的把握,属于感性认知。

2.理解旅游对象符号的所指,即对符号意义的领悟和把握。这一过程中需要指明的是,怎样才能把游客观赏的积极性调动起来,通过想象和理解,审美感知中获得的审美意象和旧有的表象联系起来,整合后被改造为新的审美意象,在审美的内容上更深广,旅游对象物符号的所指被更好地领悟和把握。

以上两个步骤构成了一个完整的符号解读活动(见图3)。如果旅游者只体验到了符号的能指,那么对这种符号的解读就属于程度较弱、层次较低的活动,其所获得的体验就较弱;如果游客不仅体验到符号的能指,还解读了符号的所指,这样的体验活动就属于层次高、强度大的活动,其所获得的旅游体验就较强。

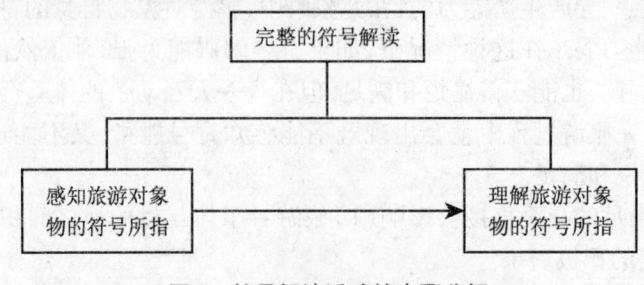

图3 符号解读活动的步骤分解

在这一过程中,导游的符号性生产行为也需相应做到:

(1) 展示旅游对象物符号的能指

同一旅游对象物,从不同的位置和角度看,往往会呈现截然不同的形象。在旅游活动中,观赏或旅游节奏是否恰当,对旅游者的心境、体能、情趣等都会有直接影响。此外,在时空制约下,进入旅游地的游人如果不能抓住重点,也就是侧重观赏其中有独特性或代表性的重要景点,那么就会与之失之交臂,铸成憾事。所以,导游还应当引导游客正确观赏,针对游客审美的特点和普遍规律采取相应的措施,弥补其在审美注意力、审美方法上存在的问题,使旅游对象物的形式美被充分感知。在具体方法上,导游要用到旅游规划、旅游策划方面的技能。

(2) 表现旅游对象物符号的所指

导游体验生产的另一个关键点,就是有效地表现对象物的符号所指,将对象物符号所包含的历史、文化元素及体验感受以直观、形象的方式展现出来,使其易为游客理解。这对人文景区的塑造显得特别重要。

(3) 体验弥补

在旅游过程中不可避免地会出现各种不和谐的现象,这不仅会影响景区的长远发展,也会影响游客的体验质量。为此,如何进行体验弥补是导游体验生产管理的重要内容之一。如果能够通过导游服务对游客进行及时的体验弥补,不仅能够消除游客的不满,化消极体验为积极体验,还能为旅游目的地及旅游企业赢得游客忠诚和良好的口碑,有助于建立和维护良好的形象。

(4) 导游自身也是符号的一部分

由于导游在旅游世界中自身所展示的身份符号、角色符号、外表符号和行为符号等,他本身也能对旅游者产生影响和传递体验,是旅游者旅游体验不可分割的一部分。因此,导游需要对自己的工作性质进行良好的感知,在导游语言、导游形象、服务技能、心理技能上多下功夫也会形成游客的非凡体验。

总之,这种体验生产就是要在展示和表现旅游对象物的能指和所指上下功夫,需要导游在与旅游者的互动活动中通过自身外表符号、行为符号、语言游戏、情绪调控等方面来彰显和提升旅游体验,使旅游者获得更强烈的审美愉悦,或使旅游者的符号解码过程变得更加容易,帮助旅游者顺利地完成对符号的体验。同时,为了能有效保证导游生产体验的效果,旅游组织需要加大对其在语言能力、专业知识、服务态度、服务水平、心理技能、吸引力和行动能力上加强管理培训,使他们能更精彩和完美地演绎角色。

[参考文献]

[1]杨振之,邹积艺.旅游的"符号化"与符号化旅游.旅游学刊.2006,21(5):75-78.

[2]周永广,张金金,周婷婷.符号学视角下的旅游体验研究——西溪湿地的个案分析.人文地理,2011(4):115-120.

[3]费迪南德.索绪尔.普通语言学教程.高名凯译.商务印书馆,1996.

[4]Peirce,1934;See Etchner,1999Echtner,Charlotte. The Semiotic Paradigm:Implications for Tourism Research. Tourism Management,1999, 20:47-57.

[5]马波.现代旅游文化学.青岛出版社,1998:271.

[6]王宁.旅游、现代性与"好恶交织"——旅游社会学的理论探索.社会学研究,1999(6).

[7]Boorstin, Daniel. The Image:A Guide to Pseudo-Events in America. New York:Harper &Row,1964:77-117.

[8]谢彦君.旅游体验研究:一种现象学的视角.天津:南开大学出版社,2005:36-49.

[9]Schmidt,C. J. The Guided tour:Insulated adventurous. Urban Life,1979 (4),441-467.

[10]Wong,K. ,AP,J. An evaluation of the need to upgrade the service Professionalism of Hong Kong's tour co-ordinators. Hong Kong:The Hong Kong Polytechnic University. 1998, 237-247.

[11] Holloway. The guided tour:A sociological approach [J]. Annals of Tourism Research 1981,VIII(3),377-402.

[12]Schmidt,C. J. The guided tour:Insulated adventure. Urban Life,1979,7(4):441-467.

[13]谢彦君等.旅游体验研究——走向实证科学.北京:中国旅游出版社,2010:13-65.

[14]Ryan, Chris, 2002, The Tourist Experience. Continuum.

[15]戴庆厦.社会语言学概论.商务印书馆,2004.

[16]龚锐,旅游人类学教程.北京:旅游教育出版社;2011

[17]让.鲍德里亚.消费社会.刘成富等译.南京:南京大学出版社,2008.

[18]Jeroen Bryon. Tour Guides as Storytellers-From Selling to Sharing. Scandinavian Journal of Hospitality and Tourism. Vol. 12, No. 1, 27-43, 2012.

试析贵州少数民族"民族—国家"意识的形成

——以红军在贵州的活动为例

金 燕

(贵州民族大学旅游与航空服务学院 贵阳 550025)

【摘 要】 从明朝开始的中国走入近现代社会的步履,终于走到了20世纪。"'民族—国家'为自己预设前提,即它的统治要取决于人民的整合的自我意识和作为统一国家的观念。"红军长征在贵州,以阶级意识表征的现代民族国家深度建构的理念,整合了处于政区边缘,也是文化、经济、政治、社会边缘的少数民族同胞,而贵州各民族人民凭着简单而朴素的秉赋,对历史作出的深刻回应,使"民族—国家"的意识在贵州少数民族地区逐渐扎根。

【关键词】 红军;贵州;少数民族;民族国家;意识

从明朝开始的中国走入近现代社会的步履,终于走到了20世纪。"'民族—国家'为自己预设前提,即它的统治要取决于人民的整合的自我意识和作为统一国家的观念。"[1]到了20世纪30年代红军在贵州的活动,以及30年代后期抗战爆发后大量人口和工矿企业的西迁,使"民族—国家"的意识在贵州民族社会逐渐形成。从传播的领域来看,红军长征在贵州,以阶级意识表征的现代民族国家深度建构的理念,整合了处于政区边缘,也是文化、经济、政治、社会边缘的少数民族同胞;而抗日战争,再一次将贵州的区位凸显为中华民族国家共同体的战略大后方。在本文中,笔者主要通过红军在贵州的活动,论述贵州少数民族"民族—国家"意识的形成。

一、1930—1936年红军在贵州境内的活动

1930~1936年,有多支红军在贵州活动,主要有红七军、红八军、红三军、红一方面军以及红二、六军团。

最早进入贵州活动的红军队伍是红七军。1930年4月初进入贵州,主要经过了荔波板寨、茂兰、瑶麓、佳荣,然后经过大苗山,奇袭榕江城,最后从停洞、下江、从江等地回师广西。红七军在贵州活动的区域主要是苗、布依、侗、水、瑶等少数民族的居住区,他们通过会讲少数民族语言的同志向当地群众宣传了红军的革命宗旨,以及共产党相关的民族政策,动员群众参加红军,对贵州的荔波、榕江、从江县的各族群众产生了深刻的影响。

红八军是邓小平领导龙州起义之后组建的军队。1930年3月,经当地的少数民族上

[作者简介] 金燕(1969—),女,汉族,贵州安顺人,贵州民族大学旅游与航空服务学院副教授、硕士。

层人物王海平同意后,进入贵州的蔗香圩(在今望谟县境)进行休整。蔗香圩是布依族聚居区,在休整期间,红八军在给养方面得到了少数民族上层人物王海平的援助,在黔西南播撒了革命的种子,为以后当地革命力量的发展作出了贡献。

红一方面军来自中央革命根据地,在进入贵州后主要经过了贵州的黎平、剑河、台拱、镇远、施秉、黄平、余庆、瓮安、遵义、桐梓等县。遵义会议后,主要经过赤水、仁怀、修文、龙里、惠水、长寨、贞丰等地。他们在贵州境内活动了近半年时间,足迹横贯了贵州境内,向当地各族群众宣传了革命的道理,宣传了党的民族政策,极大地鼓舞了贵州人民斗争的信心和决心。

1934年,由红二军团改编的红三军在贺龙、关向应的率领下进入贵州,经务川、德江等县,进占沿河县城以及德江的枫香溪。红三军活动的区域在黔东北,这里地处川、黔、湘三省交界,是汉族与苗族、土家族等少数民族杂居的地区,为了得到各族民众的支持,红三军还组织了一支干部大队,分赴沿河、德江、印江、松桃等地农村发动群众,开展土地革命,并在当地组建工农武装,着手改编"神兵"。正当此时,1934年9月由任弼时、肖克、王震等领导的红六军团也突出重围,从湘、桂、黔三省交界处的通道县城进入贵州清水江的少数民族聚居区。由于红六军团严格执行了党的民族政策,博得了广大苗、侗人民的信任,顺利地渡过清水江、潕阳河,占黄平,并于10月下旬在沿河、印江等地与红三军胜利会师,红三军恢复了红二军团的番号。然而为了策应中央红军的行动,红二、六军团于1934年10月挺进湘西。

红二、六军团于1936年1月再次进入贵州,经过了玉屏、石阡、江口、黄平、余庆、瓮安、福泉、龙里等地,进逼贵阳。1月31日占领修文、清镇卫城,并渡过鸭池河,占领黔西、大定、毕节等地。红二、六军团在黔西北大约活动了将近一个月时间,期间,他们开展了大量的革命活动,团结爱国进步人士周素园组建了抗日救国军。然而由于强敌的围攻,黔西、大定两县城相继失守,2月27日,红二、六军团撤离毕节,经过赫章、威宁、盘县等地进入云南。红二、六军团在黔东、黔东北的活动,以及横穿贵州东西部的长征,激发了贵州当地人民的斗志,播撒了革命的火种。

1930~1936年,中国工农红军红七军、红八军、红三军、红一方面军和红二、六军团在贵州的活动,足迹遍及了贵州的67个县(市、区、特区),占今贵州总县(市、区、特区)总数的76%,还创建了滇黔桂边区革命根据地、黔东革命根据地,黔北革命根据地。1998年贵州省委、省政府划定了一批革命老区,共有31个县、区,这些地区当年曾建立了中国共产党的组织,组建了人民武装,建立了人民政权,并进行了一系列的革命活动,这些地区分别是:赤水市、仁怀市、红花岗区、遵义县、桐梓县、湄潭县、习水县、绥阳县、凤冈县、余庆县、沿河土家族自治县、印江土家族苗族自治县、德江县、松桃苗族自治县、石阡县、江口县、毕节市、大方县、黔西县、金沙县、纳雍县、威宁彝族苗族回族自治县、赫章县、望谟县、贞丰县、册亨县、瓮安县、罗甸县、水城县、钟山区、盘县[2]。这31个革命老区反映了红军在贵州活动区域的两个特点:一是主要集中在贵州的边缘地区;二是主要集中在贵州的少数民族地区。

从红军活动的67个县以及1998年贵州省划定的31个革命老区来看,这些地方大多处于贵州的边缘地区,以及远离明清以来的贵州主驿道线(即湘黔驿道和滇黔驿道)的地区。所谓边缘地区,一是指地理位置处于省的边沿地区,二是指远离省的政治、经济、文化中心,而经济、文化相对较为落后的地区。从红军活动的67个县来看,其中在明清以来驿道大动脉上的县只有9个县,占其整个活动区域的13%,而不在交通大动脉上的县则有58个,占红军整个活动区域的87%,可见红军活动的区域远离驿道大动脉。不仅如此,其活动的区域大多主要是贵州的边沿县份,在贵州88个县(市、区、特区)中,处于贵州省边沿地区并与其他省份相邻的县有33个,而红军在贵州活动的67个县中,处于边缘的县份就多达26个,占边沿县总数的79%,占红军整个活动区域的39%。同时就这67个县来说,除了遵义市所属部分县份、乌江流域的部分区域和驿道大动脉上的部分地区较为繁荣和富庶以外,80%以上的区域都属于经济、文化相对较为落后的地区。从31个革命老区来看,只有盘县处于明清以来的交通驿道上,在31个革命老区中只占3%左右,处于边沿的县区有16个之多,占革命老区总数的51.6%左右,占贵州边沿县总数的48.5%左右。而从经济、文化等方面来看,在这31个革命老区中,除了遵义市的部分县、区,如仁怀县、红花岗区、桐梓县、湄潭县、余庆县等县之外,其余基本属于经济、文化相对落后的区域。

贵州是一个多民族省份,有17个世居少数民族,汉族的居住区域主要集中在黔北以及黔东北的部分区域和主驿道线上,其中在某些地域还呈现出和少数民族交错居住的状况,如黄平县北部主要是汉族居住,南部主要是苗族居住;印江县是苗族、土家族和汉族的居住区域;松桃县的东部是苗族居住区,西部则以汉族为主。因此,在这67个县(市、区、特区)中,除了黔北地区有大量的汉族外,其余地区都主要是少数民族聚居区或与汉族的杂居区。如红七军在贵州活动区域内的民族主要是苗族、瑶族和水族;红八军在贵州活动区域内的民族主要是布依族;红三军在贵州活动区域内的民族主要是土家族、苗族、汉族等,可以说红军在贵州的活动区域除了黔北以外,基本上属于少数民族地区。因此,进驻遵义是红军在贵州活动的一个特例。

遵义虽说有几个县处于贵州省的边沿,然而当地的经济、文化发展水平处于贵州的前列,实际是,红军进军遵义就是由遵义的经济因素和地理因素等条件决定的。遵义是贵州省与中原王朝交往、接触较早的区域之一,同时也是汉文化进入较早的一个区域,随着汉人的大量进入,同时也带来先进的生产技术和生产工具,促进了当地农业的发展,使遵义成为贵州的富庶之地。在清代以遵义为中心的黔北地区,就是贵州的主要水稻产区之一,该地区包括仁怀、仁怀直隶厅(今赤水)、桐梓、正安、湄潭、龙泉(今凤冈)等县,据《黔南识略》记载:遵义县"产米颇饶,食用之余,尚多盖藏";桐梓东芝、芦溪、溱溪等地有沟堰蓄水,"可称膏腴";仁怀直隶厅"水田较多,颇称腴壤"。[3]除此之外,遵义蚕桑业也较发达,从乾隆年间开始,成为了当地农民增收的一条途径,同时遵义还有矿业之利,如此种种,遵义的富庶可略见一斑。到了民国、特别是桐梓系军阀统治时期,在遵义兴建了一批近代化企业,如兵工厂(设在赤水)、发电厂(建在桐梓)以及兴黔棉麻公司等,使遵义成为了基础设施较好、物资较充足之地,能解决红军给养的困难,因此,成为中央红军进入贵州拟建革命根据地的首选之地。

从地理位置来言,遵义由于不在明清以来的交通大动脉上,因此从明清至民国时期,在当地驻扎的兵力较少,明代后期平播以后在当地设立了威远卫,在清代主要驻扎一部分绿营兵,到了民国贵州军阀统治时期,为了防止滇、湘、桂的军阀觊觎贵州,兵力布防的重点在黔东、黔东南、黔中和黔西南一带,遵义不是布防的重点区域,驻扎当地的兵力相对较少。因此遵义对于中央红军来说就成为了一个绝好的休整之地和发展潜力极大的区域,当地的富庶可以为中央红军提供充足的粮食以及大量的后勤物资;遵义近代工业的发展,特别是兵工厂,可以为中央红军提供战略物资;而同时遵义又不是大通道中心轴线上的敌强之地,因此,遵义就成为了红军活动区域中的一个特例。

二、阶级意识的觉醒与民族国家的关联

民族国家的概念是伴随世界的近现代化进程而产生的,一般认为,民族国家是欧洲中世纪末期开始出现、在现代成型的,《威斯特发里亚和约》的签订是一个标志性事件,此时的神权让位于主权,国家主权原则得到了确立。"严格意义上讲,民族国家最早是指出现于欧洲的那种摆脱中世纪和教权控制过程中所诞生的现代主权的国家——这一过程中,民族的形成与国家的创立齐头并进,并且具备了民族与国家的统一形态,因此被称为'民族国家'。"[4]而在事实上,民族国家的内涵不仅仅指经历了资产阶级革命以后建立起来的一个个西方国家,它同样包含在世界近现代化进程中各殖民地、半殖民地社会经历了民族解放斗争之后而建立的国家,可以说,民族国家的概念是蕴含在中西方一个个独立的民族国家的建立过程中,而这个过程大致经历了三个阶段:其一是13世纪后半叶到16世纪末,以反抗外来压迫势力、消除封建诸侯割据、实行宗教改革等为标志,使西欧出现了第一批初具近代色彩的主权国家,如西班牙、英吉利、法兰西等;其二是17世纪初到19世纪70年代,资产阶级展开了对封建王权的革命,以英国资产阶级革命揭开了这场斗争的序幕,德意的统一则标志着这一阶段的结束,此时期通过革命,国家主权从君主手里或全部、或部分地转移到了在形式上代表全民族的国民议会手中。君主立宪制和共和制成为民族国家的正常的国家政权形式,而与爱国主义有机结合的民主、民族主义成了普遍的社会思潮;其三是近代以来西欧以外的民族主义运动,主要以反压迫、反殖民、反掠夺等为主要内容,甚至还包含了无产阶级革命的内容,如美国的独立、土耳其革命、亚非新兴国家的建立等。从三个阶段我们不难发现:民族国家从本质上讲,是对封建政权、封建割据、外来势力及王权专制的一种反动,它最为核心的内容是"统一"——国家政权的统一,政权之下国民(或民族)的统一,国家利益和民族利益的统一。

近代中国是一个半殖民地半封建社会,中国人民既深受封建压迫之苦,又受到各强权大国的掠夺与欺压,国家丧失了主权,人民丧失了独立和自由。因此,建立民族国家就成为了近代以来中国人民的诉求,中国共产党从成立之日起,就把中国人民的诉求作为自己的奋斗目标,以建立一个崭新的民族国家为己任。这在中共第二次全国代表大会的宣言中体现出来,"二大"根据列宁关于民族殖民地问题的理论和中国共产党成立后对这个基本问题的探索,发表了宣言,分析了国际形势和中国社会的性质,阐明了中国革命的性质、对象和动力,制定了党的最低纲领和最高纲领。党的最低纲领也是党在民主革命阶段的纲领,它是:"消除内乱,打倒军阀,建立国内和平";"推翻国际帝国主义的压迫,达到中华民族完全的独立";"统一中国本部(东三省在内)为真正的民主共和国"。然后进一步创造条件,实现党的最高纲领:"建立劳农专政的政权,铲除私有财产制度,渐次达到

一个共产主义的社会。"可见中国共产党的纲领与民族国家的本质内涵是一致的,"消除内乱,打倒军阀",就是反"封建政权和封建割据";"推翻国际帝国主义的压迫,达到中华民族完全的独立",就是反外来压迫,求民族独立;"统一中国本部(东三省在内)为真正的民主共和国",就是求国家政权的统一,因此可以说建立民族国家是中国人民的诉求,也是中国共产党的奋斗目标。

　　从贵州来看,贵州各族人民阶级意识实际上早在清末乾嘉年间就诞生了。乾嘉以来,贵州各族人民大起义的发生,其中一个较为重要的原因就是封建国家、官员和客民对土地的侵占,以及国家的超常剥削,此时占有土地的统治阶级中既有汉族,也有其他少数民族;丧失土地、遭受剥削的被统治阶级中既有贵州各少数民族,同时也有汉族。由此,乾嘉以来贵州当地的社会矛盾逐渐由明以来的民族矛盾向阶级矛盾转化。到了咸同年间贵州各族人民大起义时,各族人民的相互支援、彼此响应、联合作战,说明了当时贵州各族人民已经逐渐地超越了狭隘的民族意识,阶级意识已在不自觉中诞生。

　　20世纪30年代,当红军进入贵州少数民族地区时,向当地民众宣传中国共产党的方针、政策,讲述红军进行武装斗争的目的和意义,动员群众参加红军,号召贫苦人民起来对反动统治当局进行抗捐、抗税、抗粮的斗争,同时还领导当地人民打土豪,将打土豪所得的大部分财物分给当地群众,甚至在有些地区开始开展了土地革命。总之,红军用自己的行动向贵州少数民族表明了"红军是贫苦人民自己的部队",由此,贵州各族人民对自身和红军既有了地位认同,也有了阶级认同。贵州各族人民与红军的心灵距离拉近了,二者产生了亲缘感。

　　自明清以来,随着改土归流在贵州不断深入,中央向贵州派遣的流官越来越多,土官也必须由中央王朝任命。官员以国家强权为依仗,对贵州民族地区进行严密的掌控和超经济的剥削,因此,贵州各少数民族对于国家、权力等概念已有一定意义上的模糊认识。当红军进入贵州民族地区进行宣传时,对于红军讲述的"建立一个民族国家,贫苦人民当家做主"、"实现共产主义"等,特别是对于民族国家、权力、武装等概念的宣传,使贵州各族人民的模糊认识逐渐清晰,茅塞顿开。因此,贵州人民的民族意识又获得了再一次的超越,从阶级的范畴上升到国家的理念,有了建立民族国家后当国家的主人,自己掌握自己命运的憧憬。

　　贵州各族人民民族意识的超越,不仅对红军在贵州当地的活动有极大的帮助,而且是把民族国家、政权意识等观念植根于当地的民族之中,为以后新中国的建立准备了深厚的阶级力量。

三、贵州少数民族对红军的回应

　　20世纪30年代红军在贵州的活动,给贵州带来了较大的影响,把民族国家、政权意识、人民当家做主等观念根植于当地的民众之中,对贵州少数民族近代化意识的提升作出了巨大贡献。同时,贵州各少数民族也对红军的活动和宣传作出了积极的回应。红军在贵州活动期间,各族群众与红军有了地位认同和阶级认同,同时还看到红军军纪严明,秋毫无犯。因此,许多贫苦的各族青年纷纷加入了红军,各族群众热情为红军送粮食、菜、肉,还为红军架桥、修路、做向导、缝制衣物鞋袜等,积极地支援红军。如红七军之所以用了不到一个星期的时间就穿过了山高林密、道路崎岖、气候多变的大苗山地区,主要就得利于苗族同胞的帮助,他们充当了红七军的向导,最后奇袭榕江城,取得胜利。这样的事例还非常多,可从贵州各地的地方资料中略举几例。

事例一:黄平旧州的西大街又叫"红军街",其名就得自于长征时期。当时红六军团进入黄平后,对老百姓秋毫无犯,夜晚就在百姓的屋檐下过夜,这深深地感动着黄平的人民,使他们深切地感觉到红军与军阀的部队有本质区别,当红军出城时,旧州的老百姓都自觉地来这里欢送红军,有送草鞋的,有送鸡蛋的,有送糯米饭的。群众载歌载舞,敬酒献茶,依依不舍,一直由西大街送至老里坝大桥,所以这条街也就叫"红军街"。[5]

事例二:黔东特区革命委员会成立后,立即发动群众,组织工农武装,先后建立了沿河、黔东、印江、德江、川黔边五个独立团,共1 500余人,各地还组织了30多支大小不一的区、乡游击队,共约4 000人,同时红三军还着手改编"神兵"。"神兵"是20世纪30年代初黔东穷苦群众自发组织的群众武装,每县的"神兵"团人数有多有少,多则几千,少则千人,立"神坛",练"神兵",口号是"灭兵、灭捐、灭税"和"抗粮、抗款"等,教规为"四禁",即禁烟、禁财、禁色、禁盗,提出了"一打财主二打官"等主张,有事一呼百应,对军阀和地主官僚的剥削和压迫进行武装反抗,曾多次攻打县城,开仓济贫。鉴于此,红三军为把"神兵"引向革命的道路,1934年发布了《致贵州印江、德江、务川、沿河各县神坛诸同志书》,阐明了红军对"神兵"的态度和政策,并对他们提出了争取自身解放的五条要求。这得到了广大"神兵"的拥护,各县"神兵"纷纷前来参加革命,于是红三军将"神兵"改编为黔东纵队,使这支农民武装走上了革命道路。

除此之外,贵州各少数民族群众还收留、掩护受伤的红军战士等,其实拥戴红军的事例数不胜数。红军能和贵州少数民族建立如此深厚的鱼水情,除了源自他们二者之间的相互认同外,最关键的是红军的宣传和作为与贵州少数民族的文化有亲缘性。红军战士大多是山区贫苦农民出身,具有朴实、善良的本质特性,这也恰好是贵州少数民族的性格中较为主要的方面,二者极其相似,极易沟通和产生亲切感。还有红军提出的打土豪、分田地以及实现共产主义等口号和理想,与贵州少数民族的社会制度存在天然的联系。如苗族的议榔制、布依族的亭目制、侗族的侗款制、瑶族的瑶老制等,都建立在农村公社和部分土地公有制的基础上。以布依族亭目制为例,亭目制的社会基础是农村公社,布依族以水田为中心定居形成若干个村寨,彼此以山脉、河流为天然界线,组建村寨组织,各村寨形成了"聚落相助"、"出入相友"的生活。村寨的土地属于全寨公有,本寨的人可以在村寨范围内按口分田,长期使用。村寨皆有头人,称为"寨老"、"乡约"或"把事",由各家族推选出来,他们既是家族利益的代表,又是村寨利益的代表,有威望而无特权,可以执法而不能谋私,是自然形成的领袖。亭目制的这些内涵与红军宣扬的共产主义、公有制以及官兵一致等理想和观念极其相似,二者之间有一定内在联系,使红军的理想、观念与贵州的少数民族文化产生了亲缘性,因此,贵州各族人民对红军的响应积极而热烈,为新中国的建立奠定了丰厚的群众基础。

红军在贵州的边缘地区和少数民族地区播布着"民族—国家"的意识,,使贵州各少数民族的阶级意识和民族意识得到了升华,从一个狭隘的观念中挣脱出来,形成了大地域、大民族的观念,一个近代"民族—国家"的意识在贵州少数民族地区得到发展,为以后新中国的建立奠定了坚实基础。

[参考文献]

[1]杜赞奇.为什么历史是反理论的.载黄宗智主编.中国研究的范式问题讨论,北京:社会科学文献出版社,2003.

[2]中共贵州省委办公厅,贵州省人民政府办公厅.关于批转省划定革命老区领导小组〈关于划定遵义等县市为革命老区的请示〉的通知.省办发〔1998〕16号.

[3][清]爱必达.黔南识略.载黔南识略·黔南职方纪略点校本,贵州人民出版社,1991.

[4]姜鹏.民族主义与民族、民族国家——对欧洲现代民族主义的考察.欧洲,2000(3).

[5]中共黄平县委宣传部等编印.心碑——红军长征过黄平纪实.未出版.

旅游研究"西学东渐"的一本力作

——读《旅游人类学教程》有感

左 伟

(贵州民族大学旅游与航空服务学院 贵阳 550025)

【摘 要】旅游人类学在中国经历了从介绍述评国外研究成果到致力于学科本土化的学科发展之路。由龚锐教授主编的《旅游人类学教程》是一本将国内外优秀研究成果结合在一起并进行探讨的著作,这对学者研究有关旅游人类学的理论与实践提供了有益的尝试。

【关键词】旅游人类学;旅游研究;发展

梳理旅游研究的发展历程,不难发现,当下的旅游研究已不再是经济领域研究的专利,随着社会学、人类学等学科的介入,旅游研究逐渐转向旅游现象所产生的本质这一核心问题的考量与追索。旅游研究从最初的旅游之"功效"向旅游之"本质"的学理性回归,这被认为是旅游学术界的一大跨越。

中国的旅游研究肇始于20世纪80年代。1996年,南开大学旅游系的申葆嘉首次在中国提出了"旅游人类学"的概念,随后许多学者纷纷以人类学的视阈重新审视旅游现象,在这一趋势主导下,国内旅游人类学的发展呈现出了"百家争鸣、百花齐放"的态势。越来越多的高等院校旅游管理专业开设了《旅游人类学》的课程,课程的开设与教材的建设是密不可分的。2007年,贵州民族学院旅游管理专业被国家教育部列为特色专业建设示范点,为此,由贵州民族大学旅游与航空服务学院院长龚锐教授领衔的教材建设及改革团队开始了《旅游人类学教程》的编写,经过三年的不懈努力,2011年10月该教材出版发行。

《旅游人类学教程》为读者呈现了一幅人类学阈限下的旅游研究图景,教程分为十个部分,研究的主题涵盖:①人类学视域下的旅游;②仪式与旅游;③旅游中的"真实";④旅游中的族群认同;⑤旅游中的社会性别;⑥旅游中的符号体系;⑦游客的凝视与体验;⑧旅游中主客间的遭遇与互动;⑨旅游与遗产;⑩旅游与博物馆。从导言至后记,综观该教程,我们可以分析出《旅游人类学教程》有下列特点:

(一)以我国旅游高等教育现状为出发点,呼吁旅游研究回归文化本质。笔者开宗明义,坦言"困境"——即当下旅游本科教育的尴尬境遇。学术研究的价值取向往往是折射

[作者简介]左伟(1981—),男,黎族,贵州德江人,讲师、硕士,贵州民族大学旅游与航空服务学院,主要研究方向为旅游经济。

教育理念与教育品质的一面"镜子"。长期以来,我国的旅游高等教育在就业压力与社会认同的双重导向下,似乎过多地受制于经济方面的利益操控,这导致了我国旅游高等教育无条件地偏向了"效用主义",忽略了其赖以生存的根基——形而上学(哲学)。旅游高等教育的目标应是提升学生对生活的世界和现实的分析能力与理解能力,这需要学科更多地整合经济学、社会学、人类学等学科理论,来形成旅游学科的一套知识共同体。

(二)恪守学术规范,从文化的立场而非政治或者经济的立场解读旅游现象。该教程始终从文化的立场而非政治或经济的立场来分析各种旅游现象,由此凸显编著者独立观察和对政治的谨慎,这更加体现出教程的学术独立之价值。在面对一些敏感话题时,价值中立成为该教程的价值取向。

(三)博采众长,兼容并包,力图实现专业学术知识与现实生活的融合。该教程汲取了国内外旅游人类学研究的最新成果,尤其重视国外研究前沿,拓展了旅游研究的主题范围,如旅游中的族群认同,通过相关论述认为,"通过旅游的文化杰出与交流的情景,激发了东道主社会的族群意识,对东道主文化认同变迁起了很大作用"[①]。又如在旅游中的社会性别中,毫无避讳地抛出了某些著名旅游目的地"性观光"这一敏感又极富争议的现实话题,但令人遗憾的是,仅由于篇幅原因,仅对此话题作现象描述,并未能以人类学的视角与理论去阐释,这亦为今后的研究埋下伏笔。

(四)理论梳理与案例分析结合,形象生动,寓教于乐。该教程除了对相关理论的阐述,还列举了一些经典案例。如《印象丽江》案例中"丽江是什么"的思考,通过分析,认为"纳西族历史、传统、习俗是丽江文化旅游资源的内核,文化商品的原料即来源于此"[②]。又如《茨中村的葡萄酒之旅》,将该章节中论述的"景物信息—景物—景物信息—景物"的符号性转换理论,用以阐释旅游者从以葡萄酒为主题的旅游活动中所形成的认知与体验。这些经典案例的安排与选择都反映出笔者的良苦用心。

在经济全球化与文化全球化的背景下,中国旅游研究需要广泛地向西方汲取营养元素,旅游人类学在中国的出现便是这一过程的产物。事实上,当西学如洪流一般涌入东方时,我们又不得不去面对西学本土化的现实。正如经济学需要中国化、本土化,旅游人类学也需要本土化,我们在运用西方理论解释中国现实时亦发现其有诸多不适之处,该教程在篇末《旅游人类学的展望》中,或许为我们提供了旅游人类学本土化的一些路径:其一是打破旅游研究中的地方性界限;其二是打破经济要素在旅游研究中竖立起的无形藩篱;其三是与多学科相结合;其四是重视旅游过程中的方方面面等[③]。

总而言之,随着旅游人类学的"西学东渐",我们有理由相信,未来的研究成果将不断深化与丰富,由贵州民族大学旅游与航空服务学院龚锐教授主持编著的《旅游人类学教程》,将在一定程度上有助于旅游管理专业学生更好地去理解、把握与领会旅游人类学的理论知识,同时也有助于有志于旅游人类学本土化研究的诸多学者。

[①] 龚锐.旅游人类学教程.北京:旅游教育出版社,2011.
[②] 同上.
[③] 龚锐.前引书.

试析明代贵州的改土归流及"国家"认同

金 燕

(贵州民族大学旅游与航空服务学院 贵阳 550025)

【摘 要】加强中央集权、拱卫云南是明初帝国的战略方针,而实施此战略方针的重点在于确保今贵州境内驿道的畅通。在此意图的主导下,明帝国开始了在今贵州地域的改土归流,并使此举措呈现了与此相适应的特点。随着国家强化对驿道线的管理,驿道沿线的非汉族群也开始了对"国家"的体认,此体认终明一代不绝,甚至沿袭至清代,这为晚清民国时期"民族—国家"的建构奠定了基础。

【关键词】改土归流;族群;驿道;国家认同

明帝国在贵州(文中的贵州所含地域是以当今贵州的地域为标准。以下皆如是,不再标注)改土归流的举措,将六百年前一个"化外"之地的多个自在族群,整合进入了一个刚刚崛起的帝国疆域之中,使一群自在、自为,只有宇宙,没有国家的族群,被真实、具体地纳入国家之中去自觉体认"国家"的肇始,在不断的经历和体验中,使认同不断深化,华夏的边缘也得以不断西移。本文拟通过对明代改土归流的分析,探讨贵州各非汉族族群对"国家"的体认。

一、明代贵州的改土归流概况

元末明初,贵州是四大族群交汇之地,民族众多,夷多汉少。元以前历代对贵州的管理均采取松散的羁縻制度,至元代有所改进,形成了土司制,然而不管是羁縻制度,还是土司制度,当地的各土著豪酋都拥有极大的自主权,和中央政府仍然保持一种若即若离的关系,这种情况直到明初加强了对当地土司的管理后才有了一定的改观。

从明初开始,朝廷主要经营通往云南的驿道。有明一代贵州通往省外的驿道主要有五条:其一是由湖广至贵阳的湘黔驿道;其二是由贵阳到云南的滇黔驿道;其三是由四川叙永经贵州毕节、乌撒到云南的川黔滇驿道;其四是由四川重庆到贵州的川黔驿道;其五是由贵阳经都匀到广西的黔桂驿道。湘黔、滇黔、川黔、黔桂四条驿道都交会于贵阳,形成了以贵阳为中心的交通干线,在这四条驿道中,湘黔与滇黔为主驿道,它们横贯东西,交通运输最为繁忙,是全省驿道的大动脉。其所经之地,据天启《滇志》记载,主要从昆明—平夷(云南富源县境)—普安州(今盘县)—安南卫(今普安县)—关索岭(今关岭县境)—安庄卫(今镇宁县境)—普定卫(今安顺市)—平坝卫(今平坝县)—威清卫(今清镇县)—贵州卫(今贵阳市)—龙里卫(今龙里县)—新添卫(今贵定县)—平越卫(今福泉

[作者简介]金燕(1969—),女,汉族,贵州安顺人。

县)—兴隆卫(今黄平县重安区)—偏桥卫(今施秉县)—镇远府(今镇远县)—清浪卫(今镇远县境)—平溪卫(今玉屏县)—沅州,该驿道情况参见《明代省驿道示意图》[1]。而明初期在贵州林立着大大小小的土司,明王朝实际能够掌控的资源与地域仍然十分有限,其主要集中在由卫所官军所控制的通往云南的主驿道沿线的一个个点状的狭小区域,并被广袤的土司区所包围,而对于土司的管辖区,如无特殊情况,明王朝很少能干预其内政。因此,在贵州战略地位凸显的情况下,扩大贵州的流官统治区,以加强对当地及驿道的管理,并确保对云南的控制已势在必然,改土归流刻不容缓。

在贵州众多土司中,最有名的是贵州的"四大土司"——贵州宣慰司、播州宣慰司、思州宣慰司、思南宣慰司,除此以外,还有普安土府、普定土府和乌撒土府等。现就主驿道、土司区及改土归流后的情况,可分区域作如下陈述。

(一)黔东

黔东地区的土司主要是思州宣慰司和思南宣慰司。两个宣慰司所辖之地主要包括今铜仁地区和黔东南。其中湘黔驿道从中穿过思州宣慰司辖区,而从思南宣慰司边缘经过,其中镇远、施秉等地在湘黔驿道上。

表1 黔东地区的土司及其所辖地

土司机构	改土归流的时间(年)	改土归流前其所辖地域	改土归流后的建置	府辖长官司及蛮夷长官司(个)	主驿道线附近的长官司(个)
思州宣慰司	1413	在今岑巩、玉屏、万山、石阡、凤冈、黎平、锦屏、从江、榕江等地	思州府	4	2
			黎平府	7	无
			新化府	7	无
			石阡府	4	无
思南宣慰司	1413	在今思南、德江、印江、沿河、铜仁、江口、松桃、三穗、镇远、施秉等地	思南府	4	无
			铜仁府	4	无
			乌罗府	4	无
			镇远府	6	6

思南田氏和思州田氏本属同宗,然而矛盾由来已久,至永乐年间,田宗鼎任思南宣慰使,田琛任思州宣慰使,双方矛盾日趋恶化,永乐九年(1411),双方为争夺"沙坑"(朱砂矿井)爆发了战争,朝廷多次命田琛等人进京调解,然而他们拒不受命,于是永乐11年(1413)明帝国命顾成统兵5万压其境,将田琛和田宗鼎执送京师,旋即将这两个宣慰司统辖之地分为八个府,并将原属于二宣慰司的四十个长官司及蛮夷长官司分属八府。按《黔南识略》、《黔南职方纪略》、《明史·贵州土司列传》和《贵州土司史》等书记载,这四十个长官司和蛮夷长官司思州府有4个,其中之一在今铜仁市境内,另一个位于今万山

特区,另两个位于今岑巩;黎平府和新化府共有 14 个,位于今锦屏县、黎平县以及榕江县境内;石阡府有 4 个,其中一个在今凤冈县境内,其余三个在今石阡县境内;思南府有 4 个,其中两个在今思南县境内,另两个在今沿河县境内;铜仁府和乌罗府共有 8 个,其中两个在今江口县境内,一个在铜仁市境内,一个在今万山特区境内,三个在今松桃县境内,一个在今印江县境内;镇远府有 6 个,其中四个在今施秉县境内,一个在今镇远县境内,一个在今三穗县境内。其中上述各地位于湘黔主驿道线上的是今岑巩县、镇远县、施秉县、三穗县,共有长官司及蛮夷长官司 8 个,占总数 40 个的 20%,远离湘黔主驿道线的长官司有 32 个,占总数的 80%。正统年间以后,这些长官司有变迁和革废。

(二)黔北

黔北地区的土司主要是播州宣慰司,其地主要有湘黔主驿道和川黔驿道穿过,其中主驿道经过的是黄平、福泉等地。见表 2:

表 2 黔北地区的土司及其所辖地

土司机构	改土归流的时间(年)	改土归流前其所辖地域	改土归流后的建置			府辖长官司(个)	主驿道线附近的长官司(个)
播州宣慰司	1600	在今遵义、桐梓、正安、道真、绥阳、仁怀、习水、赤水、福泉、凯里、黄平、湄潭、瓮安、余庆等地	遵义府		遵义县	无	无
				正安州	桐梓县	无	无
					绥阳县	无	无
					仁怀县	无	无
			平越府	黄平州	余庆县	无	无
					瓮安县	2(府属)	无
					湄潭县	无	无

黔北的改土归流主要源自杨应龙的反明,万历二十八年(1600)明帝国平定了叛乱后,对当地进行了较彻底的改土归流,废除了播州宣慰司以及所属的大部分安抚司和长官司,以其地分设二府七县,其中以播州长官司地为遵义县、真州长官司地为正安州,改黄平安抚司为黄平州,白泥、余庆两个长官司地设置余庆县,以草塘安抚司、瓮水长官司地设置瓮安县,新设湄潭县。据对《黔南识略》、《黔南职方纪略》、《明史·贵州土司列传》和《贵州土司史》等书的翻阅,播州宣慰司所领的两个安抚司和六个长官司,在改土归流后只剩下 2 个平越府属长官司,一个在今瓮安境内,另一个在今凯里境内,均远离主驿道线。

(三)黔中及黔西南的部分地区

表3 黔中及黔西南部分地区的土司及其所辖地

土司机构	改土归流前其所辖的地域		改土归流的时间及简要过程	改土归流后的设置
贵州宣慰司	水东	在今贵阳、开阳和黔南的龙里、贵定等地,宋氏的统治核心区在主驿道线上,其中贵阳是各条驿道的交汇点	1514年,水东宋氏衣租食税,听调遣而已	无
			1591年,以宋氏所辖贵竹长官司地改土归流	设置新贵县(隶属于贵阳府)
			1631年将贵州宣慰同知宋嗣殷革职,将其亲领的洪边十二马头改土归流	设置开州(隶属于贵阳府)
	水西	在今毕节、大方、水城、纳雍、织金、黔西、金沙,以及今黔中的修文、息烽、清镇、平坝、贵定等地的部分地区,水西安氏的统治核心区远离主驿道	1630年,明将安氏所辖的水外六目地进行改土归流。	设立敷勇卫、镇西卫以及九个千户所
普定土府	在今安顺市、普定县、平坝县、紫云苗族布依族自治县、镇宁布依族苗族自治县、关岭布依族苗族自治县、晴隆县等,主驿道横穿其辖区		1381年,命顾成为先锋攻普定,捉安瓒,留部分大军驻扎普定	划部分区域建立普定卫
			1385年,罢四川普定军民府	设置安顺州、镇宁州、永宁州
普安土府	在今盘县特区、普安县、兴仁县以及兴义县的一部分,滇黔驿道横穿该区域		1381年,攻占普安,并留兵守之	划部分区域建立普安卫
			1390年,平定土知府普旦的叛乱后罢府,1403年设置普安安抚司	设置普安州
			1415年,又以其安抚使慈长图谋不轨,降为土判官	隶属于普安州

  明代在该地区的改土归流是一个长期而复杂的过程。主要集中在三块区域:其一是贵州宣慰司所辖的水东宋氏属地,以及水西安氏的水外六目地;其二是普定土府;其三是普安土府。把普安与黔中这块区域混合起来说,是由于在明代它们同属于一个行政区域。明洪武年间把普定府改为安顺州,万历年间将安顺州改为安顺军民府,辖普安、镇宁、永宁三个州。

  从洪武四年(1371),贵州卫建立到永乐十一年(1413)贵州建省,实际上明朝廷已经逐步在黔中站稳了脚跟,但贵州宣慰司的安氏和宋氏势力仍控制省城的大部分区域,朝廷能直接控制的地方仍十分有限。明正德年间,水西安荣贵想吞并水东宋然的属地,因此，唆使宋氏属民阿朵作乱,明帝国平定叛乱后,正德九年(1514)欲将水东宋氏之地改土归流,然"巡抚覆奏以蛮民不愿,遂寝。宋氏亦遂衰,子孙守世官,衣租食税,听调遣而已"。[2]万历十九年(1591)以宋氏所辖贵竹长官司地改土归流,设新贵县,归贵阳府管辖。天启四年(1624)水东宋氏等响应水西安邦彦反明,因此到了崇祯4年(1631),明帝国将贵州宣慰同知宋嗣殷革职,将其亲领的洪边十二马头改土归流,设置开州。而水西安氏因水西宣慰同知安邦彦反明,崇祯三年(1630)被明帝国击败后,明将安氏所辖的水外六目地进行改土归流。并在当地设立了敷勇卫、镇西卫以及九个千户所,还修建了大量的城池。至此,水西安氏只能掌控鸭池河以西的土地,而原属于贵州宣慰司所属的十个长官司,在改土归流以后尚余六个,其中两个在今开阳境内,两个在今息烽境内,两个在今贵阳市区南部。可见只有两个长官司在主驿道附近,占贵州宣慰司长官司总数的20%。

对普定土府的改土归流始于洪武十四年(1381),在傅友德率军入云南途中,命顾成为先锋攻普定,捉安瓒(普定土知府),留部分大军驻扎普定,开始了对当地逐步的改土归流。洪武十五年(1382)建立普定卫,并升普定为军民府。到洪武十八年(1385)顾成以土府权重、多与夷族为奸等为由,奏请罢府,于是"罢四川普定军民府"[3]对普定军民府的改土归流基本保留了其属下的长官司共八个,其中一个在今安顺西秀区境内,一个在今平坝县境内,一个在今普定县境内,一个在今紫云县境内,四个在今关岭县境内,这八个长官司有七个在滇黔主驿道附近,隶属于安顺府。

对普安土司的改土归流也是以渐进方式展开的。洪武十四年(1381)傅友德在进军途中克普定的同时也攻占了普安,并留兵守之,洪武十五年(1382)建立普安卫,置普安府,旋升为普安军民府。洪武二十三年(1390)平定土知府普旦的叛乱后罢府,于永乐元年(1403)置普安安抚司,1415年又以其安抚使慈长图谋不轨,降为土判官,领十二营,隶属于普安州,归安顺府管辖。这十二营中,其中有六个营在今盘县特区,有四个营在今普安县境内,有两个营在今兴义市境内,基本在滇黔主驿道附近。

二、明代改土归流的特点

明代的改土归流从洪武年间开始,至明末崇祯年间一直持续不断地展开,分析考察明代贵州的改土归流,结合历史事实,其特点主要有以下几方面：

1. 明代贵州的改土归流基本可以总结为着重革废宣慰司、土府等较大的土司机构,而视情况保留一定数量的长官司及蛮夷长官司

明代初年,最具影响的改土归流是对思州、思南两个宣慰司的改土归流,把原属于二宣慰司的四十个长官司分别隶属于八府,并对其中一部分进行了少量的分权,如把黎平府分辖的谭溪、洪州、欧阳、湖耳四长官都设了副长官,据《黔南职方纪略》所载,共设副长官17个,同时还改设了土同知、土通判、土推官、土吏目、外委土千总、外委土把总、土县丞、土主簿、土巡检和土舍等土官；再如镇远府设有镇远同知、土通判、土推官,以及重安土外委、朗城外委土千总、乌漏外委土把总等[4]。在播州的改土归流中基本也贯穿了这一策略,在平播之后,将播州分设了遵义、平越二府,对其辖下的大小土司的处理,主要采取了两种态度：一是对坚决拥戴杨氏土司的一律废革；二是对平播有功、拥戴明王朝的土司、头目仍作适当安排,如真州长官司正副长官对平播有功,正长官安排为州土同知,副

长官为土主簿;同知罗氏为遵义府土知事。同时对于投降的"夷目"也作了适当安排,如上赤水里头目袁年投降最早,授以所镇抚职衔。可见,明代改土归流主要着眼于革废宣慰司、安抚司、土府等较大的土司机构,而对于蛮夷长官司和长官司、土目等较小的土司,只要顺从朝廷,皆予以保留,并作适当整改。

对于长官司等小土司的存留,其主要原因有三:其一是明帝国在贵州一直关注驿道沿线,而长官司大多在远离驿道的地区;其二是长官司实际上是流官管理民族地方的一个重要工具。改土归流后贵州所设置的府、州等机构基本是一些空壳机构,其辖下基本全是长官司,因此,实际上流官难以对当地实行真正的掌控,只能倚重于这些长官司;其三是由于语言关系,流官与当地的民众难以沟通,必须依靠这些长官司,长官司实际上成为了沟通当地民族与朝廷关系的唯一通道,因此,这些长官司虽都位卑权轻,但对于明帝国而言必不可少,否则就统辖不住各族居民。

2. 明代改土归流基本沿主驿道展开

从明初决定用武力统一云南开始,作为襟喉之地的贵州,其战略地位十分凸显。因此,明王朝确定了"先安贵州,后取云南"的战略方针,并特别重视贵州境内的土司势力,积极加以招抚,同时对行军必经的主驿道线上的土司势力,寻机实行改土归流。最为典型的事例,就是对普定土知府的改土归流。明初,当元朝梁王残余势力还据守云南之时,洪武五年(1372)普定土知府就对明朝中央政权表示归顺,多次到京城进贡,受封臣服。到了洪武十一年(1378)11月,普定土知府安赞和贵州宣慰使霭翠、金筑安抚使密定入京朝贡,受赐锦二匹、金龙文绮二匹。然而,自安赞入京朝贡回来不到三年时间,就被明朝军队趁进军云南之时,擒拿问罪,变成了阶下囚。据史书记载,朱元璋指责安赞的罪名是隐藏犯官、招诱逃军等。实际上,普定是明大军进入云南的必经之地,位于滇黔主驿道线上,战略地位十分重要。控制普定,是为了直接控制通往滇黔的交通要冲,并监控周边土司势力,以利直接统治云南和贵州,掌控全局。

明代从对普定土府的改土归流开始,中经普安土府、思南宣慰司、思州宣慰司、播州宣慰司等的改土归流,最后到对水东宋氏土司和水西水外六目地的改土归流结束,可以看出,这些被改土归流的区域基本上在主驿道线上,其中普定土府、普安土府、思南宣慰司、思州宣慰司,以及水东宋氏土司的一部分辖区都主要在贵州交通大动脉湘黔驿道上;而水西水外六目地(今修文、息烽、清镇、平坝、普定等地)则主要分布在贵州交通大动脉滇黔驿道线,以及川黔驿道线上。这几个土司中只有水西土司管辖的核心地带大方、织金等地稍稍偏离主驿道,因而得以保留。播州宣慰司统辖的大部分在川黔驿道线上,其中一部分在湘黔主驿道上,如今黄平、福泉等地。而留存下来的长官司、蛮夷长官司及土目在驿道大动脉附近的是极少数,而且都牢牢地掌控在府、州、卫等明帝国的国家机构当中,同时他们与明帝国之间一直保持一种特别友好的关系,在这一点上安顺就是一个特例,在普定土府和普安土府被改土归流以后,其所辖的长官司基本保留,其大多数在主驿道沿线,这种情况一直持续到清初,原因何在?实际上,原因有三:一是数量较少;二是这些土司非常安分,一直与明帝国保持良好的关系;三是其辖境虽辽阔,但品级十分卑微,明帝国不足为虑。对于主驿道沿线的长官司,明各级机构在执行王朝的决策时,甚至会倚重于这些长官司,如镇远府属下的邛水十五洞长官司就在主驿道线上,由于清浪卫兵员不足,因此,该长官司辖下的士兵还承担着保卫驿道的任务,其余如驿道的维修、物资的运输等,驿道沿线的长官司都有所参与。

3. 明代改土归流贯穿了整个明代发展的过程,并且进行改土归流的力度与中央势力的强弱成正比

明代的改土归流从明初洪武年间开始,直至明末崇祯年间一直在持续不断地进行,贯穿了整个明代发展的历史。而每个阶段改土归流的力度又有差异。现以明代贵州四大土司为例。

对思南、思州两宣慰司的改土归流是在永乐年间进行的,此时是明代的鼎盛时期,国家富强,国力强盛,在中央集权主导思想的影响下,中央对地方加强掌控势在必行。加之今贵州地域的土司在经历了几十年的发展后,实力较强,有不奉中央号令和坐大的趋势,因此,改土归流必然作为主要矛盾提上日程。

对播州宣慰司的改土归流源于杨应龙的反明。万历二十四年(1596),为有效地打击杨氏,控制贵州,明王朝利用了水西安氏和播州杨氏的矛盾,以土地为诱饵,换取了水西出兵攻打杨氏,巡抚郭子章许诺安疆臣,只要帮助朝廷平定杨应龙后,把被播州侵占的原水西六百里土地还给水西。因此得到水西的帮助。从该案例中可以看出,明帝国对贵州土司的掌握已不如永乐年间,平播之役从一个侧面反映了明王朝的衰落。

在明代的改土归流中,最不彻底的是对贵州宣慰司的改土归流,只革废了水东宋氏土司以及水西水外六目地。

比较明政权对贵州四大土司的改土归流,可作简要总结如下:

1. 对思州、思南的改土归流是在鼎盛时期进行的,田氏家族的内讧与坐大,为明帝国加强中央集权,进行改土归流创造了一个极好的借口,因此,过错大小并不重要,重要的是以此为借口,将两宣慰司管辖之地,划归流官管辖,掌控主驿道,为贵州省的建立奠定了基础。

2. 对播州的改土归流是在明万历年间进行的,万历年间是明代走向衰落的一个转折点,此时明朝廷尚有一定的力量,因此,播州杨氏的反明,使明朝廷不得不对杨氏进行镇压,而为了达成目的,不惜利用水西土司,其中杨应龙对明朝廷的激烈抵抗,加强了明王朝平播的决心,使播州杨氏最终走向了覆灭。

3. 对贵州宣慰司的改土归流是在明末进行的,明代从万历年间开始,朝政日益腐朽,社会危机严重,朝廷到处加派赋税,导致民不聊生,中原人民的反抗斗争不断,在此情形下,明朝廷已无暇西顾,甚至无力掌控水西土司,因此,只要其表示归顺,明朝廷在处置上就一定会采取较宽松的政策,息事宁人,由此就导致了水西安氏的留存,形成了明代在贵州进行改土归流的一个特例。

三、明代贵州改土归流区域人民的"国家"认同

改土归流给贵州带来的结果是多方面的,然而其中最关键的是贵州一群群自在、自为的族群开始了对"国家"的体认,因此本文就这一问题展开论述,余者不再论及。

贵州历来与中原来往较为密切的是黔北和黔东北一带的某些地域,因此,实际上就对"国家"的体认来说,这些地域早在南宋年间就已有一定的萌芽。而本文着重讨论的是

明代在贵州改土归流以后,改土归流区域的族群对"国家"体认的开始和展开,因此,黔北和黔东北显然是这一话题的一个特例,对于此情况,另文撰述,此处不再展开。

贵州在改土归流之前一直处于中原帝国的边缘地带,贵州境内的民众是一群群自在、自为,只有宇宙没有国家的"化外"之民,在明帝国加强集权、拱卫边疆的战略意图下,在贵州主要着力经营驿道,特别是湘黔驿道、滇黔驿道等主驿道,并沿主驿道沿线开展了改土归流,使主驿道沿线的非汉族族群开始了对"国家"的体认,随着时间的推移,这种体认在不断地深化。

"所谓认同,是指一个人在特定情境下,认为自己属于一个社会群体"[5],因此本文的"国家"认同,实际上就是指个人或群体在特定情境下,认为自己属于国家,是国家的一分子,既享受着依靠国家所获得的利益,又承担着国家规定的义务。贵州各族群对"国家"的认同是族群与国家共同作用的结果,国家以强大的政治势力为依靠,通过强制力对其所经营之地实施管理,而族群则在与承载着"国家"背景的具体化的人的接触中,形成了攀附。所谓攀附,"产生于一种模仿欲望;攀附者希望借由模仿而获得某种身份、利益与安全保障……攀附的动机又相当于吉哈德所称的模仿欲望,在亲近且敌对之个人或群体之间,由于追求较优越的存在地位而产生的一方对另一方之模仿"[6]。在此攀附之下逐渐地形成国家认同。

事实上,明代贵州驿道沿线的非汉族族群对"国家"的认同,首先是对承载着"国家"背景的汉族的认同,因此也可以说,此时的"国家"认同首先包含了族群认同。1964年,美国人类学家纳罗尔在《当代人类学》杂志上发表了《论族群单位分类》一文,主张把族群当成不同的社会文化承载和区分单位,认为族群认同的客观要素就是文化。因此可以说,"国家"认同包含了不同族群间的文化认同。西方族群认同理论的又一部重要著作是A.库恩的《非洲都市中的风俗和政治》,书中库恩认为,族群具有实际的政治功能,族群认同在本质上是一个政治现象。同时还有大量的学者认为国家又是一个政治学概念,"国家通过在国家主权疆域所实施的一体化的公共政策……以及通过国家制度安排实现的社会再分配制度和补偿性法律体系,将自己疆域内的所有居民纳入国家的控制与文化塑造之中,从而促进一个与国家认同相匹配的'国家民族'的现实形成"[7]。可见"国家"认同也包含政治认同。中国有许多学者提出了"文化的民族,政治的国家"[8]的观点,显然有其理论依据和现实意义。因此大体来说,"国家"认同主要有两个方面,其一是政治认同;其二是文化认同。

驿道沿线各族群在对国家的政治认同上主要体现为对明帝国政治方针和战略决策的支持、当地经济发展,以及缴纳赋税、服从明帝国流官的管理等方面。在国家认同的政治层面上来看,这种认同早在改土归流前就已开始。如明王朝在打击元残余势力梁王的军事行动中,得到了水西土司的帮助,既劝说了东川、芒部等土司纷纷倒戈,归顺了明王朝,又为明王朝的军队提供了一定的马匹和粮草;再如1384年,为了配合明王朝打通贵州交通,水西土司奢香开龙场九驿。此行为可以说是水西彝族上层对"国家"予以认同的开始。

从经济发展和缴纳赋税等方面看,可以以镇远为例。镇远位于明代交通大动脉上,潕阳河流经其境,明代时为"滇黔门户",驿道和水道在此处衔接,自古是水陆交通的要津。明代初期当地归田氏土司管辖,其境内有苗族、仡佬族、侗族、佯黄等族群。由于当时贵州地贫民稀,建制多变,土地未曾丈量,户籍亦未精确统计,因此,当地基本没有赋税,主要以贡赋的形式体现。明初经略西南,由于镇远地理位置的重要性,明于永乐年间在镇远进行了改土归流,设置了镇远府,当地在经济财赋方面发生了重大变化。如当地的商业,自明洪武以来,镇远官署增多,人口日繁,官户、民户、军户、匠户云集于此,五方杂处,商业兴旺。该地凭借潕阳河和驿道与云贵和湖广相通,仅从湖广至云南的驿道上,每年过往镇远的马不下三四千匹,运夫数以千计,这些运夫大多来自驿道沿线的长官司。还有过往官兵、商旅不计其数。云南的货物,如铜、锡之类,多在此聚散,各地商人在此结集为市。万历年间,岁征商税白银24 654两,为全省之冠。在镇远商业活动的推动下,各军屯与民间、各民族之间的经济交往日益频繁,因此,在镇远周边驿道交通方便的地方出现了一批农村集市,借以沟通城乡、屯堡和村落的经济联系。这种场市随着时间的推移,在逐渐向少数民族聚居的村寨渗透。

从服从明帝国流官的管理来看,明代开始在贵州进行大规模的改土归流,并设置府、州、县等机构,形成了土流并治的格局。改土归流地方的土司土官服从流官管理的时代也就开始了。如明王朝对思州、思南两宣慰司改土归流后设置了八府,其所辖的四十长官司及蛮夷长官司分属于八府管辖,使当地的土司听命于知府。再如程番府设置以后,将原属于贵州宣慰司的金筑安抚司及十七长官司划归程番府管辖,再如播州宣慰司改土归流以后,一些长官司的长官在州、县等机构里任职。这些土官都必须听命于流官的管理。而在改土归流以后,这些长官司都或多或少地承担了一些职责,如为贵州卫所购买军粮;如整修驿道,甚至保卫驿道;在明帝国需要时还负责了解"生界"情况等,这些无一不体现了对国家的政治认同。

文化认同也主要在主驿道线附近展开,文化认同的体现是多方面、多层次的,既包括服饰、饮食、节日等民俗现象,也包括生产技术、耕作技术等生产经验,还包括宗教等精神层面的信仰。认同的过程既是一个攀附的过程,也是一个创新的过程。如镇远的青龙洞古建筑群,始建于明末清初,儒、佛、道三教汇集于一堂,从其建筑特色上来看,可以说是中原文化与当地民族文化融为一体的典范。可见,至少从明中后期开始,佛教、道教以及儒家文化已为当地民众所普遍接受,同时中原的建筑艺术、美学思想已渗透其地,并为当地民众所认同。

在民俗方面,可以贵阳为例。贵阳市的古老居民是少数民族,主要是布依族和苗族居住地,彝族、仡佬族杂居其间。从明朝在当地设置卫所开始,到该地区改土归流的实施,当地设置了大量的流官体制,加速了汉民族进入该地的步伐,从而改变了贵阳的民族构成。特别在改土归流以后,该地区的少数民族受到汉文化的影响,各民族之间的交流增多,民风民俗有了一定的变化。如贵阳花溪区镇山村,据《黔记》所载,今镇山一带原为"仲家"(布依族)的居住地。明万历年间,李仁宇奉命平番,屯兵安顺,后入赘镇山,娶班氏女子为妻,袭土司职,因此,当地的班、李二姓皆为同宗。明弘治《贵州图经新志》卷一"风俗"中就有记载:"仲家,皆楼居,好衣青衣,男子戴汉人冠帽,妇女以青布一方头裹肩,……居丧食鱼虾而禁鸟兽之肉。疾病不服药,惟祭鬼而已。"这是汉文化和布依文化相互碰撞、交融的过程,同时也是布依族接受汉文化的一个实例。

在生产技术、耕作技术等方面的事例更是不胜枚举。明初，贵州基本上在耕作上仍是刀耕火种的原始方式，此方式使土地肥力连年下降，不能继续耕作，需要不断地易土，耕地无法固定，造成了贵州当地人到处游耕、赶山吃饭的生活方式。改土归流后，随着汉文化的大量进入，先进的生产技术也随之传入，土地开发也出现了新面貌，明末徐霞客来到贵州，在其著作《徐霞客游记》中记载了这种变化，如贵阳青崖西北行，"两山夹中，夹底平洼，犁而为田"；平坝龙潭东峰之下，"其中平坞一壑，南北长二里，水亦中洼下坠，两旁多犁为田，是名八堡"；还有普安老鸦关西南"坠壑下盘，丘垤纵横，皆犁为田"等[9]，诸如此类的记载还有很多，在此不再一一枚举。上述地方全在主要驿道线上，其耕作技术的改进不言而喻。同时当地民众还根据贵州复杂的地形、多样的气候，创造性地开垦了多种类型的水田，如冷水田、滥田、梯子田、腰带田、望天田等。

明代在贵州改土归流后所产生的驿道沿线的非汉族族群，通过文化层面和政治层面的认同，达到进而对"国家"的认同，可以说是一种"工具性"认同。所谓"工具性"认同，是借用了西方族群认同理论的一个概念。20世纪70年代开始，西方学者就族群认同是人类社会生活中的根基性情感，还是人类资源竞争与分享关系中的功利性工具等问题争论不休。根基论者认为，人们以共同的起源历史仿真人类最基本的手足之情，进而达到族群认同；而工具论者认为，族群认同是人类空间、环境等资源分配、分享的一种手段和工具。贵州驿道沿线改土归流地区的族群通过对"国家"的认同，进入了当地空间、环境等资源的分配、分享和竞争体系之中，如通过"国家"认同，土司子弟在符合明政权的规范下可以承袭土司之职，各非汉族族群的成员可以在土司机构中担任各级官吏；再如随着司学、卫学乃至于府、州、县学的设置，当地民众也分享着教育资源，明清两代许多非汉群体的人员因接受儒学教育，以后走上了科举入仕的道路，推动着贵州文化的勃发。从以上事例可以看出，明代贵州驿道沿线的各非汉族族群对"国家"的体认显然是一种与以血缘为基础的"根基性"认同不同的"工具性"认同，在此认同中既有攀附，也有创新，为今天贵州形成的多元一体文化格局奠定了重要基础。

明代通过改土归流使主驿道线附近的各非汉族群体开始了对"国家"的体认，这种体认必须经历一个漫长的过程，不可能一蹴而就，其必然的经历是从主驿道开始，进而向长官司辖区渗透。它既体现了攀附者对被攀附者的模仿，同时又包含了攀附者对被攀附者的矛盾和斗争，明代沿驿道线此起彼伏的反抗斗争就是一个明证。事实上，一个真正的认同正是在无数矛盾、斗争的磨合中来建构的。终明一代，这种认同一直在持续，甚至到了清代，还一直在发展。这些为晚清民国时期"民族—国家"的建构奠定了基础。

[参考文献]

[1]刘学洙.贵州开发史话.贵阳:贵州人民出版社,2001.

[2][清]张廷玉编,翟玉前,孙俊编著.明史·贵州土司列传考证.贵阳:贵州人民出版社,2008.

[3]贵州省民族研究所.明实录贵州资料辑录.贵阳:贵州人民出版社,1983.

[4][9]贵州通史编委会.贵州通史,第2卷.北京:当代中国出版社,2002.

[5][6]王明珂.羌在汉藏之间.北京:中华书局,2008.

[7]关凯.族群政治.北京:中央民族大学出版社,2007.

[8]王铭铭.西学"中国化"的历史困境.桂林:广西师范大学出版社,2005.

单一生成与先验存在
——德勒兹与黑格尔"差异"思想比较及当代意义

宋 涛

（贵州民族大学旅游与航空服务学院 贵阳 550025）

【摘 要】 差异问题是现代哲学与后现代哲学争论的焦点之一，黑格尔辩证法以先验的同一性、整体性为前提，认为差异就是矛盾，必然经过正、反、合三阶段达到统一。而德勒兹认为，差异是一种异质共存状态，并非对立和冲突。借助《文心雕龙》的"擘肌分理唯务折中"思想，探讨兼容黑格尔同一性与德勒兹差异性的方法论，成为超越现代与后现代思想的困局，探索未来理论发展的有益尝试。

【关键词】 差异；同一性；突破；唯物折中

一、德勒兹的差异：单一生成性对个体的肯定

西方自20世纪60年代兴起的后现代思潮，轰轰烈烈，将延续了几千年之久的传统形而上学思路，硬是从注重本质、注重同一，扭向了注重现象、注重差异的轨道上来，后现代思想诸位大家，在批判传统时，几乎不约而同地将矛头指向了古典哲学的集大成者黑格尔，其中的德勒兹尤以对差异的张扬而闻名于世。

德勒兹认为："差异是一种状态，是一种可以描述出某种规定的状态，两者之间的差异仅仅属于经验主义范畴，对此进行的规定也是外在的。"[1]这暗示，德勒兹思想中的差异属于某种内在状态，是自在的，而经验主义范畴的差异更多来自外在直观感受，是间接的。德勒兹还指出："差异是某种状态，在此状态中，规定促使并形成了单方面的差别，因此我们必须说，差异是生成的，或是在自身中生成的。"[2]由此，德勒兹提出了差异的基本原则：单一生成性原则。

德勒兹差异哲学思想的确立是通过对康德、柏格森、尼采等人的研究形成的。通过对再现问题的研究，德勒兹确立了单一生成性的、非中心论的核心命题，并以此对抗黑格尔哲学以先验存在论为标志的差异思想，以及体系庞大的西方传统哲学的本体论、系

[基金项目]本文系教育部人文社会科学研究西部和边疆地区项目："超越现代与后现代——德勒兹差异思想及其对当代中国美学理论研究的启示"（12XJC751003）；贵州省教育厅高校人文社科研究青年项目："西学传统思路批判与当代中国文艺理论研究——德勒兹差异思想及其启示"（11QN013）阶段性研究成果。

[作者简介]宋涛（1973— ），女，贵阳市人，贵州民族大学旅游与航空服务学院讲师、中山大学中文系文艺学专业博士生。

统论。

西方哲学主流一般把时间看成非真实性存在：过去的不复存在，现在即将过去，未来尚未到达。这种观点实际上将时间视为一种线性发展过程。与此相反，柏格森认为现在与过去共同构成了真实的时间形式。真实的时间为绵延，只有通过记忆才是可能的，记忆让曾经的现在和现在共存。柏格森在《材料与记忆》中以倒圆锥体为例，描述了记忆在时间中的流动性。柏格森指出，从 S 点代表的感觉——运动机制到 AB 面表示的记忆之间，存在无数记忆的投影，由于时间的流变性，自我不会停留在 A、B 两端的任何一端，而是不停地在两者之间移动，这样获得的表象刚好符合心灵对现实的反应，这些切面在不同程度上生成为表象、自我、梦境、想象。然而，倒圆锥体的不同切面不是简单的重复，而是异质的生成，这些面可以表示为 A′B′、A″B″，等等。虽然 A′B′ 与 A″B″ 存在相似性，但是从倒圆锥体的切面面积来看，无论是表象，还是梦境与原来的记忆都存在差异，而切面具有生成意义，生成的切面在不同的时间中，具有创造作用，这是记忆在时间中不断强化和压缩的结果，是差异成为创造进化的内在动因。①

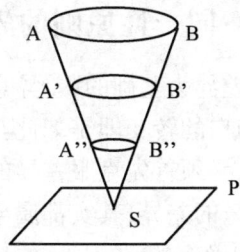

德勒兹接受并发挥了柏格森有关时间与记忆的思想，认为，差异存在于自身，记忆其实就是在生成中的差异，从而终结了"一"。1966 年，德勒兹发表《柏格森主义》，他指出，柏格森用著名的倒圆锥体比喻在时间中的过去和现在的共时性问题："过去不仅与曾经存在的现在同在，而且好像它就被保存在自我之中（而现在正在消逝）——全部、完整的过去、我们的整个过去与每个现在共存。"[3] 德勒兹继而分析认为，"过去 AB 与现在 S 共存，但具有 A′B′、A″B″ 等所有的切面，这种切面规定着与 S 点接近和疏远的程度，每个切面自身都是'潜在的'，都属于过去的自在存在"。[4]，潜在的自在存在是过去的自生成的，是实在的。

德勒兹认为，哲学史上对单一生成的表述有三次，"第一次以邓·司各特（Duns Scotus）为代表，在其伟大的本体论著作《Opus Oxoniense》（又译《牛津评注》）中，存在是作为单一性来理解的，但是单一性的存在是中性的，这种中性是介于有限与无限，个体和普遍，创造与生成之间。司各特视存在为普遍性和个体性的交汇"。[5] 司各特的存在具有唯物主义意义，以对抗中世纪神权的唯一性命题。第二次表述是由斯宾诺莎完成的，斯宾诺莎对司各特的存在论持肯定态度，并在此基础上进行发挥，进而提出，单一性存在既不是中性的，也不是无关紧要的，而是对客体的完全肯定，单一性存在成为绝对的个体，具有广泛性和无限的物质性。

---

① ［法］伯格森. 材料与记忆. 肖伟译. 北京：华夏出版社，1999，第 114 页图 5.

最后,在德勒兹看来,尼采的永恒回归学说是对单一性存在命题的准确注解:"在永恒回归中,单一性存在不但是思想和存在的确定性,而且是一种成为现实的有效性。回归就是存在,但只是生成中的存在。"[6]这正好与柏格森强调的圆锥体切面的生成性类似,这样,单一生成原则经由司各特、斯宾诺莎、柏格森到尼采直至德勒兹得到了完整的解答和确定。而黑格尔哲学的整体性,一方面否定了个体的存在意义,以体现绝对精神的永恒无限性,另一方面,通过正、反、合的三段式过程,肯定了概念的绝对有效性。

所谓的单一生成就是对个体性的肯定:"个体性的产生同时伴随分裂和游牧因子,这些因子的消解和毁灭之力不小于其建构之力,由此,存在,从一个个体过渡到另一个个体。"[7]德勒兹甚至认为,单一生成是个体差异的瞬间形式,或者说普遍性是借助媒介形成的个体的独特性,单一性生成实际上普遍存在于个体的差异中。在单一性的映照下,差异不会产生某种绝对,而只是存在。这也许是德勒兹和黑格尔最大的区别:内在的异质共生可能更接近世界的真实面目,这是多层次褶皱和多层面叠合的结果,而黑格尔辩证法的差异并不是生成性的,因为它们依赖一个非存在的绝对,却未去否定它。

二、黑格尔辩证法的差异:同一性原则的先验假设

黑格尔辩证法认为,矛盾是以差异为基础的,差异意味着对立,差异性的双方具有相互转化的否定性因子,正与反、黑与白的转变即是如此。黑格尔指出,概念的普遍性是思维的完整形式,为了达到这种完整,必须首先克服差异的异质性,对差异的思索首先要做的就是否定,无论是质的差异还是量的差异,其实都属于感性的不确定性,是肤浅和易变的,这表明,只有同一性是必然的和确定的,这从根本上确立了概念同一性的先验地位,这意味着,差异始终为先验的同一性服务,作为并且始终只能作为"对立"存在,"对立"终究避免不了被同一化的命运。这成为后现代哲学家在黑格尔体系中找到的最明显的漏洞:如果摒弃同一性前提,差异不再作为构成整体性的重要因素,差异自身的意义何在?也就是说如何使差异从同一性的牢笼中解放出来,确立其独立性,差异自身如何差异化?对这一问题的回答是否意味着,在黑格尔体系中被忽略的个体性、多样性的价值和意义必须以非同一性原则为假设条件?

德勒兹认为,差异不是对立,而是变化,这种变化没有以概念的先验普遍性原则为前提,即没有以柏拉图以来西方哲学主流对客观世界的整体性描述为基础,也不是以基督教的上帝"一"作为最高主宰的。此外,差异意味着两种状态间的变化,这样的概念确保了状态的可比较性。而黑格尔哲学意义上的差异是对绝对的反思,必然受到扬弃的差异是绝对反思的后果,绝对即是"一",至于在绝对的统领下,差异的度和量并不成为反思的主要内容,反思是对不同的克服,反思的目的是为绝对服务:"同一本身分裂为差异,因为它作为自身的绝对区别,把自己建立为它自己的否定物,并且因为它本身及自己的否定物这两个环节是自身反思、与自身同一的;或者还因为同一本身直接扬弃其否定,并且在其规定中是自身反思的。"[8]黑格尔的差异本质上不是差异自身,而是自身的同一,从对立、否定到同一,经过概念与范畴的先验演绎,普遍性与绝对性将差异彻底吞噬。对此,黑格尔明确指出:"或者说,差异物恰恰只有在其对立面中,即在同一中,才是它所是的那个东西。"[9]

"德勒兹认为,我们不应该假设一个先验性的统一体,而是要认真看待世界的本质,正如世界一直是被感知的那样。"[10]但是,黑格尔的正、反、合三段论,无疑已经先验地假设了这种统一性,即同一性的存在。再现("representation",又译"表象")一词的前缀"-re"意味着重复,再现是指相同的东西被重新发现,未知只是还未被识别的已知,在此意义上,未知等于已知,并由此衍生出概念的完整性:离开就是返回,开始就是结束,死亡即是重生,等等。

与此相反,对德勒兹差异思想的理解,首先应摒弃对同一性的先验假设。德勒兹认为,二元对立忽略了个体性的存在,因为黑格尔的二元对立已经确立一个中心,对立双方必将走向合,德勒兹的思想恰恰攻击了这种目的论,个体性的存在是异质的,它们既不会服从于必然走向统一的目的,也不会莫名消失,而是一种"他者"的共存。不可否认,对德勒兹来说,个体的特殊性是哲学的基本事实,因此,不但要从理论上研究个体的基础是如何构建的,而且要发掘出每一个体的特殊而唯一的发展或生成过程。

德勒兹认为,对差异的认识在康德那里就表现出明显的先验论痕迹:"但是,就此而言,在决定论和决定之间先验论差异思想的形成,不再由外部的差异决定,这种差异是分裂的,而是由内部的差异决定,这种差异在思维与存在间建立起一种先在的关系。"[11]从康德到黑格尔,在德勒兹看来,差异思想无疑都具有主观的先验性质,康德对于思维与存在的回答是众所周知的:"被决定的存在是由'我认为……'决定的,结果是一种极限,我的未确定的存在只有在时间中,作为现象的存在,是被动的,得到认可的现象只出现在时间中。"[12]

由先验论的差异思想可以推导出差异就是对立,因为存在是由"我"决定的,同一性是先验的假设前提,黑格尔辩证法的差异,实质是先验论的延续,即预先假设了质的对立,矛盾的前提。德勒兹的这一分析彻底揭示了黑格尔辩证法的本质:黑格尔的差异思想是以先验决定论为前提的存在。

三、西学差异思想转向与突破的当代意义

西学差异思想的转向与突破,至20世纪60年代起达到堪称经典的规模与高度,以德勒兹等人为代表的法国后现代思想大师提出,以差异性、去中心化、多层次性为表述特征的块茎思维模式,取代传统形而上学的树状思维模式,由此引发一场思想革命,覆盖西方思想文化领域。

然而,树状思维路向不可避免地意味着建构体系。在此过程中,普遍性(同一性)是体系首先感兴趣的,因为普遍性可以将体系的适用性推广到极致。相反,偶然性、不确定性和非理性成为被体系抛弃的孤儿,因为它们无关同一的旨趣。但是体系的闭合是对不可预见的偶然性,以及个体的感性认识的否定,通过辩证法的演绎,同一性哲学彻底摒弃了生命的非理性和人类具体经验的实在性,生存的现实,意义的不确定性等。

与此相反,德勒兹的块茎状差异思维强调具体经验高于抽象理性的普遍原则,坚信不存在先天的思想体系可以支配信仰或者客观实在,从而主张思维的发散性、生成性。

显然，这种块茎状思维方式极大地提高了游离在体系之外的异质要素的合法地位，破解了体系哲学总是力主以一概全的强迫性。然而，令后现代思想家们尴尬的是，消解同一性，一味主张差异性却陷入了另一种形而上学的泥潭，差异一旦演变为杂乱无章和支离破碎，将会成为抑制自身的直接后果。

事实上，对后现代理论研究的深入使人们不由自主地怀念起由同一性而来的理想化，至少这种理想化图式，在长时期内释放了精神解放的激情："如果没有形而上学对同一律和根据律的维护与推动，也就不会有科学和现代技术；而随着科学与现代技术越来越成为整个地球的唯一的共同事业，形而上学也越来越规定和铸造着整个人类存在的本质。"[13]

不可否认，在自然王国里，无论树状还是块茎状植物，都属于客观世界的一部分，片面强调某一方面，难免走上以偏概全的老路，古往今来，在方法论上乎其上的大家无不以综合之法采各家所长取胜，康德著三大批判，刘勰完成《文心雕龙》莫不如此。刘勰在《文心雕龙·序志》中针对当时文坛的文风多样，各家难免有所偏废的两种片面化趋势：一方面排斥典正，弥尚丽靡，另一方面以一隅之见，难以俱通。提出用"擘肌分理，唯务折中"[14]的综合方法，解决困扰文艺理论建设的实际问题，提倡文论的普遍性和现实性。"擘肌分理，唯务折衷"：折是判断，衷同中，不偏不倚谓之中，指运用综合的方法，主张通过仔细剖析原理，深化认识，确立某种不偏于一隅的中肯态度，博采众家之长，而不是片面地突出某一方面，以偏概全，难以服人的层出不穷的纷繁理论。

当然，这一始终贯穿《文心雕龙》的基本方法并不是将各家之说进行简单的总结归纳，采取中庸的保守态度，无所建树，而是试图从对立中寻求和解，从差异中发掘共性，避免孤立地强调某一方面。《文心雕龙·知音》认为："知多偏好，人莫圆该。……各执一隅之解，欲拟万端之变。所谓东向而望，不见西墙也。"[15] "唯务折衷"，就是要同时兼顾事物的多个方面，不将它们视为互不相容的，从而达到"兼解以俱通"[16]（《文心雕龙·定势》），从而避免"徒锐偏解，莫诣正理"[17]（《文心雕龙·论说》）。

从差异性与同一性之争可见，一切试图笼罩全言，用一以贯之的方法论解决认识论问题的尝试最终都是徒劳无益的，《文心雕龙·序志》开篇即承认："夫铨序一文为易，弥纶群言为难。"[18]可见，借助方法论的帮助，才可在个性与共性之间建立联系。看到部分是容易的，而要做到超越个别，关照整体，则是困难的。无论是黑格尔们，还是德勒兹们，都只看到了整体中的个别，并将个别看作整体，这在后现代思想中尤为明显。由差异思想确立的后现代思维范式，试图在同一性思维之外寻找对世界的合理图解方式的尝试，使差异性成为后现代思想标签。与集约化、同一性对抗的差异思维形态无疑具有超越普适思想的优越性，并已被证明，是对人类生存现状的合理描述和深切关注，不过，面对当下形形色色、层出不穷、标新立异的美学观和文学理论，将差异论奉为圣经，显然无法成为最妥善的解决方案，并且将面临新的形而上学问题。

如果说启蒙运动确立了以同一性为指针的现代性价值取向，那么，后现代则面临如何重建包容广泛差异性的同一性。如果说现代性代表了一个"立"的时代，那么，后现代则引领了一个"破"的阶段。差异性问题的出现，就是要求在同一性的建构过程中，尽力照顾到他者的存在及其表征。如果我们从这样的视角来重建同一性,才有可能避免差异性的"形而上学"路数。也许这样我们才有可能超越同一性与差异性之争的理论怪圈,为理论的未来发展找到一条新的路径。

[参考文献]

[1][2][5][6][7][11][12] Gills Deleuze *Difference and Repetition*. Translated By Paul Patton . New York:Columbia University Press,1994.

[3][4] Gills Deleuze *Begonias*[M]. Translated by Hugh Tomlinson and Barbara Habberiam. New York:Zone Book,1991.

[8][9]黑格尔.逻辑学.杨一之译,北京:商务印书馆,1976.

[10] Edited By Adrian Parr *The Deleuze Dictionary*. Edinburgh:Edinburgh University Press,2005.

[13]黄裕生.时间与永恒——论海德格尔哲学中的时间问题. 北京:社会科学文献出版社,1997.

[14][15][16][17][18]刘勰.文心雕龙·论说.范文澜注.北京:人民文学出版社,1958.

浅析旅游目的地软环境建设

何小怡

(贵州民族大学旅游与航空服务学院 贵阳 550025)

【摘 要】随着我国旅游业经历了一个快速发展的阶段,旅游软环境的重要性日益凸显。本文主要探讨旅游目的地软环境所包含的内容、存在的主要问题和提升软环境的途径。

【关键词】旅游目的地;软环境

一、旅游软环境概念提出的背景及意义

我国旅游业在经历了一个高速发展的时期后,现已进入一个由量变到质变,从粗放式管理到集约化管理的过程,各旅游目的地因各自的经济环境、交通区位、资源丰度等因素出现了明显的层级分化。在旅游业发展过程中,也存在一些亟待解决的问题,如市场恶性竞争、服务质量降低的问题、旅游业对外宣传中短期行为问题、欺诈游客和游客投诉率上升等问题。这些问题严重影响旅游软环境的建设和旅游城市的形象,成为制约旅游业发展的瓶颈和障碍。因此,加强旅游软环境建设,对我国旅游业发展而言,已是刻不容缓。

在区域经济发展的过程中,当投资硬环境达到一定的水平后,投资软环境的优劣对投资硬环境的进一步改善和对区域经济发展的进程将产生至关重要的影响。旅游产业的高度关联性和综合性使良好的经济基础与管理优势对发展旅游产业非常重要,尤其在旅游产品加快创新,新的旅游形式如会展旅游、商务旅游和各类专项旅游等蓬勃发展的现代旅游背景下,旅游目的地产业集群等优势凸显。因此,要进一步提升旅游软环境的竞争力,大力搭建、发展旅游业的平台,将资源优势更好地转化为竞争优势。

二、旅游软环境包含的内容

旅游业是一项对环境依赖程度相当高的产业,环境质量的高低会对旅游业产生显著的影响。旅游业发展的环境分为硬环境和软环境。软环境涵盖的内容极其广泛,除经济发展环境中的物质技术条件和自然地理环境以外的其他一切因素,都属于软环境的范畴。包括社会制度、法律制度、意识形态、经济体制、政策法规、管理制度、人文环境、社会治安、行政效能等。同时,软环境也是一个地区市场发育程度、经济竞争力、对外开放程度、政府管理水平和社会文明进步的综合体现。良好的软环境是各种硬环境充分发挥作用的基础,它一旦形成,可以极大地提高资源的吸引力和利用效率,是一个地区市场发育

[作者简介]何小怡(1982—),女,副教授,主要研究方向为旅游企业管理和资源开发。

程度、经济竞争力、对外开放程度、政府管理水平和社会文明进步的综合体现。

一般意义而言,旅游目的地的人文内涵、旅游服务、旅游管理及各项制度的制定、执行、监督,构成旅游业发展的软环境。从经济发展的实践来看,旅游软环境越好的地方,经济发展也就越快。在理论研究上,学者们从局部和微观的层面逐渐增加对软环境所涉及的相关内容进行各个层面的论证和研究。主要探讨旅游发展中的法律制度的完善、民族传统文化的传承、从业人员的职业素养和道德的培养、良好的生态环境建设、旅游购物环境等方面,但较为系统的研究文献相对较少。

三、我国旅游产业软环境营造中存在的主要问题

1. 政府职能转变相对滞后,综合协调功能偏弱

有关部门既没有完全分离企业职能,也没有完全建立起服务、监督、法制和行业管理的职能。直接干预企业多、间接管理市场少;维护部门权利多、强化行业管理职能少;代表直属企业利益多、代表旅游消费者权益不够;旅游行业管理职能存在交叉、重复的问题,不时表现出多头管理、相互推诿的现象,影响行业管理的效果和效率;对旅游市场秩序和服务质量有效监督不够;旅游设施和服务的标准没有完全建立;旅游活动、尤其是大型旅游节庆活动,主要由地方政府旅游产业领导小组行使协调功能,旅游行政管理部门的协调能力偏弱。

2. 立法滞后,法律体系不健全

目前,我国旅游产业发展的强劲势头与旅游管理制度建设比较落后之间存在着突出矛盾。作为行业的基本法规至今尚未出台,各地方政府只能根据相关法律和各地旅游发展情况制定出台行业的管理条例和办法,旅游市场竞争秩序的维护在某些情况下缺乏制度依据,旅游市场竞争秩序尚未得到根本性的规范。相当多的旅游景区无证设摊、无证经营、无证导游、设卡收费现象屡禁不止;围追兜售、骗买骗卖、以次充好、坑害游客事件不断发生;有的地方还存在着"黄、赌、毒"等社会丑恶现象。

3. 服务旅游的意识有待提高,从业人员素质参差不齐

旅游目的地居民的旅游意识、生态环境意识、旅游文化意识和文明程度与我国旅游产业发展目标之间还存在一定的差距,全社会还未形成积极支持旅游、自觉爱护环境、注意尊重旅游者的氛围。旅游行业从业人员的职业素养、服务水平和服务质量有待进一步提高。

4. 旅游经营环境有待提升

随着我国旅游业的快速发展,庞大的旅游者数量和所带来的巨额旅游经济效益,极大地吸引着国内外众多投资者。但由于我国旅游业发展的特殊性,国内旅游经营环境并不理想,如地方保护主义、投融资渠道的不足、信誉度低、知识产权保护无力和恶性低价竞争等问题比比皆是,这极大地影响投资者对旅游业的投资数量和质量,从而影响旅游产业结构的调整和升级。

四、优化旅游软环境的基本任务

1. 提高行政管理能力与服务水平

旅游行政管理部门应从"行政型政府"向"服务型政府"转变,以服务各旅游利益相

关者为导向,强化服务职能,提高综合服务水平,加强和完善政府服务功能,为旅游企业提供全方位的服务。根据旅游业产业关联度大的特点,建立"大旅游产业"视角下的"大管理"体制,建立、健全旅游市场综合治理机制,加大旅游执法力度,整顿现有旅行社、饭店、餐馆、娱乐等行业。在加强服务设施建设的同时,规范旅游的服务标准,强化对旅行社和导游人员的管理,形成规模适当、层次合理、多样化的旅游基础设施体系和服务设施体系。宏观统筹调控与旅游业相配套的交通、饮食、娱乐、园林、商业及文化等部门的发展,使各行业的发展能够统一协调、相互补充,创建立体式功能完善的"大旅游"市场。

2. 重点优化产业结构调整

旅游目的地应继续加大对第三产业的扶持力度,通过服务业的全面发展来加快转变经济发展方式,推动产业结构优化升级;另外,构建公平、文明的商业规范,鼓励流通政策,重点完善吸引和鼓励交易的优惠政策及优良的内外贸易服务体系,以形成持续广阔的经济吸引空间。

3. 营造旅游目的地居民友好的人文氛围

优化旅游目的地软环境,其中一项重要内容就是要提高人的文明素质,督促人们形成高度敬业的精神、良好的秩序意识和文明的生活习惯,这需要长期坚持才能巩固而成为自觉。从我们目前的文明素质来看,很多细节性的举止和大量的人群几乎都需要从零开始,我们必须通过耐心细致的工作、教育,教给群众正确的、文明的、有修养的言行举止,又要教育群众树立开放、宽容、负责人的态度和精神,特别是对于旅游一线的从业人员,除上述基本素质外,还要有最基本的职业素养和道德。我们应当认真研究探索群众教育的方法和形式,组织开展多种形式的文明教育活动,规范居民行为,注重居民内在文化素质的提高;深入挖掘地域文化的内涵与特色,对其进行深层次开发与创新,创建高品位、高档次、具有世界影响力的旅游精品。

4. 重点培养高素质的旅游人才队伍

随着我国旅游业产业结构的不断调整,我们对旅游人才的定位也是随之变化的,但总的来说高素质的旅游人才应具有较高的业务能力、良好的职业素养、较强的外语能力和良好的跨文化沟通能力等。而目前我国的旅游教育培养体系与行业需求之间还存在一定的差距。因此,旅游主管部门、行业协会、企业、院校等社会各方力量应当紧密合作,联合办学,营造良好的人才成长环境。

5. 强化旅游消费者投诉与监督机制

主要通过对旅游经营者和旅游消费者的法律宣传与教育,让双方都有一个较清晰的法律意识,并通过完善监督机构,强化监管能力,对旅游企业、旅游产品、旅游从业人员进行监管。在有法可依的前提下,进一步加大旅游执法力度,这是维护消费者合法权益的又一有效手段。通过执法机关依法打击旅游经营者的不正当竞争行为和侵害旅游消费者的合法权益的行为,不仅能够使旅游消费者得到有效的法律保护,且能够更有力地打击旅游犯罪行为,稳定旅游市场秩序,促进旅游经济健康、稳定、持续地发展。

论影视旅游的本质及其类型

左 伟

（贵州民族大学旅游与航空服务学院 贵阳 550025）

【摘 要】 影视旅游在国内外学术界受到较高程度的关注。本文在梳理国内影视旅游研究的基础上，试图归纳出影视旅游的内涵及基本属性，总结影视旅游的基本类型。

【关键词】 影视旅游；内涵；类型

20世纪90年代以来，随着大众娱乐生活水平需要的不断提高，人们对旅游的认识不断深化，传统的浮光掠影式的观光旅游已不能满足旅游者深层次的需求，专项旅游应运而生。影视旅游就属于专项旅游的一种模式。相关搜索引擎的检索结果表明，影视旅游在世界旅游发展中的重要地位处于上升阶段，影视旅游在国内外学术界受到了较高程度的关注。

一、影视旅游的缘起

影视旅游是一种主题化的旅游模式，其对象主要包括空间形态的主题公园（Theme Park）、影视拍摄外景地（Screened Locations）和时间形态的影视节目（Film & TV Festival）。国外影视旅游相关研究主要是从以上三条线展开的。如理查特·莱昂（Richard Lyon）（1987）的《主题公园在美国》（Theme Parks in the Unite States），约翰·布朗（John Brown）和安·丘奇（Ann Church）（1987）的《主题公园在欧洲》（Theme Parks in the Europe），以及石崎肇士、音哲丸的《主题公园在日本》等。这些文献注重于影视主题公园本身的理论与实务研究，总结了影视主题公园的历史和发展过程。

其次，从影视拍摄外景地这条线展开的有：

雷利（Riley, R）和范道恩（C, VanDoren）（1992）在《Movies as a tourism promotion: A Push Factor in a Pull Location》中认为，电影对于旅游目的地来说是一种有效的促销方式，与广告相比，电影对旅游地有更长时间来展现故事情节，使人有身临其境之感，从而激发旅游者的旅游欲望。文章多以定性研究为主，没有对这类旅游的本质作出解释和归纳。

图克（Tooke, N）和贝克尔（M, Baker）（1996）在《Seeing is Believing: The Effect of Film on Visitor Numbers in Screened Locations》中选取4部英国电视剧作为研究对象，经过长期调查认为，电视剧的播出对于拍摄地的客流量有明显影响，电视剧对区域旅游业具

［基金项目］本文为贵州民族大学2010年校级科研项目"贵州影视旅游开发初探"的阶段性成果。

［作者简介］左伟（1981— ），男，黎族，贵州德江人，贵州民族大学旅游与航空服务学院讲师，硕士，主要研究方向为旅游经济。

有促进作用。

最后,从影视节日这条线路开展研究的,国外学者以事件及事件旅游理论来对影视节日类型的影视旅游进行研究。事件及事件旅游(Event & Event Tourism, E & ET)已成为近来旅游研究的热点之一。对各类事件及事件旅游进行的相关研究最早是在一些非旅游专业的刊物和专著中出现的。目前,对事件及事件旅游研究主要集中在传播媒介、大众文化、公共关系和休闲旅游等四个学科领域。

综上所述,国外专家学者多角度、全方位地对影视旅游开展了研究,取得了较多成果。尤其在框架及思路的构建、研究方法上较为新颖,值得我们借鉴。目前,国外影视旅游研究的趋势是:探查能够对人们的旅行决策产生影响的各种影视作品的类型、不同影视作品的吸引因素的类型、各种影视剧拍摄地的类型;评估影片票房或电视剧收视率的成功与拍摄地旅游人数增长之间的相关关系,以及这种成功与对拍摄地旅游影响的时间长短之间的相关关系;注意对相关数据的统计和分析,建立起一个能够估算影视剧对拍摄地旅游发展带来的影响的可操作性模型,用以计算这种影响的潜在价值和影视剧在拍摄地投入的成本。所有这些研究对一个国家和地区旅游政策的制定而言是很有价值的。

二、影视旅游产生的客观原因

(一)旅游者客观需求的推动

旅游需求作为旅游者的一种主观愿望,一方面,它表现为旅游者对旅游活动渴求满足的一种欲望,即对旅游产品的购买欲望,是激发旅游者旅游动机及相关行为的内在动因;另一方面,旅游需求表现为旅游者对旅游产品的购买能力。具有购买能力且有强烈购买愿望的旅游者,才会发生旅游行为。改革开放以来,随着我国经济迅速发展,城乡人均可支配收入不断提高,城乡居民购买能力稳步提升,越来越多的人选择旅游作为休闲娱乐活动。

(二)科学技术的创新与推广

科学技术的创新与推广为影视旅游的产生与发展提供了重要支撑。早期以简单的机械传动和闪烁灯光为技术支撑的影视旅游业进入了全新的时代——以"声、光、电"为载体,以多媒体计算机技术和网络通信技术为标志的信息技术时代。在许多大型影视主题公园里,高新技术被广泛应用,科技含量较高的旅游活动,成为主题公园中最具吸引力的项目。一些影视旅游产品如影视主题公园,摆脱了早期静态微缩、木偶式模拟的陈旧模式,采用了动感电影、立体电影、环幕电影等世界先进的影视技术,吸引了许多旅游者,极大地满足了消费者的需求,使电影成为主题公园中最有吸引力的卖点之一。高新技术在影视旅游业的应用将成为我国旅游业未来发展中最具有活力的领域。

(三)影视传媒业的迅速发展

影视传媒业的迅速发展体现在:一方面,由于各种题材的影视作品层出不穷,可供选择的影视资源相当丰富。以中国为例,我国国内年生产电视剧1 000多部1万多集,年生产影片超过100部。一批极具票房价值、收视率较高且影响深远的影视作品为影视旅游提供了丰富的素材;另一方面,硬件设施不断完善,影视覆盖率不断提高,为影视作品的传播提供了广阔的平台。以中国国内为例,目前国内已经建成广播电台304座,电视台

354座,广播电视台1 272座,电影院6 000余家,拥有有线电视光缆、电缆干线30万公里,有线广播电视用户超过9 000万,广播、影视覆盖率分别达到92.33%、93.6%。到2005年底,付费影视频道达80个,全国有线数字广播节目达150套左右,数字机顶盒用户达3 000万户。[1]客观而言,影视传媒业的迅速发展促使影视旅游产品及产业的形成,开拓了影视旅游市场。

三、影视旅游的内涵

近几年来,国外一些学者开始研究影视资源与区域旅游互动发展的机制,特别是影视主题公园,以及影视拍摄外景地在区域旅游发展中所起的重要作用。国内专家学者对于影视旅游的基础理论作了多角度的研究,并取得了一些成果。目前,影视旅游的研究多为基础理论的构建,显然还未能形成系统的理论体系。尤其在影视旅游基本概念、定义、内涵、分类以及相关基础理论方面仍然未能形成完整体系,从而导致影视旅游仅仅停留在个案层面的研究,不能满足旅游业发展的需要。

笔者认为,影视旅游是指开发商以影视文化为核心资源依托,以高新技术为必要支撑,按照旅游规律对影视资源的要素进行组合,为影视观众和一般旅游者提供影视旅游产品以及服务的活动。

影视旅游的内涵主要包括以下四个方面:

1. 持续时间较长的吸引性

影视旅游以影视文化为资源依托,着重向旅游者呈现影视作品中的美景、故事,以及民俗民风,展现影视明星风采和影视拍摄专业流程,从而引导旅游者进入一个神秘而又陌生的世界。通过探询影视故事发生地,与影视明星亲密接触,了解影视拍摄专业流程等充满奇幻色彩的实地体验,以此激发旅游者强烈的好奇心和踊跃的参与意识。

2. 产品类型的多样性

影视旅游资源的构成体现出明显的多样性。主要体现在:第一,空间资源和时间资源相交错。如影视主题公园,它将时间、空间切割成零碎片段,并经重组制造出现实以外的虚幻时空,把两个截然相异的时空拼合在一起,模糊了古代、现代以及未来时空之间的界限。第二,实体资源和虚拟资源的结合。如在大型影视主题公园内展示影片经典情景,使游客产生身临其境之感。此外,游客通过参与影片经典情景的演出,使他们更能乐在其中。第三,人文资源和自然资源的协调。如影视拍摄外景地除了向游客展现美丽壮观的自然景观外,还向游客展现多姿多彩的民族风情,使游客领略当地丰富多彩的文化内涵。

3. 体验过程的专业性与高科技性

影视拍摄流程体现出极强的专业性,如旅游者观摩和参与影片的拍摄,都要求组织者和参与者具有较高的专业素质。同时拍摄活动由于其技术的难度性,演员造型的艺术性,配合的默契性,均给旅游者一种高尚的精神享受。影视经典情景的再现体现出较高的科技含量。如电影《侏罗纪公园》一片中的情景再现,需要借助多媒体计算机技术和网络通信技术等现代工具,配合以"声、光、电"的表现形式,使旅游者有身临其境、流连忘返之感。

4.资源的动态性与易逝性

影视拍摄过程是一个动态过程,当拍摄结束时,这种影视旅游资源则随之消逝。一部影视作品拍摄过程所耗费的平均时间由 3 个月至 2 年不等,由于剧情的需要,作品中的人物、情节等旅游资源均会发生变化,旅游者可以从中体会到不同的乐趣。同时,随着影片的拍摄,这些资源会随之消逝,当拍摄结束时,旅游资源则消失殆尽。

四、影视旅游的类型

根据影视旅游所依赖的载体可分为:

(一)影视基地型

影视基地型是集拍摄地与旅游目的地于一身,具有拍摄功能与旅游功能。它最初仅仅是为影片拍摄提供场所和服务的,随着自身不断发展和外部因素的引导,它的旅游功能也不断被人们所发掘。影视基地是影视旅游初级发展阶段的产物,它也是影视主题公园的鼻祖。20 世纪 80 年代以来,我国影视基地发展迅速(参见下表)。

中国主要影视基地简况表

地区	影视城名称	简况介绍	拍摄、上映的主要影视剧题材
上海	上海影视乐园	上海影视乐园又称为"车墩影视基地"或"松江影视基地",以老上海风情场景著称。这里有十里洋场的繁华,也有石库门里弄的市井,置身其中,恍若隔世般穿越时空回到20世纪30年代灯红酒绿的旧上海。	《半生缘》
吉林	长影世纪城	长影世纪城是我国首家电影制片工业与旅游业相结合的电影主题公园,是借鉴美国好莱坞环球影城和迪斯尼游乐园的精华建造而成。特效电影是长影世纪城最具特色的旅游娱乐产品,又被人们誉为"世界特效电影之都"。	《哈里波特7:哈里·波特与死亡圣器》
江苏	同里影视基地	古朴的小镇,宁静的深宅和长长的石板路,摄影基地就是古镇本身。基地建筑依水而立,有"东方小威尼斯"之称。	《风月》
广东	中山影视城	整个影视城围绕国父孙中山的生平而建,集中反映出孙中山先生领导的中国民族、民主革命进程。影视城包括中国景区、日本景区、英国景区、美国景区。	《下南洋》
浙江	浙江横店影视基地	建于1996年,现已建成广州街、明清宫苑、秦王宫、江南水乡、明清民居博览城等13个摄影棚,这里是亚洲最大的影视拍摄基地,已有500余部影视作品在横店取景拍摄,有"东方好莱坞"的美誉。	《鸦片战争》、《英雄》
宁夏	镇北堡西部影城	镇北堡历经数百年沧桑,以其雄浑、古朴的风格,成为贺兰山东麓风景旅游景观,并以其特有的神秘韵味,引起了中国许多著名电影艺术家的浓厚兴趣,被艺术家们称赞为"神秘的宝地"。	《红高粱》、《大话西游》

(二)影视主题公园型

影视主题公园型是以影视作品为旅游资源,以现代科技和文化手段为表现,以满足旅游者多层次的需求,集参与性、观赏性、娱乐性于一身的旅游产品。它是开展影视旅游的基础和条件,也被认为是影视旅游产业发展的主体内容之一。它的主要特点是赋予游乐形式以某种主题,围绕既定主题来营造游乐的内容与形式。它的基本特征有二:①高投入、高成本。由于影视主题公园占地面积普遍较广,投资规模动辄几千万上亿元人民币。统计数据表明,国内目前占地面积超过1万亩的主题公园有7个,占地面积最大的主题公园高达6万亩,亿元以上投资规模的主题公园有89个。第二,具有显著的产品生命周期。影视主题公园的生命周期性,是指主题公园的年游客人数在开业初期达到某一峰值后就很难再次超越,并逐渐走下坡路。因此,它的重游率较低,公园的旺盛期较短,一般约为3~5年。

(三)影视节日型

影视节,主要指为鼓励创作而进行的颁奖以及交流节目、学术研讨、新闻发布、大型演出等而在某个地区定期举办的一种大型综合性会议。通过举办影视节日,实现创作人员和影视观众的直接交流,同时以影视作品、影视明星为资源,展开各种活动,吸引大量观众参与,从而带动该地区的旅游。盖茨(Getz)认为,"节庆的强大号召力可以在短时间内使得节庆发生地的口碑获得爆发性提升"[2],影视节日属于标志性事件,即是一种重复举办的事件,对于举办地来说,标志性事件具有吸引、形象或名声等方面的重要性。标志性事件使举办事件的场所、社区和目的地赢得市场竞争优势。随着时间的消逝,标志性事件将与目的地融为一体,如法国戛纳国际电影节、韩国釜山国际电影节等。

(四)影视拍摄外景地型

影视拍摄外景地型,是把影视作品作为一种旅游资源,或作为一种有效的旅游促销手段,吸引游客到影视外景地去旅游。影视作品之所以能成为旅游营销的有效手段,是因为由影视作品引发的旅游吸引力是其他营销方式所不能达到的。赖利(Riley)和范多伦(Van Doren)于1992年曾指出,与广告相比,电影对旅游地有更长时间来展现故事情节,使人有身临其境的感觉,从而刺激了旅游者的欲望;特技效果的应用、明星效应和最佳的拍摄角度使当地的形象得到了强化。通过大量的实证研究,国内外学者一致认为,影视作品是一种有效的旅游促销手段,能以独特效应把人们吸引到银幕上见过的地方去旅游。而且,影视作品引导人们进行旅游的吸引因素并不是单一的,而是多种吸引因素综合的结果。一般而言,影视作品对旅游活动的影响不只限于自然景观的吸引力,其象征意义、故事情节、人物关系、出演的明星、惊险场面和激动人心的结局也一样引起人们旅游的兴趣。甚至一些没有外景拍摄的卡通片,如《美女与野兽》、《狮子王》、《巴黎圣母院》等也吸引很多游客到动画片的拍摄现场参观。

此类影视旅游又可分为两种类型:外景地本身就是具有一定知名度旅游目的地和通过影视作品的拍摄,使外景地成为旅游目的地。

1. 外景地本身就是具有一定知名度的旅游目的地

电影《英雄》在票房上是不折不扣的英雄,但是影片真正给观众留下深刻印象的就只有九寨沟美丽的风光。《英雄》在拍摄期间,让九寨沟箭竹海成了九寨沟游人密度最大的景点。直到影片拍摄结束后的一年多后,箭竹海仍然是沟内众多景点中最受海内外游客所追捧的热门景点。

2. 通过影视作品的拍摄,使外景地成为旅游目的地

华人导演李安执导的影片《断背山》接连获得多项国际大奖,受到全世界影迷的喜爱。作为《断背山》的拍摄地,加拿大艾伯塔省搭乘《断背山》的顺风车,吸引世界各地游客和电影制片人前往观光或拍摄电影。《断背山》影片的拍摄地是在加拿大的艾伯塔省,许多场景分别是在位于艾伯塔省卡纳纳斯基县的福特里斯山和穆斯山等地拍摄的。影片拍摄前,在加拿大国家地图中根本不能找到拍摄地的地名。目前,艾伯塔省电影委员会在包括《综艺》和《好莱坞报道》在内的美国各种娱乐媒体上做整版彩页广告,宣传艾伯塔是影片《断背山》的拍摄地。

[参考文献]

[1] 中国广播电视年鉴2004. 中国广播电视年鉴社.
[2] 戴光全. 节庆、节事及事件旅游. 北京:科学出版社.

旅游发展模式下社会影响的比较研究

——以郎德苗族村寨和镇山布依族村寨为例

王婵娟

(贵州民族大学旅游与航空服务学院 贵阳 550025)

【摘 要】本文结合贵州郎德苗族村寨和镇山布依族村寨的实际情况,针对两个村寨不同的旅游管理发展模式下所产生的社会影响,从旅游社会学角度进行了一些比较分析,从而更客观地认识和看待不同旅游发展模式下民族旅游村寨的社会影响。

【关键词】旅游管理发展模式;社会影响;比较分析

在旅游的经营管理下,民族旅游村寨经历着巨大变化,对民族旅游村寨的社会影响同样是十分巨大的,表现在社会生活的多个方面,为了对民族旅游村寨的旅游发展模式进行深层次分析,我们将对两个村寨不同的旅游发展模式下所产生的社会影响进行对比分析,主要包括社会分层、文化变迁和族群意识方面的分析。结合对比分析的要求,分别对郎德和镇山设计了相应的调查问卷,数据资料主要源于研究生阶段指导老师的相关课题成果,根据资料整理出两个村寨的各50份有效问卷,应用于对比分析中。

一、社会分层的对比

旅游对于民族村寨来说最直接的影响就是经济利益的巨大改变,这也成为很多地区希望通过发展旅游来带动地区发展的有效途径。在经济影响下,带动社会结构的变化,社会分层成为社会结构变化的一大表征。

下面参照吴晓萍、史梦薇在《民族旅游开发地的社会分层结构分析》一文中的分析角度,对郎德和镇山进行对比分析。分别从收入分化和行业分化来对社会分层进行分析,根据调查问卷数据整理如下:

[作者简介]王婵娟(1981—),女,汉族,贵州贵阳人,贵州民族大学旅游与航空服务学院讲师、硕士。

表1　郎德和镇山村民收入对比分析

收入(元)	郎德		镇山	
	户数(50)	百分比(%)	户数(50)	百分比(%)
10 000 以下	22	44	18	36
10 000~13 999	13	26	8	16
14 000~17 999	2	4	2	4
18 000~21 999	3	6	7	4
22 000~25 999	3	6	1	2
26 000~29 999	1	2	1	2
30 000~33 999	3	6	2	4
34 000~37 999	1	2	2	4
38 000 元以上	3	6	9	18

(资料来源:根据调查问卷整理)

在表1中收入分化上,郎德收入分化不明显,绝大多数村民的收入还是不高的;但镇山的收入分化趋势明显,有一小部分村民成为高收入者,据吴晓萍、史梦薇在《民族旅游开发地的社会分层结构分析》调查结果发现,这些高收入者多为下寨主要从事旅游接待的农户家庭。

继而从收入的主要来源看他们主要从事的职业,分析其行业的变化。参见表2,表中罗列了调查户认为占总收入第一多是来自哪个行业的比例数据。

表2　郎德和镇山村民从事行业对比分析

行业	郎德		镇山	
	户数(50)	百分比(%)	户数(50)	百分比(%)
农业	5	10	16	32
养殖业	9	18	3	6
手工业	1	2	1	2
旅游业	26	52	12	24
给人打工	7	14	12	24
工资	2	4	3	6
其他	0	0	3	6

(资料来源:根据调查问卷整理)

在行业变化上,郎德"工分制"的带动性,使大部分村民从事旅游业,从事其他行业的较少,行业分化不明显;镇山还有1/3的村民从事传统农业,从事旅游业与外出打工的比例是差不多的,"镇山村村民已经形成了三个从事不同行业的群体:旅游服务群体、传统务农群体、外出务工群体"①,总体上行业分化明显。

二、文化变迁对比

文化变迁的表现形式多种多样,主要有以民族文化个性为特征,以民族习俗为代表的饮食、服饰、建筑、节日、婚俗、民族艺术等物质形态,又有以民族认同感、民族价值观为代表的精神形态。以下,本文主要从以民族文化个性为特征的民族习俗来进行文化变迁的对比。结合调查实际及研究的主题,选取民族习俗特征中几个比较有代表意义的指标来作对比。此部分的分析数据主要源于指导老师相关课题的调查数据,由于篇幅所限,没有将数据罗列,仅将数据分析的结果分述如下:

饮食方面,郎德的绝大多数村民还保持原有的饮食习惯,生活条件的改善,使加工饮食方法有所不同,但对具有民族特点的食品是十分青睐的;镇山一半以上村民的饮食习惯发生变化,一半村民都不了解本民族的特色食品。

服饰方面,朗德村民几乎都有自己的民族服饰,但随着旅游开发以及现代化的冲击,很多村民也只是在旅游接待时和传统节日时才着本民族服饰。值得一提的是,他们在穿着民族服饰时是十分自豪而骄傲的。而在镇山,很多村民都没有本民族的服饰了,而且对是否希望有本民族的服饰没有什么兴趣,仅有少量旅游表演时和传统节日时才穿着本民族的服饰,当被问及着民族服饰的感觉时,少数村民有自豪感,而多数村民没有什么特别感觉。

建筑方面,郎德对于民居建筑有严格的规定,大多数居民认为规定是十分必要的,同时他们也还是希望修本民族特色的建筑;少数人认为应该将民族建筑和现代建筑结合,但有一个十分明显的是,有一半人希望民族特色建筑的内部能和城里人的一样,可见他们对现代生活方式的向往。镇山居民对民族建筑的规定不了解,知道规定的大多数认为没有必要,且有很多人觉得无所谓,希望修本民族特色建筑的是少数,更多的是希望修现代水泥砖房子,对城市生活方式十分向往。

节日方面,郎德村民保持较好的民族节日习惯,但少数村民只知道过节,但对节日的来历、意义和讲究就不了解了,且意识到政府组织过的节日和他们自己过节是有所不同的;镇山村民主要过的都是布依族比较有代表意义的传统节日,如:三月三、六月六等,而这些节日多是政府组织的,一半村民对节日的来历、意义和讲究不了解,甚至还出现很多村民过汉族的春节、中秋节、端午节的现象。

传统习俗方面,郎德村民坚守传统习俗,信神、祭祖、婚俗上保持原有传统;镇山村民只有年纪较大的村民还保持原有传统习俗,很多年轻村民对传统习俗不为所知。

民族艺术方面,郎德旅游接待活动仍然以民族文化为主题,由于旅游开发的需要,强

---

① 吴晓萍,史梦薇.民族旅游开发地的社会分层结构分析.贵州民族学院学报(哲学社会科学版).2010,(2):183.

化了郎德村民对民族文化艺术的保护,主动地学习和传承,尽管背后是经济因素所驱使,但事实上对民族文化起到保护和传承的作用;镇山村民受经济利益影响,民族文化不再是他们旅游接待的主题,转而是一些休闲度假的农家乐旅游,主动学习和传承民族文化的村民就更少了,民族文化艺术正在逐渐消亡。

总体看来,在旅游开发的潮流推动下,无论是郎德和镇山,在其文化上都有不同程度的变化,只是表现在不同方面,不同情景下,以及变化的程度和层次上。以上我们只是选择了几个比较有代表性的进行对比,除此以外,关于文化变迁问题,还有很多可以研究的对象,这里就简要介绍到这里。文化变迁中还有一个重要表现,即以民族认同感、民族价值观为代表的精神形态。本文将单独作为一个对比来重点介绍。

三、族群意识的对比

在旅游视野下,族群意识的强化,可以强化少数民族对自身文化的认识,更重要的是,由于这种文化差异性所产生的旅游吸引力为他们所带来的经济利益,族群为了自身的生存和发展,继而会重视对自身族群文化的保护,族群传统的民族文化也在此过程中得到了传承和发展。族群意识的理论告诉我们,族群意识不是先天的,而是在后天的生产和生活中,由于和其他族群的交往,逐渐产生对于自身所属"族群"的认同和对于其他族群的辨异。[1]

民族认同的第一表征就是民族选择,当问及如果可以选择,你会选择什么民族时?见表3。

表3 郎德和镇山民族选择对比

	有效百分比	
	郎德(%)	镇山(%)
苗族/布依族	82	54
汉族	4	24
其他	4	4
无所谓	1	18

(资料来源:根据调查问卷整理)

郎德村民对其苗族身份十分认同,绝大多数村民还是会选择苗族身份;镇山村民只有半数的人认同其民族身份,有1/4的人选择汉族,还有少数选择其他民族,有相当大比例的人对其民族身份无所谓。可见,镇山村民对其民族身份认同出现弱化趋势。对民族身份的一种选择体现出对其民族身份的认同感。进一步表现见表4。

---

[1] 马戎.民族社会学——社会学的族群关系研究.北京大学出版社 2004,69.

表4 郎德和镇山族群意识对比

	有效百分比	
	郎德(%)	镇山(%)
很自然地告诉对方你的民族	74.5	58.8
自豪地告诉对方你的民族	21.9	13.7
避免回答	1.8	10
不知道	1.8	12.5
总计	100.0	100.0

（资料来源：根据调查问卷整理）

旅游接待，村民之所以着民族服饰表演民族舞蹈，这本身就是通过特有形式来传达一种身份上的区别，在同他们交流时，他们也能很自然地说自己是苗族，但这种现象有可能掩盖在经济利益的驱动上，并不能视其为对自身民族的认同，我们必须跳出旅游场域来看。为此调查中特意设计这样一个问题，"你在外打工或是旅游时，如果问你是什么民族时，你会？"在整理数据中，把自然地和自豪地告诉别人自己就是苗族两个指标合在一起，占了96.4%。说明郎德苗族村民现在对自己的苗族身份认同仍是很强的，由于外出打工的多是年轻人，可以看出开发后的郎德人仍然对自己的民族身份认同强烈。在镇山，村民已很少有着民族服饰进行表演和旅游接待的了，汉化现象突出，在外打工或旅游时，自豪说自己是布依族的只有13.7%，很自然地说自己是布依族的有58.8%。可见镇山村民对其民族身份还是有一定认同的，究其原因，可能是一定时期内国家的少数民族政策为他们所获得的民族利益起到保障作用。

除了从身份上的认同和区别外，更深层次的族群意识就是能否把自身文化与其他文化区别开来。见表5。

表5 郎德和镇山能否把自身文化与其他文化区别的对比

	有效百分比	
	郎德(%)	镇山(%)
和他们差不多	42	54
更有特色	52	22
没有他们特色性强	4	12
不知道	2	8

（资料来源：根据调查问卷整理）

对自身文化的认识上，两个村寨对自身的民族文化与其他民族文化区分不明显，但郎德表现出对本民族文化的自信；而镇山村民对本民族文化显得不够自信，表现出很模糊的状态。

四、小结

通过上述对比分析,明显看出,在旅游经营管理下,两个民族旅游村寨社会都处于巨大的变化过程中,具体表现在:

社会分层上,镇山由于主要是农户自主经营,农户间因旅游所产生的收入分化明显,行业分化大;郎德工分制下的全区居民参与,居民的收入差距不大,行业分化不明显。

文化变迁上,郎德居民无论是在日常生活中,还是在旅游接待活动中,仍然坚守着传统民族文化,民族文化是他们的核心旅游项目,民族文化得到了较好的传承和保护,文化变迁不是很明显;镇山居民主要以"农家乐"为旅游接待,淡化了他们作为生态博物馆和民族旅游村寨的特点,对传统文化的坚守有所动摇,文化变迁显著。

族群意识上,郎德居民因旅游接待而倍感民族自豪,无形中强化了其族群意识,使他们认识到本民族文化的可贵,从而更加积极投入到旅游接待的过程中;镇山居民不是全民参与旅游接待,也只有少数精英能意识到本民族文化的重要性,主要从事旅游接待的农户也仅仅看到的是提供一般旅游接待餐饮、食宿所获得的利益,对本民族族群意识出现了明显淡化的现象。

在不同旅游发展模式下,已使两个民族村寨经历着巨变,我们需要客观、冷静地看待这些变化,变化是不可避免的,我们鼓励的是积极的变化,那些不利于民族旅游村寨可持续性发展的变化,要及时发现,找到问题的根节,采取相关措施,积极引导,使他们处在良性的变化发展过程中。

[参考文献]

[1]吴晓萍,史梦薇.民族旅游开发地的社会分层结构分析.贵州民族学院学报(哲学社会科学版),2010,(2).

[2]马戎.民族社会学——社会学的族群关系研究.北京大学出版社,2004.

[3]郑杭生.社会学概论新修.北京:中国人民大学出版社,2003,第三版.

[4]风笑天.社会学研究方法.北京:中国人民大学出版社,2005,第二版.

贵州石漠化形成的文化因素

金潇骁

(贵州民族大学旅游与航空服务学院, 贵州 贵阳 550025)

【摘 要】石漠化是在脆弱的岩溶地质基础上形成的一种荒漠化生态现象,更是水土流失的顶级表现。在西南诸省的石漠化现象中,尤以贵州省最为突出,是石漠化最严重的地区。尽管石漠化的形成有其深刻的自然背景,但在文化价值观指导下,不合理的人类活动是土地石漠化形成的重要诱因,其中最主要的是因人口膨胀造成对陡坡、原始林地和草地的开垦,导致严重的水土流失;而不合理的生产方式使地力消耗过大,从而降低了地表的水土保持能力,同时能源的使用结构、工业化、城市化等均对石漠化带来负面影响。

【关键词】石漠化;文化;人口;种植

石漠化(Stony Desertification),是在脆弱的岩溶地质基础上形成的一种荒漠化生态现象,是由于不合理的人为活动参与岩溶自然过程,造成植被退化、水土资源流失,导致岩石大面积裸露,呈现类似荒漠景观的土地退化现象,是水土流失的顶级表现。目前,包括贵州、云南、四川、广西等西南岩溶地区的石漠化现象非常突出,石漠化已经成为我国西南地区首要的生态问题,也是我国当前最严重的三大生态问题之一。

一、贵州石漠化现状

在西南诸省的石漠化现象中,尤以贵州省最为突出,是石漠化最严重的地区,据统计,贵州的石漠化土地面积达331.6万公顷,占全国石漠化土地面积的25.6%,是全国石漠化土地面积最大的省份,而贵州潜在石漠化土地面积也有298.4万公顷,同样居全国首位。从贵州省内来看,毕节地区石漠化面积最大,达652 567公顷,占全省的19.7%,黔东南州石漠化面积最小,为148 818.1公顷,占4.5%,其余的黔南州、遵义市、黔西南州、安顺市、铜仁地区、六盘水市和贵阳市的石漠化土地面积分别为537 203.5公顷、407 849.9公顷、379 643.1公顷、345 542.5公顷、306 767.1公顷、312 376.9公顷和225 306.6公顷。而潜在石漠化土地面积,则以遵义市为最大,达725 455公顷,占全省的24.3%,潜在石漠化土地面积最小的是安顺市,为123 157.8公顷,占全省的4.1%,其余的,如黔南州、毕节地区、铜仁地区、贵阳市、黔西南州、黔东南州和六盘水市的潜在石漠化土地面积分别为587 606.5公顷、433 130.6公顷、351 440.3公顷、223 950.7公顷、205 234.7公顷、202 521.5公顷和131 455.7公顷。

[作者简介]金潇骁(1984—),男,苗族,贵阳市人,贵州民族大学旅游与航空服务学院讲师、民族学在读博士生。

从流域来看，贵州的石漠化主要分布在长江流域和珠江流域，其中长江流域石漠化土地面积达1 981 704.2公顷，占全省石漠化土地面积的59.8%，在长江流域的二级支流中，又以乌江流域石漠化土地面积为最大，为1 438 519.7公顷，占全省长江流域石漠化土地面积的72.6%，省内珠江流域石漠化土地面积为1 334 370.5公顷，占全省石漠化土地面积的40.2%，在珠江流域的二级支流中，以北盘江流域石漠化面积为最大，占省内珠江流域石漠化土地面积的48.8%。

从土地类型来看，全省石漠化土地中，林地为1 737 511.3公顷，占全省石漠化土地的52.4%，耕地（旱地）为1 184 764.5公顷，占35.7%，未利用地为343 280.6公顷，占10.3%，牧草地为50 518.3公顷，占1.5%，其中未利用地上的石漠化发生率为最高，达94.3%，高于全省平均值64.8个百分点，而旱地石漠化发生率也较高，达85.4%。

从石漠化程度来看，贵州目前仍以中轻度石漠化为主，其中轻度石漠化土地面积为1 058 589.4公顷，占全省石漠化土地面积的31.9%，中度石漠化面积为1 732 953.8公顷，占52.2%，重度石漠化面积432 807.3公顷，占13.1%，极重度石漠化面积为91 724.2公顷，占2.8%。因此，综合看来，如果及时采取措施，贵州的石漠化问题是可以得到有效治理的。

石漠化有极大的危害，主要表现在以下几个方面：

第一，旱涝灾害频发，对人们的生活和生产造成严重威胁。由于石漠化的本质就是以森林为代表的植被严重退化，因此，植被所具有的蓄水、保水功能大大下降，失去了森林的水文效应，许多天然的河流、泉溪枯竭，造成严重的干旱和人畜饮水困难。据悉，许多石漠化地区，每年缺水4~5个月，稍遇降雨减少，就容易变成很严重的干旱区，人畜饮水困难，有的人甚至要到几公里外的地方挑水，生产用水更是紧张，农作物普遍减产，有的农田年产仅数百斤玉米，农民们感慨，这点产量还不够喂一头猪。而与此同时，由于调蓄水功能的减弱和紊乱，不仅旱灾严重，洪灾也频频发生。在2000年6月，由于连降暴雨，贵州岩溶区内49个县548万人受灾，损坏房屋7.7万间，交通、通信、电力等设施多处中断，造成直接经济损失14.1亿元，其中农业直接经济损失8.5亿元。而且由于石漠化导致的土壤疏松，遇上暴雨，大量泥沙便流入河流，导致河床抬高和淤塞，对人们的生活和水利设施的运行都造成极大的威胁。例如，贞丰县鲁贡镇坡水库建成不到15年就被泥沙淤平报废，下游农田也被冲毁，管路水库建成不到20年也被泥沙淤平，下游300多公顷农田因此不能灌溉。而关岭县的石板桥水库，1982年建成投入运行至2004年，22年来共淤积泥沙26万立方米，设计20万立方米的库容被淤平。

第二，土地荒废，缩小了人们生存与发展的空间。由于石漠化导致土层变薄，土壤养分含量降低，耕作层粗化，继而导致土地的承载力降低乃至丧失，据测算，贵州每年大约流失表土1.95亿吨，1974~1979年间，石漠化土地面积增加了62 400公顷，每年因此丧失耕地面积12 500公顷，贵州一些石漠化严重的地区甚至被联合国教科文组织认定为不适宜人类居住的地方，这致使人们生存和发展空间逐渐缩小。

第三，贫困加剧。石漠化地区本身大多为贫困地区，而因生态环境的退化，生产的发展更是步步维艰，因此导致贫困进一步加剧。相关数据显示，贵州石漠化地区尚有200万贫困人口，其人均国民生产总值仅为全国平均水平的28.8%，人均工农业产值为全国平均的29.3%,农民人均纯收入仅为全国平均的54%,并且这种差距还呈现拉大之势。在这些地区,石漠化已经成为贫困的重要因素,贫困与石漠化互为因果。①

二、石漠化发生的自然因素

石漠化的发生有其自然方面的因素,贵州的岩溶地貌是石漠化发生的内在条件。岩溶的成分以$CaCO_3$和$CaMg(CO_3)_2$为主,这种物质虽然坚硬致密,抗风化和冲刷能力强,但是可溶性成分却很高,易于溶蚀,且成土过程非常缓慢,形成的土壤层次发育不全,加之岩层渗漏强,蓄水、保水能力差,因此为石漠化的形成奠定了基础。

而贵州的总体地势,西高东低,在地质构造运动中,地层褶皱、断裂、塌陷等变形和岩体破裂,加上众多河流的侵蚀,因而形成了陡峭、崎岖以及破裂的地表特征,为石漠化的发生形成了侵蚀的势能。据一些学者研究,陡峭而破碎的岩溶地表结构不但使降水极易流失,而且加大了降水对土壤的侵蚀能力,随着坡度增加,土壤侵蚀量倍增。而在石漠化土地中,发生在16°以上坡面面积占84.9%。这表明,陡峭而破碎的地形对石漠化土地的形成具有重要影响。

同时,贵州处于南方亚热带地区,雨量充沛,这种丰沛的雨量则加剧了岩溶土壤的侵蚀。降雨时间多集中在5~9月,通常占全部降水量的70%以上,且降雨强度大,年均暴雨日数多在2~6日,集中且高强度的降雨为石漠化形成提供了强大的冲蚀能力。但降雨的空间却分布不均,例如一些干热河谷地带,却容易发生干旱,严重影响植被生长,这也加剧了石漠化。

三、石漠化发生的文化因素

关于人类的文化与其所处的生态环境之间的关系,有几种比较流行的观点:一是环境决定论,该理论认为,文化的模式是由文化持有群体所处的环境决定的,人类的活动完全受到环境的支配,在环境面前,人类只能服从和适应;二是可能论,即认为人类文化的模式仅仅受到环境的限制,但环境并不能毫无条件地决定人类的文化,在这里,环境被"降格"为限制性因素,而非创造性因素;三是文化决定论,该理论认为,所谓环境,其实需要文化来界定,也就是说环境不过是人类文化中的一种建构。

纵观这三种理论,既有合理的地方,却也不乏偏颇之处。事实上,看待环境与文化之间的关系,持这种人类与环境完全对立、互不相容的亚里士多德学派观点是不必要的。现在人们更多持有一种"生态系统论",认为人类与其所处的环境应该是一种互动的模式,而文化则是两者间进行互动的工具,文化的样式即受到环境的影响,同时,人类也利用文化来改造环境,以满足自身的需求。正是因为持有文化,人类自诞生之日起,就成为地球生命体系中的一个特殊群体。虽然人类作为地球生命体系的一部分,也需要在地球生命体系内进行生命物质、生物能与信息的交换,但有所不同的是,地球上的其他生命,其规律是容身于地球的自然演变规律之下,而自然选择正是在地球自身的演变规律下所实现的优胜劣汰,对于在这种选择之下被保留的适应品种,它们对环境的适应是一种被

---

① 相关数据源于刘拓等主编.中国岩溶石漠化——现状、成因与防治.北京:中国林业出版社,2009.

动的适应,依赖的是地球自然规律的遴选。而人类对其所处生态环境的适应具有两个方面,一是生理上的适应,这是自然选择的结果;而另一种则是文化适应,是人工选择的结果。放眼人类所处的生态环境,无一没有留下人类的痕迹,因此,与其说是"自然"的环境,不如说是"人为"的环境,正是因为存在这种能动性,因此,人类对其所处环境是一种主动的适应,文化成为其独有的适应和控制方式。而人类在文化上的适应也兼具生物性和社会性,这就意味着人类的文化一方面必须服务于客观存在的自然背景,使人类对所处的生态系统能够耦合,但同时也要能够满足人类自身的需求。但遗憾的是,这两者间却很难实现长期的平衡,更多时候两者间存在着偏离。大量事实已经证明,文化的运作具有鲜明的利己趋向,这样的利己趋向必然会打上非理性的烙印,因此,在很多情况下,文化是偏向于满足社会性的需求,而忽略了一个事实,那就是无论人类多么强大,也逃不出地球生命体系的范围,也不能随意破坏这个大体系内的各种制衡规律。一旦人类过于恣意妄为,造成文化的运营与其他体系的生息规律之间的偏离过大,当到达某个极限,原有的制衡被打破,生态上的危机便随之爆发,最终人类自身反而深受其害。

就石漠化而言,虽然其发生地的先天自然条件是石漠化发生的内在条件,但是人类的活动则是导致石漠化发生的根本外在因素。人口膨胀造成对陡坡、原始林地和草地的开垦,极易造成水土流失,而不合理的生产方式使地力消耗过大,从而降低了地表的水土保持能力,这两者交织在一起,形成了"开垦—水土流失—再开垦—再水土流失"的怪圈,这是人类活动造成石漠化现象的最重要原因。

石漠化地区在未经人类扰动以前,地表的溶蚀盆地植被茂密。山坡地段的石灰岩缝中也能长出高大的乔木,在其荫蔽下裸露的石岩上均能长出厚厚苔藓。下雨时苔藓层能够吸收超过自身重量5~10倍的雨水,在无雨期通过缓慢释放吸满的雨水,确保那些生长在石缝中的野生植物少受旱情的威胁。个别地段中还能储集天然降水,形成小型的湿地;苔藓与地表乔木是一种生死与共的依存关系。这些地区是具有活力并可以自我修复的稳定生态系统,它可以稳定延续数千年而不会出现重大的波动。据典籍记载,当地的苗、瑶、布依、彝等民族在这一带从事刀耕火种、农牧兼营和稻田耕作至少稳定延续了6个世纪。

明代西南地区移民大多数仅在卫所或交通沿线定居,卫所统领军民屯田,有卫所的地方就有汉族移民。而17世纪以来,汉文化随着中央政权在西南地区渗透,以百越和百濮为主的民族分布格局被彻底打破,形成多民族、多族系、多元文化汇聚的局面。邻近民族群体的文化要素、经济类型、生活方式等,促使同一地域内或共同生态环境下其他民族群体的文化发生变迁,并沿着一个相同的轨迹发展。清代中叶以后,汉族人户数大为增长。政府为了收取更多的赋税,鼓励向少数民族地区移民,这批以国家权力为后盾的汉移民大军潮水般涌向西南少数民族每一个角落,当然贵州也不例外。资料显示,贵州的人口密度在清代经历了三次大飞跃,一次是从雍正年间到乾隆初期,另一次是从乾隆初期到乾隆中期,最后一次是从乾隆中期到后期。以雍正年间至乾隆18年的人口增长为例,就全国水平而言,人口密度较原来增长了3倍,而同期贵州的人口密度增长了65倍,也是三次人口密度飞跃中最突出的一次。可见,贵州人口在雍正年间获得极大的发展。而对比清代滇、黔、桂3省人口密度和田地数量可知,贵州省人口密度接近于广西而两倍于云南,田地数量却不及二省的1/3;人均田地数量不及云南1/2,不及广西1/5。由此可见,清代贵州省人口数量虽较现代为少,但人口对环境的压力较滇桂二省为大,为了应对这种压力,大力开垦田地成为必然之路。据统计,贵州田地数量从雍正二年(1724年)到乾隆十八年(1753年)共增加1 119 025亩,增幅达77%,而此时按照全国同期水平,仅增加11 581 630亩,增幅仅为1.6%,也就是说,在全国耕地增长缓慢的情况下,贵州的田地数量却激增,与全国形成鲜明的对比。在这种大力垦殖的生计模式下,清中后期贵州已产生环境破坏问题,尤其是人口较多的黔中、黔北、黔西北、黔东南的镇远、黎平等地。①

20世纪中期,国家实行鼓励生育的政策,贵州的人口增长更处于无序状态。虽然到了80年代以后,国家又实行"计划生育"政策,但是贵州的人口还是从1949年的1 403万增加到1998年的3 657万,其中农业人口占总人口的84.6%,人口平均密度已达217人/平方公里,由此,人口已严重超载。特别是20世纪中期国家的两大错误政策,更加剧了石漠化的形成。一是"大炼钢铁",山上的树木被一次性砍伐,在以后几年中,对长出的树木也砍倒,强行开成耕地。失去了乔木荫蔽的苔藓层在阳光的暴晒下全部枯萎,被人们作为肥料收集而丧失储水能力。而且位于坡上的垂直裂缝在无意中被贯通,山坡上积累下来的有限表土不到几年间均冲入了地下伏流,大面积石灰岩便一直暴露在地表上,石漠化是在这样的背景下迅速蔓延开来。二是所谓的"以粮为纲,全面砍光"的农业政策导向,一味强调在这一地区构建农田,通过提高粮食产量来改变贫困和减轻人口对水土资源的压力,以达到水土资源维护效果,而严重背离了喀斯特山区山多坡陡耕地少,而荒山荒坡(宜于发展林牧业)面积大的土壤资源结构这一客观实际,导致大量林草被毁、森林覆盖率锐减。同时,长期以来贵州农村产业模式单一,以种植业为主,二三产业极为落后,这就导致大量农村劳动力依附在贫瘠的土地上,人们迫于生活压力,只能将便于耕种的缓坡林地、草地辟为耕地,直接导致大面积植被被垦殖,在这样的背景下,贵州的森林覆盖率从20世纪50年代前的45%左右,降至80年代的12.6%,植被资源的严重毁坏加剧了土壤侵蚀,生态环境日益恶化。②

但是值得注意的是,虽然人们一面大力进行垦殖活动,但是由于土地环境的恶化,导致土地荒废的速度随之加快,这便使贵州的耕地面积实际上增长缓慢,远远落后于人口的增长速度。贵州的耕地面积在1957年达到2.09×10^6公顷的最高水平,可认为这是该区耕地面积的最后界限,以后将很难或不可能逾越这一界限。之后面积反而不断减少,到1986年为1.86×10^6公顷,几乎同1949年的1.80×10^6公顷持平,此后一直徘徊在这个水平。也就是说,1949~1998年间,人口增加了2.58倍,耕地却未见增长,人均耕地面积从1961年的0.13公顷持续下降到1998年的0.05公顷,其结果只能是增加土地利用效率,加大土地利用强度,这又进一步导致了土地破坏加剧,恢复能力减弱乃至丧失。③ 如当时的贵州西部,人为地排干草海以及溶蚀湖以种植水稻,但涨落不定的水位

---

① 韩昭庆. 雍正王朝在贵州的开发对贵州石漠化的影响. 复旦学报(社会科学版),2006,(2).
② 程安云等. 贵州省喀斯特石漠化历史演变过程研究及其意义. 水土保持通报,2010,(4).
③ 杜成材. 西南山区土地石漠化成因的文化剖析. 乐山师范学院学报,2009,(4).

使水稻无法正常生长,于是又人为戳通了地漏斗泄水保苗,而地漏斗一旦贯通就难以堵住。不仅水稻种不成,就连旱地作物也因为表土逐年被冲刷而无法获得稳产。与土地生产力降低相伴而来的是水土流失和土地资源退化加剧,需要更多土地才能满足最低生长粮食作物的需求,这就不得不开始新一轮的开垦,形成"人口增加—陡坡开荒—植被退化—水土流失—土壤退化、石漠化扩展—经济贫困"的恶性循环,最后连最基本生存条件都丧失了。

而且,山区的少数民族,仍有部分保留传统的山地耕牧和刀耕火种的生计模式,但是山地耕牧和刀耕火种需要大量砍伐焚烧森林树木作肥料,需要大面积土地进行轮歇休耕。越是地广人稀的地方,越适宜这种生计方式,而在人多地少的情况下,如果继续采取这种方式,则必然对环境造成巨大的破坏。不少地区尤其是交通不便的偏远山区,这种不合理的垦殖现象至今仍然普遍存在,对土地掠夺式经营造成了严重的水土流失和土地石漠化,其程度远远超出当地生境的缓冲能力、调节能力和自我恢复能力。

在此还必须提及以玉米、马铃薯为代表的美洲作物的引进对贵州石漠化的影响。较多研究认为,玉米、马铃薯和番薯为原产于美洲的粮食作物,经由不同的方式在不同时间传入我国并逐步推广。其传入贵州约在明末清初,尤其值得关注的是玉米。玉米为旱地之王,适宜旱作,耐粗放耕作,耐薄瘠土地,适宜坡地耕种;其产量较苦荞和燕麦等为高,这对于贵州这种山地多平地少的地区具有特殊意义,由此产生的影响也值得详究。

民以食为天,人口增加是建立在有基本口粮供应基础上的,玉米推广后在一些地区成为主食,改变了社会食物结构,玉米在黔的适应性及推广必定为其人口增长提供了基础条件。贵州省人口由明末350余万,稳步增长,在咸丰元年(1851)即达880余万,历时不足两百年;这同此间玉米在黔引入和推广是密切联系的。粮食的保障和人口的增加,必定促进社会经济及相关产业的发展。玉米既可作粮食,也可作畜禽饲料,还可作农副业和加工业原料,这对畜牧业和手工业的发展起到积极作用,如以玉米酿酒,以糟养猪,酿酒及卖猪都可获利;而此模式在贵州省玉米产量较大的地方现在仍然存在。有学者对黔东南粮食作物种植与民族生境适应问题研究也表明玉米等作物的推广对当地社会发展产生了积极影响。不过,虽然玉米的种植解决了人们的口粮问题,死亡率大大降低,但是正因为如此,导致人口增长过快,以致到最后超过了土地的承载力,这就必然促使百姓坡地毁林开荒以种植玉米,这就必定对山多平地少的贵州带来巨大环境影响,最直接的后果就是森林植被的减少和坡地耕作带来的水土流失及土地贫瘠程度的加剧;其最终结果就是地表植被和土壤丧失殆尽,岩石遍地裸露,石漠化的现象便开始凸显。换言之,玉米等作物的引入和推广对生态环境产生的破坏作用不容低估,已有的研究也证明了这一点,其中最典型的是清代中叶以后,在认识到垦荒种植玉米所产生的毁林开荒、水土流失等危害后,清廷一反其初鼓励垦荒的举措而屡禁之,但由于种种原因收效甚微。[①] 综上可以认为,玉米在黔推广对其人口和社会经济的发展都起到了积极作用,但所产生的生态环境方面的负面效应也不容低估。然而,在分析玉米等带来的负面

---

① 严奇岩:清代玉米的引进与推广对贵州石漠化的影响.贵州师范大学学报(社会科学版).2010,(3).

环境效应时,还应考虑到其替代其他低产农作物的效应,如人口增长,而无玉米等高产作物提供稳定的口粮,则所需开垦土地(坡地)必然更多,对环境的破坏势必更大;此外,在认识到玉米种植的环境负面效应外,找到切实可行的解决或替代方案才是研究的目的和当前最紧迫的任务。

除上述这些原因外,当前贵州的能源结构仍以煤炭为主,这就导致空气中酸雨的大量形成,当酸雨降落到地表,必然加剧碳酸岩的溶解,从而大大削弱了地表保持水土的能力,而为了保证煤炭的供应,煤矿的大量建设成为必然选择,同时,由于城市化的快速推进,开山取石也在全省各地普遍展开,这一切都造成地表植被遭受到严重破坏,加剧了石漠化的形成。

从上述分析可以看出,石漠化实属一种人祸,不过值得庆幸的是,人们已经认识到这一点,并且开始通过"封山育林"、"退耕还林""交混种植"等方式积极地防治石漠化,有些地方则努力寻找地方文化中的一些特殊做法来治理石漠化。需要特别指出的是,既然石漠化的形成有很深的文化因素,那么在今后的治理中,对石漠化地区的文化因子必须给予高度重视,应注重治理手段同当地的文化嫁接,使文化适应中的生物性与社会性实现耦合与平衡,如果忽视了这一点,新的人祸必然又将酿成。

[参考文献]

[1]白晓永等.贵州土地石漠化类型时空演变过程及其评价.地理学报.2009,(5).

[2]田红等.麻山苗族农作物的配置与石漠化灾变救治.贵州农业科学.2009,(1).

[3]游俊等.论地方性知识在脆弱生态系统维护中的价值——以石灰岩山区"石漠化"生态救治为例.吉首大学学报(社会科学版).2007,(3).

[4]王孝华等.喀斯特生态区轻度石漠化坡耕地种植方式研究.耕作与栽培.2008,(1).

乡村旅游场域内的文化资本研究

——以贵州西江千户苗寨、花溪镇山村为个案

岑 怡

(贵州民族大学旅游与航空服务学院 贵阳 550025)

【摘 要】乡村旅游是近年来兴起和发展起来的一种新兴旅游方式。乡村旅游不仅为城市居民提供新的休闲产品,而且对于促进农业产业结构调整,增加农民收入,充分利用农村富余劳动力资源,维护农村社会经济可持续发展起到积极的作用。随着我国乡村旅游的蓬勃发展,一些影响其可持续发展的问题也逐渐显现出来。一些地方政府和旅游企业急功近利,盲目进行开发建设活动和当地居民不当的旅游经营活动,直接导致旅游文化资源逐渐衰微,并加剧所谓的乡村旅游"快餐化"现象。当今世界,经济正跨入信息社会的新时期,物质资本的地位在逐渐下降,文化资本日益成为一种主宰21世纪经济的核心竞争力,它在旅游发展中的作用亦日趋突出。

【关键词】文化资本;乡村旅游;旅游场域

我国乡村旅游起源于20世纪80年代,进入21世纪,全国各地掀起了一股乡村旅游开发的热潮。发展乡村旅游,对于推进新农村建设、拓宽农民增收渠道、增加农民就业机会、促进农村精神文明建设,都具有十分重要的意义。但乡村旅游在蓬勃发展的同时,也逐渐暴露了一些问题:一是开发过程中片面追求经济效益,导致旅游接待地优秀传统文化发生变迁;二是各相关利益者在旅游开发过程中对于文化资本的权重,存在一系列的误区,导致文化资源流失、旅游商品化严重、接待地村民贫富分化加剧等。

当今世界,民族文化是旅游可持续发展的载体,过去以经济资本衡量发展水平的发展模式日显弊端。文化资本日渐成为世界经济的核心竞争力。目前,我国学者在促使民族文化资本化,运用文化资本进行城市建设、企业文化建设等方面有所研究,但具体到乡村旅游文化资本方面,几乎还是空白。因此,本文通过对民族旅游村寨的研究,分析文化资本与乡村旅游之间关系及文化资本在乡村旅游发展中的功用,尝试对乡村旅游进行"乡村旅游场域"的理论预设,力求在"乡村旅游场域"的理论预设下发挥文化资本的积极作用,并协调旅游开发中相关资本拥有者的利益。

一、乡村旅游场域内文化资本的理论预设

"文化是特定社会中代代相传的一种共享的生活方式,这种生活方式包括技术、价值

[作者简介]岑怡(1985—),女,贵阳市人,贵州民族大学旅游与航空服务学院硕士生、讲师,主要研究方向为社会学、旅游社会学、旅游人类学。

观念、信仰以及规范。文化表现为一种制度的动态的规范和构建过程。经济是文化系统中的一个很小但却是基础性的部分,经济的运行总是在文化制度的规范下进行的。民族文化资本化就是指全球化背景下的民族发展可资利用的一种方式。它以提高生产力、扩大人们的交往空间为方向,以提高人们的自由程度为旨归,它最直接的表现是文化的开发利用,它的现实基点是文化产品的开发,是文化场域中的权利在经济场域中的价值实现,是将直观的、具体的种种文化事项以商品的形式投入到多民族文化经济广泛交融的过程中去获得直接的经济利益。"①

从国内外乡村旅游发展的趋势看,蕴藏着丰富、悠久的文化遗产和历史文化价值,且拥有秀丽的自然景色、独特的环境特征和自然特征的乡村地区,是开展乡村旅游活动的理想之地。也就是说,从乡村旅游的本质特征看,乡村地区无论是体验式的活动内容、学习型的活动内容,还是生态建设方面的内容,都表现出乡村旅游已经沿着与文化旅游活动紧密结合的方向发展。贵州境内有很多可进入条件好的(民族)村寨及其群落,乡土文化保存完好,村寨周围环境宜人。在这些村寨群落中,将传统的文化旅游活动与依托村寨田园风光的环境旅游活动结合起来,可以成为乡村旅游产品中的独特卖点。所以,依托优美的乡村自然环境、挖掘浓郁的乡土文化和民族文化、展现真实的乡村生活,是发展乡村旅游的基本条件,也是发展乡村旅游、开发乡村旅游产品的基本要求。

从上述情况可见,构建乡村文化资本场域,开展乡村旅游,可以使乡村在自然资源得不到有效利用,当地人的物质生活水平相对不高的客观情势下,通过发展乡村旅游对乡土文化的资本化运作,发展民族地区的经济,无疑是一条行之有效的途径。

二、乡村旅游场域的内涵

乡村旅游场域,是指依赖乡村社区开展旅游活动,并卷入到旅游活动中的各种社会角色所形成的一种关系构型。简而言之,乡村旅游场域就是以乡村文化、景观为依托而开展旅游活动,以旅游现象为中心形成的非实体性客观关系网络。在乡村旅游场域,其中的行动者,是指被卷入到旅游活动这一特定场域中的各种行为和资本的承担者,主要包括政府、旅游企业、游客、当地族群。他们之间的关系,就是一个相互作用、相互影响的过程。在旅游场域中,资本就是行动者所独具的能力和资源。而且,每个行动者同时具有社会、经济、文化三种资本,但只有一种资本最能体现行动者的特点和社会角色。即社会资本的行动者主要指政府部门、旅游局、文化局等管理部门。经济资本的行动者包括旅游开发商、旅行社等旅游经营单位。而文化资本的行动者则主要指村民和民间文化组织。

三、乡村场域内的文化资本形态

本文以文化资本的种类作为乡村场域内文化资本形态的分类标准,把乡村场域内文化资本的形态大致分为三大类别(如图1)。

---

① 马翀炜,陈庆德.民族文化资本化.北京:人民出版社,2004.

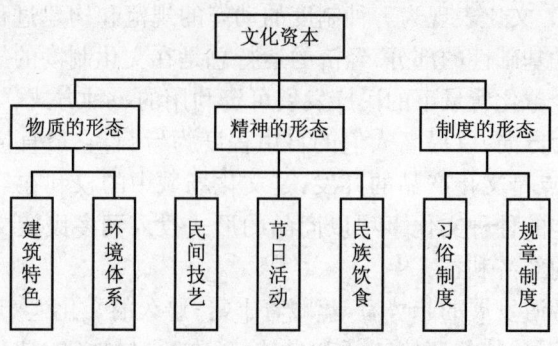

图1 乡村场域内文化资本的基本形态

　　图1表述了这样的含义：乡村场域内的文化资本有三种形态——物质的形态、精神的形态和制度的形态。物质形态的文化资本主要包括蕴含本民族文化特色的建筑和当地优美的自然景观与乡村独有的社会环境等构成的环境体系。而精神形态的文化资本通过民间技艺、节日活动和民族饮食三种具体的形式来体现。文化资本的最后一个形态是制度的形态，它通过习俗制度和规章制度来体现。

　　建筑，尤其是具有悠久历史的建筑，是文化资本主体的重要形态。建筑物体现的文化资本包括：不同民族的民俗风情、审美取向、技术知识含量和愿望信仰等。在某个领域或时间段内不被认为是文化资本形态的建筑换一个领域或时间就有可能成为文化资本的形态。

　　民间技艺和节日活动是衡量乡村旅游特色的重要标准，尤其在现代旅游的语境下，民间技艺和节日活动的重要性不断上升。节日活动往往具有地方色彩，带有地域特性。通过不同乡村特色的节日活动可以看出各民族的信仰、生活状况和乡村个性。只有积极的、健康的节日活动才能够成为文化资本的形态，才能为乡村旅游的开展带来经济利益。在发展乡村旅游过程中，只有保留和重构民间艺术和保护民族节日活动，才能使乡村旅游拥有活跃的生命力，否则，乡村旅游将会在发展过程中失去特色而越发趋同，甚至失去本土文化的灵魂。

　　制度（或者称为规范），是与社会网络联系在一起的，其中包括正式和非正式的规范，它们也是社会资本的重要组成部分。正式"规范"即我们通常称作的制度，是人们有意识建立起来的，并以正式方式加以确定的各种制度安排，以及由这一系列规则构成的一种等级结构，从宪法到成文法和不成文法，到乡规民约等，它们共同约束着人们的行为。非正式的"规范"特指本文所说的规范，即文化、习俗、契约之规，是人们在长期的社会生活中逐步形成的价值观念、惯例、伦理道德、文化传统及意识形态等对人们行为产生非正式约束的规则，是那些对人的行为的不成文的限制，是与制度相对的概念。传统村治文化是政治文化在乡村治理中的反映。村落是村治文化存在的全部空间，村落的自给性决定了农民传统村治文化的封闭性，村落的稳定性决定对应着传统村治文化的保守性，村落的礼俗性对应着传统村治文化"人情大于王法"的道德观。费孝通先生的《乡土中国》把"乡土社会"具体地提炼出来，在中国传统文化里，面子和人情是人际信任的重要成分，人情构成人际交往的核心,亦即"与人相处之道"。在乡土社会,人情可以说是媒介,或者说社会性交往靠人情来维持,是中国社会生活中的"润滑剂"。

在乡村旅游场域内,三种形态的资本相对独立又相互联系。作为文化资本的形态,物质形态承载乡村的精神风貌,精神形态承载乡村的习俗,而制度形态承载着乡村的社会意识。它们在相互作用、影响的过程中塑造了乡村社区的整体形象。这种形象在乡村旅游发展场域中是一种文化资本,推动乡村社区的经济发展。

四、乡村旅游场域内文化资本的功用

（一）文化资本促使乡村旅游资源不断增值

从开展旅游的角度看,乡村场域的文化资源不断整合进一步体现在乡村对外的好客形象上。乡村场域内各种文化资本的表现形态直接影响到乡村对外无形的形象。良好乡村形象的构成,要求村民在言行上能够体现乡村良好的道德风貌和高尚品质;乡村的物质构成能够呈现乡土气息,具有浓郁的文化底蕴,不仅具有很高的欣赏和保存价值,更能够传递一种健康的思想。但所有这些都必须以良性的制度文化资本为前提。在乡村中虽然居民是主体,是文化资本存在的依靠,但是乡村能否向良好的方向发展和保持优良的功能,却取决于乡村场域内的政治文化是否真正起到规范、制约的作用,是否真正能够起到凝聚力的作用和激励性的大小。可以肯定地说,良好的乡村形象是乡村发展的必备条件。

（二）文化资本提升并带动乡村发展的精英层及民众的文化传承

在乡村旅游场域内,人力资本是乡村文化资本的重要体现形式,同时也是文化资源最主要的承载体和传承者。乡村精英和民众拥有大量的文化资源,并在实践中把这些具有资本性的文化资源转化为促进乡村发展的动力。没有他们,传统文化必将要消失。反过来文化资本在乡村场域中承担着提高人力资本的责任。这种责任通过资本运作得以实现,因为文化资本不会自动地转化。在这样的情况下,对于乡村旅游场域而言,要保证可持续发展的顺利进行,必须拥有受过一定的良好教育、掌握丰富经验和先进技能、具有敏锐的洞察力和创新能力的村落精英。这些人不仅是在技术创新方面提高经济产品的价值,并能够以最快的速度获取新信息,使经济生产符合市场需要。

（三）文化资本带来乡村发展的社会资本积累

文化资本与社会资本之间的主要转换方式是兼具文化资本创造者和承载者的人利用文化资本来增加乡村社会资本的总量,因为一定社会资本的建立必须依赖于有效的文化进行沟通。乡村的社会资本不仅包括拥有的个人网络资本,还包括乡村间的关系网络,而此层次上的社会资本的获得就需要乡村的精英层之间通过进行交往、协商等方式来进行操作。乡村的精英层可以是个人,也可以是由个人构成的团体。他们可以通过个人的社会资本或通过与其他场域(可能大于乡村也可能小于乡村)的精英层进行交往,在达成利益一致的共识前提下,获得对乡村相对较为稳固的社会资本。

（四）文化资本促进乡村发展的经济资本转化

文化资本促进经济资本的转化主要体现在以下方面:(1)物质形态和精神形态的文化资本是开展乡村旅游的先决条件,也是资源进行资本运作取得经济收益的资源保障。

建筑特色、自然环境、民间技艺、节日活动、民族饮食作为乡村的常态形态呈现给旅游者,为村民开展旅游接待创造更多的货币财富。(2)物质形态、精神形态、制度形态构成了乡村场域内文化资本的基本形态,物质形态和精神形态直观反映出旅游者的需求内容,进一步为场域内经济资本的持有者提供导向信息,促进旅游产品的深度开发。另一方面,制度形态的文化资本是乡村场域内一切活动的协调者和规范者,它为乡村场域中的经济活动制定规则和导向,良好的制度形态将带动民众向积极、健康的文化增值方向迈进,并影响乡村未来的经济走向。

五、案例分析——贵州西江千户苗寨与花溪镇山村对比分析

在贵州众多民族村寨中,西江千户苗寨、花溪镇山村都曾被授予"露天博物馆"称号,旅游者可以从两村的建筑、饮食、服饰、节日、生产、娱乐、信仰等方面窥见贵州山区的文化和历史。笔者以两村的旅游开发情况、文化资本和相关资本的运用状况进行对比,分析两村在乡村旅游场域内的文化资本运用情况,旨在引起旅游发展过程中对文化资本的重视。

(一)旅游资源特色对比

西江千户苗寨和花溪镇山村在资源类型上虽然都以民居建筑群落和民族文化为主要旅游吸引物,但都各具特色。西江千户苗寨独特的苗族建筑"吊脚楼"、浓郁的民族风情、精湛的民族工艺和丰富的地方特产,使其资源类型的侧重点在于享受苗族同胞古朴的民族文化方面。而镇山村主要以布依族独特的"石板房"为主要的旅游吸引物,并辅以花溪水库观光和游客项目来开展旅游活动。其知名度停留在与挪威政府合作建立的生态博物馆。

在文化资源方面,由于西江千户苗寨在发展初期就注重文化资源的挖掘和保护,所以在民俗文化方面的资源产品强于镇山村,且文化资源丰度大于镇山村。

表1 两村旅游资源特色与主要旅游产品对比

景区名称	资源特点	资源产品总类
西江千户苗寨	中国仅有的、世界无双的千户苗寨,被誉为"苗族民族文化艺术馆",研究苗族历史、文化的"活化石";秀美的自然风光与被称为建筑瑰宝的"吊脚楼"完美结合,丰富多彩的民族节日,独特的民族服饰。	少数民族民居建筑欣赏、乡村生态游、乡村度假游、民族风情游、民族美食与农耕文化体验、节庆旅游。
镇山村	保存较为完好的布依族石头建筑群落,秀美的自然风光,布依族风情。	观光旅游、少数民族民居建筑欣赏、水域观光与活动。

(二)旅游开发现状对比

西江千户苗寨从1982年被列为乙类农村旅游开放区以来,经过多年的保护与开发,特别是贵州省第三届旅游产业发展大会在西江成功举办后,已成为游客向往的交通便捷的旅游目的地。自景区开放以来游客接待量逐年增加,2009年1~11月底,接待游客62

万人次,成为拉动贵州乡村旅游发展的亮点。

镇山村旅游开发活动起源于20世纪90年代初期,在经历了早期的快速成长后,于2000年进入稳定期,游客达10万人次/年。2001年、2002年游客一直在10万/年徘徊,难于取得数量规模上的突破。自我国取消"五一"黄金周政策之后,镇山村客源以贵阳市内散客为主,省外游客团队基本上为一日游。最近两年,镇山村旅游因无特色,民风民俗淡漠,游客人次又开始回落,游客人次的不断减少给镇山村旅游业的持续发展带来了不利影响。

表2 景区旅游开发现状对比表

		西江千户苗寨	花溪镇山村
开发情况对比	开发投资者	政府	省市区文化部门和省市区政府
	发展历程	1982年,被省政府列为全省乙类农村旅游开发区;1987年,被列为东线民族风情旅游景点;1992年,被省政府列为全省八个历史文化名镇之一,1999年至今,一直列为全省重点保护与建设民族村镇;2005年11月16日,被国家民族博物馆揭牌为"中国民族博物馆西江千户苗寨馆";2006年12月27日,被全国工农业旅游示范点评定委员会评为"全国农业旅游示范点"。	1995年,被定为省级文物保护单位;1999年,被批准建立民族生态博物馆。
	接待游客总量	2006年,游客总数为4.5万人,旅游总收入193.6万元。2007年1~11月,游客总数为12万余人。2008年,游客总数为77.7万人(次)。2009年1~11月底,游客总数为619 673人(次)。旅游人数呈逐年增长趋势。目前,客源较广,涉及国外、省外、省内游客,其中旅游团队占主体地位。	目前,年游客接待量10万人次左右,接待游客总量已达200万人次。目前客源以贵阳市内散客为主,省外游客团队也较多,基本上是一日游。
	旅游开发目的	保护民族文化;社区参与;农户获利;农村发展。	保护民族文化与特色传统民居建筑。

(三)两村文化资本和相关资本运用状况对比分析

1.从文化形态来看,两村同属贵州乡村旅游发展中的民族村寨,都被冠以"生态博物馆"称号,两村的建筑文化、民风民俗、乡土制度都具代表性,文化资源较为丰富。不同的是,西江"生态博物馆"以村寨群落建筑和本民族的原生态生活形态展示出来;而镇山"生态博物馆"则仅限于与挪威政府合作而建立的生态博物馆及其称号。

2.从对文化的开发情况来看,花溪镇山村于1995年开始旅游接待;而西江千户苗寨作为2002年11月在雷山举办"中国雷山苗年文化周"的分会场开始进入大众的视野。在开发历程方面,西江苗寨较早于镇山村,但镇山村从基本成熟转向衰落,而西江苗寨正处于不断完善且快速发展阶段。在开发过程中,西江千户苗寨偏重于文化遗产的保护与开发,使村寨群落成为较为完整的"生态博物馆";而镇山村一开始就忽略了对环境的保护,村民各自经营"农家乐"接待不断涌入的游客,对环境文化缺乏保护意识,造成如今的镇山村寨内石板路破旧不堪,污水横流。走进寨门,石板房的痕迹已经隐去,随处可见村民自己搭建的砖混结构的两层小楼。

3. 从村民重视文化程度来看,西江苗寨村民重视文化的意识普遍高于镇山村村民,西江苗寨的村民认为自己的文化就是吸引游客前来旅游的主要因素,为自己身为苗族文化的传承者感到自豪和光荣。并因此自觉地投入到传统文化的传承与保护中去,苗族文化发展的大氛围使村民得到了实惠,更多的是村民从旅游开发中看到了自身文化的传承,村寨出现了"文化回归"的现象,即外出打工的年轻人开始回乡从事旅游接待行业,年轻人在看到旅游商机后,又重拾濒临灭绝的传统技艺(如苗寨刺绣),开始生产旅游商品,甚至把自家中放了数十年,甚至数百年的衣服、银饰、织布机在"家庭博物馆"中展示出来,他们知道这是外界所瞩目的文化遗产。而镇山村却截然相反,村中年轻人几乎全部外出打工,对自身布依族传统文化持"已汉化"态度,认为已无加强的必要。当地政府在引导村民挖掘本民族文化的工作方面也比较欠缺,放权于村民委员会进行管理,而村委会干部在旅游开发过程中盲目追求经济收益,在布依族文化保护与传承方面持任其发展的态度。

4. 从政府的文化资本运作程度来看,雷山及西江政府对苗寨的文化开发进行了具体规划,成立了专门的旅游景区管理局,并请来中国民族博物馆的专家,认真制定了《西江千户苗寨馆文化遗产保护评级标准》,此举既加强了民族文化遗产的保护,又促进了村民积极投身乡村旅游的开发过程中,社区参与度高涨。而镇山村的旅游管理属于村委会管辖,村干部在利益的驱使下垄断了大部分旅游接待工作,导致村民与干部之间的矛盾不断恶化,更谈不上村民参与到文化保护工作的探讨中。

5. 与以往社区参与的利益色彩有很大的不同:西江村民的社区参与不属于商业性质,而是在政府完全主导下,没有商业机构介入的村民单方获益的福利行为。虽然尚需在经济的诱导下,才能帮助当地村民在最古朴、本能的需要中意识到民族特有文化的存在价值,但政府显然已在这种福利性社区参与行为中逐渐诱发了村民的本民族认同感、民族自尊感。村民成为西江民族文化的最根本载体,负责民族文化的保护、传承和展示。

与此同时,西江千户苗寨虽然在文化资本的运作上取得了很大的成功,但是由于政府运作起步较晚,所以需要在实践中通过经验的积累不断修正运作方式。苗族原生态和乡村旅游发展,利益驱动着西江的大发展,诸如民族文化保护奖励制度的设立,凸显政府对传统文化保护的忧思,以物质和现金进入的市场利益驱动保护传统文化,是否能把西江的文化留住,这不是唯一办法,但至少是有效途径。我们已经看到,几乎是户户参与到民族文化保护行动中,将把西江原生态苗族文化的保护引入全民时代,这种保护的行动,最终将回归西江的日常生活细流,成为一次西江文化的集体记忆。

6. 镇山村作为乡村旅游发展逐渐衰落的旅游村,文化资源受到严重破坏,甚至丢弃。可喜的是,在相关政府和媒体的宣传工作中,近两年来,村民逐渐意识到只有发扬本民族传统文化,才能使镇山村旅游呈现活力,认为发扬和保护好"生态博物馆"是镇山走向世界的一条捷径,也是今后发展的一条通途。2009年,笔者在调查中获悉,花溪区有关部门开始在镇山村成立一个管理委员会,并组织镇山村40名村民参观西江苗寨。镇山村民的西江之行给他们的触动很大,"西江保护得很好,整个村子就是一个景区,就是一个博物馆"。"同样是历史悠久的民族村寨,镇山在保护上做得实在不够。"从西江回来后,村民开始留意自家屋里"又土又老"的东西,开始整理布依族的刺绣、布依山歌,开始挖掘曾被他们所抛弃的传统文化。2013年2月,笔者重返镇山村,喜见一些村民已经开始动工为自家房屋重新盖上石板,而寨内道路维修、排污管道设置、古城墙维护等工程也在逐步展开。不管怎样,镇山村已向重返古朴迈出了第一步。

人类学理论碰撞下的"原生态文化"概念刍议

武 娜

(贵州民族大学旅游与航空服务学院 贵阳 550025)

【摘 要】"原生态文化"在当今社会中的广泛使用,并不是一个偶然的社会现象,而是有一定的原因的,学术界对该词的用法也存在着不同的见解。本文试从文化人类学学派的理论观点中去寻找对该词的概念解读。希望以此起到抛砖引玉的作用,使人们能更好地了解和挖掘原生态民族文化的内在价值。

【关键词】原生态文化;人类学;理论

"原生态文化"近年来成为一个使用频率很高的词。在很多民族地区,都借用该词来定义自己的民族文化,如原生态音乐、原生态舞蹈等词汇组合就大量地出现,这便使"原生态文化"备受关注。而对于"原生态文化"一词的解释,很多学者都有各自的看法,其中就不乏有对这一词持否定态度的,也有很多学者对滥用"原生态"一词提出了批判。

一、背景

随着我国的经济社会的发展,在巨大的物质成就中,不论是国家政府,还是广大民众,都越来越多地意识到文化作为一个隐性的富矿,具有很大的开发价值和不可预估的影响力。2005年召开的"第三届全球化论坛——世界文化多样性"会议通过的《杭州声明》就明确提出:文化是一个民族的灵魂与血脉,不同国家与民族独特的文化和传统,是其赖以生存、延续的条件,也是世界文化发展的基础。2009年9月,国务院新闻办公室发表的《中国的民族政策与各民族共同繁荣发展》白皮书中就提出了抢救和保护少数民族文化遗产,繁荣发展少数民族文化事业。在国家的大力倡导和人民的急切需求下,对于文化的追求已从单纯精神诉求跨越到了更加广泛的领域。特别是在当前世界人类文化与经济、政治相互交织影响的环境下,民族文化以其特有的样式,作为人类文化的重要构成部分,更是发生了前所未有的功能转变,具有世界性和时代性的现代意义。

在文化热席卷整个经济、政治领域,成为时下最受追捧的话题这一背景下,各少数民族地区也乘着这波风潮,看准了民族文化这块天然的招牌和其包含的巨大发展潜力,大力打造自己的民族文化品牌。除了民族学界一直以来孜孜不倦的研究之外,各地方政府也以前所未有的精力来经营文化"名片",而多年的学术研究此刻为民族的发展提供了必要的智力支持。借用自然生态学理论对民族文化的特性进行描述,成为打造民族文化品牌的一招妙棋,"原生态文化"概念就是在这样的背景下被提出来的。

[作者简介]武娜(1985—),女,汉族,硕士、贵州民族大学旅游与航空服务学院政治辅导员、助教。

二、解释

在今天我们越来越多地听到用"原生态"一词来形容我们的少数民族地区的文化,借用"原生态"这一新词来对文化进行定义,既具有新鲜的文字感官刺激,又颇具表达的内里深意,可谓是一箭双雕。而对于"原生态文化"这一概念,我们普遍地将其理解为一种在原始的环境下产生的,未经过修饰的,具有浓厚的民族特色、历史气息和地域特点的文化形式。这只是我们普遍意义上的认识,但是在学术界,有很多学者却对这一提法持反对的态度,这就要求我们从学术层面出发来对这一概念加以深入地分析和解构。

下面将"原生态文化"一词分解为它的两个下位概念,即"原生态"和"文化"两个部分来加以解读,再从中来整合它的概念定义。

首先,对"原生态"一词进行解读。"原生态"是一个新兴的词,最早出现在中央电视台主办的青年歌手大奖赛上,它的出现具有极强的现代背景,对该词的解释也颇具时代感。该词近年来在文化界被广泛借用。厦门大学彭兆荣教授曾将"原生态"一词放到文化人类学视野下进行类比解读,他认为可将该词归纳在7个范式下,即原初、原始、原生、原型、原真、原创性、原思性。① 在这里,对这一词的解释从字面上看,我们又可以将它拆分为"原"与"生态"两个词。对于"生态"已有很明确的解释,该词源于古希腊语"家"或是"环境"的意思,其原意是指在一定区域内,各种生物利用自然条件相互制约、生息繁衍。而对于"原"的解释则是我们理解"原生态文化"一词的关键,同时也可将其看作学术界对这一说法颇有微词的主要原因之一。"原"从字义上可以解释为最初的、开始的、本来等意思,但是当把它与文化结合在一起时,我们可将"原"解释为是原初的、唯一的、历史的存在物,在历史发展中没有受到文化变迁和社会发展影响的原始形态的客观事物。当我们用"原生态"一词来形容文化时,我们就是把文化看作一个生态生命体,这个生命体最显著的特点就是纯朴、原真、有很强的民族独特性。

其次,是对于"文化"的探讨。泰勒对文化下的经典定义是:"文化就其民族志中的广义而论,是个复合的整体,它包含知识、信仰、艺术、道德、法律、习俗和个人作为社会成员所必需的其他能力和习惯。"从此定义看,我们所说的文化具有包罗万象的功能,与人类社会有关的任何事项都可以冠上文化的头衔。文化涵盖的内容之广就如同一个自然人的身体所包含着的器官之多、之全一样,文化将所有的人类社会机体都包含进来了,因此,要做一个民族的文化研究是一项浩大而具有巨大现实意义的工作。

最后,结合以上两点来看,"原生态文化"的概念确有很大的解读空间,同时也具有很多的争议面。有学者认为,"原生态"一词只是一个舆论宣传术语,而非严格意义上的学术术语,"原生态文化",在严格意义上不能说是一个客观存在的文化事象,它只能说是一种道具台词,或是一种舆论宣传的工具。从文化变迁理论角度看,由于民族社会内部的发展或是民族间的相互接触,都会引起一个民族的文化的改变,因此,无论哪一个民族的文化都不可能做到真正意义上的"原生态",都经历着伴随社会的发展、历史的演进而不断调整和完善的过程。不可否认,民族文化是传统性与现代性相结合的产物,每一个民

---

① 彭兆荣. 如何认识原生态. 当代贵州,2010(3).

族的文化在历史发展进程中都经历了内部的自我完善和来自外部的文化涵化。在内外因的消长博弈中,民族文化的内容和形式都在原有的文化特性之上还烙有时代的印记,以及重叠有外来文化的踪影。

今天,"原生态文化"一词被频繁地用来作为民族地区的宣传术语,很多学者也提出了自己的见解。2009年9月,在贵阳召开的《原生态文化国际论坛:价值·保护·开发解读》会议上,有很多学者发表了自己对原生态文化的看法。北京大学朱孝远教授认为"原生态文化是自然的、风格一致的、返璞归真的文化"。而也有学者是如是定义的,即"文化的'原生态'指活态古老文化原型在不同时代通过积淀形成的不同的文化形态的迭层和变体,它不仅包括物质文化遗产,还包括非物质文化遗产"。总之,对于"原生态文化"的说法,我们还需要更多地加以推敲和斟酌,但是我们也不可僵硬地去理解这一问题,将这一说法全盘否定,应从灵活性与辩证性两个方面来对这个术语进行理解和使用,并将其与当下我们大力提倡的民族文化"名片"打造问题结合起来。

三、解读

"原生态文化"借用了当下颇受热议的"原生态"一词来对文化(特别是民族文化)进行形象定位。对于这一说法,我们大多将其放在现代语境下来进行解读,而运用人类学的理论观点来对这一现代词的解读还不多见,下面我们就将它放到人类学理论中去进行反推式的概念解读。

文化具有横向和纵向的发展历程,早期的进化论学派主要提出了文化的历史纵向的单线发展历程,而在之后的文化传播学派、美国历史学派、功能学派等人类学理论学派则从文化的横向发展和外延方面加以阐释。

(一)文化进化理论

受到达尔文生物进化理论的影响而产生的人类学进化论学派将其进化论的观点引用到文化中来,认为文化也是不断进化发展的,文化也存在着自然的和人为的选择过程。这就是说文化不存在根本的原点性,它不是站在原点不动的,而是随着社会的发展而不断演进的,这显然表达了文化的原生性没有一个具体的时间界定,也就说明民族文化的"原"是没有根据的。这似乎从进化的角度来否定了文化的"原点"时间界定。但从另一个角度看,便可以很好地来解析这一问题,即我们从文化进化的"原生性"和"原创性"方面来解释。不难发现,很多文化就是在一个自我的、相对封闭的状态下来完成自我进化的。而这种文化虽经历了变化,但是其具有的文化本质还是一直保存着的,其文化的根络是一贯的、不变的。这种文化的"原"不受时间限制,而是由其文化的本质和根基来决定的。泰勒提出了文化遗存的观点,指出:"遗存指的是一类过程、习俗、简介等,习惯势力使它们进入了预期所源出的社会状态全然不同的新的社会状态,它们因而成为新文化状态所源出的文化状态的物证和实例。"泰勒认为文化具有历史传沿的特征,某些发展较落后的民族还保留着较原始的文化样式,从对这些文化的研究中我们可以发掘文化的发展历史路径。虽然泰勒的这一说法有对文化的偏见和解读的片面性,但是运用历史残余法来对当今的文化进行解构,也不失为一个可供借鉴的研究方法。从文化的历史源出性方面来说,当今的很多文化形貌正是对历史上的文化形态的根本沿袭。今天我们所形容的"原生态文化"正是那些具有远古文化形态遗风的优秀的民族文化形式,这些纯朴的民族文化样式,展现着古朴的文化体貌,表述着璀璨的历史记忆,以其原始的面貌在现代社会的大染缸里展示着"出淤泥而不染"的文化传奇。从这个角度说,我们也可大胆地视文化残余观点为"原生态文化"一词的历史原型。

就文化而言,原始的并不代表着落后,现代的也不代表着先进,文化无优劣,只有表现形式的不同和发展模式的多样而已。以贵州的少数民族为例,随着社会的发展,根据文化进化理论来看,各民族的文化也是在不断地进化和完善的。我们从文化的原生性方面来解读,可以看到,贵州各少数民族以其特殊的地域环境及历史进程完成了对所持文化的原生性的创造和发展完善。独具特色的民族服饰文化、节日文化、宗教信仰文化等,无一不是其对所处环境所做的最真实、最原初的文化反映。这些文化在历史演进过程中经历了自我的进化和完善,也保留了原始的文化表述方式。他们的文化进化过程也是一个"原生的"进化过程,在几千年的历史发展中,很少受到外界的干扰,甚至在面对外来文化的强势影响时也有巨大的糅合能力,将其接纳融入到自己的文化系统中来展示本民族的文化精髓。这样的进化也是具有浓厚的本民族特色的进化过程。这些都是原汁原味的,属于生活在大山深处的民族同胞的文化制造。在当今社会中,他们以定格历史的方式来表述自己文化的古朴历史与深厚意蕴,这就是"原生态文化"。今天,这些文化依然扮演着黏合民族感情,聚合民族精神的功能。而且这种民族文化模式也随着当代社会的发展,以灵活的形式来完成文化的现代转变。如苗族精美的服饰不只是出现在吊脚楼里、山野中,而是以崭新的面貌出现在现代媒体中,成为苗家人的标识,向世人展示着苗族人民的心灵手巧,展现着他们独特的艺术品位,成为苗族文化的名片;侗族大歌也不仅仅是在风雨桥、吊脚楼上表现,而是搬到了舞台上,通过电视、广播向全国,甚至向全世界去展现侗族同胞高超的歌唱技艺和传达他们对自然、对生活的热爱之情,等等。这些民族文化在现代社会中大放异彩,以其"原生态"的古朴、原真、原初的形式来慰藉着现代社会下人们过度倦累的心灵。

(二)文化进化的边缘保留现象

拉尔夫·林顿的《文化树》提出了文化的多线进化理论,是对早期进化论学派的单线进化理论进行批判和补充。在该书中,他对"文化复合体"作了介绍,认为,文化是一个复合体,是每一个社会中的人从长一辈中学到的又传到下一辈的众多行为。他指出,文化在传播和扩散的过程中,较早的文化形式在它们消亡于中心地带后,往往会在边缘地区得以保留下来。这与"原生态文化"概念的边缘性地域特点有理论的共通性。我们可以看到,在我国不同民族或同一民族的古老的文化传统形式中,往往会在边缘地区得到较好的传承和发展。在我国的边缘省份里,少数民族文化就很好地保存有古老的文化样式。如云南纳西族的母系氏族文化遗留,西南苗族的服饰刺绣文化,侗族古老的鼓楼木制建筑技艺,土家族哭嫁习俗,东北鄂伦春族的传统森林狩猎习俗,北方蒙古族的传统游牧文化,等等。这些文化都保留有远古文化的遗迹。

"原生态文化"作为一种古朴的文化形式,它的文化里具有很强的历史厚积感。很多古老的文化"因子"都是在相对封闭的边缘地带得以留存,一代一代的发展途中很少受到其他文化样式的干扰,因而相对地独立存在。这也就是我们今天看到的很多被冠以"原生态"的文化都是发生在边缘地区,而很少出现在中心城市或地带的。

（三）文化的稳定性理论

博厄斯认为,文化具有一定的稳定性,只有在由习惯决定的自发反应的一致性遭到破坏时这种文化的稳定性才可能被削弱或是丧失。我们先不管他所提出的所谓的习惯决定自发行为的观点是否科学,但是就他认为文化具有一定的稳定性这一点来说,还是具有一定的科学道理的。

而我们所说的原生态文化,从某种意义上来说,确是一种相对稳定的文化形态。我们之所以定义"原生态文化",也就是看到了这一文化系统的时空稳固性。这种原生态的文化模式由于多处于相对较偏僻的地区,受到地理环境的封闭性特点的影响,所以,无论就其文化的形式,还是就其文化的历史流传而言,都具有很突出的地域特点,较多地保留了自己的文化样貌,具有很强的时空稳固性和发展的纵深一致性特质。因此,从博厄斯的文化稳固性理论来说,这对现代背景下的"原生态文化"而言,也是同样适用的。

（四）文化的包容性

文化作为人类社会发展的客观体现者,它诠释着人类的发展历程,同时也承载着推动社会发展的责任。而文化要作为人类社会发展的推动力,具有基本的开放性和包容性就成为了必不可少的条件。美国著名人类学家克罗伯（历史学派）就认为文化是敞开的,而不是封闭的。也就是说文化是开放的,具有包容性的,它以一个整体的姿态去接纳任何可以吸收到的零星的外部文化信号,起着承上启下的作用去整合这些信息,并以此达到对自身的完善。封闭的文化似失去视力的行进者,是无法看清前进之路的,而只有以开放的、包容的姿态去接纳外界的、反馈的文化,才是看得见方向的。因此,我们在谈论文化的原生态问题时就应该看到民族文化作为一种纯朴的,具有浓郁特色的文化类型,它具有很大的文化包容性和文化接收力,但同时我们也要了解到包容并不代表失去自我,这些原生态的民族文化在其发展中所保留的自身文化特质的抗涵化能力是不容小觑的。

文化的包容性,打开了吸收的空间和融合的火炉,原生态文化虽然是一种开放程度较小,发展相对封闭的文化样式,但是也不能否认它的文化包容力。再小的开放也会带来文化间的交流和相互影响,正是由于具有了文化的包容力,才可以使这一文化具有了吐故纳新的创造能力。原生态文化就是在拥有这种很好的包容力下表现出很强的自我创造能力的文化样式,它所表现出来的原创性特征,也就说明了它具有创造自己文化的"自给自足"式的特性,这种特性也就为它文化形貌的独有性和发展的相对独立性营造了很好的生存空间。文化的包容性与创造性本质上并不是具有敌我矛盾的两种特性,而是相辅相成的,强烈的排他性只能导致文化的自闭与最终瓦解。所以我们说,"原生态文化"也是具有文化包容特质的。

（五）文化具有阐释的多样化个性

美国历史学派开创者,著名的人类学家博厄斯认为,外部因素的环境对不同的民族产生的影响,也会因民族的不同而产生不同的结果。他列举了不同的民族对于面具的使用中所代表的意义的不同来展示说明了这样一个道理,即:虽然不同的民族间会存在相同的文化现象,但是其表现的文化本质诉求并不相同,如有的民族是将面具作为能欺骗鬼神的,是鬼神不认识人,从而远离人们的工具在使用;而有的民族,则直接将面具代表某个鬼神,以此来吓跑其他的鬼神。这也就使我们必须了解到,在解读文化的原生态问题时,不仅仅要看到文化表面样式的相似性,从而就否认了文化的原生性而要从深层次解读文化的原生态性。我们在对原生态文化进行学术研究解释时,要注重从文化的深度挖掘方面着手,注重区分文化的原生性和直接借用性,以此来解读何为真正的"原生态文化"。他在文化相对论基础上提出了文化区域分析法,也是我们用来对"原生态文化"加以分析的一种很好的理论方法之一。

名噪一时的贵州侗族大歌,以其特有的多音部人声合唱而闻名,对于民歌这一形式的文化,很多民族都具有本民族特色的音乐,在音乐的表现形式下,各民族的文化也有了属于自己的韵律标识度。但是作为拥有悠久历史,天籁般的声韵和极具技巧性的侗族大歌被冠以原生态音乐的美称是无可厚非的。侗族大歌表现出来的文化原生性和民族特色性是其他民歌形式无可取代的,其独特的表现形式成为了侗族文化中极具表现力和代表性的样式。除此之外,就是对现代流行音乐所带来的影响的较强抗涵化能力,使它成为侗族文化的最佳代言人。因此,我们也冠以侗族大歌以"原生态音乐文化"的美誉,这并不是说只有侗族有自己的音乐,而其他民族没有自己的音乐或是没有代表性的音乐,而是就音乐这一文化事项来说,侗族大歌在深层次的文化内涵中具有自己特有的表现形式和朴素的文化独创性。

(六)文化功能学说

功能学派的学者指出,一切文化都是有功能的,也就是说,任何文化都要在其存在的社会中具有一定的功能和意义,才能存在和产生。而为了适应社会的发展,文化就不得不进行自身的发展,以期与社会的发展产生共鸣。同时,文化也要通过不断地发展自身,对发展的社会产生作用来发挥自己的功能,社会也就反过来对文化的发展具有影响力。马林洛夫斯基还强烈主张,应该通过有机的、整体的把握文化诸要素的功能,把文化作为一个合成体来理解。他还认为,文化不是一个静态的,不是机械联合起来的各部分的结合体,而是具有自身特点的一定的组织。从这一理论中我们可以借鉴来为"原生态文化"的定义作解释。也就是说,我们在提到"原生态文化"这一概念时,不要简单的来解构文化系统中的某一方面的文化事项,以此来与其他文化系统的相同文化事项作简单的比较,并简单地将它们的相似性定义为文化的借用,从而否定了这一文化事项的系统具有的"原生性"。"原生态文化"是以一个文化系统的形式整体展现的,简单地分割理解它的机理是不具意义的,只有将这一文化组织加以全局性地审视和解读,才能体会到其深深的原生韵味和原真精髓。

马氏在回答何谓文化时说道:"文化是包括一套工具及一套习俗——人体的或心灵的习惯,它们都是直接或间接地满足人类的需要。"文化具有功能性,也就是说,这一文化之所以会出现,是为了满足人类的某一方面的需要,具有一定的社会功能的。那也就可以借用来解释,之所以会存在不同的民族文化,就是为了满足不同民族的现实需要的,如草原民族的文化与山地民族的文化由于地理环境、生计方式和历史发展的不同,对文化的功能要求也不尽相同。而"原生态文化"的概念中也应该包含民族对文化的特殊功能性要求。文化存在的特殊性功能展现出的文化形态的差异性是"原生态文化"的特点之一。如水牛是山地农业中重要的耕作动力,贵州苗族妇女各种形式的牛角头饰,服饰上的各式水牛纹样,《苗族古歌》中的水牛传说等一系列的水牛文化的出现,正是为了满足苗族同胞的生计需要,就是对生活在山地里的苗族同胞的生计方式的一种间接反应。

(七)文化传播理论

传播学派(或称为"文化圈学派"),从文化的地理空间的改变,以及文化的接触传播方面来研究文化在形成和发展过程中所发生的横向变迁。拉策尔指出,自然环境对一个民族的内部文化有很大的影响,并且每个民族也并非孤立于自己的环境里的,她还受到其周围民族的各方面的影响。英国传播学派学者威廉·里弗斯也说过:"各族的联系及其文化的融合,是发动各种导致人类进步的力量的主要推动力。"正是由于文化间的相互传播和互动交流,从中汲取所需的养分来完成对自己文化的改进,加速了整个"文化圈"的进步,从而实现整个人类社会的前进性。如传播学派的理论所指,任何一个民族都在其发展中受到了别的民族文化的影响,但我们要看到的是,我们所说的"原生态文化"是那种受到外来文化影响相对较少的,而不是说其绝对没有受到外部文化影响的。也就是说,我们的"原生态文化"并不否认外来文化对它的影响,只是我们要辩证地看待这一问题。真正的"原生态文化"受到外部文化影响是有限的、次要的。那些外来文化并没有构成其文化发展的主要部分,充其量只能是对这种文化构成中某个单一的,非主干的支系文化的细微影响而已。同时,文化的传播是双向的。因此,我们也要看到外来文化也反过来受到了这些原生民族文化的影响。

世代生活在大山里的苗、布依、瑶、侗、水族等民族,深受山地文化的影响,他们的民族文化都具有很高的识别度。相对封闭的地理条件使他们的文化发展所受到的外界文化影响有限,但或多或少都受到了外界汉文化的影响。但是我们要了解到这些民族文化并没有因受到外来文化的强烈冲击,而丧失自己的文化特质,他们的根本文化形态是不变的。而且由于这些少数民族文化在历史上与汉文化存在着一定的交结性,这些民族与汉族都在文化的联合过程中互相吸纳对方的优秀文化来弥补自身的文化残缺之点,从而完善自身的文化,以推动整个民族的进步与发展。这种民族间的文化传播所带来的影响并不是根除性的消融式影响,而是一种补充式的、吸收式的互动联系。在面对外来的文化传播影响,少数民族原生态文化表现出了其文化根源的坚固性和文化本质的高抗涵化性。少数民族原生态文化的质性文化不为所动的,依然沿袭着本民族特有的发展之路,将这些纯朴的文化根基以原生的状态延续下来。可见文化的传播并未对其文化的"原生态"性造成根本性影响,反而为这一文化体系的发展注入了新鲜血液,刺激了其文化的外向扩展空间。

总之,我们应当把"原生态文化"中的"原生态"一词看作一个形容词,而不是一个具有概念性含义的名词。我们可以将它理解为:"在原始的生态环境下衍生出来的原汁原味的文化样式",这种文化样式有自己的进化发展历程,并且多发生、保存于边缘地区,具有很强的稳定性和文化包容性的一种古朴的民族文化样式,而且这种文化样式具有独特的文化阐释方式,还有特有的社会功能的文化样式,它不是完全与外界隔绝,而是在不同文化交叉传播过程中,依然保持自己独特的民族个性的一种文化模式。马克思曾用"原生的"和"次生的"这两个词来形容社会形态,我们可将这两个词借用来形容我们的文化,也就是说,我们可以将"原生态文化"这一说法中的"原生态"理解为,在"原生的"未受到太多外界影响的文化环境,这样就能很好地来定义那些未受到现代社会快速发展而带来的消极文化影响的纯朴的民族文化了。在这种环境中发展延留下来的一种没有被现代社会的潮流所侵蚀和刻意改造过的文化样式,就是"原生态文化",这种民族文化只存在于该民族中,并且散发着浓郁的地域气息和深厚的历史底蕴;这种文化是在完全自然的状况下保存的,它未受到现代社会人为的干扰和现代商业活动的影响。与现代社会中所充斥的流行文化相比,"原生态文化"是一种返璞归真的文化形式。

四、总结

对"原生态文化"热议还在持续,学者们都对此各抒己见,提出了不同的见解和释义。对此,我们应当看到:学术研究的一个重要的目的就是为了更好地引导,或是说更好地延续我们的文化发展。而我们在对"原生态文化"一词进行研究解读时,不要把精力过多地放在如何去定义,或是如何去规整这个词,而是要把更多的精力放在如何将对这一文化样式的研究延展到对这一文化未来走向的探讨和对这一文化发展前景的展望层面上来,更多地为"原生态文化"在现代社会中如何立足、如何发展、如何延续出谋划策。

[参考文献]

[1]黄淑聘,龚佩华.文化人类学理论方法研究.广州:广东高等教育出版社,2004.

[2]李辅敏.祖先记忆家园象征与族群历史——原生态文化概念辨析.贵州民族研究,2009,(5).

[3]麻勇恒.原生态文化之概念诠释.贵州师范大学学报(社会科学版)2009,(1).

[4]王兆宝.原生态理念与学校体育价值的重构.教育与管理,2009.

二、旅游发展的再探讨

突出核心竞争力,打造贵州新的旅游增长极

——对平塘县旅游开发的再思考

石朝平

(贵州民族大学旅游与航空服务学院　贵阳　550025)

【摘　要】世界级的旅游资源新发现与新开拓,使平塘县旅游站在了一个更高的战略新视点上,世界级的旅游资源应面向世界市场,打造世界级的旅游产品,重塑平塘县旅游市场新形象成为必然。平塘县具有成为贵州旅游业新星的潜质,通过强力开发,平塘县将凸显于贵州省南部,成为贵州省新的旅游增长极。

【关键词】平塘县旅游资源;再认识;旅游产品;深度开发

平塘是位于贵州省黔南布依族苗族自治州的一个县份。近年来,平塘旅游资源有了一些新的重大的、甚至是具有革命性质的发现与变化,重新审视平塘旅游产业的战略构架与发展思路成为必要。总的来看,平塘旅游发展的机遇与挑战并存,二者各半。平塘旅游要实现飞跃,不仅需要举全县之力,更需要通过高层次公关获得重大政策支持、通过高效率包装项目引入实力型旅游大投资商高起点、大投入、规模化开发,还需要创意性强、大手笔的系列营销推广来实现。

一、对平塘旅游资源的再认识

(一)"奇坑、奇镜、奇字",这些高品质的自然旅游资源令世人对平塘刮目相看

1."奇坑"——发现世界最大天坑群

由打岱河天坑、安家洞猫底陀天坑、倒陀天坑、瑶人湾天坑、音洞天坑、打赖河天坑等大大小小12个天坑组成的世界上最大的天坑群——塘边天坑群,范围约20平方公里,其深度均超过300米,在世界自然景观中,具有稀少、奇特、险峻、壮丽、秀美的特点,奇特的喀斯特地貌,记载了海洋向陆地变化的全过程,是除峰林、峰丛、石林、地下河之外的又一特色岩溶景观。打岱河天坑是世界口径最大的天坑,深邃、壮美,坑顶最高海拔1 137米,坑底最低海拔548米,深543.2米,南北走向直径约1 800米,东西走向长度约1 700米,底部面积80万平方米,气势磅礴,底部原始森林茂密,珍稀动植物种类繁多。塘边天坑群以其规模数量大,天坑地貌发育完整,凹陷深邃,被地质专家称为自然"天坑博物馆"和"世界岩溶圣地",极具科学考察和旅游价值。

[作者简介]石朝平(1958—　),男,贵州民族大学旅游与航空服务学院教授。

以天坑群为代表的平塘县自然资源品质不亚于纳入"中国南方喀斯特"世界自然遗产地的荔波,与荔波樟江风景名胜区的岩溶地貌特征、自然生态环境、生物种群都基本一致,具有世界遗产地的品质。以天坑群为依托,有理由申报"中国南方喀斯特"世界自然遗产扩展项目,可建设贵州山地度假中心,以此为节点,引领县域甲茶、掌布、龙塘等景区的产品消费。

2."奇镜"——建设中的世界最大射电望远镜

500米口径球面射电望远镜(Five hundred meters Aperture Spherical Telescope,简称FAST)选址于大窝凼一处巨大的天坑,与塘边天坑群仅隔30公里,也显示平塘神奇的喀斯特地貌与现代科学的因缘。预算投资7.3亿元的大窝凼球面射电望远镜将在2014年开光①,使平塘成为国家重点、世界闻名的一流观天基地,成为国际天文学术交流中心,平塘从贵州南部一个无名小县一跃成为世界瞩目的观天中心、天体研究基地、天体物理研究基地,并由此加速系列基础配套设施建设,为平塘的发展提供了巨大机遇。此项目使平塘道路基础设施和相关基础配套服务设施建设进度加快,并有品质地提升,客观推动旅游业的发展;施工期间,大量施工建设人员、科研人员将陆续涌入平塘,为旅游业带来可观的公务客流,并直接带动天坑群旅游开发;望远镜投入运行后,平塘将成为国际天文学术研究中心,由此涌入大量的境内外科研考察等公务客流,如果旅游基础设施及项目开发跟进得当,将形成平塘入境旅游市场的井喷效应;该球面射电望远镜属于世界超大型工程,在望远镜建设和运行期间,媒体会高度关注平塘,这是营销平塘旅游的难得机遇。从国际天文/天体科研专项市场、射电科普市场切入,通过高起点、大手笔策划组织系列营销活动,完全可以使世界知道平塘,并把平塘的天坑群推向中高端国际户外探秘—生态旅游—深度旅游市场。

3."奇字"——珍贵三叠纪"大贵州滩"地质遗迹

平塘也是具有重要影响的被命名为"大贵州滩"的三叠纪遗产地。"大贵州滩"在地理上包括贵州的罗甸、平塘和广西北部等区域,被地质学界誉为"研究三叠纪的宝地"。平塘是大贵州滩三叠纪海相景观的重要组成部分。

国际三叠纪地层分会主席迈克·奥切尔德说:"我在这里看到了中三叠纪和下三叠纪清晰的界线,在一个剖面上,有如此完整的记录,只有在这里才能看到,它应该作为全球的样本。""大贵州滩"的命名者、中国地质学家魏家庸说:"我们所考察的这个地方的地层剖面,集中展示了二叠纪到三叠纪地质变化的过程。就像上帝之手在地质运动的过程中没有间断地按下的快门,这段历史在此被完整地保存了下来。"

距今约2.5亿年的那次地球生物灭绝事件,导致超过90%以上的海底生物在瞬间灭

---

① "FAST"在贵州省平塘县"大窝凼"的喀斯特洼地奠基,工程项目概算6.67亿元人民币,建设周期5年半,预计在2014年开光观测。该工程具有3项自主创新:利用贵州天然喀斯特洼坑作为台址;洼坑内铺设数千块单元组成500米球冠状主动反射面;采用轻型索拖机构和并联机器人,实现望远镜接收机的高精度定位。

大射电望远镜首先是世界级科研设备,只有在充分保障科研功能的前提下才能开发旅游。资料调研表明,大窝凼望远镜台址半径5公里内不能建设任何可能干扰电磁环境的项目。大射电望远镜的选址对无线电环境要求很高,调频电台、电视、手机以及其他无线电数据的传输都会对射电望远镜的观测造成干扰,大射电望远镜项目要求台址半径5公里之内必须保持宁静,确保电磁环境不受干扰。中科院国家天文台选址大窝凼,就是因为大窝凼附近没有集镇和工厂,在5公里半径之内没有一个乡镇,25公里半径之内只有一个县城,是最为理想的选址。

绝,只剩下少量低级生物。此后,这些生物通过至少 400 万年的时间才逐渐进化为高级生物,并使整个世界逐渐繁荣。来自加拿大、德国、土耳其和美国等许多国家的地质学家及中国科学家,希望能够在此找到地球历史上最大一次生物灭绝事件后生命复苏的"密码",并研究此后生命的复苏过程何以如此漫长。

就是在这样的奇异背景下,古海洋生物沉积物不可思议地聚集形成了世界罕见生物礁化石地质奇观,"奇字天书"——"中国共产党"这几个神奇的字样,其出现概率为30亿分之一。地球三叠纪的生命复苏过程与"中国共产党"的历史命运似乎有非常神奇的"共鸣",这一神奇事件本身可以成为营销的一个卖点。目前,"奇字"坐落地——平塘掌布景区已经成功申报国家地质公园,下一步,平塘可与罗甸共同申报"大贵州滩"世界地质公园,贵阳百色高速公路的建设将极大地改善此地的可进入性。

(二)"奇俗"——以毛南族、布依族、苗族为代表的多彩民族文化

毛南族是一个神秘的民族,它是中国人口较少的山地民族之一,主要居住在以广西茅难山为中心的环江县上南、中南、下南一带,2007 年全国毛南族总人口约 7.73 万。平塘的毛南族是一个分支,约占毛南族总人口的1/3。毛南族文化绚丽多彩。毛南族风情有"火把节"、欢乐逗趣的"猴鼓舞"、"地鼓牛",农历五月的庙节、清明节"赶祖先圩"和元宵节"放飞鸟"是他们独有的节庆活动,九月九南瓜节也很有特色,毛南族的编织、雕刻具有独特的民族风格。

平塘布依族文化很有旅游开发价值。当地布依族风情有"六月六"对歌、"八大行"演奏、粑棒舞、织布舞、冲击吉尼斯世界纪录的民间"绝技绝活"表演和"水龙节"等;苗族风情有"芦笙舞"、"赶月"等。此外,县域还有龙舟竞赛、耍水龙、舞花灯、民间歌舞及弹奏表演、特色餐饮美食、节庆活动、牙舟陶、藤编、刺绣等传统文化资源。

布依、毛南、苗这三个民族人口多(分别占平塘总人口的40.6%、8.9%、7.7%),且居住相对成片集中,利于形成规模。民族村寨如镶嵌在原生态喀斯特地质奇观中的颗颗明珠,易于开发与喀斯特生态探秘休闲体验相结合的旅游产品体系,利于和景区共同构建深度旅游产业集群,增加游客消费深度,丰富观光游览内容。

(三)平塘旅游资源市场开发综合评价

"奇坑、奇镜、奇字",这些高品质的自然旅游资源构成了打造平塘旅游品牌的新元素。

塘边天坑群,是"大贵州滩"的重要组成部分,"大贵州滩"是目前世界上保存最完整、规模最大的三叠纪孤立碳酸盐台地,科研价值不亚于古海洋沉积研究圣地"大巴哈马滩"。风貌保存完好,具有世界级地质科考价值,可对接国际地学科考旅游市场。大窝凼射电望远镜建设将使平塘迅速走向世界,通过"奇镜"营销带动,可直接开辟国际天文专项旅游市场。"奇字"坐落地——平塘掌布景区已经进行了初步开发,"奇字"的发现,带动了平塘旅游业发展的第一波高潮。此景区仍存在较大的挖掘空间。

久负盛名的传统城市形象"玉水金盆"、贵州"小桂林"甲茶风光、龙塘湖风光、民俗风情等与平塘旅游新元素,产生了魅力叠加效应,为品牌打造奠定了坚实的支撑。

当下世界,推崇观光—休闲—体验—度假复合的"3N"①休闲旅游,强调在大自然中去放松体验;青睐基于地方深厚文化底蕴的深度休闲体验游产品;关注特色鲜明、新奇独特的生态型旅游目的地。平塘作为旅游目的地的特色在于:具有浓郁地方特色文化、自然人文高度复合,观光—休闲—体验—度假高度复合。这正好满足了现代人的旅游需求:人与自然融为一体,在大自然中放松情绪,净化身心,回归生命本质,让都市生活带来的紧张情绪和压力得到缓解与释放。以原生态喀斯特地貌和良好的生态系统为大背景,以"奇坑、奇镜、奇字"为旗帜,以喀斯特秘境生态深度休闲体验游为核心支撑,平塘将成为具备休闲观光、修学科考、民俗体验、户外探秘旅游目的地特征的生态休闲旅游目的地。

分析表明,平塘有理由成为世界知名的旅游目的地。"奇坑、奇镜、奇书"是世界级资源,具有鲜明的垄断性、唯一性、独特性。由此可以突破平塘"不知名"的瓶颈。平塘的三个世界之最,能形成对欧美户外探秘、生态休闲游客的强烈吸引。大手笔整合平塘的民族村寨、地方文化元素,平塘可以建造顶级旅游品牌,成为中国著名、世界知名的特色深度旅游目的地。

二、平塘旅游发展总体策略

(一)平塘旅游形象新策略

平塘传统形象是"玉水金盆",现在要通过"奇坑、奇镜、奇字",演绎"天坑、天镜、天书"牌,打造"玉水金盆·天秘平塘"新形象。"金盆"喻义聚财之福地,通过产品完善旅游城市的功能,深化"金盆"内涵,使游客满足求财求福的心理。今日"金盆"已经不限于传统金盆的城市地貌的含义,已是扩展的概念。"金盆"展示了平塘的世界奇观——天坑、天镜的形象特征。县城金盆概念的演绎,主体是以城市滨河为重点,包装一项有冲击力的整体项目对外营销。包括金盆广场、艺术景墙、金盆迎宾大道、金盆主题雕塑、金盆长廊、金盆主题酒店、金盆之舞等。

玉水金盆本身就是平塘县城的景观特色;同时,"玉水"形象说明了平塘的水质、水景。天秘平塘突出平塘的旅游特色——天坑、天镜、天书,平塘旅游的核心产品是探索神秘天坑、天镜、天书之旅。

(二)争创世界级的大产品策略

包括世界地质公园、世界自然遗产地与国际天文研究基地。创造条件争抢贵州新的旅游产业"增长极"。第一极是黄果树,第二极是谁?赤水、荔波、黎平、梵净山都表现出一定的优势。现在就是要比谁做得快,做得深。

平塘的精品战略集中于"三天",即"天坑"、"天镜"、"天书"三张核心牌。以"天坑、天镜、天书"为切入点,通过高起点、大手笔建设与营销推广,建设集约型、集群型、质效型、生态休闲旅游产业体系,探索地域文化与自然资源嫁接的新模式,探索旅游发展与地方文化保护、生态保护、经济发展的和谐统一,培育休闲旅游产业集群。总体策略可概括为:

---

① 3N,即自然(Nature)、怀乡(Nostalgic)、回归(Nirvana)。——笔者

依托一个背景:保存良好的原生态喀斯特地貌及生态系统。

聚焦四个重点:奇坑、奇镜、奇书、奇俗。包装形成具有冲击力和市场吸引力的产品组合:天坑寻幽、天镜探秘、天书奇观和民俗体验。

对接二个机遇:超大球面射电望远镜建设;周边大交通干线建设。

创造二个契机:以天坑群为核心依托,申请进入"中国南方喀斯特"世界自然遗产扩展名录及申报"大贵州滩"三叠纪世界地质公园。

实现一个目标:将平塘建设成为世界著名的生态型、休闲型、体验型喀斯特秘境生态休闲体验旅游目的地,成为世界著名的户外探秘旅游目的地、天体研究与科普专项旅游目的地。

(三)文化符号的提炼与扩展,从"前台"到"后台"的深化策略

处理好"前台"与"后台"的关系。所谓"前台",即地方提炼的主动展示给游客消费的旅游产品,游客参与深度有限;所谓"后台",即让游客深入到当地社区中去,能够让游客住下来,实现深度消费,扩展产业链。要深挖平塘多彩的民族文化底蕴,系统梳理平塘的文化元素,以布依族、毛南族文化为主,以苗族文化和其他民族文化为补充,使其体系化,把文化元素充分体现在城镇、村寨的建设之中,展现平塘特色文化的底蕴,为品牌塑造和产品体系构建建立支撑。立足旅游开发和可持续发展的角度,加大无形文化与有形资源的嫁接力度,培育接轨市场、具有特色竞争优势、多元复合的休闲体验旅游产品体系,打造平塘软实力,形成独特竞争力。

优先开发区位较成熟、资源综合禀赋较好的景区,避免面面俱到、遍地开花;要探索地方特色文化与自然资源嫁接的方式,通过多种载体展现、传承、弘扬,形成对接市场的休闲旅游产品体系,除关注游客接待量外,更关注旅游消费深度;围绕精品景区,整合周边村寨资源,打造休闲观光、体验度假复合的深度旅游产业集群,有力支撑休闲体验旅游目的地的建设。

(四)聚焦"三天"之奇的品牌营销策略

轰动性产品,需要轰动型营销,成功造势,策划系列活动,以获得认知度。世界级的品牌,就要推向世界。整体包装项目,成功促进重大项目招商,成功引入大的战略型、实力强的优质旅游投资商进入,为平塘旅游的良性、高速发展奠定坚实基础。建立高效、经济的营销传播体系。通过创新性的营销策划和推广动作,来整体营销平塘,塑造、推广平塘品牌,向重点客源市场成功传播深度生态休闲旅游目的地的整体形象。

重点客源市场实现重大突破,把知名度转化为旅游生产力。聚焦"天坑、天镜、天书",依托整合营销传播平台,灵活应势、借势、造势,精心设计系列事件点,由此发力,策划系列活动,配合良好的软件和硬件支持系统,由此不断升温、引爆,全面营销平塘旅游。

在确定整体品牌推广策略后,贯彻主题系列化、广告新闻化、活动节点化、宣传阶段化的营销理念,在大主题统领下,通过系列子主题循序渐进;加强与主流媒体的紧密合作关系,大量使用软性宣传性文章进行形象推广和信息发布工作;在各个活动节点,通过清晰、鲜明的系列宣传等活动,强化和提升平塘的形象;围绕球面射电望远镜,通过组织开展高层次、世界范围的天文科研、专题研讨形式的会议会展活动,通过嵌入式营销,应势开拓对原生态喀斯特地貌、天坑群探秘感兴趣的境内外户外探险探秘旅游市场;配合不

同的主题和节点,调整宣传的力度,以高效的宣传组合实现平塘旅游品牌塑造的阶段性目标。

三、主体产品塑造

以原生态喀斯特秘境休闲体验为基调,推出三大重点旅游产品——天坑寻幽、天镜探秘、天书奇观,成功包装推出国内著名、世界知名的深度旅游品牌——"玉水金盆·天秘平塘"生态休闲体验游,成为平塘建设深度旅游目的地、发展旅游经济的主打品牌。由此带动县城、甲茶、龙塘、六硐等景区的联动发展。

主体旅游产品塑造的基本出发点,就是要打造复合型的旅游产品体系:

(一)天坑寻幽

观光与休闲运动为主旋律。主体项目为天坑观光与体验设施、博物馆与主题酒店。

1. 建设国际水准的天坑博物馆与"大贵州滩"三叠纪地质博物馆

开展科普游,不光是看,而是了解地球生命,突出二叠纪生命灭绝的大灾难及三叠纪的生命复苏。建筑风格体现史前风貌或后现代风格。在内部广泛采用岩溶地貌特有的溶洞元素作为房间。结合卫星立体遥感图,以大幅沙盘模型、地质剖面模型方式生动地展示塘边天坑群的壮观景象,采用多媒体方式,生动说明其成因、体量。结合音像和高科技手法,使游客全面了解到海洋到陆地变化的过程。

2. 以天坑主题大酒店为主体的服务设计

在塘边镇建游客综合集散服务中心,提供游客集散、咨询服务功能。同时也是塘边天坑群户外探秘活动的组织地、召集地、集结地、服务区。

天坑主题大酒店建筑形态上,吸纳天坑理念建设。四周高耸,围合,中间低洼。四周是客房,形成环形的楼宇,围合在低洼处的是多功能厅、餐厅、演艺厅、商务中心。外立面要表现出喀斯特地貌特有的多孔隙石灰岩质感,内装修则充分聚焦"天坑"主题,从烟灰缸形状到墙上的饰物,墙上的图片等采用天坑群主题,以塘边天坑群为主,以世界其他著名天坑为补充。

考虑到青年市场,选址地花寨南侧台地建设摘星阁青年旅店组团。吸纳布依族建筑元素,结合地形灵活建设一组三层体量的建筑组团。功能有茶馆、特色餐馆、商业街、青年旅社、娱乐,营造一个"天上街市"的景象。重点客群为中高端户外探秘、生态旅游者。

3. 观光与体验设计

以打岱河天坑下有年代悠远的原始森林,其生物物种具有稀有性和多样性,完全可能追溯到恐龙时代。可以借鉴《侏罗纪公园》的一些场景思路,让贵宾(VIP)游客通过透明观光电梯(时光穿梭机)来到坑底体验侏罗纪时代的神秘。通过高科技手法让游客身临其境地感受和体验电影中方能见到的场景,犹如科幻片中主人公一般惊心动魄;或者在天坑上部四周的观景台上亲眼观看一部发生在现实中的"科幻大片",使打岱河天坑成为可参与的立体天坑电影院。

设置数字幻游区,结合最新高科技手段,把天坑群数字化,建立计算机三维模型,通过虚拟现实(VR)手段,使游客在这里就可以以虚拟探秘者的身份神游天坑。用全息投影让一群群的恐龙活生生地在现有的地上奔跑。可以根据一部反映侏罗纪时代的主题科幻电影来塑造情节,定期为游客播放。

突出天坑景区的三叠纪情景设计。"天书奇字"出现的三叠纪,当时的世界是什么样子,可以对比衬托,加强科普成分。

(二)天镜探秘

借"镜"发挥。在主题层面,除了传统天文科普主题外,向人类传统宇宙观、人类古代天文成就、星空/外太空/宇宙探索、星空科幻/天外文明/宇宙探秘等层面充分发散。项目主体风格:浪漫、科幻、神秘。

在项目建筑风格上,思路有二:其一,表现神秘、奇特的科幻造型。外形用太空星体元素高度概括和创意想象提炼出的组团式建筑,风格与周边的村寨和原生态喀斯特地貌形成强烈反差,给游客一种强烈的视觉冲击和震撼,并开拓人的幻想空间。其二,建筑风格与原生态喀斯特地貌、周边村寨相和谐,体现喀斯特岩溶地貌元素,通过优美的曲线、自然的韵律、特色地域文化来体现东方哲学所倡导的天人合一理念。简约质朴的建筑造型不仅与喀斯特地貌和周边村寨融为一体,而且与内部空间的梦幻、绚丽、神秘形成巨大反差,给游客一种神秘和神往。

主体产品——国际一流的射电天文博物馆+宾馆的设计。建筑风格:大窝凼漏斗地貌+球面射电望远镜形状。立面抽象,体现神秘、科学、现代元素,反映大窝凼区域喀斯特漏斗的特点。

博物馆为组团风格,分为四大功能区:(1)游客综合集散服务中心。(2)大窝凼球面射电望远镜展示区:把建设、运行过程中累积的素材,以三维、全息方式在这里生动展示。(3)博物馆展示区:生动展示射电望远镜、射电天文、人类探索星空的足迹、人类探索地外文明的历程、大窝凼球面射电望远镜建设与运行过程中所取得系列重大成就等内容。讲述大窝凼射电望远镜的前世今生。(4)星体体验区:把大窝凼球面射电望远镜所接收到的外太空电磁信号放大,转化为作为"电磁雨"背景音乐。设大型球幕,放大经大窝凼望远镜接收过来,经计算机处理、还原形成的外太空星系图像,以及黑洞、红巨星等。

(三)天书观奇

载体为掌布景区,此景区已经进行一定的开发,主体产品需要深化。掌布与龙塘湖景区联动,使游客感受地质、山水和民俗的奇异风光。从探秘天书奇观切入,战略聚焦"天书",借势面向华人市场营销。

通过高科技手段描绘藏字石的三维图像,以全息投影方式在藏字石旁边的崖壁重新投射出来,供游客清晰地看到"天书奇观"的全貌。围绕藏字石这个核心吸引物,在藏字石周边区域安置其他石头景观,作为通往藏字石景观的一个铺垫,并对藏字石景观进行氛围营造,渲染其独特性。除渲染其奇妙外,还应通过上山通道、院士台、扩大后的藏字石所在空间,介绍藏字石的成因、发现、论证、评价等内容。通往景观区的道路上还可营造预热区:通过石刻、竖牌等形式,表现名人名家对藏字石的惊叹感慨之情。

充分挖掘布依族的民间文化,加强文化与旅游的深度结合,处理好"前台"与"后台"的关系,适应不同层次的游客,通过"前台",引导游客深层次消费"后台"。在掌布村打造平塘县布依族民间文化体验村,主要体现布依族的婚俗、节庆(二月二、三月三、六月六等)、歌舞、蜡染、扎染、织锦、刺绣、木雕、石雕、竹编等民间文化和文艺活动。建设小型的工艺坊、歌舞表演场所、工艺品展销厅等。举办浓郁的布依族风情表演,如"六月六"对歌、"八大行"演奏、粑棒舞、织布舞和冲击吉尼斯世界纪录的民间"绝技绝活"表演。举办大型的民间文化体验活动,使游人能够参与其中,体验布依族悠久的历史文化传统。鼓励村寨居民举办布依家宴,招待游客。充分体现"住布依屋、吃布依饭、干农家活、享农家乐"的民俗特色。

对"吻人鱼区"进行节点型开发,设置不同的体验区,使游客享受鱼吻之乐。

四、结论

平塘是独特的,因天坑、天镜、天书而凸显面向世界旅游的潜在市场空间,高起点的战略构思与产品打造为开拓市场提供可能,大手笔的运作与切实引进有实力的开发主体,则会将这种可能转化为现实,届时,平塘将成为贵州旅游的一颗新星。

贵州梵净山佛教文化旅游的深度开发

石朝平

(贵州民族大学旅游与航空服务学院，贵州 贵阳 550025)

【摘　要】 本文旨在阐述与分析贵州梵净山以中国第五大佛教名山为品牌基点的佛教文化旅游开发的重要意义及开发现状，并提出进一步深度开发的措施，对梵净山旅游做强、做大具有指导意义。

【关键词】 梵净山；佛教文化；旅游深度开发

一、贵州梵净山佛教文化旅游开发的重要意义

(一) 充分发挥梵净山得天独厚的旅游资源优势

梵净山东西宽约21公里，南北长约27公里，总面积567平方公里，最高海拔2 572米，位于贵州省东北部铜仁市的江口、印江、松桃三县交界处，是武陵山脉的主峰，也是黔东第一山。梵净山不仅是一座自然山，而且是佛教山、景观山、休闲山、资源山、文化山，这正是梵净山的魅力所在。

1. 佛教历史悠久，一脉梵天净土

梵净山佛教兴于宋、鼎盛于明清，为弥勒道场，成为佛教朝拜之名山。据史料记载，在梵净山四面山麓，建有由明代神宗之母李太后拨款修建的四大皇庵：水源寺、护国寺、坝梅寺和天马寺。此外，还有罗江寺、钟灵寺、镇国寺、丹霞寺、天庆寺、天林寺、白云寺、灵官殿等，号称四十八脚庵。梵净山曾寺庙成林，铁瓦耀日，钟声悠扬，人声鼎沸，名播四野，每年觐见朝拜的香客达数万人次，一派香火兴旺的景象。宗教朝圣者认为这里是一方梵天净土，古人称"有古佛道场客梵净山者，则又天下众名岳之宗也"。其时，梵净山香客不仅来自云、贵、川、湘，兼有从赣、皖、浙一带远道而来者。

梵净山早在300多年前就已成为中国名山中的弥勒菩萨道场，成为继四大名山之后的中国第五大佛教名山。在"2004年梵净山护国禅寺大雄宝殿佛像开光大典"上，中国佛教协会副会长兼秘书长学诚先生讲到道："梵净山，是全国著名的弥勒菩萨道场，是与五台山文殊菩萨道场、峨眉山普贤菩萨道场、九华山地藏菩萨道场和普陀山观音菩萨道场齐名的中国佛教名山。"深厚的佛教文化底蕴成为梵净山旅游开发的主体资源。

2. 世界生物王国，生态珍稀独特

梵净山不仅是佛教圣地，而且是世界同纬度地区动植物保存最完好的地区之一，保留最原始古朴的生物群体，1978年被列为国家重点自然保护区，同年被联合国列入"人与

[作者简介] 石朝平(1958—　)，男，贵州民族大学旅游与航空服务学院教授。

生物圈"世界性自然保护区网成员。山上有原始森林15万亩,是我国亚热带珍贵的原生植被,10亿~14亿年前的古老地层,繁衍着2 600多种生物,最著名的是黔金丝猴、娃娃鱼、华南虎等。其中不乏7 000万~200万年前第三纪、第四纪的古老动植物种类,是人类难得的生态王国。梵净山原始古朴的生物群体,是人类的一大财富,具有极高的科研价值、保护价值和旅游价值。在环境污染严重、生态环境恶化的今天,显得弥足珍贵,十分难得。优越的生态资源为生态旅游与佛教旅游综合开发提供良好的环境条件,支撑梵净山未来生态型度假旅游目的地的发展。

3. 景观丰富多样,民族文化独特

梵净山山环水绕、青山叠翠,自然景观十分优美。以老金顶、凤凰山、新金顶为主峰,9条绵延千里的支脉为旁系。沿8 000多级蜿蜒曲折的石阶而上,可直达红云金顶。金顶附近奇峰异石遍布,蘑菇石、万卷书、金刀峡、仙人桥、老鹰岩等景观与云海波涛、山涧清泉、五彩缤纷的杜鹃花相间,美不胜收。

梵净山的人文景观丰富。山上建有释迦殿、弥勒殿、承恩寺等庙宇。还有明神宗皇太后捐资重修金顶庙宇的"敕赐碑"、贵州巡抚和按察使建的"禁砍山林碑"和金顶摩崖石刻等。

在梵净山麓居住着土家、苗、侗、羌、汉等各族人民,在此可以领略多姿多彩的民族风情,体悟独特的民族文化。土家族神秘的傩文化与巫文化,体现出一种原始古朴的独特魅力。

大自然造物的神奇力量,使梵净山充满丰富的内涵、无穷的魅力,是人类所知的最后的秘境之一。梵净山佛教文化旅游的开发可以发挥文化品牌的作用,将梵净山丰富的景观资源和人文资源得到最有效的利用。

(二) 全国宗教旅游形成市场热点,梵净山宗教旅游开发地位凸显

宗教文化是旅游文化的重要组成部分。我国的名胜古迹,几乎都与宗教景观密切相关。在我国进入"世界遗产名录"的风景名胜区中,大多涉及宗教内容。

在我国旅游持续高速发展的过程中,宗教圣地成为重要的旅游目的地,大型宗教活动也成为旅游地的重要吸引因素,宗教旅游逐步形成了一个旅游热点。每一条旅游线路的设计,每个旅游者外出旅游,几乎都会有宗教旅游的内容。宗教旅游项目的开发建设热潮不断升级,出现了追求大规模、大投入,追求轰动效应的新趋势。

梵净山是铜仁市旅游产业发展的重中之重,面临全国宗教旅游发展的态势,梵净山佛教文化旅游项目的开发必须建立在高起点上,不仅是国家的视角,甚至应该达到国际的视角。以弥勒文化为主要内容和已经初步建成的梵净山佛教文化苑,是将梵净山打造成为中国第五大佛教名山的王牌,成为振兴中国第五大佛教名山的核心项目,也是铜仁市文化与生态旅游融合的关键项目之一。

(三) 促进贵州旅游发展的需要

2012年《国务院关于进一步促进贵州经济社会又好又快发展的若干意见》,提出要努力把贵州建设成为世界知名、国内一流的旅游目的地、休闲度假胜地和文化交流的重要平台,大力发展文化和旅游产业。全省新的战略部署,将梵净山定位于国际生态旅游区,梵净山将成为全省生态旅游与佛教文化旅游的品牌标志,是实现贵州省整体旅游发

展战略的有力支撑。大项目造势、大项目拉动是促进地方旅游业发展的有效举措和基本经验。贵州旅游业的发展,亟需市场上立得住、叫得响、大而精的重磅旅游产品。梵净山佛教文化苑即是满足上述期望的旅游开发项目。当下正是振兴第五大佛教名山的大好时机,可谓欣逢其时。这既是中国佛教界的重大事件,也是我国宗教旅游产品开发的重大项目,梵净山佛教文化苑应成为我国宗教旅游产品的扛鼎之作。

二、贵州梵净山佛教文化旅游开发格局

(一)梵净山与四大佛教名山比较分析

1. 五大佛教名山旅游发展现状

传统上,五台山、峨眉山、普陀山和九华山合称为"佛教四大名山",市场知名度很高。梵净山则争创中国佛教第五大名山,从现实到目标还有相当距离,通过比较分析,了解差距之所在,寻求推进佛教文化的旅游发展之道。

五大佛教名山旅游发展情况见下表:

五大佛教名山旅游综合统计(2012年)

名称	五台山	峨眉山	普陀山	九华山	梵净山
地理位置	山西省忻州市五台县	四川省峨眉山市	浙江省舟山市	安徽省池州市青阳县	贵州省铜仁市
佛教道场	文殊菩萨	普贤菩萨	观音菩萨	地藏菩萨	弥勒菩萨
景区面积(平方公里)	250	154	41	67.6	567
最高峰海拔(米)	3 058	3 099	283	1 372	2 572
首场形成年代	东晋	唐	唐	唐	明
现存寺庙(座)	50	300	30	90	5
世界遗产	世界文化遗产(2009年评定)	世界双遗产(1996年评定)	—	—	—
风景名胜区	国家级	国家级	国家级	国家级	—
景区A级	5A	5A	5A	5A	4A
索道价格(元)	30(单程)	120(往返)	—	75(单程)	90(单程)
星级宾馆(家)	18	18	11	9	5
门票价格(元)	140~168	90~150	140~160	140~190	90~110
游客人次(万人)	406	686	556.47	615	281
旅游收入(亿元)	37	87.12	38.13	67	20.5

(资料来源:根据网络调查整理而成)

2. 梵净山与其他四大名山存在较大差距,同时也具有巨大的发展潜力

从地理位置看,四大佛教名山均靠近经济发达地区,周边区域人口众多,综合交通条

件较好,而梵净山地处西南,偏之一隅,交通条件相对落后;从佛教历史传承角度看,四大佛教名山均从唐代开始兴盛,而梵净山则兴盛于明代,成名晚于其他四大名山,且作为弥勒道场并非全国唯一。在海内外诸多弥勒菩萨道场里,贵州梵净山的"弥勒菩萨道场"之说,影响最小[1];从历史文物遗存角度看,四大名山均保留了大量的佛教寺院,而梵净山历史上兴建的四大皇庵、四十八脚庵现在则基本无存;从旅游设施建设角度看,四大名山宾馆、饭店众多,接待设施齐全,而梵净山的旅游接待设施处于开发状态;从接待旅游者人次看,五台山、峨眉山、普陀山、九华山均超过400万,梵净山仅200万,与之相比差距巨大;从市场知名角度看,四大名山在中国乃至世界都立有一席之地,而梵净山目前处于"养在深闺人未识"的状态。

梵净山是一片神秘的土地,从旅游发展潜力角度分析,曾经以"梵天净土"享誉海内外的佛教名山,它存在着巨大的旅游发展空间。弥勒佛在我国佛教诸神中,地位特殊,极具亲和力,人缘甚广,存在一个非常广泛的信众市场。中国佛教协会副会长兼秘书长学诚法师肯定梵净山"中国第五大佛教名山"地位,并亲题"梵净山弥勒菩萨道场"碑名。梵净山在1982年被联合国列为一级世界生态保护区,继而在1986年成为全球"人与生物圈"保护区网的成员单位,优越的生态环境与深厚的佛教文化的结合,良好的生态环境、优美的自然景观与多姿多彩的民族风情及宗教文化有机结合,必将吸引大批生态与文化旅游者,构成梵净山独特的卖点。随着基础设施的完善和市场知名度的提升,将会有更多的旅游者来梵净山旅游。

(二)外部交通制约基本解决,可进入性极大提升

在"十一五"期末,随着以杭州—瑞丽高速公路为标志的一批重点交通工程建成通车,梵净山将形成比较发达完善的立体交通网络,长期制约梵净山发展的交通瓶颈可以从根本上解除。瑞丽—杭州高速公路、贵阳—玉屏县—湖南怀化的高速公路、江口—石阡的二级公路、江口—玉屏火车站的三级路等项目的建设使交通状况进一步改善,公路将形成150万人次的运输能力。重庆—铜仁—怀化铁路已经开通,有通至上海、重庆、成都、广州方向的客运列车。铁路可形成50万人次的客运能力。距梵净山90公里的铜仁机场,可起降波音737等中型客机,已开通至贵阳、广州、北京的航班,随着需求的增长,还可增辟新的航线。根据对航班、航次的测算,铜仁机场年客运量可达16万人次左右,为吸引中远程的旅游者提供了较好的进入条件。从铜仁市综合运输体系看,完全可以满足旅游业的需求。

(三)服务设施初具规模,基础设施逐步改善

整个大梵净山旅游区已经有数十亿元旅游项目的开发资金在运作中。梵净山下的旅游项目,主要沿江口县太平河流域展开,重点项目有十几个,主要是休闲度假的发展方向。梵净山索道已建成运营,每天运送游客可达6 000人,将极大地改善登山条件,可使更多旅游者登山游览。生态植物园(一期)、黑湾河国际旅游度假村(一期)、龙泉寺及寨沙侗寨等一系列重大项目建设初见成效,开工建设了黑湾河旅游服务小区、黑湾河大型生态停车场、麻栗湾乡村旅馆群、梵净山旅游环线公路建设工程等。

三星级宾馆梵锦山庄、香港南益集团投资的黑湾河旅游度假村及星级宾馆项目、深

圳海云天集团投资的梵净山生态植物园、澜苑三星级宾馆、金洲宾馆、江口马匹旅游管理中心、中国高校旅游教育实习基地等已经部分建成或正在建设。

江口县内旅游公路怒(溪)太(平)、德(旺)团(龙)公路初步建成,为梵净山小环线提供了基础。江梵油路三级旅游公路改扩建项目,可以从江口县城更快、更舒适地进入黑湾河度假中心区。

此外,与梵净山组合的"十里锦江"与九龙洞国家级风景名胜区的开发也正在向深度发展。作为梵净山最大的服务中心——碧江区,申报国家优秀旅游城市工作也已启动。石阡温泉度假区也已进入升级改造过程中。

大规模的基础设施建设,为梵净山以佛教文化旅游开发为主体形象的整体旅游开发提供了坚实的保障。

(四)梵净山佛教文化苑的建设

梵净山佛教文化苑,是由贵州梵净山文化旅游发展有限公司投资兴建的一家以弘扬佛教文化、弥勒文化为主,融旅游、休闲、度假、养生为一体的大型主题景区,是贵州省重点建设项目,总投资4.6亿元。2007年8月开工建设,历经三年的寺庙建设,大金佛寺的落成,世界最大金玉弥勒供奉于此,2010年5月1日景区初步实现对外开放。同年8月28日,世界最大的金玉弥勒圣像开光大法会在贵州梵净山大金佛寺隆重举行,中国佛协副会长学诚大和尚率五大佛教名山的高僧大德主持法会,让千年古刹重放异彩。梵净山佛教文化苑是梵净山振兴佛教第五大名山的核心项目,坐落于江口县梵净山脚下,太平河流域中上游的寨沙湾,目前已经完成一期工程。

园区整体功能布局,打破了一般寺庙旅游区的格局,不再以简单的观光为主,而是形成以寺庙为中心的休闲度假社区,把快餐化的朝山拜佛等宗教活动转变为更加精致的佛教文化体验活动。以传统建筑风格及布局为主,采用传统建筑加现代景观方式,体现原创性和时代感。梵净山佛教文化苑主要由三大板块组成:大金佛寺(已建成)、商业区(建设中)、居住区(筹备建设中)。大金佛寺包括兜率天宫(莲花水榭中的金佛殿)、弥勒花园、方丈院、大雄宝殿、天王殿、文殊殿、普贤殿、地藏殿、观音殿、藏金阁、讲堂、僧僚、居士林。商业区涵盖游客服务中心、商业街、斋戒、禅茶一街。居住区主要由"妙绝"民宿客栈、"净住"居士驿馆、"真如"隐士别墅组成。另外,云散水流、静水流思、水流花开、一朝水月四大景观组以金佛殿为中心分布于区域内四方。

梵净山佛教文化苑的初步建成,已经产生非常好的市场效果,接待了来自海内外诸多高端的游客及来自佛教界、商界、旅游界以及新闻界专业人士,开发了富有品味的文化活动,又如,举办了"中国·贵州梵净山佛学研讨会"等,极大地扩展了梵净山作为"中国五大佛教名山"的品牌影响力。

三、进一步搞好贵州梵净山佛教文化旅游的开发策略

根据规划,未来5~10年,将是大梵净山旅游区发展的关键时期,关系到区域旅游业从初级水平向主导产业乃至支柱产业的飞跃提升。紧紧抓住梵净山索道开通等发展机遇,努力将梵净山旅游打造成国内重要、国际知名的旅游精品是最终目标。

(一)加强区域旅游发展的合作

1. 加强区域内旅游产品的合作

铜仁市实施环梵净山"金三角"文化旅游创新区战略,构建大梵净山文化旅游经济圈,这成为梵净山佛教文化旅游发展的最大背景,加快区内其他类型的文化旅游产品的开发,生态文化、民族文化、红色文化、历史文化与佛教文化相互促进,促成文化旅游产品集群效应。除建设好梵净山佛教文化苑这一核心产品外,还要营造好梵净山本身的佛教氛围,使梵净山形成"金顶、金殿、金佛"的"三金一体",要逐步恢复梵净山惜日四大皇寺、四十八觉庵的佛门圣境,也为良好生态注入人文内涵。尤其要加强江口、印江、松桃、碧江和石阡等区(县)旅游产品的联动开发,形成有机整体。

2. 与周边地区的合作

首先是搞好梵净山与"大湘西旅游圈"的合作,实现资源、客源、信息、市场共享,形成景区之间、旅游线路之间的相互呼应。与铜仁市接壤的湖南湘西地区,因武陵山而一脉相承。近年来,湘西旅游发展势头迅猛,以张家界、湘西州、怀化市为主体的"大湘西旅游圈"逐步形成。世界自然遗产、世界地质公园张家界,国家历史文化名城凤凰古城,已成为世界级的旅游品牌,拉动了湘西乃至整个湖南的旅游发展。仅凤凰古城每年接待的游客量就达400万人次。大胆探索优势互补、区域联动的有效实现形式,培育旅游产业集群是提升产业竞争力的重要方式,同时也是增强地区综合竞争力的重要途径。政府应加大这方面的作为,克服开发过程中的政策性障碍。

就黔东、湘西、渝南的区域旅游开发而言,梵净山佛教文化苑将为该地区旅游业发展注入新的活力,可以开发多条区域旅游新线路,促进该地区形成联合竞争、互助共赢的新格局。

(二)探索现代特色宗教旅游发展之路

四大佛教名山和其他佛教圣地基本上都有以下共同点:(1)得天独厚的自然地理环境;(2)含金量较高的佛教艺术文物;(3)丰富的佛教传说和高僧、名僧故事;(4)历史悠久,朝拜普遍持续旺盛千年以上。也存在一些通病:提供的旅游产品路线大同小异,体验层次单一。即"观光—朝山—烧香—买纪念品"。要不断拓展佛教文化体验游,让游客参加寺院里的佛事活动来体会佛教文化精神,结合佛文化(尤其是弥勒文化)旅游和度假休闲两种需求,确立开拓梵净山旅游市场蓝海的设计战略,要打造新时代的佛文化休闲度假第一名山。

佛教文化与地方文化的融合,拓展文化旅游的广度与深度。如2007年8月27日铜仁梵净山佛教文化苑大金佛寺在举行奠基仪式的同时,还举办了梵净山摄影大赛、梵净山太极拳邀请赛、黔东民族文化论坛等活动,扩大了消费范围。

梵净山佛教文化苑不单纯是一个景区的开发,而是作为一个社区进行建设,要将旅游者、政府、投资商、当地居民的意见和利益充分考虑在内,更加凸显人性化和追求各方共赢,这符合当前世界旅游发展的潮流,也使项目今后的发展更有保障。

(三)体现佛教与生态融合的环境价值观

宣传佛教教义的生态观,促进对人文景观和自然景观的保护。体现"弥勒人间净土,即是皆大欢喜的环保世界。"[2]梵净山最大的资源是环境,最大的看点是生态,最大的文化是弥勒,最大的卖点是健康。大梵净山旅游区旅游主导产品是生态旅游,旅游发展的希望在生态,危机也在生态,所以,要做好环境保护与培育工程,营造绿化、香化、美化、特色化、珍稀化的生态格局,形成全力促进旅游业发展的良好生态氛围。梵净山作为弥勒道场,就要宣扬弥勒"慈"的教义,"一切时间、空间、天地人物皆是与我密不可分的生命共同体,我都应存感恩、惜福、欢喜之心,我都本应与之善缘相处,不仅无有伤害、无有污染、无有浪费、无有欺诈、无有亏欠,更要进一步利人利物,助其成功圆满有价值,助一切皆大欢喜"[3]。

(四)加快旅游市场开拓的步伐

佛教文化旅游,包括佛教信仰者的专业朝拜和一般旅游者参观、游览佛教文化资源的活动。[4]体现休闲度假产品特征的梵净山佛教文化旅游以梵净山佛教文化苑为核心,主要的市场分层定位为中高端市场为主,兼顾低端。佛教信众目标人群可细分为:(1)高端——"文化香客";(2)中高端——"精品香客";(3)中低端——"玩家香客";(4)低端——"大众香客"。同时包括非佛教游客人群,在现代参加宗教旅游活动的游客中,非宗教信徒占多数,涉及各个年龄段,各种文化教育和职业背景的人群。梵净山佛教旅游活动至少可以满足宗教圣地朝觐游、宗教场所参观游、宗教文化体验游和宗教胜地度假游四种形式。

推广与扩充贵州梵净山弥勒道场品牌,结合新时代的佛教艺术文化,使弥勒金像和道场都成为具有时代特点的传世精品。近年来,宗教旅游软项目的开发运作也越来越朝大型化、综合化方向发展。许多地方宗教搭台、旅游唱戏的综合性活动成为当地的盛大节日。

加大旅游宣传的影响力度,做好各种旅游宣传大型活动,树立起在国内有影响的"梵天净土,弥勒道场,天然氧吧,养生天堂"的主体形象,使梵净山成为亚洲、特别是东南亚和港澳台旅游的新热点。以办节办会、专家论坛、学者撰文、影视制作、文学创作及参与省内外旅游交易活动等方式,做好营销,树立铜仁梵净山旅游整体形象。举办梵净山弥勒文化节、梵净山旅游节、梵净山龙舟节等活动。编制《梵净山宗教旅游指南》、《弥勒传奇》书籍或影视作品。在巩固传统客源市场的基础上,进一步开拓以珠江三角洲、重庆、贵阳、广州、深圳、北京为重点的核心目标市场,扩展以上海为主体的华东市场,开辟以港澳台、东南亚、日、韩、欧美为重点的境外客源市场。

(五)提供制度与政策保障,推进旅游产业化发展

抓好梵净山管理体制的改革,成立梵净山管理委员会和工作委员会,组建梵净山旅游集团公司,打破行政区划,统一规划,统一宣传,风险共担,利益共享,形成整体经营合力。建立资源共享、政企分开、运转高效的旅游管理体制。落实事关整个大梵净山旅游区的重大旅游决策,协调解决旅游产业发展中出现的问题。加大领导力度,把旅游业发展作为"一把手工程"来抓;加大政府对旅游业的投入;理顺旅游职能和职责,增加人员编制,选拔一批旅游专业人才;拓宽旅游项目融资渠道;实行土地使用优惠政策;实行税费优惠政策。制定相关政策文件,为区域旅游产业健康、快速、持续发展奠定良好的基础。

四、结论

综上所述,以梵净山佛教文化苑项目为核心的梵净山佛教文化旅游开发,初步形成

了一个良好的发展态势,通过科学规划、专业设计及符合科学发展观的管理,突出佛教文化、生态文化与民族传统文化相结合的旅游主题,梵净山将成为植被繁茂,鸟语花香,高山流水,佛光普照,环境优雅,人与自然和谐共处,拥有"梵天净土,神奇家园"意境的人间仙境。

[参考文献]

[1][2][3]李平.论佛教旅游资源开发——以梵净山为例.贵州大学学报(社会科学版),2005(5).

[4]杨辉,陈炜.贵州佛教文化旅游开发研究.沧桑,2008(4).

旅游市场新热点

——自驾车旅游

胡敬民

(贵州民族大学旅游与航空服务学院　贵阳　550025)

【摘　要】对于厌倦了传统过年方式的人们而言,外出旅游成为欢度春节的最佳方式。据统计,在2002年的春节黄金周,全国旅游总人数达5 000万,而其中自驾车旅游则更是今年春节黄金周的一个新亮点,不少人是在车轮上过春节。在全国各地随处可见自驾车旅游度假者,而作为冬季旅游胜地的海南岛,更是荟萃了南来北往的自驾车旅游者。这一切无不说明自驾车旅游已逐渐成为旅游市场的一个新热点。

【关键词】旅游;市场;自驾车

一、自驾车旅游市场的形成

在西方国家,由于私人轿车的普及,自驾车旅游早已司空见惯,而且与之配套的各种设施也一应俱全。在我国自驾驱车旅游才刚刚兴起,尽管在诸多方面还很不完善,但其蓬勃发展的势头理应引起旅游业关注。自驾车旅游市场形成的主要原因有以下几个方面:

1. 收入水平提高

如果说自驾车旅游在前些年还仅仅是极少数富有者的专利的话,而今对越来越多的工薪族来说则不再是奢望。随着我国国民经济的发展,人们收入水平的不断提高,拥有私家车已不再是梦想,在解决了住房以后,人们开始把消费意向转向汽车(有的人更是在解决住房问题以前就首先考虑购买汽车)。因此,收入水平的提高是自驾车旅游市场形成的首要条件。

2. 汽车消费环境得到改善

自20世纪90年代末期以来,汽车消费日趋成为工薪族关注的热点,在人们的日常生活中有关汽车的话题越来越多,而随着中国加入世界贸易组织、政府不断出台汽车消费的利好政策、汽车厂商竞相降价,使汽车消费环境不断改善,汽车正以几何级数的增长速度走进千家万户。

3. 交通、治安、旅游条件得到改善

经过20年的改革开放,全国的交通道路发生了巨大变化,南来北往的高等级公路,

[作者简介]胡敬民(1956—　),男,贵州民族大学旅游与航空服务学院饭店管理教研室主任、副教授,主要研究方向为旅游企业经营管理,尤其是酒店经营管理。

变天堑为坦途,将各地连接起来;与此同时,全国各地的社会治安工作也不断得到加强,社会稳定、国泰民安;对于大多数走过了温饱线的人们来说,旅游成了生活中一项不可或缺的重要内容,旅游活动日趋普及,旅游地接待条件日益完善。这一切均为自驾车旅游市场的形成奠定了良好基础。

4. 旅游方式的改变

随着旅游业的发展,人们的旅游消费日趋成熟,旅游方式也在不断发生变化。从走马观花的疲劳游,到休闲放松的度假游;从追求景点数量到追求景点质量;从跟团旅游到自助旅游;从乘坐火车、飞机旅游到骑自行车、徒步、自驾车旅游……人们的旅游方式正在悄然发生变化。

总而言之,随着人们收入水平的提高,交通、治安、旅游条件的改善,旅游方式的改变,自驾车自助旅游逐渐成为一种旅游时尚,强烈地吸引着广大的旅游消费者。而随着我国经济的进一步发展,自驾车旅游市场将进一步扩展。

二、自驾车旅游市场的类型与特点

自驾车旅游在我国兴起的时间虽不长,但已有了不少的类型。分析各种自驾车旅游类型及特点,有助于促使自驾车旅游市场的健康发展。就目前而言,自驾车旅游主要有以下几种类型:

1. 观光度假型

这种类型的旅游者一般为工作较忙、出游机会较少的人,他们往往利用有限的假期外出旅游,格外珍惜时间,总希望跑更多的旅游地,使整个假期得到最充分的利用,以至于旅游归来后筋疲力尽。因此,其旅游目的主要在于体验驾乘汽车旅游观光的乐趣,由于时间紧,因而出游计划制订得极其详尽、紧凑,他们在旅游过程中绝不荒废每一分钟,因而对所到之处仅仅是走马观花。为此,其旅游过程中的需求主要是:沿途加油方便,最好有包括快餐、购物(干粮、饮料、水果)、汽车维修的综合性加油站,旅途中的住宿条件要清洁卫生、经济实惠,最好要有价廉物美的汽车旅馆(这在我国几乎还是空白),而到了旅游地后也往往找经济实惠的酒店下榻,以节省开支。对旅游活动项目无过高要求,一般是随大流,各种项目都尽可能体验一下,主要是到此一游。

2. 休闲度假型

相对来说,这类旅游者个人支配的时间较多、经常外出旅游,有比较丰富的旅游经验,消费的层次和品位都比较高,旅游目的主要是休闲娱乐、陶冶情操,对旅游景点不图数量而在质量。由于时间较为宽裕,因而要对度假地的人文、自然各类景观细细品味。

随着国内旅游的日渐兴旺,全国各地大力发展旅游业,旅游开发成泛滥之势,昔日宁静的海滩变成了大澡堂,鸟语花香的森林、碧波荡漾的湖泊、幽深峻峭的峡谷成了人生鼎沸的闹市场……尤其到了"五一"、"十一"、"春节"几个旅游黄金周,各旅游景区更是人满为患,人们到处"抢吃抢住",毫无旅游的乐趣。这对于那些寻求幽雅闲适、古朴静谧的休闲度假者而言,无疑是一种灾难。因而越来越多的休闲度假者开始寻找新的度假之地,以躲避"旅游大军"的侵扰,而此时自驾车旅游者就很有优势,他们可随时"撤退",另辟蹊径,寻找"世外桃源"。由此可见,休闲类度假者对度假地的要求在于:人文、自然景观都要纯朴自然,无人工雕琢,尽量保持原汁原味。这一点很值得当前各地旅游管理部门、旅游开发商的深思,要知道休闲类度假者往往是旅游市场和旅游消费的引导者。

休闲类自驾车旅游度假者对旅游途中的住宿要求与观光类旅游者相似。而对度假地的住宿条件要求相对较高(并非价格高),清洁卫生自不必说,特别讲究住宿地及旅馆的情调,要有民族特色、地方特色。例如海南岛文昌东郊椰林的木屋式度假村就极具特色,对休闲类旅游者极具吸引力。休闲度假者对于度假地的旅游活动项目往往是有选择地参加,决不一一体验,他们更喜欢自己去发现、发明新的活动项目。因此,度假地应给他们留有极大的发现空间,以使他们感到不虚此行。

3. 热限挑战型

这类旅游者最热衷于到人迹罕至的地方去旅游,其旅游的目的是了解自然、战胜自然、珍惜生命、显示生命力量、挑战极限,因而往往避开高等级公路,专选条件恶劣、险象环生的道路行走,以显示自身的力量,充分体验战胜自然的乐趣。为适应险恶的路况,其坐骑必是越野性能好的吉普类旅行车。由于所经之处异常荒凉,人烟稀少,因而其装备较为齐全,一般是日出而行,日落而歇。荒原落日、帐篷篝火、皓月繁星,令人心旷神怡,一天的疲乏烟消云散。这种生命极限挑战式的旅游非常人所能为,旅途中各种情况千变万化,未知因素不可预料,所以,行前准备极为充分,而旅途中最大的需求则是物品的补给,尤其是汽油、食物、药品的补给。这种补给最方便的是在距离较近的国道旁的综合加油站内。由于经常深入崇山峻岭、荒原戈壁,因而对通信设施的依赖较大,因此,微波信号的畅通是确保这种旅行成功、求救顺利、援救方便的坚强后盾。

4. 探险摄影型

这种旅游者主要是以探险、摄影为主要目的,其旅游目的地和道路的选择以险、奇、峻为准则,正所谓"无限风光在险峰",以便拍摄绮丽多姿的照片。住宿方式与极限挑战型旅游者很相似,帐篷是必备之物。由于要拍摄险峻旖旎的自然风光片,故常常要深入人烟稀少的险要处,因而物品的补充显得极为重要,这与极限挑战型旅游者也很相似。

5. 随心所欲型

这类旅游者对大众化的旅游地感到厌倦,希望发现新的鲜为人知的旅游地,因而在旅游线路的设计上往往避开旅游热线,而选择那些尚未开发的地区。在旅行过程中,往往走走停停,至于行驶里程、投宿地点等,全凭自己的心情,随心所欲而无详尽的计划。对这类旅游者而言,发现重于一切,因此,对沿途住宿只要清洁、方便就行,汽车旅馆必受青睐。

除了以上几种类型外,还有以强身健体为目的的体育运动型(与极限挑战型相似)、以躲避尘世和净化心灵为目的的孤独漂泊型等。无论是哪种类型的自驾车旅游者,一个最大的特点就是自己掌握交通工具,具有极大的灵活性,而其活动也以自驾车为核心来展开。

三、自驾车旅游市场的培育

自改革开放以来,我国旅游业有了巨大的发展,旅游市场呈现出多元化的状况,在众多的细分旅游市场上,自驾车旅游市场则是一朵靓丽的奇葩。为使这一新兴的旅游市场

得以健康、迅速地发展,应从以下几个方面来培育:

1. 旅游地限制开发

当今,旅游经济作为国民经济中一个新的经济增长点,已是一个不争的事实。以旅游业为龙头带活一方经济,成为发展地方经济的新思路。如何更好地发展旅游业,已成为各级政府部门极为重视的一个问题。因此,旅游开发在全国范围内广泛开展。在这种旅游大开发的过程中,不少地方为解决资金不足的问题,将土地租借给开发商任意开发;而开发商更是从自身利益出发抢先占领那些风景秀丽、资源品位高的地区,采取"圈地"式开发,一道道围墙、铁丝网将那些景致优美的区域围住,以阻止人们自由出入。这对于以追求旅途乐趣为主要目的的自驾车旅游者而言,无疑是一种巨大的障碍。作为自驾车旅游者,往往凭借行止自由的优势,在旅途中风景优美之地任意停车游息、宿营,充分享受自驾车旅游的乐趣。而一道道的围墙、铁丝网却将这种乐趣化为乌有,大煞风景,进而产生一种不愿进入墙内景区游览的抵触心理,成为旅游地的匆匆过客。从发展地方经济的角度说,"圈地"运动更是一种自然行为,越来越多的旅游者对那些价格高昂、人满为患的"围墙景区"望而生畏,裹足不前。在不少的"围墙景区"周围我们常常看到这样的现象:墙内游人稀少,而墙外则游人如织。例如,在北海的银滩公园铁丝网以外广阔的沙滩上,游人自由自在地拍照、游乐,尽情欣赏银滩之美。其实,对于这种现象,我们完全可以从前些年全国各地公园一派萧条的境遇中得到启示。事实上,在旅游者的旅游消费结构中,我们不难发现:旅游者的主要消费是在景点以外的餐饮、住宿、购物等方面,这也正是旅游业之所以能带动一方经济发展的根本。"圈地"式的开发只能将旅游者赶往没有"圈地"的旅游地,这对于发展地方经济有弊而无利。因此,在旅游规划中,应尊重旅游者追求自然、追求纯朴的心理,给广大旅游者、尤其是自驾车旅游者留有足够的自由活动空间。

2. 完善旅游基础设施

自驾车旅游者对旅游基础设施有较大的依赖性,主要表现在四个方面:一是交通设施,包括坚实平整的公路、规范清晰的交通标志牌、安全可靠的临时停车点、醒目方便的报警电话等。二是通信设施,确保公路沿线的通信畅通,是自驾车旅游者在紧急情况下发出救援信号的依靠,因而在公路沿线、特别是山区建立微波站,显得极为重要。三是补给设施,为适应自驾车旅游的需要,应在各主要公路沿线修建集加油、购物、汽车维修于一身的综合性加油站,以解除自驾车旅游者的后顾之忧。四是住宿设施,绝大多数自驾车旅游者对旅途中的住宿条件并无过高的要求,但是在清洁、方便、价廉的基础上,必须要有汽车检修车间和停车场,为住客提供汽车修理、免费停车、免费洗车服务。因此,为适应驱车旅游的发展,汽车旅馆呼之欲出,这既是发展自驾车旅游的需要,也是完善我国饭店产品的需要。

3. 编制各省、地、县旅游交通详图、旅游交通线路图是驱车旅游者的向导

一部完善、详细的旅游交通图能使自驾车旅游者顺利到达目的地。然而,现行的交通地图存在诸多问题,对于自驾车旅游者很不适用。作为自驾车旅游者最需要集交通线路、旅游景点、食宿设施于一身的旅游交通图,图上的公里数要标注清晰、准确,以便于自驾车旅游者做好行程计划安排。为了尽可能地在图上反映各等级公路及所经地名(小至

村寨),应分省(自治区、直辖市)、地、县三级编制,从高等级公路到国道,再到省级公路、县乡级公路,形成一部内容翔实、标注清晰、查阅方便的旅游交通图,以便于自驾车旅游者随意驱车前往不同的旅游目的地,最大限度地深入到那些自然纯朴的山林、湖泊、民族村寨,等等。

4. 开发新型旅游房车

不少的自驾车旅游者是向汽车租赁公司租车出游的,随着国内旅游态势的日益高涨,汽车租赁公司生意兴隆,特别是在"旅游黄金周"期间,更是出现车源严重不足的现象。目前,绝大多数汽车租赁公司出租的车辆类型极为有限,不能满足自驾车旅游者日益变化的旅游需要。因此,开发生产集行、游、食、宿、娱于一身的新型旅游房车(即宿营车或称 RV 车),最大限度地满足日益扩展的自驾车旅游者的需要,既是培育、完善自驾车旅游市场的要求,也是汽车工业发展的一个方向。可喜的是,目前已有不少的企业把目光投向这一市场,例如,北京中天高科特种车辆有限公司开发出的房车,内有小客厅、卧室、车载冰箱、随车电视、卫生间、厨房等,能满足 5~8 人的食宿活动。此外,北京天坛客车厂、中汽专用汽车公司、保定长城专用车公司等企业也纷纷研制新型旅游房车。相信在不久的将来,各类新型旅游房车将驰骋在全国各旅游地,乘坐这样的旅游房车出游,旅游者就更无后顾之忧,更能充分享受自驾车旅游的乐趣。

尽管自驾车旅游在我国兴起的时间并不长,普及程度也还较低,但其发展的势头却异常迅猛,随着国民经济的发展、人们旅游消费的成熟、旅游方式的多样化,自驾车旅游必将日趋兴旺。为此,应做好全方位的准备,以促使这一新兴旅游市场的健康发展。

贵州茂兰国家级自然保护区生态旅游社区的构建与发展探讨

张洁 刘松

(贵州民族大学旅游与航空服务学院 贵阳 550025；
茂兰旅游公司 荔波 558400)

【摘 要】 本文在陈述贵州茂兰国家级自然保护区社区基础和发展现状的基础上，从社区组织、社区教育、社区经济以及社区环境等多维角度探讨了茂兰保护区生态旅游社区的构建与发展。

【关键词】 茂兰保护区；生态旅游；社区；构建；发展

旅游社区是以某一风景区为中心的居民所组成的社会活动共同体，是旅游产品的重要组成部分。只有当社区对旅游发展具备足够的参与度，才能有效地整合与发挥当地各种资源的效用，维系好社区各方面的关系，提高旅游质量，促进当地旅游业的可持续发展。1997年世界旅游组织和世界旅游理事会等联合颁布了《关于旅游业的21世纪议程》，首次以官方文件形式明确提出将社区居民作为旅游业发展的关怀对象，并把居民参与作为旅游业可持续发展中的一项重要内容和不可缺少的环节。

一、背景

茂兰自然保护区位于贵州省黔南布依族苗族自治州荔波县东南部，与广西壮族自治区接壤，毗邻广西木伦国家级自然保护区。地理位置为东经107°52′10″~108°45′40″，北纬25°09′20″~25°20′50″。保护区东西宽22.8公里，南北长21.8公里，总面积21 285公顷，其中核心区8 305公顷，缓冲区8 130公顷，实验区(含生态旅游区)4 850公顷。保护区主要保护对象为亚热带喀斯特森林生态系统及其珍稀野生动植物资源，其森林覆盖率超过90%，是地球同纬度地区残存下来的面积最大、相对集中、原生性强、相对稳定的喀斯特森林生态系统和罕见的生物基因库，是研究喀斯特森林生态特性的天然实验基地。[①]

保护区成立于1984年，1987年经贵州省人民政府批准建立省级自然保护区，1988年经国务院批准成为国家级自然保护区，1996年加入联合国教科文组织国际生物圈保护区网络(MAB)，2007年被列入世界自然遗产名录，是中国南方喀斯特世界自然遗产地的核

[作者简介]张洁(1966—)，女，贵州民族大学旅游与航空服务学院空乘教研室主任、副教授；刘松(1964—)，男，荔波茂兰旅游发展有限公司总经理。

① 荔波县人民政府网站:旅游指南。

心组成部分,被中国国家地理杂志评选为"中国最美十大森林"之一。[①]

茂兰保护区是一个多民族聚居地,主要有布依、水、瑶、苗、壮等民族,多数分布在保护区的实验区(含生态旅游区)和周边区域,涉及洞塘、永康、翁昂等7个乡镇近百个自然村寨,共有2 600多户,总人口约1.1万。其中,按照保护区总体规划划定的生态旅游区有1 000人左右,约占保护区总人口的10%,主要民族为布依族、水族和瑶族。

近年来,茂兰保护区旅游业取得了较快的发展,2012年接待游客超过了5万人,比五年前增长了5倍。茂兰旅游的建设和推进是以促进更好的文化传承与生态保护为原则,在处理旅游发展与社区的关系上做了大量工作,效果也比较显著。通过开展生态旅游活动,茂兰社区涉旅农户的收入水平有了明显提高,旅游服务、旅游文化和旅游农业等多方面都得到了不同程度的带动,总体发展势头良好。但是,茂兰的资源特点、社区构成、文化多样性与生物多样性的协调统一问题,较一般风景名胜区有更明显的特殊性和复杂性,尤其在如何处理社区与旅游发展的关系上尤显突出。因此,如何从保护区实际出发,构建一个符合保护区生态保护原则,符合生态旅游的发展方向,符合人与自然和谐共生目标的保护区生态旅游社区体系十分重要。

二、基本思路

(一)指导思想

从茂兰自然保护区的实际情况出发,围绕生态旅游的开发和发展,建立科学、合理的旅游社区组织体系,强化社区功能,保护生态环境,提高旅游区内民众的生活质量和文明程度,促进茂兰生态旅游区的可持续健康发展;在生态保护优先,不破坏和影响自然保护区资源的前提下,以市场为导向,因地制宜,合理开发,促进社区经济、文化、卫生等事业的发展,增加社区经济总量水平,调动社区居民参与生态旅游和生态保护的积极性,为更好地实现生态资源的保护提供保障。

(二)基本原则

1.突出茂兰生态旅游区的特点,强化绿色环保意识,重视对资源的保护,重视树立与维护生态旅游区的形象;

2.建立参与机制,使社区群众最大限度地参与旅游活动;

3.以人为本,把服务社区民众作为社区建设的根本出发点和归宿;

4.充分协调好保护区主管部门、乡镇政府、旅游企业、其他社会团体、村寨组织的关系,最大限度地实现社区资源共享,形成共同保护开发的良好氛围;

5.按地域性、认同感等社区要素科学、合理地划分社区;

6.因地制宜、循序渐进,一切从实际出发,突出茂兰生态旅游的特色,以生态保护为最高原则,有计划、有步骤地推进社区建设的发展。

(三)主要目标

1.适应茂兰生态旅游区发展的要求,加强社区党组织和社区居民自治组织的建设,建立起以地域性为特征,以保护环境资源、发展生态旅游的认同感为纽带的新型社区,构

---

① 荔波县人民政府网站:旅游指南。

建新的社区组织体系。

2. 以促进生态旅游的发展为目标,以拓展社区服务、加强社区教育为龙头,根据生态旅游业发展的需要,不断丰富社区建设的内容,增加社区服务的发展项目,促进社区服务网络化和产业化,加大环保力度,提高群众的生活质量,不断满足民众日益增长的物质文化需求。

三、基础与现状

(一)社区基础

茂兰生态旅游区是为促进茂兰保护区内生态资源保护和地方经济发展而提出的,其主要涵盖茂兰自然保护区的实验区(含生态旅游区)和洞塘乡的万亩梅园等区域,涉及洞塘、永康、翁昂等乡镇及茂兰保护区主管部门。区内现居住着瑶、布依、水、壮、苗、汉等民族,其中布依族、水族、瑶族占总人口的80%以上。

目前,茂兰保护区的管理体制为省地共管,区内保护性资源由省的派驻机构茂兰保护区管路局管理,区内社区部分则由地方政府管理。在发展生态旅游方面,目前主要依据国家颁布的自然保护区管理条例,由保护区管理局授权旅游企业开发和经营。由于特殊的管理体制,茂兰社区的整合度明显不够,针对生态旅游的管理职责和分工有一定模糊性,已对生态旅游的开发和发展造成了一定影响。

(二)发展现状

1. 经济发展现状

由于茂兰保护区地处贵州南部少数民族边远山区,各项基础设施相对落后,村寨分散,交通不便,信息闭塞,社会经济发展滞后,群众生活水平低。区内生产方式以传统农业生产为主,经营粗放,生产力低下。农作物以水稻、玉米、黄豆、油菜等为主。传统副业为饲养家禽(牛、猪、鸡)、编织凉席、织土花布、采集中草药材等。近十多年来,劳务输出较普遍,是村寨农民主要经济收入之一,而在旅游活动较密集的区域,旅游业正成为最主要的收入来源。

2. 文化教育现状

由于经济落后、地域偏僻,区内教育条件差,且贫困人口多,青、壮年文盲比例偏大,整体受教育程度较低。

3. 医疗卫生现状

保护区内各乡镇均有卫生院,但条件简陋。各行政村设有卫生室,但医疗水平较低。

(三)有利条件

1. 良好的社区共管基础

自建立茂兰自然保护区以来,保护区主管部门通过对社区进行资金、技术等方面的支持,在改变社区落后的生产生活方式、基础设施建设、调整农业产业结构、提高群众文化素质等方面做了不少工作,对促进社区经济持续发展,实现社区共管、共同发展的目标打下了良好基础。社区群众同管理部门的关系较为融洽,前者对保护区的管理工作也比较支持,群众生态意识不断增强,在森林资源共管方面逐渐呈现出由被动参与管护转为主动参与管护的良好局面。

2. 生态旅游健康发展

茂兰保护区拥有丰富而独特的喀斯特森林旅游景观,近年来通过引进外来企业,生态旅游业呈现出蓬勃的发展势头,对促进保护区自身建设、增强自身实力、带动社区经济发展起到了积极作用。目前,以三岔河片区、五眼桥片区和凉水井片区为主的生态游览体验区已基本形成,旅游基础设施逐步完善,年接待游客人数呈快速上升趋势。

3. 保护区管理运行有序

茂兰保护区建区20年来,按照国家赋予的职责,在基础建设、森林资源保护与管理、科学研究、社区共管、生态旅游开发等方面取得了显著成效,管理水平和管理效益得到不断提高。虽然在管理质量方面还存在着基础设施差、经费投入不足等问题,对保护区的管理工作产生了一定影响,但整体运行有序,管理质量依然较好。

四、构建与发展

(一)社区组织

1. 社区组织管理系统

茂兰生态旅游社区共有三类法人:行政、企业、社团。社区管理由政、企、社三种组织共同运作,他们共同构成了茂兰生态旅游社区的组织管理系统,体现出所有权、管理权和经营权的协调统一。

政,是指社区行政领导系统,包括行政的领导和保护区管理工作的领导,以各级政府和保护区管理局为主。行政性组织是社区的主导,茂兰生态旅游社区需要借助行政力量培育生态旅游意识、绿色环保意识、培养自治意识、自治能力。

企,是指专事旅游经营管理的企业单位。企也要功能分流,与社区间要有明确的职能定位,既要实行企社分开,但同时又分而不离,分开后还要参与社区共建。企在有关旅游项目开发的重大决策方面要善于征求、吸纳、消化社区居民的意见。

社,是指各种各样的社团团体。社团是社区行政的支持系统,是社区的非正式组织。社区中作为非正式组织的主要社团有:生产、服务、慈善、福利、志趣、娱乐等若干方面。

社区内的政、企、社要功能定位,合理分工,各司其职,避免职能交叉重复。

2. 社区组织管理机构

以保护环境、提高当地居民的生活水平和生活质量、改善旅游产品和旅游服务为目标,根据国家有关法律、法规,按照有关程序,组建以政府、保护区主管部门为主体,旅游企业和社区居民参与的茂兰生态旅游社区管理机构——茂兰生态旅游区社区协调管理委员会,该机构作为茂兰生态旅游区的社区管理机构,协调各方关系,综合各方利益,其基本职能包括:组织社区内民间旅游文化产品的开发;培养社区群众生态旅游意识和生态保护意识;协调茂兰生态旅游区内企事业单位与居民之间的关系;规范与社区群众密切相关的各种旅游服务项目的规程、标准,以及相应的收费体系;对生态旅游区内旅游活动产生的负面效应行使监控,并使之降低到最低限度等。

茂兰生态旅游区社区协调管理委员会的主要管理者应包括:县人民政府领导、保护区管理部门领导、旅游企业主要负责人、乡镇负责人、相关村组负责人、社团代表以及各主要旅游片区推选的社区群众代表。

管理委员会需要有一批专业、专门的社区工作者,应采取向社会公开招聘的方式组成。可积极发展志愿者队伍,广泛动员社会力量参与社区建设和管理工作。要围绕生态旅游的开发与发展,按照保护区生态旅游规划,建立和完善相应的协会、合作社等社团组织,加强对民族文化旅游产品、民族特色旅游商品的开发,引导并规范开展多元化的旅游服务,形成"管委会协调、旅游企业带动、社团配合、群众参与"的旅游产业化模式。

(二)社区教育

1. 生态旅游教育的目标

生态旅游是一种基于自然的旅游活动,包含教育的功能、可持续发展的理念和旅游体验的道德要求,而教育的功能也是生态旅游可持续发展的十大原则之一。

在茂兰生态旅游中,进行教育所要实现的目标是:提供"如何正确开发生态旅游"的技术上的信息,引导游客正确参与生态旅游,并向游客展示茂兰喀斯特生态系统的独特性,宣扬生态保护的重要性;用当地各少数民族的传统文化、习俗和民族风情对旅游者进行宣传体验教育,为游客提供民族文化传统教育,使他们感受民族文化的博大精深;对旅游接待者进行培训,以便使他们更好地满足旅游者的愿望,更加科学地引导旅游者参与生态旅游,避免对生态环境的破坏;正确引导社区居民从事生态旅游接待服务,对他们进行先进职业技能和服务水平方面的培训,促进经济收入的增加和文化水平的提高。

社区教育要广泛依靠社区力量,综合利用社区资源,形成多角度、多层次的教育体系,既要重视茂兰社区学校内的中小学正规教育,也要推动校外的社会教育。

2. 社区教育规划

社区教育应有相应社团,如设立"茂兰生态旅游区社区教育协会"来统筹和组织。要紧密结合现有中小学校的日常学习教育工作,从小学生开始宣传推广生态环保知识。教育的主要内容包括:生态旅游基础知识与最新动态教育;生态环保教育,包括自然环境、生物资源、文化传承等;节能新方法教育;保护区动植物知识普及教育;旅游服务技能教育;社区居民科技实用技术教育等。

还可由社区教育社团牵头,利用现有乡镇、村寨的中小学教学设施,设立"茂兰生态旅游区社区职业学校",利用该校对社区成员进行各类旅游专业技能的培训,如民族导游培训、民族歌舞培训、农家餐饮培训、旅游接待培训、旅游安全培训等。

(三)社区经济

在茂兰生态旅游社区建设中,要通过旅游企业的带动,发挥旅游业在社区经济中的"龙头"作用,大力发展旅游服务业、旅游文化业和旅游农业。

旅游文化产业——将生态旅游项目与人文旅游结合,挖掘和提炼民族文化精髓,开展民族文化展示、民族文化体验和民族艺术展演等丰富多彩的文化旅游活动,积极开发民族文化产品、民族工艺品等。旅游文化业的重点发展片区在尧古、拉桥、板寨、梅原等村寨。

旅游服务产业——根据旅游区游客增长的需求,引导规范一批具有一定标准的农家旅游接待户,建立专业的农民协会组织或专业旅游合作社,打造具有综合接待功能的民族旅游村寨。旅游服务业的重点发展片区在必佐、洞腮、尧所、板寨等村寨。

旅游农业产业——针对不断扩大的旅游市场,促进旅游商品的不断延伸与开发,积极发展特色种植业,建立原生态绿色产品基地。如酸梅种植基地、黔竹种植基地、中草药种植基地、经果林基地等。旅游农业的重点发展区域可根据各个片区资源差异情况具体确定。

在推进社区旅游业发展的过程中,应特别注重对贫困成员的引导与扶持,如社区内可能开发的骑马旅游、马车观光、乡村旅舍、民居餐厅、旅游商业点等,要优先为社区贫困成员提供机会和条件。

(四)社区环境

要大力加强茂兰社区内公共空间、村寨的绿化、美化工作,不断优化茂兰的游览体验环境。要赋予社区居民对社区环境的知情权、管理权、监督权,提高社区群众对环保的自觉性和主动性。针对旅游接待村寨要尽量推广使用新能源、新燃料,尽量减少和杜绝薪柴使用,防止游客进一步增多后对保护区生态资源的过度消耗和破坏。同时要搞好道路清理、垃圾收集处理、牲畜圈养、污水处理等环境卫生,努力把茂兰建成干净、整洁、美丽的生态旅游体验型社区。

五、结语

旅游业可持续发展理论提倡社区参与,社区参与被认为是实现旅游业可持续发展的重要途径之一。有效地解决社区参与旅游发展决策和利益分配问题,可为保护区可持续发展创造良好的条件。

人与自然是茂兰生态旅游区两大同等重要的资源要素,要实现可持续发展,当地社区群众的参与不可或缺。茂兰保护区生态旅游社区的发展须依照国家相关政策导向,以促进人与自然和谐共生为目标,以可持续发展的要求为依据,通过旅游社区的建设促进地方居民收入和生活水平的提高,唯有如此,才能形成社区经济与世界自然遗产地、国际人与生物圈保护区和国家级自然保护区生态资源保护之间的和谐统一和健康发展。

[参考文献]

吕水生.生态旅游的发展与规划.自然资源学报.1988,13(1).

浅谈小型私营酒店的经营策略

胡敬民

(贵州民族大学旅游与航空服务学院 贵阳 550025)

【摘　要】 在激烈竞争的酒店市场上,小型私营酒店表现出顽强的生命力,成为酒店市场上一个重要的补缺者。在其艰难的求生与发展的同时,为各类旅游者提供了更多的选择,受到越来越多的旅游者的青睐。然而,由于先天不足等因素导致该类酒店在经营过程中出现了诸多问题,严重制约了自身的发展。本文根据小型私营酒店的经营现状,着重分析此类酒店存在的主要问题及其原因,并在此基础上提出相应策略,旨在为小型私营酒店找到一条成功的经营之道。

【关键词】 小型私营酒店;经营;现状;问题;策略

所谓小型私营酒店是指资产私有、规模较小、仅提供住宿,以盈利为目的,以家族化管理为特征,所有权与经营权合二为一的酒店。在当今激烈的酒店市场竞争中,这是一支不容忽视的力量,在酒店市场上占有一席之地。这类酒店善于在狭缝中求生存,善于从那些设施相对完善的大中型酒店口中夺食,有其独特的生存法则,在变幻多端的酒店市场中,凭借其灵敏的市场嗅觉与机动灵活的市场应变能力,以适应不断发展变化的市场需求,具有旺盛的生命力。随着我国市场经济体制的逐渐完善,随着旅游业的不断发展,小型私营酒店大有其用武之地,只要善于根据市场需求变化调整经营策略,充分发挥自身优势,就能如鱼得水,在看似激烈的酒店市场竞争中赢得应有的份额,不断发展壮大。当然,小型私营酒店在经营理念、投资取向、经营手段、管理模式等方面还存在不少问题,需要经营者不断地更新观念、审时度势、检讨反省,逐步提高经营管理水平,找到一条适合自身发展的经营之道。

一、小型私营酒店经营现状

1. 投资规模较小

小型私营酒店的投资主体比较单一,业主是酒店的主要投资者,在投资决策中往往是根据自有资金来决定投资规模,即使在自有资金不足的情况下需要融资,也仅仅是在家族内部进行融资,以最大限度地规避对外融资而带来的风险,因而融资渠道较为狭窄。这就决定了其投资规模不大,以便尽快收回投资,同时也决定了小型私营酒店特有的家族化管理模式,以达到利益均沾的目的。由于受资金困扰和经营理念的局限,加上小富即安的思想观念,使小型私营酒店长期以来难以在规模与档次上有所突破。

2. 家族化管理模式

家族化管理是小型私营酒店的一个显著特征,酒店组织中的骨干成员几乎全是家族成员。导致这种管理模式的原因很复杂。主要原因诸如：①受中国传统文化中的宗亲观念影响。中国的传统文化十分重视亲缘关系，认为同宗同族应相互关照、紧密团结、共谋发展，因而小型私营酒店业主往往将其家族成员纳入酒店组织，成为酒店管理层的骨干成员。②为解决资金不足而向家族内部融资，从而将家族成员吸纳进管理层，以形成共同经济利益体。③为了节约人力资源，增强凝聚力。小型私营酒店由于资本严重不足，须在经营过程中高度注意控制成本，尤其是人力成本。作为注资者的家族成员进入酒店管理层后，能与业主同心同德，着眼于长远利益，并不在乎薪金的多少，从而降低了对外招聘管理人员而付出的高额成本。另一方面，小型私营酒店在其共同经济利益的感召下，靠血缘关系产生了强大的凝聚力，在艰难的创业过程中共渡难关、克服困难、抓住机遇，使酒店在很短的时间内得以迅速发展。在经营过程中，共同的价值取向使家族成员之间相互信任、相互支持、任劳任怨、尽职尽责，严守企业机密，对企业高度忠诚。④为了减少摩擦、降低交易成本。小型私营酒店以血缘关系和感情纽带为基础，尽可能增加一致性而减少可能的摩擦，从而使交易成本降低。⑤为了保护自身利益而建立联盟。在当前的法制还缺少对私营企业进行有效保护的环境下，当酒店利益面临侵害时，靠家族成员间的亲缘关系、利益关系结成牢不可破的内部联盟，使酒店内部高度统一、团结一致、共同对外，以确保自己的利益不受侵犯。

3. 客源结构复杂

目前，我国酒店业格局较之30年前发生了巨大变化，国际知名酒店集团的纷纷进入，国内品牌酒店集团的形成与发展，经济型酒店的异军突起，小型私营酒店的狭缝求生，使整个酒店市场异彩纷呈，虽竞争激烈，却各有领地。如果将酒店市场比作汪洋大海，将酒店集团、大型酒店比作大鱼，那么，小型私营酒店则犹如紧跟在那些大鱼后面的小鱼、小虾，专找大中型酒店不屑一顾的市场作为自己的发展空间，各施其能地去开发利用这些市场。显然，小型私营酒店在酒店市场竞争格局中属于市场利基者，其选择的利基市场往往是其他大中型酒店不屑一顾的。因此，就整体而言，小型私营酒店的客源构成具有一定的复杂性。归纳起来看，小型私营酒店的客源市场有以下主要类型。

(1) 商务客人

在商务市场上活跃着一大批消费能力有限的商务客人，他们不图奢华，专选那些价格较低、仅提供住宿、客房设施实用、清洁卫生的小型酒店下榻。为吸引这些客人，小型私营酒店往往提供免费长话和房间内免费上网(甚至配备电脑)的服务。

(2) 度假客人

随着物质生活的不断改善和精神生活水平的不断提升，旅游被越来越多的人所认识和接受，在强大的工作压力下，人们常常通过旅游来缓解内心压力，以恢复心理平衡。因此，越来越多的人利用假期选择心仪已久的旅游目的地度假。因此，度假客人成为酒店争夺的又一个重要市场。其中，收入水平处于中低水准的度假旅游者，在其费用预算中，往往着重于住宿上节约费用，以便将更多的金钱花在游玩、饮食、购物上。因此，价廉实惠的小型私营酒店成为中低收入水平的旅游度假者的首选。我们相信，随着人们对私营酒店的误会的消除，小型私营酒店将会受到更多旅游者的青睐。

(3) 背包客

当今,是一个旅游多元化的时代,各种旅游形式的出现与发展,在满足不同旅游者需求的同时,为酒店提供了越来越广阔的市场空间。其中,背包客理应受到酒店,特别是小型私营酒店的高度重视。背包客,是指三五成群或者单枪匹马四处游逛的人,也就是背着背包作长途自助旅行的人,其旅游目的重在体验,尤其是户外体验,不图物质享受,有较为齐全的露营装备,在经过城镇时,价格低廉的小型私营酒店便成了他们调养精力的理想中转站。

(4) 小型团队

旅游团队永远是酒店不应忽视的市场,无论旅游市场怎样发展变化,旅游团队永远不会消亡。目前,有一定接待能力的小型私营酒店,利用现有的人脉资源、信息资源,瞄准档次不高、规模不大的旅游团队,成为一些设施较为完善的酒店(包括中低星级酒店)的主要竞争者。有些小型私营酒店甚至跟客源地的一些旅行社签订了长期合作协议,在一定程度上保证了客源的稳定性。

上述客源市场的细分是针对整个小型私营酒店,就具体某个酒店而言,其客源构成又具有单一性的特征。

4. 产品结构单一

绝大多数小型私营酒店仅有客房产品,缺乏餐饮、娱乐等产品,很多小型私营酒店还未从根本上改变传统小旅馆的设施简陋、卫生差的缺陷。当然,不少的小型私营酒店根据市场需求的发展变化,开始注意改造客房设施,如在房间内配置电脑,提供免费上网与免费长途电话服务,以此作为卖点吸引客源。随着一批有文化、有理想、有进取心的年轻人的进入,小型私营酒店在近几年内悄然发生着变化,一批有文化含量的小型私营酒店闯入人们视野,成为业内一支生力军。如丽江古城中的客栈,以其特有的地理环境、气候条件为基础,融入当地特色文化,营造出耐人品味的住宿环境,加上现代经营手段,这类富有文化内涵的高品位酒店虽定价不菲,却不愁客源,这类酒店从根本上颠覆了小型私营酒店低档、低廉的概念,为小型私营酒店的发展找到了一条光明之路。

5. 类型多样化

小型私营酒店以其丰富多样的形式呈现在人们面前,满足不同层次的消费者需求。首先,是小型商务酒店,遍布各大中小城市中的小型私营酒店多以商务酒店形式出现,其档次与品位的高低主要取决于业主的财力与文化修养,其中绝大多数酒店强调控制成本,设施较为简陋,仅能满足最基本的住宿需求,以对价格十分敏感、不图奢华的商务客人为主要接待对象。近些年来,在涌现出一批上档次、有文化含量、高品位的小型精品化酒店,以满足有一定消费能力、追求个性的消费者需求。其次,是小型公寓酒店,即业主通过购买商住楼来开设家庭旅馆,以此作为一种投资。这在房地产业发展迅速的旅游城市极为普遍,如在三亚的许多住宅小区内就有不少的家庭旅馆,吸引大批的中低消费旅游度假者。最后是恬淡、静雅的休闲客栈,高度重视环境布置,注重文化品位,营造闲适、静雅的休闲氛围,以迎合有一定文化修养和消费能力的休闲度假客人的需要。如丽江、桂林等旅游热点城市就有不少这类客栈。

二、小型私营酒店存在的主要问题

1. 经验管理取代科学管理

由于小型私营酒店往往采取家族化管理模式，业主既是主要投资者，也是最高领导者，因而在经营中难以摆脱家长作风，我行我素，倾向于经验化管理。即使聘请专业人士来管理酒店，业主也会经常加以干涉，越级指挥现象极为普遍。加上董事及其他高层管理的家族成员的多方面影响，受聘的专业管理人士的经营管理才能受到约束，极大地降低了经营管理的效率，使科学的管理决策难以顺利实施。另外，家族成员因创业而成为管理者，他们习惯于经验管理，不懂且不屑于科学化管理，加之其自身的知识与专业水平和能力有限，往往与科学管理产生摩擦，使专业管理人员的正确指令难以顺利下达和执行，从而使不少专业管理人士被迫辞职。总之，由于业主和家族成员在酒店管理方面的明显缺陷，致使小型私营酒店缺乏现代经营理念，缺乏明确的市场定位，且缺乏科学、合理的经营目标与完善的经营管理计划，在经营过程中表现出极大的盲目性和主观随意性。

2. 所有权与经营权高度统一

由于所有权与经营权的高度统一，业主自然成为酒店唯一或主要的决策者，权力高度集中，因而在经营中往往以"老大"自居，在一些重大决策中刚愎自用，不善于听取他人的意见，很少进行深入、细致的市场调研，从而导致不少决策上的失误。在经受到多次惨痛教训后，一些业主开始意识到专业化、科学化管理的重要性，于是聘请家族以外的专业人士进行管理。然而，由于两权的高度集中、统一不可分离，导致经营中受聘的专业管理人士缺乏必要的独立经营自主权，常常受到来自业主及董事的过多干预，无法顺利实施精心制订的经营管理计划。

3. 组织机构简单封闭，管理手段原始落后

为了最大限度地降低成本和提高效率，致使小型私营酒店的管理组织机构过于简单和封闭，彼此缺乏有效的互相约束力，缺乏监控机制，有的机构形同虚设，不能有效发挥应有的监控职能。绝大多数小型私营酒店的管理尚处在低层次、原始、粗放型的状态中，业主通常以自身摸索的经验进行管理，随意性大，缺乏现代经营理念的指导和科学管理手段的引入。

4. 人力资源管理存在诸多问题

人力资源是酒店各种资源中最重要的资源，是酒店发展最重要的基础，也是影响酒店竞争力最重要的因素。然而，受宗法观念的影响与制约，小型私营酒店在人力资源管理上表现出诸多问题，严重制约着企业的发展。

（1）缺乏完善的用人机制

酒店是劳动密集型企业，大量工作要靠人来完成，从业者素质的高低决定了酒店的质量，要确保酒店的持续运转，必须有一套科学、完善的用人机制提供人力保障。小型私营酒店受业主观念的限制，在用人问题上只顾眼前，不管将来，缺乏长远规划，且缺乏完善的用人体系，包括招收录用体系、教育培训体系、激励体系、约束体系。

（2）任人唯亲，内外有别

受宗族观念影响，小型私营酒店在用人问题上，为摆平错综复杂的家族内部关系，始终无法摆脱"先家庭而后企业"的怪圈，在具体用人时总是首先考虑怎样安置家族成员，而从不认真考虑这种安置对酒店是否适当、是否有利，能否有效调动全体员工的工作积极性。在职位升迁方面，更是本着"内外有别"的原则，两眼盯着家族内部，生怕大权旁落，因而往往滥竽充数、才职不称。而家族成员间也并非铁板一块，彼此间由于利益关系常常结党营私，以致"窝里斗"现象十分严重，这种内耗极大地影响了企业的正常经营，甚至拖垮了企业。非家族成员的员工即使再有才干、表现再突出、贡献再大，也难以进入管理层成为骨干成员，最终只有选择离开。因此，小型私营酒店很难留住优秀人才。

任人唯亲的最大弊端是容易在企业内形成"家天下"的局面，形成一股压制外来人员正确意见，乃至欺负外来人员的歪风，导致外来人员对企业缺乏认同感，人员流动过于频繁，影响了正常的生产经营。此外，任人唯亲还导致了近亲繁殖，造成企业获取信息的范围狭小，企业管理人员目光短浅，思路狭窄，与信息社会的要求背道而驰。

（3）重忠诚而轻能力

在用人问题上，小型私营酒店往往更注重员工的忠诚度，而忽视员工的个人能力。忠诚成为用人的标准。只要对老板忠诚，对家族成员忠诚，就会得到重用，至于有没有才能，工作能力怎样，则是次要问题。这种用人观念严重制约着企业的发展。

（4）无视法律，侵害人权

在对待员工收入及福利方面，小型私营酒店普遍存在着随意拖欠员工工资、扣克应有的相关保险、取消必要的劳动保护条件、随意开除员工或要求员工无偿加班、加点等情况。表明业主严重缺乏法制观念，忽视法律的存在，无视人权，随意侵害员工权益，从而极大地影响了员工的安全感和归属感，员工流动率普遍很高。

（5）专权不放，缺乏授权

现代企业管理强调分权与授权，以便充分调动各方面的积极性，提高工作效率与工作质量。然而，小型私营酒店业主常常大权独揽，事无巨细，事必躬亲，越级指挥，不肯授权，加上自身精力与能力的限制，整天累得要命，却成效低微，而下级人员却无所事事。

（6）忽视培训，难留人才

酒店是靠高质量的服务赢得客人满意，从而实现经济效益的。而高质量服务源于高素质的员工，高素质的员工则来自长期系统的培训教育。小型私营酒店只看重经济效益，却从不认真思考经济效益与员工素质的关系，更不愿意在人员的教育培训上进行必需的投入。长期得不到充电的员工越来越难以适应日益增高的服务需求。一些有进取心的年轻人，看到老板只顾赚钱而不管员工的个人发展，深感前途渺茫，只得另择良木而栖。因此，这类酒店无法留住有理想、有抱负的优秀人才，导致企业总是在生死线上垂死挣扎、徘徊不前，多年过去，一切依旧。

5. 营销观念落后，营销手段单一

当今酒店业已进入到一个以培养忠诚客人为宗旨的营销时代，而小型私营酒店则还停留在产品销售的初级阶段，仅满足于产品推销，以致在经营中只重视产品的销售，却不顾客人的要求，从不关心和分析本酒店的客源情况、作认真的市场分析以明确主要目标市场，更不去研究如何满足客人、培养客人的忠诚度。因此，小型私营酒店往往缺乏稳定的客源市场,抱着传统观念坐等顾客上门。在具体的营销手段上显得十分单一,缺乏整体营销,未能从产品、价格、销售渠道、促销、服务等方面全方位开展营销活动,仅仅把关系营销作为唯一手段,上至董事长、总经理,下至销售人员亲自出马进行关系营销,把企业营销当作个人的销售活动,其中包含许多不正常因素,诸如搞回扣、无节制恶性削价,甚至不惜采取行贿等非法手段,扰乱市场秩序,给社会造成负面效应,制约酒店本身的健康发展。

6. 法制观念淡薄,财务管理混乱

酒店经营者要靠合法经营来实现企业的经营目标,这就需要经营者增强法制观念,坚持守法经营。然而,小型私营酒店业主往往法制观念淡薄,不择手段地偷税、漏税。酒店的财务大权一般由业主或其直系亲属直接控制,不少业主忽视会计监督管理的职能,法制观念淡薄,采取一套税务账,一套内部账的方法进行偷税和漏税,不仅造成国家税收的流失,还影响了会计处理的完整性。小型私营酒店在财务管理上最突出的问题是缺乏完善的规章制度,尤其是缺乏有效的监督机制,业主独揽财务大权,财务主管只对业主负责,任何人不得过问。无论在资金管理、成本管理、营业收入和利润管理方面都存在诸多问题与漏洞,严重制约企业的发展,使财务管理失去保护经营成果的作用。

三、小型私营酒店的经营策略

1. 转变经营理念,实行两权分立

小型私营酒店要想彻底走出困境,首先必须转变经营观念,抛弃小农经商的意识,真正实行两权分立,即将所有权与经营权分开,明确董事会与总经理各自的权限与责任,充分赋予总经理在经营上的独立自主权,严格按照现代企业运行规律规范运行,从根本上避免业主或董事会对总经理的干预与牵制,以便充分发挥总经理的才干,确保企业经营正常、有效地进行。在总经理人选上,尽可能对外招聘有才干的人来担任,明确其职责与权限,以现代企业制度规范企业运作。尽量避免由业主兼任总经理,以便从根本上消除因业主私利膨胀而阻碍企业发展的痼疾。

2. 建立科学、完善的组织机构

在组织机构方面,由于受业主小农经济意识的制约,小型私营酒店的组织机构往往过于简单和封闭,彼此间缺乏有效的协调,缺乏相互约束,缺乏监控机制,以致严重影响企业经营正常进行,效率低下。小型私营酒店可谓"麻雀虽小"却"五脏俱全",不能为了单方面的控制成本而任意削减必需的机构,否则必将导致因职能空缺而影响经营活动的顺利开展。因此,应结合企业自身的情况,按照现代企业组织机构设立的基本原则,建立、健全组织机构,确保酒店内部既分工明确又彼此配合,推动各项经营管理活动正常、高效地进行。

3. 加强人力资源管理,提高员工的工作积极性

酒店是劳动密集型行业,大量工作要靠人来完成,人力资源在酒店的各种资源中是最重要的资源,也是决定酒店生死存亡最关键的因素。小型私营酒店必须深刻反省自身在人力资源管理上的严重缺失,励精图治,强化人力资源管理,增强企业的活力。第一,要完善酒店的用人机制,着眼于企业的长远利益,从招聘、培训、激励、约束等方面完善酒

店用人体系，彻底改变用人的随意性。第二，坚持任人唯贤、内外一致的原则，切实根据酒店经营管理的需要，任用德才兼备的人才，确保才职相符。第三，坚持以人为本，实行人性化管理，关心员工、爱护员工，充分尊重员工，保护员工利益，以便使工产生认同感，增强责任意识。第四，加强员工培训，增强企业后劲。为保证员工的素质不断提高，以适应不断提升的服务需求，要按现代人力资源管理的要求加强员工培训，并将其作为长期系统工程常抓不懈，以此作为支撑企业长期发展的基础，增强企业的后劲。加强员工培训，才能为员工提供学习提高的机会，使员工看到在酒店发展的希望，从而安心工作，稳定员工队伍。第五，充分授权，以调动员工的积极性。

4. 转变营销观念，丰富营销手段

营销观念是具体开展营销活动的指导思想，且是企业经营成功的首要因素。小型私营酒店要摆脱经营困境，首先就要更新营销观念，尤其是企业最高层领导要善于学习，以现代营销观念取代传统落后的营销观念，并在全店上、下形成整体营销意识，开展全员营销活动。其次，要加强市场调研，在市场细分的基础上选准目标市场，做好产品定位，避免经营中的盲目性，做到有的放矢。最后，在具体营销手段上，要彻底走出单一的关系营销误区，采取内部营销、服务营销、关系营销、网络营销、绿色营销等丰富多样的现代营销手段，以提高经营效果。

5. 增强法制观念，规范财务管理

按章纳税、守法经营，是企业经营者应有的商业道德，靠钻法律漏洞、打擦边球、搞歪门邪道，绝不是企业长久的经营之道。小型私营酒店业主应增强法制观念，坚持合法经营，以诚信赢得消费信赖。在财务管理上，要建立、健全财务会计制度，规范财务管理流程，加强监督控制，堵塞财务漏洞，真正发挥财务管理在经营活动中保驾护航、保护经营成果的重要作用。

在人们越来越重视生活品质的今天，旅游已经成为人们生活中的一项重要内容，人们的旅游消费意识不断增强，旅游经验越来越丰富，这不仅为酒店提供了广阔的市场，同时也对酒店业提出了更高的要求，按照优胜劣汰、适者生存的自然法则，小型私营酒店应审时度势，在复杂多变的市场环境中，锁定目标，充分发挥自身优势，克服自身不足，强化内部管理，以独特的、高质量的产品和服务赢得市场。

试论酒店顾客感知服务质量的控制

谢 芳

（贵州民族大学旅游与航空服务学院　贵阳　550025）

【摘　要】当今酒店业的竞争日益激烈,提供令顾客满意的服务是竞争的焦点与核心。为此,酒店必须建立顾客导向的服务竞争意识、管理意识、管理策略。本文从酒店服务的特点出发,依据顾客感知服务质量形成的模式,阐述通过控制顾客感知服务质量的方式达到控制酒店服务质量的策略。首先,笔者旨在论证顾客感知服务质量是评定酒店服务质量的标准;其次,试图分析影响顾客感知服务质量的重要因素;最后,目的在于揭示对其相关因素的控制策略。

【关键词】酒店;顾客感知服务质量;有形证据;服务承诺;形象;服务补救

酒店是服务性企业,服务质量是酒店的生命线,且是酒店竞争的核心和焦点。1978年,我国酒店业引进并广泛推广全面服务质量管理(Total Quality Control,TQC),开展全员、全方位、全过程的服务,建立全面的服务管理体系。然而,我国酒店的服务质量与国外酒店集团的服务质量相比,仍然存在很大的差距,服务质量投诉问题居高不下,影响了企业的竞争力。事实上,这种传统的流程模式主要从制度执行、业绩考核、明确分工、有效控制、运行方便等内部管理目标出发,顾客始终处于从属和次要的地位。在21世纪的今天,全球酒店竞争空前激烈,"消费者主权"已经崛起,顾客是至高无上的"上帝"。许多酒店经营者已将对宾客服务视作一项创新任务,进行重新研究,以使自己的服务质量得以保证和提高,形成服务优势,提高竞争力。美国著名的服务研究和咨询家谢纳汉指出:酒店正处在"服务革命的前夜"(the dawn of service revolution)。[1]这场革命使酒店的服务必须注重"顾客的需求"、"顾客的感受",按"顾客为中心"的原则,围绕"顾客高度满意"这一核心,重新思考、评价和改造以前的管理模式及实施对应的有效措施。

酒店到底应该怎样以顾客的需求为中心提供令顾客满意的服务呢？服务质量问题一直是许多学者研究的问题。格罗鲁斯于1982年率先提出了感知服务质量(perceived service quality)的概念和总的感知服务质量模型(the model total perceived service quality)。这种方法建立在顾客行为和顾客消费后评价相关的顾客期望的影响进行研究的基础上。格罗鲁斯创建的感知服务质量评价方法和顾客差异结构用来衡量顾客服务体验,服务结果与顾客所期望的相吻合的方法是服务质量管理研究最为重要的理论基础。酒店是以服务为核心行业,服务贯穿于产品生产、销售和顾客消费的整个过程,是高接触性服务的行业,顾客在这个过程中扮演着重要角色,顾客参与生产、消费和体验服务,评价服务结

[作者简介]谢芳(1965—　),女,汉族,成都市人,贵州民族大学旅游与航空服务学院副教授。

果,格罗鲁斯提出的总的感知服务质量模型非常适用于酒店的服务质量管理。本文依据这一理论基础,从酒店服务的特点出发,阐述在酒店服务管理中有效控制服务质量的策略,以达到通过控制顾客感知质量来更好地控制服务质量的目的。

一、顾客感知服务质量的相关理论

（一）顾客感知服务质量的概念

服务质量必须建立在顾客需求、向往和期望之上,不能由管理者来决定。更重要的是服务质量不是一种客观决定的质量,而是顾客对服务的主观感知。[2]感知服务质量是"顾客作出的与服务是否优质有关的全面判断和看法"[3]。

（二）顾客感知服务质量是评价服务质量高低的重要标准

酒店服务是酒店员工以酒店的设备和设施为基础、以宾客为消费对象、以一定的消费活动与一定的情感投入为内容,为宾客提供所需的物质享受和精神享受的行为效用的总和。[4]酒店的服务大多是在顾客和服务员的互动中完成的,是高接触性的服务。例如：总台问询、接待收银、客房的对客服务、餐饮服务、行李服务、商场服务、康乐服务等。酒店服务和大多数高接触性服务(高接触性服务是指那些主要依靠人来完成服务过程的服务)一样,至少具有四个显著特征：一种活动和过程；生产、消费和传递过程同时发生；顾客参与生产过程；无形性。顾客感知服务质量之所以是评价服务质量高低的重要标准,是由酒店服务的这些特性决定的。

1. 顾客参与服务过程并在此过程中感知服务质量

在顾客亲自参与的服务过程中,顾客和酒店服务员密切地互动,经历一系列服务关键时刻。这些关键时刻是一次次向顾客展示服务质量的机会,也是给顾客留下深刻印象的时刻,这些关键时刻影响着顾客的服务感知,对顾客感知服务质量的水平起着决定性的作用。因此,服务质量无法从服务过程中脱离出来,服务生产过程的结果只是顾客感知服务质量的一个部分。酒店服务和其他服务管理都是建立在这样一个理论基础上的。服务的这些特征促使我们不得不把服务质量管理的重点放在顾客感知服务质量上,只有令顾客满意的服务才可能是优质的服务。

2. 酒店顾客对服务质量的感知具有一定的主观性

首先,酒店服务没有具体的、明确的感观标准让顾客去评价。酒店服务在大多数服务营销著作中,无形性都被列为服务重要的特征。无形性,是指服务不是一种有形的物体,而是一组由一系列活动所组成的过程。[5]这一特性使酒店服务不同于工业产品,没有具体的、明确的感观标准,顾客对服务质量的评价是非常困难的。

其次,酒店顾客各自的需求不同、消费经验不同,也不具备评定服务质量的专业知识,往往会用主观的期望、个人的心理感受去感知服务质量。顾客会从酒店服务的有形性、可靠性、响应性、真实性、移情性、安全性等方面去感知服务满足他们的程度。同一项服务由同一个服务员以同样的方式和同样的标准提供给不同的顾客时,他们的感受是不同的。

二、影响顾客感知服务质量的重要因素

上面一个问题讨论了顾客感知服务质量是酒店服务质量的评定标准。如果要对其

进行有效地控制,必须找到影响顾客感知服务质量形成的重要因素,才能抓住要点,有的放矢地实施管理控制计划。

(一)影响顾客感知服务质量的因素

从酒店顾客感知服务质量形成的过程中,可以了解影响顾客感知服务质量形成的相关因素。克里斯廷·格罗鲁斯对顾客感知服务质量形成的过程早有研究,他建立的顾客总的感知服务质量模型明确地显现出顾客感知服务质量形成的过程及影响顾客感知服务质量形成的相关因素。如下图:

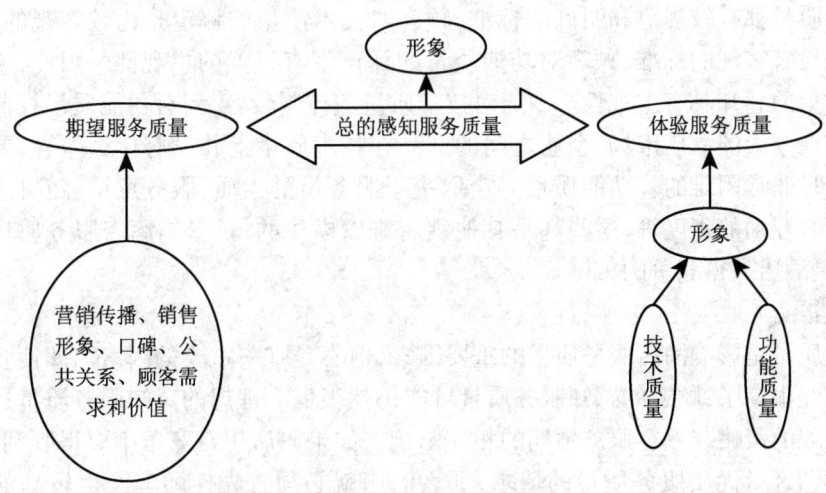

顾客总的感知服务质量图

(资料来源:[芬兰]克里斯廷·格罗鲁斯.服务管理与营销.北京:电子工业出版社,2002.)

从上图可知,期望服务质量和体验服务质量共同影响着顾客总的服务质量的形成。期望服务质量是顾客在消费之前对服务质量形成的预期。体验服务质量是顾客在亲自体验服务后对服务质量的实际感受。顾客会用期望服务质量和体验服务质量相比较,比较的结果会有四种:体验服务质量低于期望服务质量;体验服务质量高于期望服务质量;体验服务质量等于期望服务质量;体验服务质量超越期望服务质量。这四个比较结果分别会让顾客产生四种不同的感受:糟糕的服务质量、良好的服务质量、可接受的服务质量、优质的服务质量。比较的结果再用企业在顾客心目中的形象来评估,然后形成顾客总的感知服务质量。从这个过程可以知道影响顾客总的感知服务质量的因素有:功能质量、技术质量、酒店形象、营销传播、销售、口碑、公共关系、顾客需求和价值。

(二)影响顾客感知服务质量的重要因素

影响顾客感知服务质量的因素并不是影响顾客感知服务质量的重要因素,它们对顾客感知服务质量的影响程度有所不同,酒店对它们的可控程度也不同。从服务角度来看服务在竞争中的重要作用,必须明确是哪些要素更加严重地影响着竞争。哪些对顾客感知服务质量的影响程度大,酒店对它们的可控程度小的因素是我们要寻找并实施重点管理的。

1. 功能质量

从上图可知,酒店顾客体验服务质量包括两部分:技术质量和功能质量。例如,酒店中住宿者将得到一间含有各种所需硬件设施的房间、在餐厅得到所需要的饭菜和酒水、在健身康乐中心享受各种运动器材等。所有这些都是服务结果，是服务质量的一部分，是服务的技术质量，在服务管理中也被称为结果质量。由于顾客与服务提供者之间存在着一系列互动关系，传递服务结果给顾客的方式对顾客感知服务质量的优劣有重要的作用。例如，酒店服务员的态度是否热情周到、服务的速度是否快捷、服务员的外貌是否端庄、仪态是否优雅、语言是否有礼貌，以及服务的环境是否舒适卫生，都对顾客的感受产生重要影响，顾客接受服务的方式被称为功能质量，在服务营销中也被称为过程质量。通常技术质量都有较规范和明确的标准，顾客对技术质量的评定是比较客观的，而功能质量一般没有客观的标准，顾客对功能质量的评价带有很大的主观性。因此，说明顾客对服务质量的感知具有主观性。酒店对技术质量的控制较容易，对功能质量控制的难度却很大。在今天的酒店市场，企业之间的产品在技术质量上并没有什么差异，要想创建技术优势是非常困难的。功能质量完全取决于服务员的素质、服务意识、随机应变能力以及和顾客互动的程度等，这些都是其他酒店难以模仿的，是影响酒店服务质量的重要因素，它是酒店赢得竞争的关键。

2. 承诺

功能质量是影响酒店服务质量的重要因素，但不是唯一重要的因素。即使企业的功能质量已经很高了，顾客的感知服务质量可能仍然很低。理想的感知服务质量还取决于酒店所采取的策略与顾客服务预期的相互影响。如果酒店想在竞争中取得胜利，并希望满足潜在顾客对优质服务质量的追求，那么酒店就必须首先使顾客产生较高的服务预期，然后使他们提供顾客能够感知的优质服务质量。相反，如果酒店采取低质底价的政策，虽然提供的服务水平较低，但它依然在顾客所期望的服务水平上。只要顾客的服务预期与实际体验重合时，顾客感知服务质量仍然良好。由此看来，通过对顾客的服务预期的控制可以较好地控制顾客的感知服务质量。

如上图所示，顾客对酒店服务质量的预期受营销传播、口碑、企业的形象、价格、顾客需要与价值等诸多方面的影响。营销传播包括广告、直销、形式促进、网站、互联网沟通、销售活动等，这些沟通手段均直接处于企业控制下，形象、口碑、和公众关系等因素是企业无法直接控制的，外部的市场沟通活动也会对这些因素产生影响，但是这种影响是基于企业前期工作的业绩情况，并通过广告而起作用。营销传播的各种手段均在酒店的控制下，特别是酒店在营销中的服务承诺对顾客服务预期的建立影响非常大。在酒店广告宣传中，过度的宣传和不恰当的宣传都会使企业的承诺脱离现实，从而使顾客产生较高的服务预期，加大顾客的服务预期质量和体验服务质量之间的差距，最终导致顾客感知服务质量的下降。承诺是影响服务预期的重要因素，酒店应该加强这些因素的控制，使这些因素对顾客和服务质量形成良好的影响。

3. 企业形象

不管是国际的、国内的任何酒店组织，其形象都代表着现有顾客、潜在顾客、流失顾客及其他相关组织对组织价值的评价。形象诸如广告、人员推销与口碑传播等外部营销手段一起表达人们的期望。企业的形象对于酒店这样的服务企业来说是重要的，它对顾客感知服务质量的形成有重要的影响。形象是影响酒店服务质量的"过滤器"，人们会利用它来"过滤"企业的技术质量和功能质量。如果在顾客心目中企业是优秀的,那么即使企业的服务出现了一些微小失误,顾客也会予以原谅的,它会淡化顾客对服务的不满,从而有助于形成良好的感知服务质量。酒店的良好形象是企业的"保护伞"。在短期内,由于"保护伞"的作用,无论是在技术质量,还是在功能质量上出现了问题,都是可能被顾客忽略的。酒店顾客感知服务质量和形象存在着相互影响的关系,形象对顾客感知服务质量起着过滤的作用,而顾客感知服务质量的提高又反过来促进酒店良好形象的形成。

上述说明了功能质量、企业形象、承诺是影响顾客感知服务质量形成的重要因素。这一分析结果,比特纳(Bitner)、巴斯特赫(Busthhe)和奥利弗(Oliver)提出的顾客良好感知的七项标准也可以证明。他们提出的顾客良好感知的七项标准是:职业化程度与技能、态度与行为、易获得性与灵活性、可靠性与可信度、服务补救能力、服务环境组合、声誉与信用。[6]其中,"职业化程度与技能"与服务结果相关,属于技术质量。"声誉与信用"与形象相关,起着过滤器的作用。"态度与行为"、"易获得性与灵活性"、"可靠性与可信度"、"服务补救"、"服务环境组合"均与服务过程相关,属于功能质量。虽然这七项标准被作为服务质量管理的准则,但是除了"职业化程度与技能",其他标准对顾客感知服务质量的影响更大,应该是顾客服务质量控制的重点。

三、顾客感知服务质量的控制措施

(一)服务补救策略

格鲁克斯认为,服务补救是服务企业对提供服务产生的缺陷或者失败所采取的行动和反映;扎豪斯顿认为,服务补救是服务提供者为了缓和或修复在服务中对顾客造成的伤害。从这些定义可以看出,服务补救是服务企业对服务事务或者顾客的不满所采取的应对行动,目的是希望顾客能重新评价服务质量,避免坏的口碑宣传,并留住顾客。[7]

服务补救是建立在顾客导向基础上的问题处理方式,体现出酒店对顾客的尊重,通过服务补救能更好地控制功能质量。对酒店来说,服务过程的完美无缺是一种最理想的境界,然而这一点是无法做到的。酒店对服务质量的控制是复杂而困难的,一项服务的提供,既涉及不同的服务员和不同的部门,也涉及顾客的配合程度,任何酒店为顾客提供的服务都不可能做到万无一失。由于员工会犯错误、系统会出现故障、顾客的行为也会造成服务的失败,可能在任何时间、任何地点发生。当服务失败发生时,不管造成的责任在谁,酒店只有积极主动地承担服务失误的责任,并采取有效措施,进行服务补救,纠正错误,挽回给顾客造成的不良影响,使顾客能重新评价服务质量;否则,会严重影响顾客的感知服务质量。很多学者认为,出现服务失误后,得到及时补救的顾客,对服务质量的满意度比那些没有遇到服务失误的顾客的满意度更高。根据外国学者吉利的研究证明:对服务补救处理不满的顾客会较原先就满意或者不满意但没有抱怨的顾客有更高的购买意愿。另据研究,4%抱怨的顾客比96%不抱怨的顾客更可能继续购买企业产品。如果问题得到解决,那些抱怨的顾客中将有60%会继续购买产品。据美国消费者事务办公室调查的结果显示,在投诉得到处理的顾客中,有50%~80%的人愿意和企业发展业务。[8]服务补救的作用不仅仅是补救有缺陷的服务,还有助于发现服务传递系统的缺陷,并加以改正,以赢得顾客持续的满意。通过追踪和分析服务补救,能够获得服务窗闭系统中需要改进的问题。在兹卡尔酒店接到投诉的员工被要求记录每次服务补救的时机,以及问题是如何被解决的,然后将这些信息输入顾客的数据库,以分析是否有服务模式或系统性的问题需要改进,如果需要,这个安排项目小组到出现问题的地方去开发解决方案。另外,信息还被输入顾客个人档案,以避免给再次光临的顾客提供服务时再犯同样的错误。

服务补救是一种管理过程,首先要及时发现服务失误,然后认真分析失误的原因,确定解决方案,然后给予及时地解决,酒店还应建立起聆听系统,鼓励顾客抱怨投诉,把问题暴露出来,才有机会去补救;否则,酒店将会失去挽回顾客不满的机会,导致顾客产生较低的感知服务质量。另外,酒店还应建立有效的聆听系统,给顾客提供发泄不满和表达抱怨的地方。

(二)服务承诺策略

承诺,是指企业通过公布服务质量或服务效果的具体标准,并对顾客消费利益加以担保或保证的营销策略。[9]

酒店服务的无形性特征使顾客不能透彻地了解酒店的服务,使顾客存在购买的风险,从而在一定程度上影响了顾客的购买决策。酒店为了更好地、更多地吸引顾客,以达到营销的目的,采取了服务质量承诺的营销策略。然而,并不是什么承诺都能达到企业的这种期望,酒店采取符合实际的营销承诺是至关重要的。过度的、夸大其词的承诺会造成顾客过高的服务预期,使顾客实际体验到的服务质量低于已建立的服务预期,最终导致顾客不佳的服务质量感知。酒店营销必须避免做出一些不合实际的承诺,应该把承诺定得低一些,把顾客的期望控制在相对较低的水平,从而提高顾客所感知的服务质量。在贝利等人的研究中也证实了这一点。"简单地说,顾客期望服务公司能做到他们说想的那样。他们的期望是基本的,并不虚幻;是行动的,不是空泛承诺。"[10]

承诺容易做出,关键是要兑现承诺。企业除了避免过度的承诺外,必须对承诺实施有效地管理,以保证服务承诺的实现。第一,要认真地进行市场调查,以准确地分析顾客的需求,理解顾客的服务期望;第二,要实现把顾客期望的服务质量的认知转化为企业可执行的服务质量标准;第三,要采取科学、合理的手段管理员工,控制服务营运,保证服务质量的实现;第四,外部营销与促销活动不应该孤立进行,而应当与内部的服务能力及资源有机地结合起来,使酒店所做出的承诺能够顺利地进行。第五,承诺必须简洁、明确、不含糊其词,让顾客能准确解读。

(三)有形化策略

无形性是服务的一个非常重要的特征,使顾客对服务质量的感知具有很强的主观性,顾客用来形容服务的词通常会包括"经历"、"信任"、"感觉"和"安全"等,这些词语对服务的描绘都是非常抽象的。为了使顾客能产生符合实际的感知服务质量,酒店应采取有形化策略。有形化策略,是指酒店提供服务的有形线索,以帮助顾客认识和了解酒店的服务策略。[11]有形线索,是指在服务的过程中能被顾客感知到或提示的服务信息的有形实体、术语、口号、标语、数据、形象的比喻和事实等。在酒店的广告宣传中使用有形线索,能够更好地完成售前沟通,引导顾客形成正确的服务预期。实施有形化策略的具体措施有通过标志、术语和标语口号传递服务的关键特征;通过数据和事实传递服务质量的信息;通过生动形象的比喻让顾客更准确地理解服务质量;通过服务人员的仪容仪表、言行举止、服务技能去展现完成服务的能力;通过实物、气氛设计展现提供服务的环境等。

(四)形象策略

形象策略,是指企业所关注的不仅仅是提供核心产品,也不仅仅是价格竞争手段,而是通过持续的市场沟通,在市场上树立起良好的形象,并以形象作为竞争手段。[12]

有句名言说:"形象就是现实。"因此,酒店形象的宣传和改善都必须建立在现实的基础上。酒店的市场营销信息与现实不吻合,顾客会产生不可能实现的服务预期。如果预期比从前更高,但现实却没有改变,对顾客的感知服务质量就会产生负面影响,企业的形象就会遭到破坏,对顾客的感知服务质量就会产生影响,企业的形象就会遭到破坏;如果酒店的业绩很好,但是不被人所知,则意味着出现了传播问题,酒店加强传播的力度,或者是改变宣传的手段;如果形象是现实问题,则可能是企业的业绩、技术质量或者功能质量出了问题,这就需要加强酒店内部的管理,提高企业的业绩。

酒店形象不仅包括商业形象,还包括社会形象。酒店不仅是经济实体,也是社会的一个基本实体单位,因而它们也必须承担一定的社会责任,比如,酒店对环保问题的关注程度、社会公益事业的参与程度等,这些均会影响社会成员对企业的信任度,从而间接影响酒店的社会形象。

四、结束语

由于酒店服务是复杂的,影响服务质量的因素很多。顾客感知服务质量是评定酒店服务质量的水平,酒店必须建立以顾客需求为导向的管理意识和服务意识,实施让顾客产生良好的感知服务质量的策略,并抓住重点对其科学而严格的管理。除此之外,酒店组织中每一个成员对质量的形成都负有责任,必须在整个酒店内提倡服务质量观念,特别是内部营销、市场沟通和销售部门的工作,必须和质量管理部门的工作融为一体,服务的各个环节必须有机地衔接,以保证服务质量。

[参考文献]

[1]王大悟.当代酒店透视与聚焦.合肥:黄山书社,2002.

[2][5][6][12][芬兰]克里斯廷·格罗鲁斯.服务管理与营销.韩经纶等译.北京:电子工业出版社,2002.

[3]詹姆斯·A.菲斯西蒙斯,莫娜·J.菲斯西蒙斯.服务管理——营运战略和信息技术(第2版).张金成、范秀成译.北京:机械工业出版社,2000.

[4]郑向敏,谢朝武.酒店服务与管理.北京:机械工业出版社,2004.

[7][8][9][11]张文建,王晖.旅游业服务管理.福州:福建人民出版社,2004.

[10]瓦拉瑞尔·A.泽斯曼尔,玛丽·乔·比特纳.服务营销(第二版).张金成,白长虹译.北京:机械工业出版社,2002.

镇山村村民旅游态度的定量研究

薛玉梅

（贵州民族大学旅游与航空服务学院　贵阳　550025）

【摘　要】 笔者在个案访谈、文献综述、开放式问卷的基础上，提出旅游民族村寨村民对旅游所持态度的理论构想，并据此编制关于旅游态度的问卷，镇山村村民的旅游态度由三个维度构成：参与意愿、积极评价、消极评价，同时存在职业、寨子的差异，学生均分最高，农民均分最低。

【关键词】 旅游态度；多重比较；交互作用

一、旅游态度及其现有研究

旅游态度，被认为是个体在旅游活动中产生的一系列有关政治、经济、社会、文化、环境等方面的认识、评价与反应的倾向。对旅游目的地居民旅游态度的研究随着旅游的发展而进入了人们的视野，越来越多的人开始意识到目的地居民的旅游态度对当地旅游的发展前景、发展规划与运营都起到了重要作用，国外的研究始于20世纪70年代。

（一）国外目的地居民旅游态度的研究

国外旅游地居民旅游态度的研究概括起来，主要集中在居民对特殊旅游产品的感知与态度、居民对旅游影响的态度、居民旅游感知和态度的影响因素、相关理论等方面。居民对旅游影响的态度围绕经济、社会文化、环境三个方面的正面感知与负面感知展开[贝斯卡利德（Besculides），2002年；布伦特和考特尼（Brunt & Courtney），1999年；刘和艾尔（Liu et al.），1987年]。大部分研究都涉及经济，最早关于经济影响的感知可以追溯到盖茨（Getz）1986年的研究，基奥（keogh）于1990年指出，普遍认为旅游给当地创造了就业机会，给居民和政府带来了物质与税收，当地居民在旅游中获取的经济利益与他们对旅游的支持呈现显著的正相关关系，因此居民参与旅游的途径也一直受到关注。但是，在旅游目的地从旅游中受益者往往仅局限于少数，而旅游可能带来的诸多负面影响，比如，传统文化受到冲击、犯罪增加、资源破坏、噪声、交通拥挤等社会文化和环境的负面影响，促使对当地居民的态度研究开始向影响因素深入。但后来有相当的研究表明：最终关键的还与居民是否在旅游中获利有关，与目的地本身的经济发展有关，目的地经济发展越落后，居民越对旅游持积极态度，旅游目的地在旅游发展前期，当地居民越倾向于对旅游持积极态度，因为更容易感知到旅游的积极影响。

（二）国内目的地居民旅游态度的研究

我国对旅游地居民旅游感知和态度的研究始于20世纪90年代初期，国内的研究受国外研究思路的影响，多以个案为主，对海滨型、古村落、古镇等类别较多的旅游区进行了研究,如戴凡和保继刚(1996)、李有根等(1997)、陆林(1996)、王宪礼(1999)、章锦河(2003)等。研究内容主要围绕旅游经济影响的感知与态度、旅游环境影响的感知与态度、旅游社会文化影响感知与态度,基本属于初步研究,研究方法与结论很相似,有明显的国外研究思路的痕迹,多数都验证了国外已有研究(黄洁、吴赞科,2003;苏勤、林炳耀,2004;吴忠宏等,2005)。研究学科部分归属社会学、地理学、生态学,多数是经济和管理学领域。近十多年来,随着社区建设的兴起,旅游目的地被社会学、人类学作为一个社区进行研究,关于目的地居民对旅游经济方面的感知,形成了一个纵深研究的分支,较多的研究围绕旅游目的地居民社区参与旅游的模式、目的地居民获取利益、居民对旅游的态度、旅游目的地旅游发展等多方面展开,通常以个案为主,归纳起来,居民参与旅游的模式大致为:政府主导型、政府+企业+村民型两类(李乐京、陈志永,2007;梁玉华、杨爱军,2006;罗琳,2007;郑群明、钟林生,2004),普遍认为参与模式不太理想(李乐京等,2007;罗永常,2005),居民参与浅层、获益少,旅游态度复杂,旅游发展前景值得认真思考(黎洁、赵西萍,2001),同时还对社区参与旅游的脉络和走向进行分析(刘纬华,2001;孙九霞、保继刚,2006)。

(三) 已有研究的不足

从对旅游态度的研究来看,国外的定性分析少,个案研究多,多使用结构方程模型、聚类分析进行研究,从理论到个案,继而到方法都较丰富,但国内外对旅游态度的研究多从社会学、人类学、地理学、文化学等多角度、跨学科展开,尚难找到来自心理学方面的研究;国内研究多是沿袭国外的研究结论,总体上,定性研究多、理论分析多、定量研究少,方法和手段单一,缺乏深入、细致的研究与研究方法的提升,往往出现研究结论大同小异,虽然多采用个案调查,但问卷的信度、效度不高;在对研究对象的选取上,类型较丰富,但对少数民族的研究不多。

(四) 本研究的意义

编制具有较好信度、效度的镇山村村民旅游态度问卷作为测量工具,对旅游民族村寨村民的旅游态度的调查会更有效、更科学,更具可比性。使用统计方法进行多因素方差分析,会更深入、细致地探查到村民旅游态度的深层机理。

二、旅游民族村寨村民旅游态度问卷的编制

(一) 开放式问卷调查

1. 目的

通过开放式问卷调查和个案访谈,结合文献,拟定旅游民族村寨村民对旅游态度的理论构想,再根据修改后的理论构想,编制旅游民族村寨村民旅游态度问卷的项目。

2. 调查对象

随机入户选取镇山村的村民作为开放式问卷的被试,其中女性37名,男性40名。

3. 调查问题与结果

问题1:喜欢游客来寨子里吗?喜欢与游客交往吗?

村民普遍持肯定态度,认为游客来了,使寨子热闹了,还带来了时尚信息,认为游客衣着服饰通常都很时尚。有小部分村民持无所谓态度。

问题2:怎样在与游客交往中挣钱?

村民回答归纳为,经营农家乐、经营游船、开卡拉OK、烧烤等。也有一些村民说没有挣钱,主要务农或上班。

问题3:寨子里有表演队吗?喜欢过节吗?游客来要表演节目吗?

村民回答没有正规的表演队,欢迎游客来和他们一起过节,只是偶尔有大领导来了,村里就派村民表演一些民族传统歌舞。喜欢参加,热闹、好玩。

问题4:发展旅游后,寨子的环境有哪些变化,比如卫生、交通、治安等?

村民的回答总结如下:寨子里的卫生出钱请村民专人打扫,钱从寨子门票里出,卫生和交通状况比以前好,为发展旅游,政府出钱修路,只是钱不知道具体用在哪些地方,修路速度太慢。治安比过去好。

(二)初测问卷的编制

在开放式问卷调查、个案访谈、文献资料的基础上,结合此前两个月曾经对另一个旅游民族村寨西江进行田野调查所获得的信息,拟出初步的理论构想,参看一些优秀量表的表述,和老师多次讨论,编制了具有代表性和普遍性的条目,并请一些被试作答,找出表述艰涩、模糊、绕口和不易回答、不易理解的题项进行修改和剔除,直至问卷通俗易懂,最后确定20个题项(附录1)。

问卷采用的计分方法是利克特(Likert)自评式五点计分方法,由"完全不符合"到"完全符合",分别评定为1~5分。

三、镇山村村民旅游态度的定量分析

(一)目的

探讨镇山村村民对旅游所持的态度及其影响因素。

(二)方法

1. 被试

抽取镇山村村民为被试,被试构成同表1。

表1 旅游态度问卷被试构成

	男	女	合计
上寨	68	81	149
中寨	10	7	17
下寨	73	49	122
总计	151	137	288

2. 材料

自编的"旅游民族村寨村民旅游态度问卷"的正式问卷(见附录1)。

3. 程序

用"旅游民族村寨村民旅游态度问卷"的正式问卷对被试进行个别施测。

4. 统计处理

采用 SPSS 17.0 for windows 进行数据的分析和处理。

(三)结果与分析

1. 镇山村村民旅游态度及各维度的总体特征

村民在总量表及各维度的总体测试结果见表2。可见:村民对镇山村旅游态度上的均分是积极评价>参与意愿>消极评价,积极评价的均分最高,消极评价维度的均分最低。

表2 镇山村旅游态度总体及各维度的总体测试结果

	平均数	标准差
参与意愿	3.362	.831
积极评价	3.539	.781
消极评价	2.604	.728
总问卷	3.169	.523

2. 镇山村旅游态度及各维度的职业特点

(1)不同职业村民在镇山村旅游态度及各维度的总体测试结果

从图1右图可见,总体及各个维度在职业上的分布并不平衡,具体表现为:学生在总体上的均分最高,农民的平均数水平最低;在参与意愿维度上,商人的均分最高,其次是学生,得分最低的是工人;在积极评价维度上,商人的均分最高,其次是学生,得分最低的是农民;而在消极评价维度上,学生的均分最高,其次是其他职业者,均分最低的是工人。

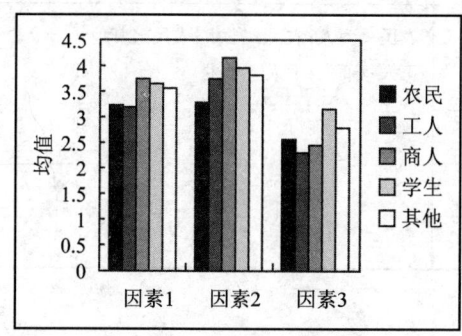 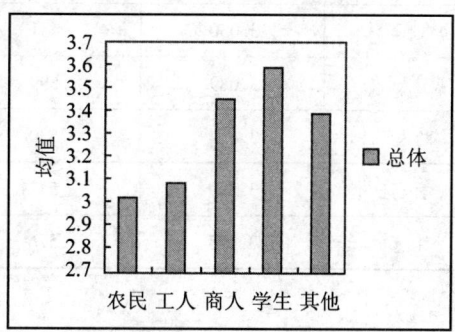

图1 镇山村旅游态度及各维度在职业上的平均分

(2)积极评价维度上的不同职业差异

表3显示,积极评价、消极评价维度和总体态度上都表现出极显著的职业差异。因此,进行多重比较加以具体分析,结果见表4:镇山村村民中农民对该村旅游的积极评价得分显著低于工人、商人、学生和其他职业者;在消极评价维度上,学生的得分显著得高于农民、工人和商人;在总体态度上,农民的得分显著得低于商人、学生和其他职业者,且

工人得分显著低于商人和学生。

表3 积极评价、消极评价维度及总体态度存在的职业差异的多重比较分析表

积极评价维度			
	Mean	SD	多重比较
农民	3.291	.697	农民<工人;农民<商人;农民<学生;农民<其他
工人	3.756	.831	
商人	4.171	.743	
学生	3.957	.699	
其他	3.822	.576	
消极评价维度			
	Mean	SD	多重比较
农民	2.572	.700	学生>农民;学生>工人;学生>商人
工人	2.311	.707	
商人	2.438	.704	
学生	3.159	.635	
其他	2.778	.851	
总体态度			
	Mean	SD	多重比较
农民	3.030	.441	农民<商人;农民<学生;农民<其他;
工人	3.089	.599	工人<商人;工人<学生
商人	3.454	.530	
学生	3.589	.541	
其他	3.393	.576	

3. 交互作用

由表4可知,职业和寨子在消极评价维度上也存在着显著的交互作用。因此,需要采用条件筛选法对交互作用作进一步的简单效应分析,结果见表4:寨子在职业上有显著差异,具体表现为:在其他职业者中,下寨村民在消极评价上的均分显著高于上寨村民。下寨在消极评价维度上表现出显著的职业差异,具体表现为:学生的均分显著高于农民、工人和商人,其他职业者的均分也显著高于农民、工人和商人。

表4 职业和寨子在消极评价维度上的简单效应分析表

职业	SS	df	MS	F	Sig.	事后比较
农民	.525	2	.262	.533	.588	
工人	.015	2	.007	.013	.987	
商人		2	.562	1.145	.331	
学生	1.124	1	.099	.237	.631	
其他		1	3.178	5.927	.030	下寨>上寨
	.099					
	3.178					
寨子						
上寨	4.537	4	1.134	2.033	.094	
中寨	.026	2	.013	.016	.985	
下寨	9.120	4	2.280	5.900	.000	农民<学生;农民<其他;工人<学生;工人<其他;商人<学生;商人<其他

四、讨论

(一)关于测量工具

本研究正式问卷共有9个题项。它们的因素负荷均在0.608以上,题项的质量较高;在信度方面,问卷的内部一致性系数为0.55、分半信度为0.549,问卷的三个维度的内部一致性系数在0.432~0.517之间,分半信度在0.426~0.522之间,各维度及问卷总体的内部一致性系数和分半信度系数均为较好的接受水平,这些都说明本问卷具有较好的信度,作为对镇山村村民旅游态度的测量工具是稳定和可信的。问卷的维度和题项能够涵盖旅游民族村寨村民的旅游态度,具有代表性。在效度方面,三个维度与总问卷的效度资料,以及验证性因素分析均表明本问卷具有良好的效度。

(二)旅游民族村寨——镇山村村民旅游态度的特点

1.总体特点

总体上,村民对镇山村旅游态度的均分是积极评价>参与意愿>消极评价,积极评价的均分最高,为3.539,消极评价维度的均分最低。可以明显看出,镇山村村民对旅游的态度总体上是积极的,其中村民的积极评价最突出,也有较高参与意愿,旅游进程中的负面感知较弱。

镇山村是一座始建于明代万历年间的古老村落。1999年,被列为中国第一批露天生态博物馆,在政府的支持下,乘着旅游风起云涌的势头,依仗本地的传承文化,镇山村投身于发展旅游的大潮。中国的民族村寨所处地域不同、旅游发展阶段不同、政治经济因素不同,面临的问题不同,大多使用"政府+企业"模式,或是"政府+企业+村民(村民组织)"模式和另一种旅游型态——政府完全主导型(薛玉梅,2009;郑群明、钟林生,2004),寻求资金援助与谋求旅游发展均由政府完成。镇山村基本属于政府主导村寨自主型,尽管在旅游发展的过程中,旅游的积极推动作用有一定的显现,但因民族村寨旅游发展模式在国内至今尚没有太成功的案例可以借鉴(刘炜华,2001),因此,镇山村旅游发展的不足也开始显现。首先,村寨领导曾经试图寻求企业入驻,专家规划,大力发展旅游,但终因领导班子部分成员在旅游中占据较有利的发展势头,不愿意舍弃自身利益改变现状,谋求全村发展,同时政府的运作力度不够,镇山村的旅游就此搁浅。因此,镇山村的旅游发展在政府的先期运作下,具有较好的名声——世界上唯一的布依族生态博物馆,1998年作为中国—挪威文化合作贵州生态博物馆群项目的一部分,但实际上其后旅游的发展却捉襟见肘。其次,村民总体的参与力度都不大,都处于一种相对原始的参与状态,主要局限于农家乐、经营游船、卡拉OK、烧烤等。因此,村民间因旅游带来的收入差别也很大,当然富裕的村民终究是少数,而且这种状况一直难以改观。最后,民族村寨旅游发展的淡季与旺季明显,旅游收入不稳定。但调查数据清晰地显示:镇山村村民的旅游态度并没有因旅游带来的负面影响而呈现过多的消极态度,仍然是积极肯定旅游,而且积极参与旅游,这种独特的与已有研究不太一样的现象究竟怎样解释呢?在其后村民旅游态度各维度特点及其交互效应,尤其是与村民经济价值观的相关研究中会更加清晰地解释这一点。

2. 职业特点

从图1与表3来看,在参与意愿与积极评价维度中,商人的均分都较高,因为镇山村村民的旅游参与主要是经营游船、农家乐、烧烤、小商店,个别村民家中如有祖辈流传的文化物件,则在家开办博物馆,为游客展示镇山村文化。问卷中的商人主要是指以经商为主的村民。因此,这部分人在旅游中属于直接获益者,参与意愿、积极评价两维度的均分都很高。而仍然以务农为主的村民,很少有机会从旅游中直接获益。因此,对旅游的积极评价均分最低,但这并不意味着他们参与旅游的意愿变弱,或者说在态度上便抵触或抗拒旅游,因为在参与意愿与消极评价的维度上,他们的均分不是最低的。说明这部分村民仍然对旅游寄予厚望。参与意愿维度最低的是工人,工人主要指在贵阳市单位工作、有固定工资来源、家住镇山村的村民,他们参与旅游较少,因而对旅游的感知不强烈,在各维度上的态度也不强烈,但更倾向于积极评价。因此,在消极维度上工人均分最低,学生均分最高。在参与意愿与积极评价维度上,学生均分都居第二位,说明学生在对本村发展旅游的态度上,既看到旅游积极的一面,也看到消极的一面,并愿意积极参与旅游发展,而且态度鲜明、强烈。所以在旅游态度总体上,学生的均分最高。学生的这种态度应该与三个因素有关,一是学生在知识与思维水平上接受了较好的熏陶,较之本村文化程度不高的村民,有更全面的是非善恶的价值判断体系,会更倾向于捕捉一个事物的利弊两面。二是镇山村在旅游发展进程中确实出现了利益分配不均,村民参与机制不健全等问题;三是学生处于青年或青少年期,思想活跃,看待问题较年长者更容易激进,又由于学生身份,涉世不深,较单纯,勇于表达,因此,当镇山村旅游发展过程中的一些问题被学生捕捉到了,他们的消极评价均分最高,但同时这并没有影响他们对旅游所持的积极态度,这既吻合总体测试结果,也说明镇山村:第一,在旅游发展进程中的村民参与问题——利益分配不均问题确实显现;第二,各职业群体的村民不论自己获益多少,实际上都体现出对旅游的一种开放、认可的态度,这可能与这个民族对自身传承文化的自豪感有关。

下寨的地理条件较好,为村民参与旅游赚钱提供了许多便利,反而在其他职业者中,下寨村民在消极评价上的均分显著高于上寨村民,这也说明参与旅游活动的途径与从中获取经济利益的重要性。

五、小结

(1)镇山村为代表的旅游民族村寨村民的旅游态度由三个维度构成:参与意愿、积极评价、消极评价。村民旅游态度总体是积极的,积极评价与参与意愿都较高,消极评价较弱。

(2)在镇山村村民旅游态度总体上,存在极显著的职业差异,参与意愿、积极评价两个维度的均分都很高,农民均分最低。这说明参与旅游活动的途径以及从中获取的经济利益仍然是村民们重视的因素之一。不过,在之后对旅游态度的深入研究中,经过多因素方差的分析,笔者还发现了有别于两个传统因素的其他因素的存在。

[参考文献]

[1]黄洁,吴赞科.目的地居民对旅游影响的认知态度研究.旅游学刊,2003,18(6):84-89.

[2]黄震方,顾秋实,袁林旺.旅游目的地居民感知及态度研究进展.南京师大学报(自然科学版)2008,31(2):111-118.

[3]黎洁,赵西萍.社区参与旅游发展理论的若干经济学质疑.旅游学刊,2001,(4):44-47.

[4]李乐京,陈志永,吴亚平.贵州参与式乡村旅游发展研究——以郎德、天龙屯堡、镇山村参与式乡村旅游发展模式为例.贵州教育学院学报(自然科学),2007,(2):97-101.

[5]李乐京,陈志永.天龙屯堡"政府+公司+旅行社+农民旅游协会"的乡村旅游发展模式研究.生态经济,2007,(6):117-121.

[6]李卫华,赵振斌,李艳花.古村落旅游地居民综合感知及差异分析——以陕西韩城党家村为例.旅游科学,2006,(6):52-58.

[7]李有根,赵西萍,邹慧萍.居民对旅游影响的知觉.心理学动态,1997,5(2):21-27.

[8]梁荣辉,章炼,封文波.教育心理多元统计学与SPSS软件.北京:北京理工大学出版社,2005.

[9]梁玉华,杨爱军.(2006).贵州天龙屯堡文化旅游可持续发展研究——兼论文化生态脆弱区旅游业的可持续发展.生态经济,2006,(7):119-122.

[10] 刘敏,孟海霞,冯卫红.不同发展阶段旅游地居民感知与态度比较研究——以山西晋祠旅游区和武乡红色旅游区为例.山西大学学报(哲学社会科学版),2007,(2):122-126.

[11] 刘炜华.关于社区参与旅游的若干理论思考.旅游学刊,2001,(1):47-52.

[12] 刘赵平.旅游对目的地社会文化影响研究结构框架.桂林旅游高等专科学校学报,1999,10(1):29-34.

[13] 卢松,张捷,李东和,杨效忠,唐文跃.旅游地居民对旅游影响感知和态度的比较——以西递景区与九寨沟景区为例.地理学报,2008,(6):646-656.

[14] 陆林.旅游地居民态度调查研究——以皖南旅游区为例.自然资源学报,1996,11(4):377-382.

[15] 罗琳.社区参与式旅游发展模式个案研究——以四川省北川羌族自治县五龙寨为例.阿坝师范高等专科学校学报,2007,(2):59-62.

[16] 邱云美,封建林.少数民族地区社区参与旅游的影响因素与措施.民族经济,2005,(6):48-51.

[17] 苏勤,林炳耀.基于态度与行为的我国旅游地居民的类型划分——以西递、周庄、九华山为例.地理研究,2004,23(1):104-114.

[18] 孙九霞,保继刚.从缺失到凸显:社区参与旅游发展研究脉络.旅游学刊,2006,(7):63-68.

[19] 王宪礼,朴正吉,黄永炫.长白山生物圈保护区旅游的社会影响分析.旅游学刊,1999,14(2):65-70.

[20] 文彤.旅游与社区发展——以桂林龙胜县平安寨为例.广州:中山大学硕士学位论文.2001.

[21] 吴忠宏,洪常明,钟林生.居民对生态旅游认知与态度之研究——以澎湖列岛为例.旅游学刊,2005,(1):57-62.

[22] 宣国富,陆林,章锦河,杨效忠.海滨旅游地居民对旅游影响的感知——海南省海口市及三亚市实证研究.地理科学,2002,(6):741-746.

[23] 薛玉梅.从社会学和旅游管理体制双角度解析旅游中的社区参与——以贵州西江千户苗寨为例.贵州社会科学,2009,(6):59-62.

[24] 尹郑刚.旅游态度的调查研究.桂林旅游高等专科学校学报,2006,(6):645-649.

[25] 章锦河.古村落旅游地居民旅游感知分析——以黟县西递为例.地理与地理信息科学,2003,19(2):105-109.

[26] 郑群明,钟林生.参与式乡村旅游开发模式探讨.旅游学刊,2004,(4):33-37.

[27] Adrian, F. The relationship between work and economic values. Journal of Economic Psychology, 1997,18(1): 1-14.

[28] Akis, S., Peristianis, N., & Warner, J. Residentsp attitudes to tourism development: The case of Cyprus. Tourism Management, 1996,17(7): 481-494.

[29] Allen, L. R., Long, P. T., Perdue, R. R., & Kieselbach, S. The impact of

tourism development on residents' perceptions of community life. Journal of Travel Research, 1988,26(1): 16 -21.

[30]Besculides, A., Lee, M. E., & McCormick, P. J. Residents' perceptions of the cultural benefits of tourism. Annals of Tourism Research, 2002,29(2): 303 -319.

[31] Darry, M. Categorizing farming values as economic, conservation and lifestyle. Journal of Economic Psychology, 2005,26(1): 59 -72.

[32]Getz, D. Models in tourism planning: Toward integration of theory and practice. Tourism Management, 1986,7(1): 21 -32.

[33]Haralambopoulos, N., & Pizam, A. Perceived impacts of tourism: The case of samos. Annals of Tourism Research, 1996,23(3): 503 -526.

[34]Johnson, J. D., Snepenger, D. J., & Akis, S. Residents' perceptions of tourism development. Annals of Tourism Research, 1994, 21(3): 629 -642.

[35] Keogh, B. Public participation in community tourism planning [J]. Annals of Tourism Research, 1990,17(3): 449 -465.

从利益相关者理论探讨贵州乡村旅游的发展

何小怡

（贵州民族大学旅游与航空服务学院　贵阳　550025）

【摘　要】本文旨在探讨以民族村寨为主要资源依托的贵州省在开展乡村旅游过程中如何实现相关利益者的共存，从而实现贵州乡村旅游的有序发展。

【关键词】贵州省；利益相关者；乡村旅游

贵州是中国的少数民族主要聚居区之一，以农业经济为主，工业化程度较低，是中国较贫困的省份之一，但却拥有原始自然的高原喀斯特景观和古朴、神秘的山地多民族文化，具有开展乡村旅游得天独厚的条件。贵州乡村旅游经过20多年的发展，已形成一定的规模和自身独特的风格。贵州省根据本省的特色资源条件和现实情况，将乡村旅游与扶贫工作紧密相连，在推动当地经济、文化教育、基础设施建设和环境建设等方面起到了积极的作用，取得了较好的经济效应和社会效应。

一、贵州乡村旅游发展现状

20世纪80年代初，贵州省首先选择了安顺的布依族石头寨、黔东南的上郎德、青曼、西江苗寨、麻塘革家寨等8个少数民族村寨对游客开放。1991年，贵州省提出了"以旅游促进对外开放和脱贫致富"的旅游业发展指导思想，逐步推进乡村旅游。1997年10月23日，中国和挪威两国签署了《挪威合作开发署与中国博物馆协会关于中国贵州省梭嘎生态博物馆的协议》，根据协议，在贵州创建了梭嘎苗族文化生态博物馆。在此基础上，双方继续建立了镇山布依族生态博物馆、肇兴堂安村侗族生态博物馆和锦屏隆里古镇生态博物馆。黔东南苗族侗族自治州加入联合国"人与自然保护圈"计划，被列为世界十大"返璞归真，重返大自然"的旅游胜地。[①] 2001年，贵州省和法国乡村生态旅游开发的先驱罗泽尔省在贵阳签署了一份合作协议。到2003年年底，贵州全省已有53.21万人通过发展旅游摆脱了贫困，走上了致富之路，旅游业在实施反贫困战略的实践中发挥了重要作用。在世界旅游组织和国家旅游局帮助下编制完成的《贵州省旅游发展总体规则》中，明确提出了将乡村旅游作为贵州旅游业发展的一个重点，[②]要让乡村旅游成为全省广大农村脱贫致富、解决"三农"问题、最终全面实现小康社会的有效途径。2003年，巴拉河被列入全省乡村旅游示范区，为了实现高起点和可持续发展，引进了新西兰政府的技术和资金援助，并于2004年4月正式启动了"贵州巴拉河乡村旅游示范项目"。

---

① 张晓松.分享乡村令人骄傲的文化与传统——乡村旅游的新模式.当代贵州,2003(5):18.
② 杨萍.对贵州乡村旅游发展的探讨.贵州商业高等专科学校学报,2004(2):44.

目前,贵州省已从近千个近期具备发展乡村旅游条件的村寨中,筛选出 126 个将逐步推出的典型村寨,以苗、侗、布依、水、彝、土家、仡佬等浓郁、古朴的民族文化为载体,推出黎平 - 从江 - 榕江侗族文化村寨群落、万峰岭布依族文化村寨群落、黄果树 - 扁担山布依族文化村寨群落和梵净山土家族文化村寨群落等一批新的乡村民族文化村寨群落。贵州乡村旅游通过 20 多年的发展实践证明,它对农村经济发展具有积极的推动作用,已成为贫困地区农民脱贫致富的一种有效手段,对调整当地农业和农村经济结构发挥了积极的作用,为全面繁荣农村经济,提高农民的生活质量和科学文化素质开辟了新的途径,从根本上推动了农村面貌的巨变。

二、利益相关者理论及其在旅游中的运用

作为一个较成形的理论,利益相关者理论最早出现于 20 世纪 60 年代,[①]它是在对英、美等国奉行"股东至上"公司治理实践的质疑中逐步发展起来的。该治理模式强调,股东是企业的真正所有者,企业的运营应该为他们负责,但这一经营模式却在实际中损害了公司雇员的企业利益相关者的长期利益。在这样的背景下,利益各方开始行动,迫使公司重新考虑和改变自己的经营模式。利益相关者是利益相关者理论的一个最基本概念,它指所有能够影响公司决定、政策和运作或者受公司的决定、政策和运作影响的个人或人群。利益相关者理论既不同于只考虑供应商和消费者的生产观念,也有别于只关注所有者、员工、供应商和消费者的传统管理观念,而是将政府、社区,以及相关的政治、经济和社会环境纳入其中,将企业的社会责任和管理紧密联系起来,提供了全新的管理理念和模式。[②]

利益相关者管理理论与传统管理方式最根本的差异在于,它从企业的社会责任和长远利益出发,系统地考虑到企业行为所涉及的各方面利益,并对传统的管理方式和技术强化其道德内涵,其本质符合和支持旅游业的可持续发展目标。因此,利益相关者理论很快就在旅游研究中得到响应,如旅游规划、社区参与、旅游企业管理等方面。旅游目的地在发展旅游的过程中,会涉及多方利益主体之间的利益相关者和矛盾冲突、旅游伦理道德等问题。在旅游地发展中引入利益相关者理论,充分重视利益相关者的作用,实现利益相关者的有效参与,是获得旅游目的地可持续发展的必要途径。

三、贵州乡村旅游发展中相关利益者分析

在贵州乡村旅游发展的过程中,政府、投资者、当地社区居民和旅游者之间具有相互联系、互为基础的利益关系,如何妥善、合理地处理好这些利益问题,协调好在乡村旅游发展过程中各方的关系,对于乡村旅游的可持续发展有重要的意义(见下图)。

---

① 周 玲.旅游规划与管理中利益相关者研究进展.旅游学刊,2004(6):53.
② 夏赞华.利益相关者理论及旅行社利益相关者基本图谱.湖南师范大学社会科学学报,2003,32卷,(3):72.

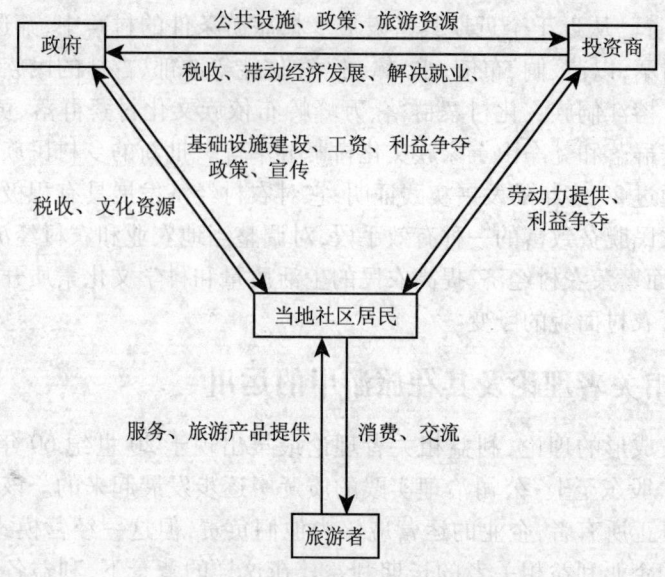

乡村旅游中利益主体间的直接关系图
（资料来源：作者整理）

（一）政府

在贵州民族地区的乡村旅游开发中，政府应该起到牵头和组织作用，用利益来引导各主体行为的同时，用机制来约束他们的行为，从宏观上去协调乡村旅游的有序发展。政府大力发展乡村旅游的最终目的是通过旅游带动当地的社会、经济、文化的全面建设，追求社会的整体和谐发展。因此，政府的作用主要应体现在宏观政策引导、相关法律法规和标准的制定、旅游发展规划、旅游基本建设、旅游人才培养和旅游环境的营造等方面。

要做好上述职能工作，政府还应大力加强自身队伍的建设。贵州乡村旅游开展地大多属于民族地区，由于各方面的原因，旅游管理部门非常缺乏旅游专业人才。在此情况下搞旅游开发，要么听凭各路真假专家的游说，要么仿效其他地方的旅游开发，要么就由领导说了算，造成很多低水平的重复建设和大量人力、物力的浪费。因此，在乡村旅游开展地区，政府应加强旅游专业人才的引入，对现在职工作人员的培训，提高政府工作部门自身的专业素质和管理素质。此外，政府则应完全脱离市场经营主体的角色，杜绝开发经营过程中谋取个人私利、贪污腐败等现象，专心营造公平、公正、透明的市场环境，为乡村旅游的发展创造良好的空间。

（二）当地社区居民

贵州乡村旅游主要以少数民族村寨为资源依托，其中社区文化、社区环境和生活方式等这些吸引旅游者的主要旅游资源都是当地社区居民世世代代建设和发展的结果。他们是这里的主人、旅游资源、人力资源和旅游产品，而当地政府、旅游开发商和旅游者都是外来者。因此，在旅游开发中应明确这种主客关系，彻底抛弃仅仅将当地居民视作开发对象的思想，忽略他们的感受、利益和权利。政府应积极引导当地社区居民参与旅游发展的决策，特别是在实际的旅游利益分配中，应明确树立当地居民利益第一的思想，在保证居民合理利益的基础上,协调好当地居民与政府、旅游开发商、旅游者之间及当地居民之间的利益分配和平衡。

旅游发展给社区带来的最直接的是经济影响,就是创造更多的商业收益、就业机会和政府税收。但是,如果这些不是被社区居民所得到,而是都被社区以外的人如投资者或外来人员得到的话,居民参与就得不到真正的体现。此外,由于资源占有不同,居民介入旅游的程度不同,在当地社区居民内部也存在利益分配不均或恶性竞争的现状,造成居民间的矛盾激化,从而影响当地旅游的有序发展。当地的旅游资源是属于居住在那里的所有居民的,发展旅游所产生的负面影响也是需要大家共同承担的,所以应当强调当地居民利益的主体性和居民间利益的公平性。

贵州的众多乡村寨子大多地处偏僻的山村,交通信息比较闭塞,经济文化水平较低,社区居民的文化素质普遍较低,对参与当地旅游发展的意识不强。所以当地政府和开发部门应加强在这些方面的培训,使当地居民真正拥有能参与乡村旅游发展制定中的能力和素质,通过外部的支持和引导使社区居民通过参与实现自我发展。如选派各方面素质较好的人员去旅游大专院校接受培训,参与酒店的实习与管理,同时可请旅游管理部门、高等院校的专家学者来本地对居民进行讲座和培训;帮助乡村艺人和熟知乡村历史文化知识的人对村寨历史文化进行研究和整理,并鼓励他们对年轻一代进行相关历史文化的传授;对文化遗产管理的专职、专业人员,旅游业从业人员以及相关社会遗产所有者进行政策性宣传和专业知识的培训,使他们更深刻地理解本民族的文化,从而在旅游发展理念上有自己的见解,在发展方式和政策制定上有主动性和积极性;授权居民参与制定旅游发展规划,倾听居民对发展旅游的看法、建议及要求,成立社区成员参与的当地旅游行业组织,使社区居民拥有维护自身利益的发言权和协调权益的渠道。

(三)投资者

贵州民族地区财政紧张,不可能对乡村旅游有太大的投入,如何筹集资金进行旅游开发是一个难题。因此,给予一些优惠政策,吸引外来投资者和旅游企业,成为解决开发资金的一个有效手段。如对在贵州民族贫困地区投资旅游业的单位或个人实行头两年轻税或免税政策;对采取集资形式新建的景点和旅游项目,在利润分配时,可采取"先分后税"的办法来保证投资者的利益。在明确乡村旅游资源产权关系的基础上,采用经营权转让、承包和特许经营等方式,进行资本运作,建立自主经营、自负盈亏、产权清晰、责权明确的乡村旅游经营企业。农民既可以凭借对土地的使用权入股,成为企业的股东,也可以通过在乡村旅游企业工作取得劳动报酬。投资者和旅游企业的进入在缩短地区旅游开发的周期,加快旅游经济的发展,解决当地居民就业和有效占有客源市场等方面具有积极的作用。

但由于民族村寨既缺乏资金和信息,又缺乏人才和经营管理经验,许多对村寨旅游产生影响的决策都是政府和企业制定的,当地村民往往成为旅游开发、规划、管理、获利的局外人。而外地投资者的资本优势、经营管理和市场等方面的经验又使一些有意参与旅游业发展的当地人处于竞争的劣势地位,因而多数当地人只能从事一些低投资、低回报的行当和低收入、强劳力、非技术型的旅游服务。当投资者或旅游企业利益和当地居民利益发生冲突时,结果常常是以牺牲当地居民利益来维护企业的盈利。如某旅游企业在贵州一个苗族村寨开展旅游开发投资后,由于当地居民的积极配合和工作,旅游活动开展得红红火火。但一段时间后当地居民要求提高酬金后,被拒绝并被告知如再提出这一问题就转移到其他村寨,不带游客来此。由于居民没有直接与市场联系的能力只能作罢,但却与该企业不断发生矛盾和冲突,严重影响了该地区旅游活动的正常开展。因此,政府不能只考虑如何引入资金和投资者,还应制定相关的法律条文、管理监督机制和利益分配机制等,充分维护当地居民的利益,维护当地居民的主体地位。

（四）旅游者

贵州乡村旅游发展的目的,是通过异质文化和优美的自然风光吸引游客前来旅游消费,从而促进地区的经济发展和文化交流,因此,旅游者的相关利益是否得到保障,也是决定乡村旅游可持续发展的关键。在旅游活动中,旅游者与旅游企业和当地居民的接触最多,使用他们所提供的服务和产品。由于经济利益的驱动和落后的服务观念,在现实旅游活动中存在很多损害旅游者利益的现象,有些行径甚为恶劣。又或由于盲目建设,使很多村寨城镇化,这些都将会严重影响旅游者对该地区的整体评价,反过来给该地区的旅游发展带来很多负面效应,甚至导致当地旅游业的衰退。

旅游者参与民族文化村寨旅游,本身就是一种文化交流活动,是两种不同地域文化的碰撞与整合。① 旅游活动开展过程中势必会带来游客与当地居民间的各种交往,若存在交往的不平等,则必然会产生文化的影响与冲突,国际上众多旅游与文化冲突的个案研究表明:旅游开发对当地文化的淡化以至于破坏,是产生双方冲突的主要原因,如果在文化旅游发展过程中过多地注重经济效益,而忽视文化和社会的特殊规律,冲突的可能性就会增加。尤其在贵州这样多民族地区开展旅游活动,很多地方由于经济的需要开始慢慢地迎合旅游者的喜好、慢慢地不自觉地改变自己的文化,甚至有些秘密的仪式,都拿来表演,作为旅游产品的开发,这样可能失去文化的原真性和独特性。当游客人数超过一定限度,对环境的负面影响过大、对当地居民正常生活造成严重干扰的时候,同样的不满也会出现。② 因此,政府一方面应加强对当地居民可持续发展观的教育和培训,使他们对本民族的传统文化有充分的了解,并通过一定的利益激励措施和政策条例使居民自觉传承和保护民族文化;另一方面,政府也要相应制定一些针对旅游者的规范和限制,控制游客数量,并使他们充分尊重当地居民的文化和生活习惯。

从上述分析中我们可以看出,在贵州乡村旅游的发展中,政府、投资者、当地居民和旅游者之间的关系是纷繁复杂的,互为前提和基础的,是一个利益综合体。他们之间不是简单的对立或者合作关系,不能抛开任何一方去谈另一方的利益保障,更不能牺牲某一方的利益去满足另一方的利益最大化。要正确对待这几方的利益关系,并能有效地加以平衡。只有实现利益主体内部间的和谐发展,才能在大环境下实现贵州乡村旅游的可持续发展。

---

① 杨昌儒,潘梦澜.贵州民族文化村寨旅游发展问题与对策研究.贵州民族学院学报,2004(5):8.
② 刘雪梅,保继刚.从利益相关者角度剖析国内外生态旅游实践的变形.生态学杂志,2005(3):352.

[参考文献]

[1]郑群明,钟林生.参与式乡村旅游开发模式探讨.旅游学刊,2004,第19卷,(4).

[2]赵福祥,李全德.少数民族地区开展社区旅游的思考.云南师范大学报,2003,第35卷,(3).

[3]金毅.论全球化背景下的民族文化旅游.内蒙古大学学报,2004,第36卷,(2).

[4]万建华,戴志望等.利益相关者管理.深圳:海天出版社,1998.

[5]杨春梅.论利益相关者理论的合理性.经济师,2005,(5).

[6]吕亚洁,耿新.浅议利益相关者管理.湖北成人教育学院学报,2005,第11卷,(3).

[7]贾生华,陈宏辉.利益相关者的界定方法述评.外国经济与管理,2002,(5).

基于生态文明视角下对资源衰退型工业区旅游产业路径研究

——以贵州万山特区旅游发展为例

张 晶

(贵州民族大学旅游与航空服务学院 贵阳 550001)

【摘　要】 资源型城市随着大规模的自然资源开采而兴起,也随着资源耗竭而逐渐走向衰落。如何解决工业后期给当地带来的垢弊与污染,实现资源型城市经济的可持续发展,已成为资源耗竭型城市必须面对和解决的问题。本文以资源耗竭型城市贵州万山汞都为例,分析其利用旅游业转型的可行性,从生态文明理论视角探讨资源耗竭型城市如何去实现转型。

【关键词】 资源耗竭型城市;生态文明;产业转型

一、生态文明的内涵

20世纪90年代,人口、资源、环境的矛盾日益突出,甚至威胁到人类的生存,国内外学者在可持续发展思想的基础上提出了生态文明的概念。生态文明是人类社会继原始文明、农业文明、工业文明后的新型文明形态。[1]生态文明是在人类历史发展过程中形成的人与自然、人与社会环境和谐统一、可持续发展的文化成果的总和,是人与自然交流融通的状态。[2]生态文明的提出,改变了原有的以人类为中心来发展经济的工业文明价值观,而要以人与自然协调发展为行为准则,是对工业文明进行扬弃和超越。2007年,在党十七大上正式提出将"建设生态文明"作为中国实现全面建设小康社会奋斗目标的新要求之一,并"必须把建设资源节约型、环境友好型社会放在工业化、现代化发展战略的突出位置,落实到每个单位、每个家庭"[2],这标志着我国生态文明建设的时代即将来临。2012年,党的十八大报告专章论述生态文明,提出"推进绿色发展、循环发展、低碳发展"和"建设美丽中国"的概念。生态文明的提出改变了人们在文化价值观、生产方式、生活方式、社会结构上的传统认知方式,给人们提供一种人与自然协调发展的崭新视角。

二、贵州铜仁万山特区产业转型的必然型

万山特区位于贵州省铜仁市的东部,东南与湖南省芷江、新晃两个侗族自治县接壤,

[作者简介]张晶(1984—),女,贵州民族大学旅游与航空服务学院副教授、硕士,主要研究方向为旅游规划与开发。

西北与铜仁市、玉屏侗族自治县毗邻。万山曾是我国最大的汞工业生产基地,被誉为"中国汞都"。进入20世纪80年代末,随着汞资源逐渐枯竭,汞矿生产日益萎缩,贵州汞矿也于2002年5月实施政策性关闭破产。2009年,贵州省铜仁市万山区被国家列为第二批资源枯竭型城市。[3]万山属于典型的自然资源型城市,随着汞矿资源的大规模开采而兴起并发展壮大,也随着汞矿资源的枯竭而衰落。虽然万山当地汞资源基本枯竭,在2002年国家已实行政策性关闭,但汞矿开采期间设立11个开采地区的矿井入口有近百余个,私自对尾矿矿渣采掘、土法炼矿等现象屡禁不止,[4]使原本因矿产业开发就已受到严重破坏的生态环境雪上加霜。

目前,长期采矿导致采空区分布面积达9.75平方公里,地下坑道长970公里。废矿渣及尾矿堆堆放点8处,堆放近500万立方,拦渣尾矿库5座,其中危库2座,病库3座。受尾矿等工业废渣的影响,矿区不仅水体不同程度遭受污染,水土流失严重,而且矿区饮水不安全的问题突出。采矿期间造成万山地区森林面积锐减,大气、水污染严重,生态自然环境在短期内很难恢复。

自然生态环境的破坏、汞矿资源的耗竭,使原汞矿工人及其家属在失去了经济收入的同时,陷入没田无地难以自给自足的困境。目前,矿区社区共有低保户1 962户,共4 100人,占社区总户数的53.7%,低伤人口占矿区社区总人口的38.8%。矿区社区居民中有4 050人存在文化层次低、年龄普遍偏大、技能单一等问题,再就业比较困难。矿区老年人占人口总数的比例达40%,人口老龄化严重,养老和医保面临巨大的压力。至2008年年底,政府拨入万山矿区社区医疗基金1 858.9万元,实际支出2 487.2万元,每年的资金缺口达628万元。万山需要新的支柱产业来解决劳动力闲置、流失的问题。

三、铜仁万山地区利用旅游业转型的可行型

(一)旅游业对资源型城市经济的推动作用

资源型城市在选择转型方向时必须考虑到转型后培育的新产业能够适应当地环境,并大力解决就业问题,因而大多数资源型城市把发展劳动密集型产业作为首选。旅游业属于劳动密集型产业,就业门槛低,吸纳再就业人员能力强,相对于发展工业资源消耗小,污染少。在国内外有不少资源型城市通过发展旅游业成功转型范例,德国鲁尔区、中国河南焦作、中国东北老工业区等地区通过实践证明,旅游业对解决就业、吸引投资、调整产业结构、改善居住环境、提高当地居民生活质量等都具有积极作用。随着经济的发展和人们认识水平与思想观念的转变,旅游新业态不断涌现,资源型城市的许多现有和潜在的资源都有可能转化为旅游产品。

(二)万山旅游资源的价值

万山汞矿遗址作为中国汞矿开采发展历史的一个缩影,具有很高的历史价值、科学价值、文化价值和遗产价值。2005年,万山汞矿遗址获得国土资源部批准为国家级矿山公园,2006年,万山汞矿遗址作为唐至清古遗址,被国务院批准列入第六批全国重点文物保护单位。

1. 万山汞矿遗址是我国现存开采时间最早、持续时间最长、规模最大的汞矿遗址

万山汞矿素有中国"汞都"之称,其汞矿的储量和产量均居亚洲之首。相传秦、汉时

就开始有人在万山采矿。唐、宋时,万山已盛产朱砂、水银。万山朱砂历史上以比重大、色泽鲜红、半透明亮、宝石光泽为特点著称,在唐垂拱二年(686年)时,即以光明丹砂为贡品[5]。万山汞矿矿洞内留下了大量采矿工人从唐至清数千年来开凿的石梯、隧道、刻槽、标记、矿柱、巷道等遗迹和遗物,以及在采矿、选矿和冶炼中形成的一整套先进独特的工艺技术,是我国汞矿发展史的缩影,也是研究中国汞矿业史的珍贵实物资料。

2. 万山汞矿遗址独特的采矿、选矿和冶炼工艺,反映我国科技发展的历程和水平

从早期的烧爆火窿采挖到明初的手锤采挖,继而到清光绪中叶,英法水银公司在万山采用了机器凿孔、炸药爆破的作业方法,民国时期手摇钻机探矿。20世纪50年代后,逐步实现机械化采掘、装运、选矿。20世纪60年代,万山汞矿机械化操作成为国内汞矿业中最具代表性的先进工艺。冶炼业也同样经历了由土法炼汞向新法炼汞的转变,体现了我国汞矿业科学技术的变迁。

3. 万山汞矿遗址是帝国主义列强掠夺中国资源的罪证

鸦片战争后,帝国主义列强开始侵入万山开设英法水银公司,雇用童工,强买、强租,抢夺万山汞矿,1898~1908年短短十年中,英法帝国主义掠夺水银达700多吨[5]。外国侵略者的残酷压迫和剥削,激起了工人们的强烈反抗,英法水银公司故意挑起工人械斗,致使上万工人被害,黑硐子的"万人坑"就是埋藏这些死亡工人的地方。万山汞矿遗址可以成为进行国史教育和万山汞矿遗址爱国主义教育的重要基地。

(三)万山旅游发展的机遇

产业生命周期理论表明,每一种产业都会经历从形成、成长、成熟到衰退,并被新产业所取代。如果在老产业衰退时,新兴产业已经接近成熟,便可在很大程度上避免产业转换所带来的负效应。但是万山的资源已处于枯竭,错过了资源型城市转型的最佳时期。因此,导致万山在失去了汞矿这个经济支柱以来没有足够的能力支撑新支柱产业的发展,且面临大量资源耗竭性开发的遗病。

万山汞矿由于在新中国成立初期偿还前苏联债务的主要物资,为我国的经济发展作出了极大的贡献,中央政府高度重视,曾多次拨放专款,辅助万山资源的转型发展。2009年2月,国务院确定了44个资源枯竭城市,财力性转移支付34.8亿元,以支持这些地区应对金融危机的挑战、加快经济转型,其中贵州省铜仁万山特区也在名单之内。万山政府根据《资源城市贵州省万山特区转型规划(2010~2020)》的要求,加大对退耕还林和天然林保护工程,以及植被恢复工程投入力度,加强生态公益林的建设,2010年,森林覆盖率达49.53%。政府对万山高度重视,给万山带来了机遇。

旅游业的发展强调因地制宜、因时制宜。2005年,万山汞矿遗址就获得国土资源部批准为国家级矿山公园,但却发展缓慢,重要的原因就在于整个铜仁市旅游市场发展不成熟。随着武汉三特索道集团股份有限公司投资梵净山西线索道和梵净山国际旅游休闲度假地等项目完成后,梵净山旅游人次激增,带动了整个铜仁市旅游业的发展。根据铜仁市旅游局统计数据显示,从2009年梵净山索道开通后梵净山景区游客量激增,2010年,梵净山景区游客达177万人次,环梵净山区域的游客接待超过1 000万人次,同比增长48.5%,其中乡村旅游总收入62亿元,同比增长29%。截至2011年年底,铜仁全市共接待游客1 503.03万人次,比2010年同期增长49.81%,旅游收入112.73亿元,同比增

长87.25%;接待境外游客40 301人次,同比增长34.03%,创旅游外汇收入918.31万美元,同比增长31.87%。铜仁市旅游业的快速发展,给万山特区利用旅游产业转型带来巨大的机遇。万山特区距梵净山景区80公里,贵州镇远古城到湖南凤凰古镇和张家界的必经之路,在梵净山-凤凰两大旅游景区的带动下,2011年,万山特区共接待旅游人数4.86万,比2010年同期增长41%;旅游收入达768万元,比2010年同期增长44%。

四、基于生态文明视角下对资源衰退型城市的转型思路

建设生态文明的核心,就是要对传统的"人统治自然"思想的扬弃,树立"人与自然协调"的科学发展观[1]。基于生态文明视角下对资源衰退型城市转型的重点就是要把环境问题放入政治结构、法律体系、产业结构、教育体系之中,通过法律和行政手段来约束环境破坏,在生产上改造传统的高耗能、高污染生产领域,建立循环、绿色的新产业体系,通过对居民进行环境保护、环境科技、环境伦理等教育,提高居民的环保意识,形成生态文化体系,通过多方面的路径去实现"美丽中国"。

(一)运用行政法律、法规等手段,确保生态文明建设

资源衰退型城市在长期大规模无序开发下,自然环境与经济环境已经非常脆弱,万山特区的发展应该探寻经济增长与环境承载的一个平衡点,在此基础上有计划地逐步提高当地经济的发展水平。万山特区在发展旅游业的过程中需要把生态文明理念具体落实到地方性的法律、法规中,以行政、法律手段对各种破坏生态环境的行为进行惩处,使环保工作既不滞后于经济发展,也不过分超出现有的经济水平,实现经济建设和环境保护协调发展。

(二)建立循环经济旅游产业发展模式,实现旅游资源合理利用

万山特区在发展旅游业的过程中,要按照生态文明建设的要求,根据万山特区经济社会发展的情况、资源禀赋和市场条件来发展旅游业,建立循环经济旅游发展模式。对涵盖旅游的开发活动、旅游活动六大要素和旅游区的工业、农业等各类社会活动,并应用各种新型技术作为支持,用法律、法规做保障,实现再思考、减量化、再利用、资源化和再修复五原则的旅游发展模式。旅游资源合理开发,在对市场准确定位的基础上高效利用,在旅游规划中要树立环保意识,使旅游活动产生环境污染达到最低。在科学、合理规划下,防止旅游资源的过度开发或过早开发,充分发挥万山旅游资源的特色和优势,实现万山与周边地区旅游景区、景点的良性互动和优势互补,共同提升铜仁市旅游业发展的优势空间。

(三)深入挖潜万山生态旅游价值

万山汞矿具有很高的遗产价值,万山汞矿的兴衰是人类在发展过程中对自然资源过度消耗和破坏的见证。可以将万山汞矿开发成为著名的矿山公园和工业遗产园,作为对后人开发资源的启示,通过参观让游客们树立环保意识,爱护环境节约能源。建造万山汞矿历史文化展览馆,借助先进光影展示手段,向游客展示万山汞矿产生和发展的历史;汞矿层、地质构造等形成与演化的历史;矿井地质知识;万山汞矿的开采对中国经济发展的贡献;矿山采运工作过程带来的破坏,矿山地质灾害的危害性等增加旅游活动的科普性。还可以开发矿山地下体验项目,围绕万山"地下长城"主题设计相关的旅游产品,利

用各个时期开采的遗址、坑道、设施及选冶工艺流程,开发建设工业遗产旅游项目,重现采矿工人的劳动场面和工作环境,使游客体验地心历险。在旅游产品开发中要把低碳环保的理念融入到万山矿山公园各种旅游活动之中,在景区内使用太阳能或电动车、自行车等环保交通工具,实现低碳交通。提倡"除了脚印什么都不留下"的文明行为,提倡游客使用非一次性餐具,实现低碳环保旅游。

（四）对游客和当地居民进行环保教育

旅游活动的教育功能对建设生态文明具有积极作用。万山旅游产品开发和旅游解说系统的设计应处处体现生态环保意识,促使当地居民和游客在游览过程中获得体认,深刻认识传统生产方式和奢侈浪费恶习对人类生存环境所带来的破坏,使当地居民和游客深受启发,把节约资源、循环利用、降耗减排,追求健康、节俭的生活作为自觉选择的方向,改变人们在文化价值观、生产方式、生活方式、社会结构方面的传统认知方式,树立人与自然和谐发展的观念。

[参考文献]

[1]孙吉平.生态文明建设是经济社会走向科学发展的必然选择.贵州商业高等专科学校学报,2008,(3).

[2]胡锦涛.在中共第十七次全国代表大会上的报告全文[EB/OL].(2007-10-24).新华社 www.gov.cn.

[3]陈娅玲.以科学发展观看万山汞矿遗址的旅游开发.中国科技信息,2009,(17).

[4]刘鹏.贵州典型矿区环境中汞的污染研究.贵州大学,2006.

[5]互动百科.万山特区[EB/OL].(2010-02-19).http://www.hudong.com.

[6]贵州文化遗产网.万山汞矿遗址[EB/OL].(2012-03-06).http://www.gog.com.cn.

[7]李蕾蕾.逆工业化与工业遗产旅游开发:德国鲁尔区的实践过程和开发模式.世界地理研究,2002,(9).

[8]段红梅.国外资源型城市经济转型中的政府作用及其启示.资源与产业,2009,(5).

[9]刘语轩.资源型城市转型的资源约束与转型路径分析.生产力研究,2009,(24).

[10]胡晓晶,李江风,李风琴.资源型城市旅游产业驱动机制研究:以河南省焦作市为例.资源与产业,2010,(3).

[11]余谋昌.自然价值论.西安:陕西人民教育出版社,1999.

[12]陈瑞清.建设社会主义生态文明,实现可持续发展.内蒙古统战理论研究,2007,2.

[13]徐君.基于熵理论的资源型城市转型与产业演替机理研究.西南交通大学,2007.

论社会主义新农村建设中的和谐乡村旅游环境

汤波艳

(贵州民族大学旅游与航空服务学院 贵阳 550025)

【摘 要】乡村环境是乡村旅游发展的基础环境,在社会主义新农村建设中,乡村旅游环境发生了根本的变化。笔者从乡村旅游环境的内涵和构成入手,致力于探讨在社会主义新农村建设中和谐乡村旅游环境的构成变化及特点,以期促进和谐乡村旅游的发展。

【关键词】社会主义新农村;和谐;乡村旅游环境

《中共中央、国务院关于推进社会主义新农村建设的若干意见》中明确提出:推进社会主义新农村建设事关我国农业和农村的长远发展,事关改革开放和现代化建设的大局,要发挥各方面的积极性,依靠农民辛勤劳动、国家扶持和社会力量的广泛参与,扎实稳步推进社会主义新农村建设。2006年,国家旅游局确定了"中国乡村游主题年"活动,并进行了全面的安排和部署,这是国家旅游局和全行业贯彻落实党中央、国务院关于推进社会主义新农村建设要求的重要举措,这既是发挥以旅游促"三农",为建设社会主义新农村作贡献的具体体现,也为全国发展乡村旅游带来了前所未有的机遇。随后,国家旅游局又确定了"2007·中国和谐城乡游"的主题,进一步丰富、深化和延展了"2006·中国乡村游"的内涵。为适应我国经济社会发展新阶段的要求,我国旅游行业应从建设社会主义新农村的高度,进一步提高发展乡村旅游、促进社会主义新农村建设的重要意义和作用的认识,明确旅游业在社会主义新农村建设中的责任和任务,把发展旅游与解决"三农"问题相结合,积极探索和创新乡村旅游的发展模式,采取有效措施,加快乡村旅游的发展,促进农民收入水平和文化素质的提高,加快贫困地区农民脱贫致富的进程,带动农业产业结构调整,推动农村经济社会发展,促进社会主义新农村的建设。

构建和谐乡村旅游环境是乡村旅游发展的基础条件,也是乡村旅游资源得以持续发展的必要基础,它一方面是乡村社区族群发展的需要;另一方面也是乡村旅游发展的基础环境。

一、乡村旅游环境的内涵

(一)乡村旅游环境的定义

目前对乡村旅游的定义,国内外学者持不同的观点,但基本上认同"乡村性"是吸引

[作者简介]汤波艳(1978—),女,汉族,贵州平坝人,贵州民族大学旅游与航空服务学院讲师,主要研究方向为旅游资源评价与开发。

旅游者进行乡村旅游的基础,是界定乡村旅游的最重要的标志。对于乡村旅游环境的界定,我们可以把乡村旅游环境看作乡村旅游发展的基础环境,它一方面是乡村旅游得以发展的资源条件;另一方面也是进行乡村旅游的场所环境。基于此,笔者将乡村旅游环境定义为:以乡村旅游活动为中心环境,是指乡村旅游活动得以生存、进行和发展的一切外部条件的总和。

(二) 乡村旅游环境的内涵

对于乡村旅游环境,从定义界定上我们可以得出乡村旅游环境所隐含的内涵要素。

第一,乡村旅游环境是乡村旅游活动得以开展的中心环境。乡村旅游活动是在乡村旅游环境中进行和开展的,旅游者也只能在乡村旅游环境中体验真正意义上的"乡村性"。

第二,乡村旅游的发展依赖于乡村旅游环境。乡村旅游环境是乡村旅游发展的首要吸引要素。"乡村性"是"乡村旅游"区别于"城市旅游"的关键要素。而乡村旅游环境则是"乡村性"的外在体现。乡村旅游要持续发展,在环境的营造上,乡村自然生态环境必须符合环境生态学的要求,而乡村旅游生态环境系统要求是良性运行的生态系统,这就要求我们在发展乡村旅游过程中要严格控制环境容量,并且整个乡村旅游环境氛围要考虑旅游者心灵感受和体验,为旅游者创造最实际的乡村旅游体验。这些都是对乡村旅游环境的基本要求。

二、乡村旅游环境的构成要素

从上述对乡村旅游的定义中我们可以看到,乡村旅游环境是以乡村旅游活动为中心的环境,是乡村旅游活动得以生存、进行和发展的一切外部和内部条件的总和。那么,乡村旅游环境的构成要素也就是上述定义中的"一切外部和内部条件的总和",而这些"外部和内部条件"则使乡村旅游活动得以生存、进行和发展。从这个观点出发,我们可以把乡村旅游环境视为乡村自然环境、乡村社会文化环境、乡村经济环境以及乡村旅游气氛环境四个子系统所构成的一个整体环境系统。其中,乡村自然环境和乡村社会文化环境是乡村旅游内部环境;而乡村经济环境和乡村旅游气氛环境是乡村旅游外部环境。

(一) 乡村旅游内部环境

乡村自然生态环境和社会文化环境是乡村旅游发展中的资源吸引要素,也是乡村旅游发展的内部环境要素。乡村绿色景观、乡村田园风光、乡村优美自然环境在满足旅游者基本的观光旅游需求的同时,能够满足旅游者生理和心理的需求;乡村社会文化环境包括有形的社会文化景观、物化民族风情和无形的乡村文化、乡村民俗风情、乡村独特意境环境等,这些环境要素满足了旅游者精神求知等层面的需求,同时这些环境要素也是乡村旅游的最大吸引力要素。

(二) 乡村旅游外部环境

乡村旅游经济环境和气氛环境构成乡村旅游的外部环境因子。

乡村旅游的经济环境,指满足旅游者开展乡村旅游活动的一切经济条件,包括基础设施条件、旅游服务设施条件、旅游投资能力和接纳旅游投资能力大小等。如果在乡村存在旅游企业,还包括其行业内部的政策倾向、管理制度、从业人员等对乡村旅游的认识和责任程度等。乡村旅游经济环境是乡村旅游得以发展的外部推动力量。

对于乡村旅游气氛环境,我们可以将它分为区域乡村旅游气氛环境、乡村社区旅游气氛环境和旅游者营造的乡村旅游气氛环境。其中,区域乡村旅游气氛环境,主要指在洁净、优美的乡村自然环境的基础上,由历史和现代开发所形成的反映该区域历史文化形态、地方文化或民族文化气息的环境。乡村社区旅游气氛环境,主要指乡村社区居民对于乡村旅游的观点、看法与行为等所形成的一种软环境,这种环境与乡村社区的物质经济发展状况和乡村社区个体的发展相关。旅游者乡村旅游气氛环境,是指乡村旅游者旅游素质和旅游者在进行乡村旅游活动时所反映出来的旅游气氛。它是旅游者进行乡村旅游的第一体验,也是推进乡村旅游正向发展的必要条件。

乡村旅游环境要素构成如图1所示:

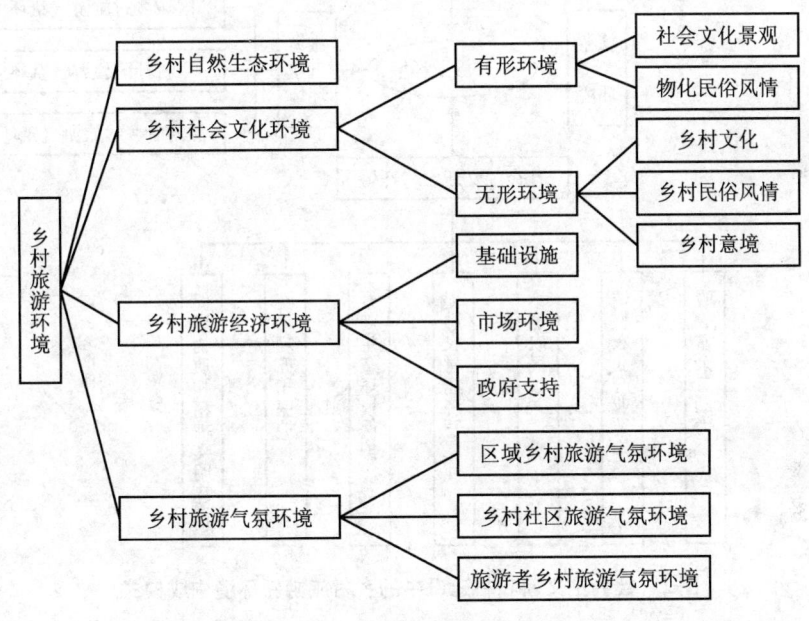

图1 乡村旅游环境构成

三、社会主义新农村建设中的乡村新环境

(一)社会主义新农村的环境要素

在中国,为了加快推进社会主义现代化进程,全面建设小康社会和努力构建社会主义和谐社会,党的十六届五中全会提出了建设社会主义新农村的重大战略任务,并明确了建设社会主义新农村的目标和要求是:"生产发展,生活富裕,乡风文明,村容整洁,管理民主。"社会主义新农村的建设目标和要求为我们所提的乡村旅游环境注入了新的环境要素条件。

社会主义新农村目标和要求的提出,一方面我们可以视为政府政治制度环境要素中的一部分;另一方面,由于在中国特定的政治制度和历史条件下,这一要求的提出对我国乡村社区影响面非常广,而且深,它涉及农村劳动力转移、农村产业结构调整、农民收入问题、农村经济发展、乡村景观保护、乡村文化传承,以及乡村物质和精神文明的建设等多方面的内容。基于此,我们在这里把社会主义新农村作为乡村旅游环境中的一个单独的环境构成要素,对我们在前面所提的乡村旅游环境作一个补充。由此得出社会主义新农村建设中的乡村旅游新环境构成(见图2)。

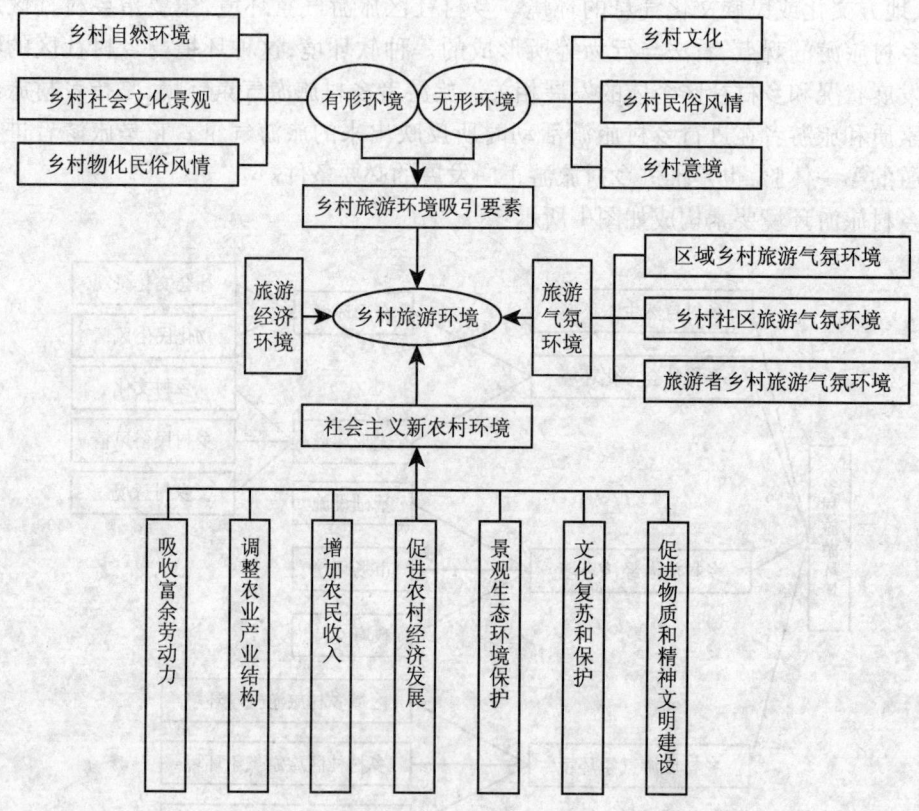

图2 社会主义新农村建设中的乡村旅游新环境构成模式

(二)社会主义新农村建设背景下乡村旅游环境的特点

从上述乡村旅游环境的定义及构成上的分析中我们可以看到,乡村旅游环境是我们发展乡村旅游业的基础条件,它是乡村旅游发展的资源条件,也是乡村社区居民生存及发展的基础条件。乡村以其独特的环境吸引旅游者,其旅游环境通常会表现出同一般环境不同的特殊性。

1. 乡村旅游环境资源的价值性

我们知道生态环境对人类是不可或缺的,是有用的,它是人类创造财富的要素之一。生态环境作为资源是具有"价值或价格"的,它有时表现为物质性的产品价值,有时则表现为舒适性的服务价值,其价值的大小则决定于它的有限性、稀缺性和开发利用条件。生态环境的价值一旦成为人们谋取利益的资源,它就成为可以带来更大价值的价值。乡村旅游环境资源价值的体现,一方面在于它可直接用于旅游发展,为人们谋取更大的经济利益。乡村旅游环境是有别于城市环境的特殊资源,因其良好的环境质量、丰富的生态美感、特异的民族风俗等吸引了许多旅游者,这些也都为当地带来了更多的价值。而另一方面,乡村环境本身是居住在这片土地上的居民赖以生存的环境,所有的生产、生活都要在该环境下进行,所以对于当地人而言,乡村环境是他们的生存之本。再者,乡村旅游环境所体现出的相对稀缺性,也使这样的环境资源更具价值。在如今城市化步伐加剧的过程中,很多原来宁静、偏远、生态保护良好,环境优良的乡村逐渐被卷入城市化的浪潮中,城市边缘的不断扩展,使城市近郊的乡村环境发生巨变,许多乡村城镇化,这样,使旅游者所追求的乡村旅游环境显得稀缺。由于乡村环境稀缺性的出现,使乡村旅游环境更具价值性。

2. 乡村旅游环境的可塑性

乡村旅游环境是开展乡村旅游活动的基础条件。在乡村环境的四大构成要素中,乡村旅游自然环境和社会文化环境是乡村原生的,自然环境是可以改善并逐步完善的,而乡村社会文化环境是需要保持和发扬的,同时也是处在不断的涵化与发展中。乡村旅游经济环境是乡村旅游发展的支持系统,基础设施的建设是具备可塑性的,市场以及政策都是处于不断变化中的,对旅游环境起到推波助澜的作用。在四大要素中,乡村旅游气氛环境则是可塑性中最重要的可塑点。旅游者在进入乡村旅游区域时,第一时间所感受到的乡村气氛环境是乡村旅游者旅游体验的第一站,乡村社区的旅游气氛是由乡村自然环境和社区族群共同营造出来的,社区族群所体现出来的热情、展现出的"乡村性"的强弱,都是旅游者旅游体验的关键要素。而这些都是在乡村旅游开发过程中需要塑造的整体形象。

3. 乡村旅游环境的多功能性

乡村旅游环境包含多方面的环境要素。优美的乡村自然环境,一方面是旅游者进行乡村旅游的场所吸引要素;另一方面,它也是当地人赖以生存的基本环境,无论是旅游者还是当地族群,都希望有一个优美、宁静、和谐的乡村自然环境。乡村淳朴自然的环境是旅游者放松自我的场所,要使旅游者与自然融为一体从而达到自由、超越和解脱的精神状态,就一定要保持乡村的自然风貌,为游客营造一种淳朴、轻松、与世无争、远离凡尘的乡村氛围。乡村环境能够给旅游者带来多方面的旅游体验,这是其多功能性的表现所在。

4. 乡村旅游环境对旅游者的可实践性和体验性

社会主义新农村的建设为乡村旅游注入了新的环境要素。如农村物质文明和精神文明的并重,使现代新农村呈现一种新的精神面貌,加强了乡村旅游气氛环境,使旅游者在新的乡村环境中体验新时期新农民的新风尚。同时,社会主义新农村建设讲求科学性,在保护乡村环境的同时,为旅游者提供原生的乡村体验。如乡村观光购物农园、乡村租赁农园、乡村休闲农场、教育农园、乡村俱乐部等旅游项目,这些对于旅游者而言,具有很强的实践性和体验旅游活动,都是目前新农村建设中乡村环境利用的典型代表。

5. 乡村旅游环境经营的双重性

乡村旅游环境经营是旅游环境效益和农业产业经济的结合,是一种复合型经济体。一方面,乡村利用其优美的自然环境和人文环境吸引广大旅游者;另一方面,乡村中的农产品既是环境构成要素,又可以成为旅游产品,可以为农产品的推广和乡村农业产业经济的发展起到推动作用。

[参考文献]

[1] 黄国勤.农村生态环境与社会主义新农村建设.中国井冈山干部学院学报,2006(3).

[2] 马东升.论乡村旅游对新农村建设的作用.湖南农机,2007.(1).

[3] 邵琪伟.发展乡村旅游促进新农村建设.今日中国论坛,2007.(2-3).

[4] 汤波艳.旅游生态环境资源的价值核算研究.中国人口资源与环境,2008,(5).

[5] 王建.建设社会主义新农村路径探寻.创新,2007,(6).

[6] 王素琴.乡村旅游与社会主义新农村建设的互动模型.经济论坛,2007(1).

[7] 章家恩主编.旅游生态学.北京:化学工业出版社,2005.

体验导向型红色旅游产品开发探析

张 晶

(贵州民族大学旅游与航空服务学院,贵州 贵阳 550025)

【摘 要】体验经济时代下红色旅游产品的文化内涵不该仅仅局限于爱国主义教育,它包含的意义应更加深远。本研究旨在通过对游客行为的过程模拟,寻找出感知因素游客对体验的影响,更有效地去设计红色旅游产品,实现红色旅游更好地发展。

【关键词】体验经济;红色旅游;产品设计

一、体验经济时代下旅游产品的体验化趋势

20世纪70年代,阿尔文·托夫勒曾在《未来的冲击》一书中指出体验经济将成为继农业经济、工业经济、服务经济之后的一种新的经济形态。1999年,约瑟夫·派恩二世(B·Joseph Pine Ⅱ)与詹姆斯·H.吉尔摩(James H·Gilmore)在《体验经济》一书中认为,体验经济就是企业以服务为舞台,以商品为道具,通过满足人们的体验而产生的经济形态[1]。自20世纪90年以来,体验经济的理论也逐渐渗透到旅游业。体验旅游的概念应运而生。

1999年,谢彦君认为旅游的本质在于审美和愉悦,是一种主要以获得心理快感为目的的审美过程和自娱过程。旅游是在差异的文化和环境中寻求审美和愉悦等精神享受的活动,体验的结果是获得生理或心理上的满足。所以,旅游的本质属性就在于差异化体验中的精神享受。

从总的趋势来说,要满足游客的消费诉求和不断的商品竞争,要求旅游产品更加个性化、情感化和更高的参与性,以激活游客内在心理空间的积极主动性,引起胸臆间的热烈反响,创造出使游客难以忘怀的经历的活动。体验式旅游是体验经济时代旅游消费的必然要求,它比传统的旅游更重视从游客的亲身感受出发,强调参与性与融入性,比传统旅游能创造出更多的附加值。体验已成为一种新的价值源泉,它与服务经济的区别在于游客在沉醉于整个情感体验过程并获得满足的同时甘愿支付更高的费用。

二、体验旅游产品对游客行为倾向机理分析

贝尔(Belk)首先将心理学的刺激-有机体-反应(Stimulu-Organism-Response)SOR模型运用于市场营销的研究当中。消费者对情境的感知和评价会影响其心理反应,心理反应又会影响其消费行为[2]。施米特(Schmitt)使用战略模块学的方法来将体验分为感官体验、情感体验、思考体验、行动体验和关联体验五种形式,依据在消费者心理反应中,将消费者的态度分为认知-情感-行为三个阶段[3]。由以上观点可以构建旅游目

的地体验对游客信任、情感及行为倾向影响的 SOR 模型,如下图所示。

首先,游客体验受具体情境影响,游客在旅游目的地的活动感受就是一种体验。游客对旅游目的地环境设计刺激的情感反应及认知,主要来自于旅游目的地环境的接触点,从而影响到游客的外显行为。

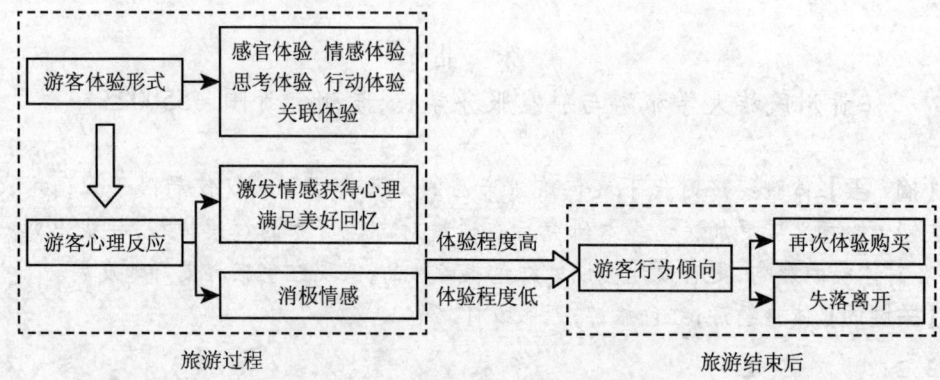

心理学的刺激—有机体—反应(SOR)模型图

其次,旅游目的地体验形式有感官体验、情感体验、思考体验、行动体验和关联体验,不同形式的体验对游客情感和信任的影响程度是不同的,体验的形式越丰富,游客所引发的积极情感越强,再体验倾向和再购买倾向就会增强。体验是来自个人的心境与事件的互动。

再次,游客在旅游目的地的体验将激发游客的心理反应,改变其未来的行为倾向。游客的旅游目的地体验程度的高低会影响对旅游目的地的态度,体验程度高,可以加深游客对旅游目的地的了解和信任,提高游客的满意度,产生较强的再体验倾向或购买倾向;旅游产品体验度较低时,游客感觉产品缺乏吸引力或是印象不深,失去继续探索下去的兴趣,因而转换到其他旅游产品。体验程度高的旅游产品在旅游活动结束后给游客留下的回忆是一种精神享受,刺激游客再次体验或进行口碑传播。如果红色旅游的产品单一,体系不健全,项目缺乏亲身参与的体验性,那么游客就会在旅游过后对景点乃至整个红色旅游产品产生排斥、消极或怀疑的心理,情况严重时会产生否定甚至逆反心理。

三、红色旅游产品的现状及问题

目前,红色旅游产品大多带有一定的政治色彩,市场定向性较强、吸引力较弱。一是红色旅游以观光产品为主体,吸引物大多是革命战争时期遗存的文物和旧址,缺乏体验元素和吸引游客的内容,使游客觉得单调和乏味。二是红色旅游吸引物大多是以零散的、资源单体的遗址、故居、纪念碑、陵墓、纪念馆的形式出现,所反映的革命文化的内涵也是片面的、单一的,缺乏深度和连续性,这些使展示、讲解及关联性产品的开发都存在一定的局限性,缺乏吸引力,面向的市场有限。红色旅游产品的文化内涵不应仅是局限于爱国主义教育,形式上也不应只拘泥于观光,体验元素应该是多重的。

四、基于 SOR 模型对红色旅游体验产品开发的启示

在体验经济时代,如何满足游客审美和愉悦等精神体验,已经成为旅游产品设计开发的核心内容。通过上述对游客旅游过程行为的过程模拟,旅游产品的设计者和经营者可以从感官体验、情感体验、思考体验、行动体验、关联体验来关注游客体验,努力满足游客的需要和期望。

(一)强化感官体验设计

红色旅游的景点如果单纯以观光为主,容易产生视觉、心理上的疲劳。感官体验应从色彩、音乐、建筑、文化符号、气味、美食等方面达到理想的感官体验效果。例如,穿军衣、吃红军饭、唱军歌、看军事电影、听革命战斗故事等方式增加游客的兴趣。

(二)激发情感体验设计

情感活动体验要注重旅游者的情感诉求,增加景区体验元素,通过使游客真实地感受到革命年代的氛围,使旅游者更好地了解革命历史,理解红色精神。这样,旅游者会对教育者及教育内容产生积极的情感体验。例如,观看当年战事沙盘、倾听老革命讲述革命战斗故事、亲密接触红色人物、与当地人民共同参与一场千人龙灯晚会等,激发游客的情感。

(三)启发思考体验设计

思考体验即通过设计一系列有意义的活动来激发广大游客的兴趣,为游客创造认知和解决问题的体验。旅游产品设计时要关注旅游者心灵上的一种感悟与领会,把旅游感觉的"身游"和旅游感悟的"心游"相结合。例如,革命烈士纪念碑、解说系统的设计要具有震撼力,用来烘托历史的分量,来唤起我们对苦难与耻辱的记忆,引发游客的思考。德国柏林犹太人纪念广场由象征 600 多万犹太人的生命两万多块高低大小不同的黑色花岗岩堆成的,置身于其中则给人带来巨大的震撼力。

(四)增加参与性、互动性行动体验

行动体验就是吸引游客参与并产生互动,通过引导游客去行动,使游客从中体会到行为和过程的快乐。例如,将游客们编成班,模拟军事化管理,重走革命道路、野营与拉练,组织野外自做红军饭、露营、登山、泅渡、挖野菜、采摘瓜果、帮当地农户收庄稼、编草鞋、自耕自织的革命生活体验、野外战略游戏等,使游客能亲身感受、体验当年革命先烈们艰苦卓绝的革命生活。

(五)关联体验突出红色文化

关联体验是在感官体验、情感体验、思考体验和行动体验的基础上超越产品本身,而使游客的自身价值得到体现,以满足顾客精神上和心理上的自我实现层次的需求。因而去认同旅游企业的品牌、文化和价值。旅游经营者和设计者应该使游客的认知超越产品本身而去体验企业文化、企业品牌等,关联体验使顾客感受企业的品牌、文化和价值,把红色旅游作为文化产业来发展,通过现代人喜爱的方式,在潜移默化中传播红色文化,塑造红色文化品牌。

[参考文献]

[1] B. 约瑟夫·派恩,詹姆斯·H. 吉尔摩. 体验经济(更新版)毕崇毅译. 北京:机械工业出版社,2012.

[2] Belk R W. Situational Variables and Consumer Behavior. Journal of Consumer Research,1975,(2):157–163.

[3] Assael H. Consumer Behavior and Marketing Action. South–Western College Publishing,1995:599–630.

旅游物流及其发展探讨

范海芹

（贵州民族大学旅游与航空服务学院　贵阳　550025）

【摘　要】随着人民生活水平的提高,精神文化需求逐步扩大,旅游作为满足人们精神文化需求的一种方式得到迅速发展,旅游业的发展离不开旅游相关产业的支持。物流被认为是企业第三利润的源泉,也已渗透到各个行业,并取得显著成效。因此,笔者将旅游与物流相结合,对旅游物流进行研究,用物流服务的思想指导旅游业的良性发展。

【关键词】物流；旅游；旅游物流

人们普遍认为,旅游与物流是两个不相关的行业,旅游研究的是以游客为中心的吃、住、行、游、购、娱等相关活动,而物流研究的是物在空间上的流动过程。但是随着游客越来越追求"旅速游缓"的体验,畅通的物流在游客旅行、旅游商品采购及运输、行李托运、旅游景区物资供应上可更好地满足游客的需求。旅游物流是物流在新领域中的应用,是对旅游发展产业链条的完善。

一、旅游物流概念解析

尽管旅游与物流各自的产生都比较早,但是将旅游与物流结合起来,对其进行研究却比较晚,国内外学者从20世纪90年代中后期才开始关注旅游物流的存在,因此,对旅游物流缺乏权威与统一的定义。

我国学者根据自身的知识背景和经验,从不同角度对旅游物流进行了不同侧重点的研究。以下是国内学者对旅游物流所推导出的几种有代表性的定义：

唐顺铁和郭来喜认为,"旅游物流是指由于旅游活动的开展,在旅游客源地和目的地之间产生的物质流动。狭义的旅游物流是指旅游商品的流动和游客消耗的物质,广义的旅游物流应包括由旅游活动带来的客源地与目的地之间的物质交流"[①]。赖斌和杨丽娟认为,"狭义的旅游物流是指旅游活动中有形物质的流动,包括游客随身物品和旅游商品的购销流动；广义的旅游物流是指凡与旅游活动相关的,涉及物质流动的所有现象和关系的总和,具体包括交通运输、物品保管、物品包装、物品装卸、物品搬运、服务产品流通、

[基金项目]贵州民族大学科研基金资助项目(校科研2013(038)号)。

[作者简介]范海芹(1982—　),女,汉族,贵州镇宁人,硕士生,贵州民族大学旅游与航空学院教学秘书,主要研究方向为旅游物流。

① 唐顺铁,郭来喜.旅游物流体系研究.旅游学,1998,(3).

信息加工和信息处理"①。潘文军认为,"旅游物流是指为了满足旅游者需求和旅游业发展而开展的物流活动,包括旅客中转运输、旅游物资供应以及应用物流信息技术实现景区车辆、人员的管理"②。吉良新和林德山认为,"旅游物流是指游客在旅游活动中所引起的物质从旅游客源地向旅游目的地流动的各种物流现象和关系"③。吴东则认为,"旅游物流就是将旅游业与物流业进行综合,同时运用品尚物流平台,使旅游产品从供应地向接收地的实体流动过程"④。

根据对物流和旅游概念的认识,结合以上学者对旅游物流所下的定义,笔者认为,旅游物流是指:为了满足顾客(游客)的需要,在旅游活动过程中,伴随游客在吃、住、行、游、购、娱等相关活动中所涉及的物质和信息等流动的所有现象和关系的总和。旅游物流的出发点是以顾客满意为中心,在获得顾客更高满意度的前提下,降低旅游产业的成本,减少资源重复投入,以期获得更高的经济效益、社会效益和生态效益。

二、旅游物流发展分析

(一)发展旅游物流的理论依据

尽管旅游物流的研究尚属于理论研究阶段,但目前国内外学者已着手对旅游物流进行研究,并提出了旅游物流的概念、探讨旅游物流实践的可行性、分析旅游物流的发展模式等,为旅游物流的发展提供理论依据。在旅游物流的研究取得一定进展的同时,我们也应该清楚地认识到旅游物流的研究仍然存在诸多难题,例如旅游物流的内涵到底是什么、旅游物流研究的对象、旅游物流与不同旅游行业的物流之间的关系如何界定等。因此,旅游物流的研究无论从理论上还是实践上都呈现出广阔的纵深研究前景。

(二)发展旅游物流的可能性

物流业和旅游业的发展已经取得一定的进步,将物流业与旅游业结合起来,充分发挥现有物流的优势,从整个物流供应链的角度出发,加快旅游产品的流通速度和降低其流通成本。

现有物流信息平台更加成熟,将现有的物流信息平台充分融入到旅游物流中,使旅游物流实现信息现代化,实现旅游产品从生产领域到销售领域全程的跟踪和记录,做到旅游物流的高效、快速、准确和节约。

目前,广东省珠海市建立的品尚旅游物流平台为旅游物流的发展提供了可参考的现实依据,该旅游物流平台是国内首家运用旅游物流模式建立的大型门户网站,主要致力于解决旅游行业在传统运作中存在的问题,根据行业发展趋势的需要,利用先进技术,整合旅游行业中"吃、住、行、游、购、娱"六大类的旅游资源信息,利用一个平台,多种渠道,为旅游企业建立线上线下的直销、分销渠道,提供低成本、高效益的运营模式。[1]

(三)发展旅游物流的现实意义

旅游业和物流业都是区域第三产业的主要支柱,旅游业与物流业相结合是传统物流

---

① 赖斌,杨丽娟. 旅游物流:从理论到实践的困惑与解析. 物流科技,2012,(8).
② 潘文军,潘冠群,叶新才. 基于自驾车旅游物流服务的几点思考. 天津商业大学学报,2009,(29).
③ 吉良新,林德山. 旅游物流辨析. 集体经济,2009(3):130-131.
④ 吴东. 浅谈旅游物流的发展. 科技信息,2010(14).

在旅游领域的新提升,也是旅游业发展的新保障。旅游物流不仅拓展了物流的研究范畴,而且丰富了旅游物流的理论体系。同时旅游物流已经是旅游产品的一部分,旅游物流不仅延伸了旅游产品,而且增强了旅游产品的市场竞争力。

通过研究分析,旅游物流在实践中的基本功能也可以清晰地概括出来,旅游物流更好地满足旅游客流对"旅速游缓"的需求,旅游物流以最小的资源消耗和最少时间完成旅游产品的"货畅其流"。"旅速游缓"以及"货畅其流"是游客从客源地到旅游目的地、从旅游目的地返回客源地之间的必经环节,旅游物流对其实现过程从下图中体现出来:

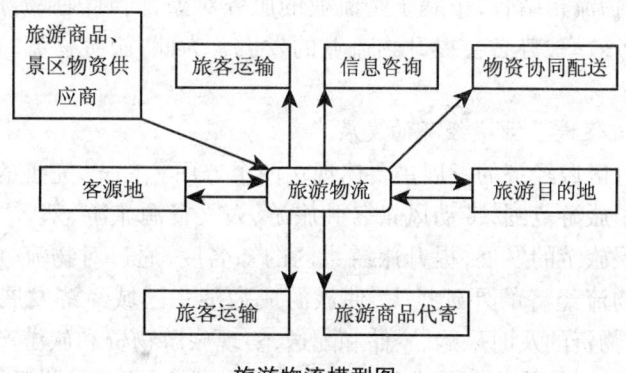

旅游物流模型图

三、旅游物流价值分析

旅游物流的价值体现在多个方面,但主要是通过物流活动来平衡旅游供需、整合旅游资源、最大限度地满足游客的需求,同时降低旅游成本。

(一)旅游物流更好地满足了游客对"旅速游缓"的需求

旅游业的发展在很大程度上依赖于交通运输业的发展,现代人的生活节奏加快,可以自由支配的时间本来就有限,因此对"旅速游缓"的需求越来越高,没有游客愿意让自己更多的宝贵时间浪费在旅游交通上,这就使旅行社与游客之间的衔接环节和协同难度增大了,导致游客对旅行社的投诉大多集中在旅游交通上;同时旅游交通运输作业单一,基本上只集中在客运业务上,且分散经营,各自为政。在旅游活动中,主体通常是多批次、少批量的,要实现规模成本势必就会降低服务质量。因此通过旅游物流,利用现有的物流作业设备和信息系统,实现车辆的配载、线路的优化和游客的定位等手段,增加增值服务来提高游客的满意度,同时有效地整合交通运输业后,使其更加多元化。

(二)物流保障了旅游产品的服务质量

在旅游活动中,旅游产品是一种特殊商品,主要体现在:首先,旅游产品是服务型产品,是游客在旅游过程中获得的体验和感受,具有无形性和不可存储性;其次,旅游产品的生产和消费具有同时性与不可转移性的特点;再次,旅游产品追求个性化和差异化。旅游产品的特殊性要求必须具备畅通的物流服务,在适当时间、适当地点满足适当的需求;否则,旅游产业难以发挥旅游产品的优势,满足游客对旅游产品的个性化需求。同时完善的物流运输网络有利于旅游业的持续发展,通过各种运输方式的密切配合,才能使游客"进得来,出得去,散得开",避免游客在旅游过程中得不到应有的体验,降低旅游产品的服务质量;完善的物流运输网络同时也是旅游商品和酒店物资供应顺畅的保障。因此,物流在旅游产品的服务质量上起到坚强的后盾作用。[2]

(三)旅游业开拓了物流业的新市场

旅游业是一个综合性产业,涵盖吃、住、行、游、购、娱等环节,市场对旅游的需求势必会带动交通运输业、酒店业、餐饮业、商业等相关产业的发展,而这些产业与物流业的发展是息息相关的。现阶段,物流更多地强调物品在空间上的位移,物流服务的客体相对较单一,将旅游与物流相结合,拓展了物流业的服务对象,同时因旅游产品的特殊性,提高旅游产品的服务效率,势必会提升物流业的发展。为此,旅游物流的发展开拓了物流业的新市场。

(四)旅游物流促进了区域经济的发展

旅游物流促进区域经济的发展主要体现在两个方面。首先,完善的物流网络和相应的基础设施扩大了旅游范围,带动风景名胜旅游、人文资源旅游、郊区"农家乐"旅游、城市观光旅游和会展旅游的发展,提升旅游景区的知名度,通过对物流、旅游资源的整合,将旅游经济以及物流经济的外延扩大,使旅游成为某一区域经济发展的新途径成为现实。其次,物流对物资的及时采购、仓储和配送,实现旅游物资和旅游产品的时间价值和场所价值,并通过畅通的物流环节来降低旅游产品的成本、提高旅游质量,同时不断完善物流运输基础的实施,在某一区域范围内形成良好的运输网络和商务供销网络,促进区域经济的可持续发展。

四、结束语

旅游物流是旅游业与物流业的交叉领域,旅游物流的发展在于应用现代物流理念和技术,推动旅游产业中涉及流通领域的转型升级,促进旅游业健康、全面、可持续的发展,同时也拓展物流业的新市场。

[参考文献]

[1]王之泰.物流的价值发现.国际商业技术,2000,(1).
[2]黎 洁.旅游环境管理研究.天津:南开大学出版社,2006.

关于百里杜鹃景区旅游公路改造的一些思考

靳 峡

(贵州民族大学旅游与航空服务学院,贵州 贵阳 550025)

【摘 要】旅游公路是现代文明的纽带,且是经济的血液。旅游公路的形成,对于缩短交通里程、通达快捷、安全便捷,以及提高旅游景区的可进入性等方面有重要的、不可代替的多样性功能。进行旅游公路改造可促进旅游资源的开发,带动相关产业发展,促进经济发展。但也要看到,会不可避免地对沿线生态环境和景观产生破坏和影响。笔者认为,旅游公路改造要体现旅游业健康发展、以人为本、生态公路和可持续发展的理念,将旅游公路改造与环境保护有机结合,实现持续的发展。

【关键词】旅游公路;百里杜鹃景区;公路改造;构建

旅游公路是通往旅游区和旅游区内连接各景点,能够满足游客的审美要求,并为游客提供符合生理、心理需求的服务设施、旅游信息等需求,且整体美观、管理有序的公路。

传统的"旅游公路"基本上是从"交通功能"的角度进行理解和阐述的,将其视为单纯的运输通道,其范畴基本包括旅游景区内的通道或通往旅游景区的公路两大类。

现代"旅游公路"从"价值和功能"复合角度对其定义更科学、合理,因为近年来,随着"旅游"的内涵和旅游方式的不断发展与完善,旅游公路所蕴含的审美价值越来越受到人们的重视,旅游公路已经不仅仅作为简单的"运输通道"而存在,更重要的是它们自身就是既有景区(旅游资源)的有机组成部分,已经融入在旅游资源中,甚至部分公路本身已经成为新的旅游资源,实现了旅游公路向公路旅游的转变。

贵州第一条旅游公路是 2010 年年底竣工的凯雷路,改路沿线经过三棵树镇、雷山县、大塘乡等,终点止于雷山县排里坳,路线全长约 66.36 公里。这是一条专门用旅游理念建设起来的公路,其建设思路源于打造开发号称素有"歌舞海洋"美誉的黔东南州,该路的设计定位为"贵州省生态旅游示范公路",所以在环境景观工程设计方面以"串联山水生态,印象民族风情"为主题,通过对边坡、档墙、观景台进行处理,并进行合理的景观设计,尽量修复被破坏的环境,最终营造出"路在林中展、河在路边流、车在景中行、人在画中游"的公路新景观。这条道路的落成,为贵州公路服务于当地的文化、经济、政治作出了新的尝试,同时也开启了贵州公路文化发展的新篇章。

[基金项目]贵州民族大学科研基金资助项目,校科研 2013(037)号。

[作者简介]靳峡(1985—),女,汉族,贵州兴义人,贵州民族大学旅游与航空服务学院助教、旅游管理学硕士。

一、旅游公路的意义

(一)旅游公路是体现交通运输服务型行业的窗口

在2007年全国交通工作会议上,交通运输部李盛霖部长提出了深化对交通运输属性认识的命题,并指出"服务"是交通运输的本质属性。旅游业作为典型的和成熟的服务行业,旅游公路正是交通运输业与旅游业的交际之所在。所以,做好旅游公路的规划和建设不仅能促进旅游业的发展,同时也是体现交通运输向现代服务产业转型的窗口,具有明显的宣传和示范效应。

(二)旅游资源的开发有赖于旅游公路的完善

旅游公路对旅游资源的开发起着举足轻重的作用。如果没有畅通的道路,一些自然资源和人文资源丰富的地方得不到应有的发展,尤其是贵州地区潜在、待开发的旅游资源更是不胜枚举,而这些旅游资源开发的瓶颈往往都是公路交通不顺畅,还不为人所知,更谈不上吸引大批旅游者前来观光了。因此,发展包括旅游公路在内的各类交通运输,将有力地促进新的旅游资源的开发。

(三)旅游公路是旅游产品的重要组成部分

旅游公路的审美价值其实也是一种重要资源,当人们乘坐或驱车行驶在一个风景优美的景区内时,旅游公路优美、流畅的线形、自然和谐的公路构造设施、清晰独特的各种交通和旅游信息标志无不与周围的景观融为一体,营造出一个和谐的绿色观光走廊,成为游客眼中一道亮丽的风景线,这时路与景区达到了高度统一,使公路的旅游价值得到充分体现。同时一些非景区公路由于环境优美、审美价值突出而可能成为新的旅游产品,甚至重要的景区。

(四)旅游公路促进旅游业的发展

旅游公路的建设,使景区旅游公路更加完善,景区和景点的通达度进一步提高,缩短了游客在途时间,提高了旅游的审美性、舒适性、方便性和连续性,为游客提供了方便、快捷、安全和舒适的旅游道路。同时,增强了当地与外界的联系,也增进了景区内自然村寨之间的联系,使埋藏在乡土田野的民族文化被激活,展现了民居特色,增强当地文化和外界文化的交流与融合,为当地旅游发展营造良好氛围,提升景区旅游形象,有效地促进景区旅游、经济又好又快地发展。

二、百里杜鹃景区旅游公路改造的背景

百里杜鹃风景名胜区位于贵州省西北部,毕节大方、黔西县交界处,总面积大约125.8平方公里,是世界上最大的一处原始、原生态的天然杜鹃花景观,是无法复制、无法再造的,素有"地球彩带、世界花园、养生福地、避暑天堂"的美誉。2010年度获"最负国际盛名景区"和"亚洲·大中华区十大自然原生态旅游景区"等殊荣,为百里杜鹃提级升位、跨越式发展创造了有利条件。2010年12月21日,根据国家旅游局旅发[2012]92号文件精神,百里杜鹃风景区被正式批准为国家4A级旅游区。

百里杜鹃作为世界知名的、高品质的景区,由于交通的不完善而成为制约景区发展的瓶颈。为了推动景区的发展,景区对旅游公路进行改造。这首先要考虑到旅游者从中

心城市贵阳至毕节百里杜鹃景区的二级公路进行改造;其次,还要考虑到百里杜鹃景区内旅游公路的改造。

1. 二级公路贵毕线的改造。该条线路是对外交通要道,改造的核心是围绕路的安全度、舒适度进行的,而艺术美化周围环境也是重点,当时的设计方案也是根据毕节的旅游内涵和公路建设文化来塑造形象,其中所使用的元素有雕塑艺术、生态绿化、灯光以及内壁装饰。同时,为了美化公路整体视觉效果,贵州省公路局对刚移交给公路局的贵毕线沿途进行景观建设,特别是对号称"死亡通道"的几个隧道完成景观制作,内容体现出毕节民族特色,成为毕节自然风光的缩影,还有民族英雄奢香夫人、红军路过毕节的红色文化,不仅宣传了毕节独特的旅游资源,更重要的是,把安全需要提升到一个生命攸关的高度,从而为道路功能的完整性起到一种点石成金的效果。由于设计意图是力求使人们在穿行于公路时能有醒目的提示,并且有独特的艺术符号强化危险路段的特征,所以设计目的明确、创意得当,作为贵州省骨干线公路,第一次围绕艺术景观装饰来打造的美观、安全、公路的尝试,通过艺术语言使沿线生态景观与公路景观得到有机地结合,构建了公路景观的综合建设。

2. 2012年4月,贵州省第七届旅游产业发展大会在毕节百里杜鹃风景区召开,为保证进入主会场的道路达到"畅、美、绿"的要求,对景区旅游公路进行改造。具体线路改造,即对(黔西)野坝——(百里杜鹃)普底、(大方)黄泥塘——(百里杜鹃)普底旅游公路进行改造。改造以公路大修为主,兼顾景观构建及公路绿化和美化,主要是对景区的路线、迎宾门及观景台、路基整修、交通安全设施标志进行改造。工程全长67.53公里,总投资9 458.6万元(公路改造8 025.2万元,景观改造1 433.4万元),其中野坝——普底线27.6公里按旅游公路二级进行设计改造,路基宽度8.5米,设计行车速度为40公里/小时;黄泥塘——普底线,按旅游公路四级进行设计改造,其中路基宽度为7.5米的有32.345公里,路基宽度为6.5米的有7.785公里,设计行车速度为20公里/小时。通过公路景观的构建,从线形、路面、绿化和防护等方面综合改造,使原本单调的公路与自然环境、自然村寨融为一体,营造出一个和谐的、人文的绿色观光走廊。同时,旅游公路改造与公路沿线和旅游目的地的旅游资源实现联动开发。将旅游公路打造成一条名副其实的扶贫路、资源路、旅游路等多功能型的道路,对促进沿线群众脱贫致富,发展生态旅游,实现旅游发展目标,振兴地方经济,改善沿线人民的物质文化生活,都具有重大的意义。

三、百里杜鹃景区旅游公路改造的构建

随着人们环保意识和对视觉景观质量要求的不断提升,对公路沿线的景观环境要求也越来越高,从单一的运输通行功能转移到要求旅游公路能提供舒适的乘坐条件和良好的道路景观上。如何使旅游公路在满足交通运输功能要求的前提下,与周围的自然景观、人文景观和社会区域的经济发展更好地融合并协调发展,是旅游公路景观构建研究的重要课题。

(一)旅游公路改造体现旅游业"健康发展"的理念

旅游公路改造必定会促进旅游业的发展,为了使旅游业健康、持续、快速地发展,总

体上坚持以"政府主导、市场运作、社会参与"的原则。一方面,加强旅游基础设施建设的资金保障;另一方面,构建旅游基础设施,建立起与景区旅游发展相适应的旅游基础设施体系,比如在旅游集散中心增加和建成一批星级旅游接待设施与文化、娱乐、休闲设施,加快建成与发展休闲度假旅游、会展旅游和乡村旅游相适应的配套设施。此外,还要考虑到沿线公路景观的技术、艺术和文化融合的处理,对沿线景观的绿化建设要合理,设计要突出文化内涵和艺术效果。将景区旅游公路打造成"畅通、安全、舒适、美观"的公路,促进旅游业的健康、持续发展。

(二)道路景观的构建体现"以人为本"的理念

旅游公路景观构建体现"以人为本"的理念,即要在规划设计中遵循人性化的原则,对旅游公路景观空间的不同使用主体进行综合考虑。而百里杜鹃景区设置了两扇迎宾门(黄普线一号门景、野普线二号门景)和4个观景台(黄泥塘观景台、百里杜鹃湖观景台、龟豚观景台、大洞口观景台)。通过沿线道路路域环境的绿化和美化,在入口处、特征景点处设置景观观景台,以抽象与写实手法相结合,使道路在满足通行功能的前提下,承载景观及文化展示功能,方便游客观光和摄影。

从旅游者的角度看,提高旅游公路景观的可观赏性,引起游人的好奇心理,激发游人的兴趣,缓解游人旅途的身心疲劳。一方面,旅游公路景观的构建应运用景观融合理念,使旅游公路路体景观与周围的自然景观和人文景观有机地融合,把周围优美的自然景观和有较高观赏价值的人文景观引入到旅游公路景观空间来,打破公路"一条路,两行树"的模式,充分体现旅游公路的景观特点和展现旅游公路沿线丰富的旅游资源。百里杜鹃景区的旅游公路沿线分布着丰富的人文景观和优美的自然景观,使旅游公路与周围环境相融合,有利于游客观赏道路两侧的自然风光和丰富的人文景观,以及旅游公路两侧丰富的旅游资源的展现宣传。另一方面,旅游公路景观的构建应运用文化理念。旅游公路作为通往景区不同自然村寨的线形过渡空间,沿线穿越各种不同地域文化的空间,具有丰富的文化内涵。旅游公路景观的构建应使旅游公路景观空间成为道路沿线不同地域文化的展现空间,增加旅游公路景观的文化内涵和地域特色,满足游客感受文化差异的旅游心理。

从驾驶员的角度看,一是旅游公路沿线丰富的旅游资源,具有视觉享受。二是旅游公路沿山而建,视野开阔,沿路行驶,可以增强驾驶员驾车的乐趣。三是旅游公路沿线弯道的设计要合理,标志明确、清晰,有利于驾驶员安全驾车。四是设计合理。沿线景观的构建,要避免景观的"新、奇、特"而分散驾驶员的注意力,引发交通事故,对景观色彩及造型的设计都应满足道路交通安全设计的要求,尽量不用易引起驾驶员视线停滞和错觉的色彩与造型,应通过营造简洁的形象空间,应用地方特色的色彩,传达通俗易懂的信息,调节驾驶员的视觉感受和心灵体验,从而放慢行车速度,达到舒缓心境、减轻压力的目的,保证旅游交通安全。

从沿线居民的角度看,旅游公路景观的构建要考虑到安全因素,沿线分布有城镇、村落、农田、河流等,要考虑到安全问题和生态环境的保护。同时,公路景观优化了居民的居住环境,有力地支持了"新农村"建设。

(三) 旅游公路的改造体现"生态公路"的理念

生态公路是在公路的设计、改造中与自然环境相融合。公路改造，会给周围地区造成多方面的生态学影响和生态环境问题，要尊重生态学原理，建设"生态道路"，做到经济效益、生态效益和社会效益的统一，在道路规划过程中，要充分考虑地质地貌条件、水文条件、气候，以及社会经济条件的要求。在公路改造中，综合考虑交通安全、防护、景观、视线诱导、线性预告、防眩、缓冲、遮蔽和标志等目的，使公路主体与绿化、美化恢复生态环境有机地结合起来。

首先，应将防止水土流失，确保交通安全等放在首位；其次，改造应因地制宜。由于百里杜鹃景区旅游公路线路较长，地形、地貌等环境条件复杂，要因地制宜，做到目的性、整体性、稳定性、艺术性兼顾，体现地方风格，创造公路景观的个性；再次，生态公路是把公路征地范围的生物和非生物看作一个整体，是整个公路的一个有机组成部分，以提高安全和舒适性，以及美化、减噪、净化空气、生态恢复和优化等为目的，最大范围地采用生物材料，减少公路对周围环境的影响所实施的植被恢复工程技术。整体而言，要加强道路的生态管理和环境保护，要使修路、用路、养路相结合。改善道路条件，健全交通系统，加强环境保护，建设"货畅其流"，"人便于行"，环境优美的"生态道路"。

(四) 旅游公路改造体现"可持续发展"的理念

在旅游公路的改造中，旅游公路不是为了自身而存在，应是满足社会的需求、景区发展和生活的需要。旅游公路的改造应从社会需求和经济发展的可持续性来考虑。在旅游公路的改造中应用可持续发展的战略思想，制定和完成可持续发展的公路基础设施建设的规划。一是旅游公路改造的发展与当地经济、社会、资源与环境联系起来。公路改造的可持续性取决于与经济、社会、资源与环境之间协调度的高低。协调度越高，公路建设的持续性就越具有可行性。反之，可行性就越小。二是景区旅游公路的改造应与自然村寨公路紧密联系起来。对沿线的旅游公路、等外级公路、机耕道和民居生活便道进行平交设计处理，使平交道口得以延伸和铺筑，有助于游客或自驾车游客到自然村寨观光和摄影，可以体验自然村寨原汁原味的特色民族文化。三是从长远的发展来看，景区旅游公路的改造应与其他交通体系联系起来，以助于我们将系统各部分有机地结合起来，互相促进、共同发展，满足游客的需求，增强交通运输的综合实力，促进景区更好、更快地发展。

[参考文献]

[1] 交通部公路司.新理念公路设计指南.北京：人民交通出版社,2005.

[2] 公路环境保护设计规范.北京：人民交通出版社,1998,12,[JTJ/T 006—98].

[3] 王翠华等.高等级公路景观美化与环境保护.交通部科技信息研究所,1993.

[4] 刘书套.高速公路环境保护与绿化.高速公路丛书编委会.北京：人民交通出版社,2002.

[5] 何勇.公路安全保障工程实施技术指南分析.北京：人民交通出版社,2007.

[6] 王青云.可持续发展理论发展概述.黄石高等专科学校学报,2004,20(4):9-12.

# 三、教苑拾穗

略论女权运动对现代英语的影响

——性别歧视与语言变化

毛继桂

(贵州民族大学旅游与航空服务学院 贵阳 550025)

【摘 要】 性别歧视不仅存在于政治、社会、经济、家庭中,在文化,尤其在语言中也有明显的存在,笔者从词汇、表达方式等方面探讨女权运动对现代英语的影响和发生的变化。

【关键词】 女权运动;现代英语;性别歧视;影响;变化

《圣经》告诉人们:夏娃把亚当引入歧途,偷尝了禁果,上帝在震怒之下惩罚了妇女,警告夏娃说:"我必极大地添加你的痛苦,你的愿望当符合你夫的愿望,而他必须支配你。"西方女性的从属形象及性别观就这样由塑造其文明的基督教确定了,这不仅体现在政治、经济、家庭等诸方面,也被吸纳入西方的语言文化中,就像《圣经》中的英语"children"是指所有的人一样,"man"一词最初也囊括了整个人类:男性和女性。在英语的发展中,大量的词汇反映出男性色彩,如"mankind"(人类),"manpower"(人力),"primitive man"(原始人),"Englishman"(英国人)等,似乎把妇女拒之门外,表现了男人一统天下的境状。但在今天,由于女权运动的影响,这些词的结构和表达方式正在发生变化。

西方社会为争取男女平等的女权运动,发展到20世纪六七十年代,不但极大地改变了妇女在政治、社会、家庭中的地位,如1972年美国国会通过同工同酬修正法案等等,还形成了"文化女权运动",这表现在政治、社会、经济、家庭领域里的话语变化。女权主义者们从语言学理论出发,认为妇女一直受到由男性所控制的语言的压抑和歧视,占统治地位的语言形式本身表现出占统治地位的男性思想的印记。语言不是不能用来表达妇女的意识,而是由于历史上妇女被剥夺了享有一切语言资源的权利。而妇女在语言上只有被迫保持缄默和不得不诉诸委婉语气与迂回的说法,因此,她们认为在英语中存在着语言性别歧视的现象,为改变这种现象,在她们的著作里出现了非性别歧视的语言。而发展到今天,随着西方女权主义影响的扩大,英语里不仅出现了非性别歧视的词,而且现代英语也出现了越来越多向非性别歧视语言方向发展的趋势。

下面就女权主义对现代英语的影响作一些探讨:

[作者简介]毛继桂(1962—),女,汉族,贵州晴隆人,贵州民族大学旅游与航空服务学院党委书记、研究生、副教授。

一、女权主义运动改变了以指称男性的词概指两性的现象

1. 改变了英语中反映大男子主义观念的词

英语在其漫长的发展过程中逐渐形成了以指称男性的词来概指两性的习惯,但随着女权运动的发展,使用英语的妇女感到英语也应同其他方面一样发生变化。新编《罗瑞分类词典》的女编辑在其书中把所有和人类有关的词汇,如"society"(社会),"anthropology"(人类学),"nation"(国家)等全部都归在"humankind"的类目之下,而一反过去男性作者的著作里把这些词都归入"mankind"类目的做法,这显然是对性别歧视语言所采取的一次革命性行动。对"man"一词的关注,是想通过改变语言来改变妇女在人们心目中的地位的一个方面。她们认为用"man"或以"man"开头或结尾的词体现了对妇女的歧视。如"statesman"(政治家),"chairman"(主席),"policeman"(警察),"mailman"(邮递员),难道只有男人才能当政治家、主席、警察吗?因此,她们根据构造法,造出了相应的阴性词或中性词。如下表所示:

阳性词	阴性词	中性词
chairman	chairwoman	chairperson
spokesman	spokeswoman	spokesperson
businessman	businesswoman	businessperson
policeman	policewoman	police officer
mailman	mailwoman	mail carrier

2. 改变了英语中人称代词的使用

英语的人称代词无论在小说、诗歌、散文及日常用语中,"he"(主格)、"him"(宾格)、"his"(物主格)、"himself"(反身代词)不单指男性,而泛指男、女性。因而人们可以说:"A doctor should do his best to help the patient."(医生要尽力帮助病人),甚至还会出现"Everyone will be able to decide for himself whether or not to have an abortion."(人人都能决定他是否要作人工流产),这一类可笑的说法。女权主义者反对使用这类代词,认为"he"一类的词实际上是男性词,因而为了避免女性的反感和有歧视女性的嫌疑,在现代英语中,人们越来越频繁地使用代词的复数形式(they, them, their, themselves)来概指两性。如"A doctor should do their best to help the patient. If anybody calls, tell them I'm out, but take their name and address."(如有人打电话来,告诉他/她,我出去了,但要记下他/她的姓名和地址),这使许多保守的语法学家对此类用法深感不安,因为,按照语法规则,"a doctor, anybody"是单数词,应将"them"改成"him/her","their"改成"him/her",但尽管如此,人们还是仍在使用。这正如语言学家罗伯特·考纯(Robert Cochrance)在《性别与单数代词》(*Sex and the Single Pronouns*)一文中指出的那样:坚持这些代词的单数性是近代的现象,在此之前,乔叟、莎士比亚、斯威夫特等文学巨匠在用"they"或"their"指"anybody"和"everyone"这个问题没有疑虑。考纯有力地证明说,在这方面,回到乔叟、莎士比亚

的方法,比无休止地就代词撰文好,这当然把所有人类都傲慢地、"正当地"贴上男性的标签要减少冒犯。

为了避免对任何一方的歧视,在现代英语中也出现"he/she, his/her, him/her, himself/herself"这样成对代词的用法,这一用法不免失之累赘,但人们仍在不断地使用。如"A doctor should do his/her best to help the patient."

3. 用阴性词来代替表示一类人的单数名词

英国人、美国人习惯认为"premier"(总理),"professor"(教授),"doctor"(医生),"lawyer"(律师),"surgen"(外科医生),"sports star"(体育明星)等都为男性,这反映出历史上社会地位较高的职业都为男子所垄断。但随着当代妇女受教育程度的提高,打破了这些职业为男子所垄断的局面。女权主义者们提倡用阴性词来代替这一类人的单数名词,目的在于提醒读者和听众,并非只有男人才能成为总理、律师这一类人物,女人也能。如:"A good writer does not normally need to tell her readers that she is concluding an essay."(一位好的作者是不必告诉其读者她在总结一篇文章),"she(her)"用来代表作家一类的人。

目前,许多作家尽力在作品中反映出这种日益变化的趋势,如《朗曼当代英语词典》(1978年版)的编辑在解释"chair"一词的某种含义时列举:"She holds a chair of chemistry at that university."(她在那个大学当化学学会主席)为例句,在解释动词"keep"时,举例为:"She keeps only the most important religious holidays."(她只过最重要的宗教节日)。在这本词典里,不仅女人,而且男人也在做家务,如动词"bath"的例句为"He is bathing the baby."(他在给孩子洗澡)。

4. 出现了新的称谓词

女权主义者认为,称呼一位男子时,无论他已婚或是未婚,通用一个 Mr.(先生),而称呼妇女时,则分别为"Mrs"(太太)和"Miss"(小姐),把她们的婚姻状况透露给外界,侵犯了她们的隐私权。因此,即使是守旧的已婚妇女,也讨厌别人称她们为"Miss",故新的称谓词"Ms"(女士)也就应运而生了。

二、改变对女性含有贬蔑味的词语

英语中的阴性后缀 -ess 常招惹麻烦。本身用来分指男女,无褒贬的一对词,但随着英语的发展,女性词的词义逐渐变成了贬义词,甚至与原来的词意完全不同了。如"governor"一词在中古英语中指某一地区的首领,现仍然保持着其基本意义,"总督、州长、省长"等,但原与之相对应的"governess"却演变成了"州长夫人、家庭教师、保姆",故一位女州长喜欢别人称她为"governor",同样的道理,女作家、女诗人、女演员都愿意别人称她们为"author"、"poet"、"actor",而讨厌称其为"authoress"、"potess"、"actress"。又如,称黑人妇女为"Negres"或犹太妇女被称为"Jewess"都有冒犯失礼之嫌,而常称为"black woman"或"jewish woman"。

女权主义者反对使用性别歧视的语言,随着女权运动影响的不断扩大,非性别歧视语言不仅越来越多地为社会所承认,如1982年出版发行的《图书出版非性别歧视语言使用法则》一书中新出现了新词"sexism",意为"性别歧视",启发人们如何避免使用有语言偏向的词。而且在有的国家,还得到了法律的认可,如英国法律规定:在招工广告上不准使用"salesman"(推销员)或"draughtman"(制图员)等词,而要用"salesperson"或"draughtperson",这说明,西方女权运动对现代英语的结构、词汇都产生了影响,而随着西方妇女地位的不断提高,这种影响变得越来越大。

[参考文献]

[1] 邹卫.从妇女问题的产生与发展谈妇女解放.妇女组织与活动.1991,(1).
[2] 陆道夫.强化女性主体意识,纠正男性评论偏颇.妇女组织与活动.1989,(1).
[3] [美]艾莉森,M.贾格丁,波拉·S.罗森保.女权主义理论概览.妇女组织与活动.1989,(3).
[4] 王恩铭.当代美国的妇女运动.美国研究,1996,(3).
[5] 黄亚红.试析美国女权运动的起源.美国研究,1996,(3).
[6] [英]0Jenet Whitcut."Ducks and Drakes"(《现代外语》)王守元、沈涤译,1984,(3):50-52.

文化导入与英语语言教学

毛继桂

(贵州民族大学旅游与航空服务学院 贵阳 550025)

【摘 要】新的《大学英语教学大纲》增加了提高文化素养的任务。本文旨在分析在大学英语教学中导入文化教学的必要性及现状,探讨利用《大学英语》系列教材,以直接阐释法、比较学习法、角色扮演法(role-play)等方法,使学生在习得语言知识的同时也习得其文化,在跨文化交际中用得体的语言进行交际。

【关键词】大学英语教学;文化导入;跨文化交际;交际能力

近年来,受伦理领域(特别是语言学领域)文化热的影响,文化与外语教学的关系也成为外语教学领域研究的课题之一。1999年颁布的新的《大学英语教学大纲》在原有基础上增加了提高文化素养的任务。这说明语言和它赖以存在的文化之间有极为密切的关系。

所谓语言和文化密不可分,有两个方面的含义:一是文化包括语言——语言是属于文化这个大家族中的一个成员;二是语言是文化的载体——人类所有文化现象都可以在语言中得到反映。

一、文化导入的必要性

1999年新出台的《大学英语教学大纲》(修订本)明确指出:"文化和语言有着密切的关系,一定的文化背景知识有助于促进语言能力应用的提高。"语言与文化是不可分割的,因此,在外语教学中应导入目的语文化的教学,这一点在外语界已达成共识,是非常有必要的。

首先,外语教学的目的是培养学生的跨文化交际能力。美国社会语言学家海梅斯(Hymes)认为交际能力有四个重要参数,即语法性、适应性、得体性和实际操作性,其中适合性和得体性的实质就是语言使用者的社会文化能力。也就是说,使用者应能在英语环境中应遵循一定的社会规范和道德准则,恰到好处地同他人交往,遵循他人的生活方式和价值观,不冒犯别人的隐私和忌讳等。"成功的跨文化交际所要求的不仅仅是能说一口流利正确的英语"(秦秀白1988),沃尔夫森(Wolfson)(胡文仲1994)指出"在与外国人接触当中,讲本国语的人一般能容忍语音或句法错误。相反,对于讲话规则的违反常常被认为是没有礼貌,因为本族人不大会认识到社会语言学的相对性。"胡文仲的研究也证实了他本人的观点:"文化错误"常常比"语言错误"更严重。

其次,随着我国改革开放的深入和中国加入世贸组织后与国际的接轨,涉外交际越来越多。在与来自不同语言、不同文化背景的人交往时,仅靠掌握正确的语法,地道的语音、语调和一定的词汇量远远是不够的,还应了解他们的习俗、价值取向、言语规则甚至非语言交际方式等;否则就会产生小到个人之间的误会,大到国家之间的冲突。

再次,不少非英语专业的大学生实难满足目前社会的需要,有的虽然通过了国家四、六级考试,耳不能听,口不能说,即使能说几句英文,也常常是"中文的思想+英文的形式",常常犯文化错误。例如,In China one family can only grow one child. You've got no change at all.

最后,没有一定目的的语言文化背景知识,也会对学生的语言学习产生负面影响,包括对语篇和会话含义的理解。例如,在大学英语四级考试大纲样题的一篇阅读文章中,出现这样一个句子: A group of militant ladies are agitating to forbid U.S newspapers from running separate Male and Female want ads, and call any ladies who tolerate it "Aunt Tom"。"Aunt Tom"意为"逆来顺受的女人",由"Uncle Tom"衍生而来。后者系美国女作家托斯于1852年发表的长篇小说"Uncle Tom's Cabin"中的主人公。原喻"逆来顺受的黑人",现常泛指无反抗精神的人。而我们的学生只知道"Tom"是个男性的名字,用在此指女性不能接受,更不会将此短语和"无反抗精神,逆来顺受"联系起来,自然而然地不能作出正确的选择。又如,在中国不称名而称姓和职务,这是中国人的称呼习惯,李局长、张主任、陈经理、王老师等都是熟知的礼貌称呼方式。但在英、美等国,却奉行另一种礼貌原则,在被称呼人姓前加"Mr." "Mrs." "Miss." "Ms." ,"Prof"或"Dr." ,如你称呼一位外资经理"Manager Johnson",对方并不认为只是礼貌的表现。这就是我们常说的文化冲突语用失效。

在我国大学四、六级英语考试曝光题和样题中,据考试效应组统计,37%左右的文章涉及某种社会文化内容,听力测试中,涉及这些内容的题也占相当大的比例。这也从另一侧面反映出语言和文化的关系。

由此可见,通过学习一门语言,可以了解一种文化;而了解一种文化,又可帮助加深对其语言的理解。这些都为在大学英语教学中导入文化因素提供了可靠的依据。正像大学英语系列教材总主编董亚芬教授所指出的:"任何一种民族语言都是该民族文化的重要组成部分和载体。在语言材料中,篇章,句子,无不包含着民族的文化信息。"因此,有必要把语言知识与文化背景知识相结合,在语言教学中导入相关的文化背景知识,向学生展示英语国家独特的社会风貌,揭示与之相关的思维方式与价值观念,使学生能在对该异域文明的把握中加深对其语言现象的理解和领悟。

二、文化导入现状

目前,教师都知道文化导入的重要性,文化导入已不是争论的焦点,而是教什么、怎样教。但在语言教学过程中,教师往往只重视语言形式的重要性,极少教授目的语文化知识,尤其是与母语文化不同之处。有相当一部分教师是根据自己的理解和体会在课堂上作文化方面的随意的、点到为止的介绍,缺乏系统性;且有一部分教师把文化导入的希望寄托于按文化项目编写的一套教材上、另有一部分教师希望在课程设置中增加一些专门教授目的语文化的选修课程,如"英美概况"、"语言与文化"、"跨文化交际学"等,而不了解任何一套教材、任何一门课程都难有万全之策;还有一部分教师认为,对非英语专业学生的文化导入不必过分认真。众所周知,随着我国经济建设的迅速发展和我国加入世界贸易组织,非英语专业学生将是今后跨文化交际的主力军。如果我们教师本身具有深厚的语言功底,同时具备较高的汉英美文化修养和跨文化意识,利用现有教材,一方面把跨文化交际中涉及的价值观、交往规则、思维方式等向学生作宏观的理论性介绍;另一方面结合理论对影响交际的词语、句子、篇章的文化内涵作微观的分析,久而久之,学生便会对目的语文化有一个全景式的印象,熟悉各种差异,得体地进行交际。

三、教材与文化内容相结合

文化是一个包罗万象的概念,它包括一个社会人们的价值观、世界观、文学、艺术、科技成就,也包括他们的习俗、生活方式、社会组织、宗教信仰,还包括语言以及与语言相关的一些非语言交际手段(如身体语言等)(胡文仲,1989)。要想在几年时间内通过本教材学到系统的英美文化知识是不大可能的。尤其对大学英语教学来说,更是困难重重,因为内容多(20多本系列教材),课时少(4周),单靠教学中随文就释地作些解释是不能彻底解决的。

因而在选用什么教学材料和应该教授什么文化内容问题上,还无万全之策。鉴于目前状况,笔者认为一个权宜之计就是充分利用现有《大学英语》(修订本),以之为蓝本,在搞好语言教学的同时,进行文化教学。这套教材全部选用原文教材,在许多课文中,语言和文化相互融合,构成一个有机整体,既可用来学习语言,又可作介绍英、美文化的素材使用,学生从教师的授课过程中得到的不仅仅是孤立的语法规则、词汇或句型,而是更有效力的跨文化交际的工具。

从理论层面讲,我们希望在教学中能对文化学习和语言学习一视同仁,但由于学生水平、教师文化水平以及教学条件等客观因素的限制,很难一步到位。在大学英语教学中,语言教学还是重于文化教学。笔者认为,要在大学英语教学中导入文化因素,最好遵循两个原则:相关性和实用性。

相关性原则,是指所有文化学习项目都应和教材内容有关。如课文"Big Bucks the East Way"通过叙述一家两个上学的儿子在父亲的激励下去散发杂志广告插页挣钱,以培养自立能力的故事,揭示了美国人的价值取向和生活观念,他们的家庭关系以及父母对孩子自立性格的培养方式,这些文化项目与课文内容息息相关,而且具有现实教育意义,应该介绍给学生;此外,从"The Present"、"The Sampler"、"There is Only Luck"等课文,我们可以和学生一起探讨诸如老年人、枪支管理,以及犯罪等西方社会问题;从"Sailing Round The World"和"Journey West",我们可以借助地图使学生了解一些世界的地理知识;从"Lessons from Jefferson","The Women Who Would Not Tell","You Go Your Way","I'll Go Mine","The Death of Hitler"等课文中,我们还可以回顾一番世界历史。

实用性原则,是指要教的文化项目在同英语本族使用者交往时,应该是很实用的。也就是说,他们在一般性跨文化交往中经常使用,并可以促使这些文化项目顺利有效地进行下去。如西方人认为我们中国人不懂礼貌(众所周知,中国是一个礼仪之邦),是因为我们很少讲"Thank You";反之,我们则认为他们虚伪,常回答说"不,不","哪里,哪里"或"过奖了",而英美人则说"Thank You"。这都是因为我们的学生,除了上英语课之外,极少接触外籍人员,对异国情况了解甚微,文化及风俗的差异往往成了他们语言交流的障碍。在这方面,听力教材对学生掌握交际文化知识,特别是说话规则是极其有用的,我们可以从中学会如何在英语环境中问候、致谢、道歉等。

四、传授方法

要提高学生的文化素养,培养他们跨文化交际的能力,最好的办法是使他们沉浸在目的语的文化氛围内,但目前我们的学生几乎没有接触外籍教师或留学生的机会,因而我们只能求助于其他途径,除了经常采用的注释法、文化旁白以外,还可以尝试以下几种方法:

(一)直接阐释法

这是大学英语课堂教学最常用的方法,即教师对教材中容易引起学生理解困难的"文化点"(相对"语言点"而言),尤其是那些含有文化意义的词语直接加以解释,如教材中出现的"fireplace,sandwich"等均是西方文化特有的;从一个名字单词"Franose",我们可以得知此人是法国人,至少是法国人的后裔;在中国的"drugstore"里仅售药剂,而在美国还可以卖食物、饮料等。

以上是词语的例子,课文也是如此。"Lady Hermits Who Are Down But Not Outy"一文描述了一群流落纽约街头的妇女形象及其生活,她们性情古怪,不好交际,几乎把自己封闭起来。因问及课文有什么意义时,学生或认为没什么意义,或认为是反映下层劳动人民的生活现状(这当然于作者本意相去甚远)。再问他们为什么作者说妇女"潦而不倒",学生回答不上来,因学生对他们赖以生存的美国文化及美国人的价值取向不甚了解。在笔者看来,作者是怀着对这一群体积极甚至欣赏的态度来写此文章的,固她们具有"享受自由,不受社会束缚"的性格特点,而独立和自由正是美国人性格的真实写照,是他们价值观中极其重要的一部分。这样说,学生的疑惑和误会消除了,对美国文化有了更深刻的了解。

(二)比较学习法

如在教学"The Luncheon"(Book 4)一课时,不妨引导学生比较中国与英、美等国家的餐桌礼仪(Table manners),以及请客和赴宴的礼节差异;"The Present"and"Big Bucks the East Way"为我们比较两种文化对待老人和孩子的不同态度提供了很好的机会;在英、美老人似乎成了无用的代名词,故人们不言爱老,而对待孩子则极力让他们成为靠自己奋斗成功的人;在中国,老人是经验、辈分的象征,受人尊敬;对孩子则是过多的呵护,宠爱有余。

(三)以点带面法

在处理一类具有文化背景知识的词语的例子时,不仅讲授语义的文化背景,还应适度地向横向扩展。如,对"Uncle Tom"这一短语,不仅介绍出自美国女作家斯托的长篇小说《汤姆叔叔的小屋》,逆来顺受的黑人,还应告知这一短语现泛指无反抗精神的人,如指女性,还可以派生出"Anut Tom"。又如,在我国英语四级考试样题阅读中,出现了一个人名"Pauline Revere",就此我们可以向学生介绍,在英语中常借用历史、文学、艺术作品中的人名、地名来表现人的某种特征、特点或现象,如"James Band"(精明的谍工人员);"Waterloo"(惨败)。

(四)角色扮演法

因为我们的学生极少接触英美等外国人士,从而很少经历各种跨文化交际活动。教师可以采用融语言能力与交际能力的培养为一体的方式——角色扮演法,即在教学环节中创造环境,使学生进入角色,用所学的语言知识达到交际的目的。如我们可以把刚学完的"My First Job"(Book4,Unit 4)编成对话,把课堂模拟成面试的场所,一个扮演校长,一个扮演被面试者,进行问候、谈话等活动,让学生在这种本族文化氛围中体会异族文化的"异处",增强跨文化敏感性,提高跨文化交际的意识。

(五)指导督促实践

要告诉学生自己去获取文化知识的途径,每一学期根据教材内容,相应地指定一些读物。

文学作品是了解一个民族的脾性、心理状态、习俗、社会关系等方面最生动、最丰富的材料;报刊阅读是了解当前社会各阶层、各种社会问题、社会关系最直接的途径;观看电影、电视、录像,则有助于了解英国人和美国人的手势、表情、身势语言和非语言交际方式。

五、结束语

新的教学大纲已经颁布,作为教师,要认真学习新大纲,领会大纲的教学目标,逐步把文化导入和引进课堂,确定适当的内容,探索和探讨传授的方法,把文化知识内容贯穿到听、说、读、写、译各项技能的培养过程中去,使学生即学习了语言知识,也学习了社会文化知识,既拥有了用英语获取信息的能力,又获得了用英语进行跨文化交际的能力。

[参考文献]

[1]胡文仲. 试论跨文化交际研究. 语言文字应用,1992(3). 研究出版社,1994.

[2]戴炜栋,黄任. 转变观念,全面推进外语教学改革. 外国语,1997(6)

[3]贾玉新. 跨文化交际学. 上海:上海外语教育出版社,1997.

[4]《大学英语教学大纲》(修订本),上海外语教育出版社,北京:高等教育出版社,1999.

[5]Hymes, H. D 1972. On Communicative Competence. In J. B.
   Pride and J. Holmes, (eds)
   Sociolinguistics. Harmondsworth, England :Penguin Books.
   Directions In Sociolinguistics:The Ethnography of Communication. J. J. Gumperz&
   G. Hymes(eds.)UK:Basic Blackwell Ltd. ,56.

[6]Wolfson, N. 1983. Rules of Speaking. In J. G. Richards and R. W. Schmidt. (eds.) Language and Communication. London:Longman.

[7] Holliday, M. K. A., An Introduction to Functional Grammar「M」, Edward Amonld 1994.

[8]Austin, J. L. How to Do Things With Words「M」, Oxford :Clarendon Press;Cambridge, Mass. Harvard University Press.

浅析多民族地区旅游英语教学改革

张 洁

(贵州民族大学旅游与航空服务学院 贵阳 550025)

【摘 要】随着贵州省旅游业的迅速发展,入境游外国游客人数的不断攀升,旅游业对专业人才的需求也在不断增加。本文以多民族地区旅游管理专业本科生旅游英语教学为研究内容,在课程设置、教材选用、教学模式、师资建设等方面进行探析,总结相应的教学效果,旨在为旅游业飞速发展的民族地区培养既掌握专业知识,又具备较强的英语使用能力的实用型人才。

【关键词】多民族地区;旅游英语教学

随着我国国民经济和社会的快速发展,旅游产业更显现出其强劲的增长势头,入境游、出境游和国内游均快速发展,旅游产业规模日渐扩大。其中,国内旅游人数年均增长达12%,入境过夜旅游人数年均增长达3.5%,出境旅游人数年均增长达19%,至2011年4月,中国已经跃居世界第三大入境旅游接待国和第四大出境旅游消费国。

贵州是一个旅游资源极其丰富的多民族省份,随着"多彩贵州"系列主题活动的开展,以及每年旅游产业发展大会、生态文明国际会议、海峡两岸旅行社联谊会等大型会议的召开,贵州的知名度和美誉度不断提升,旅游业也得到了迅速的发展。2010年,贵州省旅游总收入突破1 000亿元,达到1 061.23亿元,同比增长31.79%;接待旅游总人数1.29亿人次,同比增长23.69%。但是,与蓬勃发展的旅游业不相匹配的是高素质旅游专业人才的短缺,尤其是既掌握了专业知识又具备较强的英语使用能力的人才。来自中国产业研究报告网2010年5月的统计数据显示,贵州省接待入境人数为14.2万,同比增加14.08%,其中外国人约4.6万。至2010年年底,贵州省拥有导游证的语种导游员不足1 000人,优秀的语种导游员更是凤毛麟角。

目前,贵州的许多高校都开设了与旅游相关的专业,但是由于教学与实践的脱节,使旅游管理专业的毕业生不能很好地适应旅游市场的需要,特别是难以满足市场对于语种导游人才的需要。

一、教学课程的设置

目前在教学课程设置方面存在下列问题:

(一)专业基础课程设置不够完善

民族地区、特别是偏远民族地区的学生,多数在英语启蒙教育阶段没有得到良好的

[作者简介]张洁(1966—),女,汉族,上海市人,贵州民族大学旅游与航空服务学院副教授。

语音训练,方音较重,进入大学学习,依然有很多同学不能够区分边音和鼻音,/v//w/混用,/l/取代/r/。而目前我们的教学计划中,没有设置语音课。正确的发音是酒店一线员工、旅行社涉外导游的基本要求,而朗读既可以提高语言的节奏感,又可以提高口语水平。因而根据民族地区学生的学习特点和目前的教学设施,开设相应的课程是十分必要的。

（二）欠缺语言教学与专业相结合的课程

在旅游管理专业的课程中,专业课程没有加入语言学习的因素,比如,现场导游、贵州导游基础等课程,都可以设计为双语教学,或部分章节的双语教学。目前,我校旅游管理专业的专业课程,只有《旅游业人力资源管理》采用了部分章节的双语教学。而作为专业课的"旅游英语",应该加入贵州省省情、贵州旅游景点等内容,师资条件具备的学校,还应该增加旅游管理和旅行社管理英语的内容。

旅游英语课程设置的目标应该是:在培养掌握旅游专业知识的同时,从英语的角度了解地方的旅游特色,具备英语听、说、读、写、译综合技能,尤其是口语交际能力的旅游业人才,同时,应当根据民族地区学生的现状,在专业基础课中安排英语语音课程,努力纠正学生的发音,提高英语语音、语调的准确性和优美性;开设"旅游英语应用文写作"课程,引导和帮助学生掌握基本的专业写作文体;结合英语课程与专业课程的教学,在教学内容上,使英语教学与专业教学形成互补,在教学手段上,应强调深入浅出,形式多样,充分运用多媒体教学手段,激发学生的学习积极性,提高教学的效果。

二、教材的选用

旅游管理专业是实践性很强的专业,该专业旅游英语的教学目标是:(1)培养学生具备运用旅游专业英语与他人交流的能力。(2)培养学生具备基本的接待外国游客或者外国旅行团的能力,包括贵州省概要的讲解、景点的导游讲解服务,以及酒店接待服务。(3)培养学生从英语的角度学习旅游知识,并能够在教学实践中不断熟练使用旅游专业英语的能力。要实现以上目标,教材的选择是一个重要因素。教材的选择应立足于教学目标,并根据学生的英语水平,科学地选择。

目前,图书市场涉及旅游英语、导游英语的教材很多,选择范围比较大。但是,有的教材内容设计不尽完善,学生不能够全面获得旅游业所涉及的饭店业、旅行社、交通业等方面的知识;有的教材所选词汇生僻,实用性差,学生学习一篇阅读,时间几乎都耗在了查阅单词上。贵州省高校旅游管理专业的学生入学成绩参差不齐,英语基础普遍比较差,词汇量较小,口语表达能力弱,有的学生从心理上惧怕英语。因此,只有选用合适的教材和参考资料,采用恰当的教学手段,才能取得良好的教学效果。

根据旅游管理专业毕业生就业的需要,结合少数民族地区高校学生英语的综合运用能力,笔者选择了《旅游实践英语》。该书分上、下两册,共20个单元,其内容涉及旅行社,包括导游业务、领队职责、旅游预订等;饭店业,包括饭店各主要部门的名称及岗位描述、员工职责、饭店预订、办理入住及退房等;旅游业从业人员接听业务电话的程序、旅游目的地旅游服务的主要工作流程,内容丰富、全面。每一个单元的6个模块从听、说、读、写方面对学生进行循序渐进的综合训练,特别是口语操练的设计,采用角色扮演、情景演练、派对讨论等方式,深入浅出,可以有效地鼓励学生参与练习,提高学生的口语交际能力。另外,该教材中的单词大部分是旅游业常用词,学生在学习中可以将主要精力放在对内容的了解和模拟实践上,避免了对容易感到乏味的生僻单词的读、背,这既可以调动学生的学习积极性,又可以增强其"开口"能力,从而逐步提高学生对语言的运用能力。

《旅游实践英语》教材具有以下特点:

1. 专业实用,实践性强。教材内容围绕旅游管理专业,素材源于实际工作环境,较为全面地体现出整个旅游服务与管理工作的流程。

2. 在教学内容的安排上,重视学与练结合,循序渐进,突出能力的培养。

3. 语言技能训练项目形式多样,生动有趣。

三、教学模式

旅游英语的教学模式深受传统教学模式的影响,即老师课堂讲授,学生听讲、记笔记,课后做习题巩固。有的教师在教学中过度依赖教材,几乎将教材照搬照讲,缺乏新意,词汇和语法讲解占用了大部分课堂时间,没有设定合理比例的学生实践练习,很难激起学生的学习积极性。这种重讲授、轻实践,重语法、轻口语的教学模式,忽视了旅游英语口语化程度高、实践操作性强的特点,教学效果不甚理想。

在多年的旅游英语教学实践中,根据我校学生多来自少数民族地区、英语基础弱、乡音较重、词汇量小、口语表达能力较差的实际情况,结合教材内容,笔者的教学模式包含课前预习、课堂教学、课后作业,同时,对期末考核的成绩组成进行了调整。

(一)关于课前准备

本课程运用了多媒体教学。在准备课件时,教师根据每个单元的主要内容,准备相关的幻灯片,在上新课前,以提问、讲解、讨论等方式,引导学生了解新单元的课程目标、主要内容以及相关的知识,在看、听、说的环境中进入学习状态,有目的地学习新课。例如,在学习航空票务服务时,教师的幻灯片涉及飞机类型、飞机客舱、飞行员、空乘人员等内容,通过图文并茂地介绍使学生不仅了解票务服务的相关内容,还可以了解航空运输工具、航空服务及空乘人员等相关知识。

从2007级学生开始,教师将授课班级的学生划分为若干小组,每个小组6~8人,每小组指定一个组长。在新单元学习前,组长要组织组员讨论和完成热身练习,而组员要找组长完成每单元的单词背诵,组长与组长之间互相检查单词背诵情况。上课时,各组长向教师报告课前准备情况。这样的课前准备不但可以帮助学生了解新课的主要内容,增加专业词汇量,还可以增进学生相互学习的机会。

大部分组长是很负责任的,他们不但带领组员完成课前准备,而且向教师提供教学建议。笔者的一些教学手段就是来源于他们的建议,例如,每次期末考试前,笔者会以小组为单位进行趣味单词竞赛,以帮助学生复习单词,这就是根据学生的建议设计的。

(二)关于课堂教学[1]

1. 课堂讲授

上述的课前准备使课堂的讲授变得较为轻松。每个板块的单词带读和学生朗读,以及教师针对课文注释的讲解是基础工作。

对话部分,学生听完碟子,就对话中难点进行提问,教师讲解重点、难点以及关键句型,之后带学生朗读,在学生朗读的时候,教师纠正单词的发音,最后指导学生完成课后练习。

阅读的内容涉及大量旅游专业知识,教师以讲解为主,配合相应的图片,引导学生理解全文,并能将文章内容以适当的中文表达习惯翻译出来,例如,在讲解酒店入住登记程序时,有这样的描述:When receiving guests at the reception desk, you should always greet each guest with a smile in your voice as well as on your face. 为了让学生理解"a smile in your voice as well as on your face",教师在教学时展示了一幅前台接待员的图片:女员工着装整齐、面带微笑,双手接过客人的护照,同时,教师向学生解释:Can you see the smile on the face of the receptionist? I think you can not only see the smile on the face but in the eyes as well, right? Then, when talking with the guest, how can she show her hospitality in her voice? 在这样的引导下,学生将这句话理解为:前台接待员应该声音甜美、面带微笑问候每一位客人。另外,在讲解阅读材料的内容时,引导学生说出适合当时场景的句子,例如,When receiving guests at the reception desk, you should find out if the guest has a reservation. 教师会问:What sentences can be used to get this information? 大部分学生会马上说出这种场景的基本句型:Have you made a erservation? Do you have a reservation?

听力部分,此项内容作为课后作业布置给学生,学生通过听光碟完成各种类型的练习,教师在课堂上进行订正和必要的讲解。

此外,2007级和2008级的同学中英语基础好的同学较多,教师每周抽出大约30分钟时间通过播放幻灯片讲授贵州旅游常识,内容涉及:贵州概要,其中包括贵州地理位置、地貌、气候、人口、民族、交通的介绍;自然贵州,包括千瀑之省、山之王国、地下风景线、绿色喀斯特的解释;文化贵州,包括失落的文明、古镇、屯堡以及手工艺、少数民族文化的描述。通过这部分的教学,学生能从英文的角度了解和学习贵州旅游知识,有利于将来他们从事旅游业的相关工作。

2. 课堂实践

语言学家认为,应把85%的课堂时间用于练习,解释和评论最多不能超过15%的课堂时间。因此,针对多民族地区学生的外语基础,教师应该给学生创造更多的锻炼实践机会、展示自我的机会,激发学生潜在的求知欲,启迪他们的思维,鼓励他们敢于表达自己。

课堂练习是学生将书本知识转化为实践操作的有效手段,包括课堂讨论、角色扮演、英语演讲、团队活动等。其中教师采用最多的教学手段是角色扮演,即模拟对话练习。按照教材每个单元的内容及教学要求,学生主要以小组为单位,进行角色扮演,每一次练习,都要求每个同学都参与。

在每次实践课前,教师会讲明要求,请组长和组员一起讨论角色安排,拟定练习内容、重点,然后进行排练。

在课堂实践中,学生们都非常认真地扮演自己的角色,有的同学还动手制作简单的辅助工具,如导游旗、接站牌、汽车牌照、价格牌、行程表等,使课堂实践变得生动、有趣,无论英语水平怎样,每个同学都会开口说上几句。2008级的有一组同学,将教材十个单元的内容编排成连续剧,每单元的课程内容为一集,小组成员除了扮演即将毕业的大学旅游管理专业学生的主角不变,其他成员在每一集中根据内容需要扮演各种角色。剧情始于大学生毕业前的应聘,在一系列练习中,该小组将毕业前的面试、酒店客房预订及确认、机票预订及确认、导游欢迎词及欢送词等内容完整地演示出来,既有知识性,又有趣味性,受到了同学们的一致好评。这样的练习,使每个同学在不同背景下模拟不同角色,从开始的紧张、语无伦次、手足无措,到后来的自然、流畅,从不好意思到踊跃举手,同学们在训练开口能力的同时,英语的口语交际能力也得到了提高。

(三)关于课后作业

教师布置给学生的课后作业主要是读课文、背记单词和模拟写作。

词汇量的积累是学好英语的基础,旅游管理专业的学生,通常在大一、大二学习《大学英语》,如果这期间能够努力增加词汇量,那么在大三学年学习《旅游英语》就会比较轻松。

这本《旅游实践英语》,其词汇选用恰当、实用,以常用词为主,学生不用花太多时间背记单词,可以更多地进行实践训练。

每个单元的最后一个板块是模拟写作,目的在于训练学生旅游应用文写作的基本技能。本模块为学生提供了写作范例,学生根据提示进行写作练习。通过这部分的学习,学生可以掌握旅游业常用应用文的写作方法,例如预订确认函、邀请函、请柬、感谢信等。

可以说,旅游英语在教学模式方面,应该以培养学生的英语口语交际能力和实际运用英语的能力为主,在教学内容上,使专业英语教学与专业教学形成互补;在教学手段上,强调深入浅出,形式多样,充分运用多媒体教学手段。同时,积极开展教学、教法研究,加强教研活动。

(四)关于考核方式

在本课程的考核方式上,教师比较重视学生的学习过程。学生的期末成绩由原来30%的平时成绩和70%的卷面成绩调整为现在的由50%的平时成绩和50%的卷面成绩构成,而平时成绩主要是学生在课堂上的口语练习、课后单词背诵、考勤等的综合成绩,这改变了静态的一次性考试形式。教师可以在教学前、教学中、教学后对学生实施准备性、形成性、诊断性及总结性评价,以此体现出教师对于学生学习过程的关注。另外,对贵州这样的多民族地区而言,大部分学生的英语基础较弱,但是,如果他们在日常学习中努力、认真完成课内外作业,积极参加课堂实践,拥有良好的考勤记录,那么,即使期末试卷成绩不很理想,也可以通过良好的平时成绩获得合格的综合成绩。

通过教学实践证明,这样的多元化的评估方式能较为全面、真实地反映学生的潜能和学业成就,同时可以提高学生学习和参与实践的兴趣,促进学生英语综合运用能力的全面提升。

四、师资建设

教授旅游英语的教师,应该既有丰富的旅游专业知识,又具备良好的英语表达能力,而贵州省设置旅游管理专业的高校师资队伍中,具备这样水准的教师数量严重不足。为了提高教师的教学水平和教学技能,学校应通过各种途径提高师资水平,有针对性地解决师资队伍薄弱的问题,鼓励、支持教师通过各种途径、多种方式来提高自己的业务能力,从而更好地适应教育、教学发展的需要;开展有计划、有目的的师资培训,包括针对专业教师的语言培训和针对语言老师的专业培训。

五、结束语

贵州省旅游业的蓬勃发展,旅游入境人数的不断增加,需要大量拥有专业知识和技能的旅游管理人才,特别是外语服务人才。因此,在各大专院校旅游管理专业的英语教学中,应根据多民族省份的学生英语水平,合理设置课程、选择合适的教材,采用灵活而实用的教学模式和考核模式,加大对学生英语口语训练的力度,使学生听、说、读、写、译同步进步,满足我省旅游业与国际接轨的需要,更好地为我省的旅游业发展服务。

[参考文献]

[1]张洁.旅游英语教学模式探索.贵州民族学院学报,2009,(4).
[2]吴云.旅游实践英语1-2.北京:旅游教育出版社,2007.

实践性教学方法在旅游礼仪课程中的具体运用

谢 芳

(贵州民族大学旅游与航空服务学院 贵阳 550025)

【摘 要】 旅游服务具有面对性、高接触性的服务特点,服务员对客服务的礼貌程度直接影响着顾客对服务质量的评价。提高旅游管理专业学生的礼仪素质,掌握礼貌服务的技能,是旅游礼仪课程的重要任务。笔者试图运用教学理论,结合旅游服务礼仪课程的特点,对提升旅游服务礼仪操作能力的实践性教学方法进行探析。

【关键词】 旅游服务礼仪;实践性教学;教学方法

教学方法是师生为了实现共同的教学目标,完成共同的教学任务,在教学过程中运用的方式与手段的总称。它服务于教学目的,是保证教学质量的根本。由于旅游服务具有面对性、高接触性的服务特点,服务员对客服务的礼貌程度直接影响着顾客对服务质量的评价,故提高专业学生的礼仪素质、掌握礼貌服务的技能是旅游礼仪课程的目标。然而,传统的讲授式教学方法注重讲授基本理论,重视掌握理论知识点,缺乏专业的针对性,缺乏操作与训练,阻碍了礼仪课教学内容的学习效果,难以实现教学目标。实践性教学具有开放性、灵活性、多样性等特点,它不仅对教学过程中的主体、客体(教师和学生)具有开放性,而且教学的内容、范围、方式和方法也具有开放性、灵活性、多样性,不仅能促进学生总体素质的全面发展,而且能促进学生提高运用知识的能力。实践性教学在一定程度上弥补了传统传授式教育的缺陷,要想提高旅游礼仪课程的教学质量,培养运用性人才,教师在采用传统的讲授式教学方法的同时,还必须更多地运用实践性教学方法。因此,教师要把握住实践性教学特征,努力改进教学方法,使旅游礼仪课程实现更好的教学效果。

一、实践性教学概述

实践性教学是一种基于实践的教育理论和教育活动。它通常是指在教学过程中,构建一种具有教育性、创造性、实践性,以学生主体活动为主要形式,以激励学生主动参与、主动思考、主动探索为基本特征,以促进学生的总体素质全面发展为目的的教学观念和教学形式。从广义上说,实践性教学就是除理论教学之外的所有教学环节,包括教学计划内课堂实践教学、技能训练、综合实训、见习和实习等,也包括学生的第二课堂、毕业设计、学生军训、公益劳动课、社会调查、社会实践等。狭义的实践性教学是指教学计划内

[作者简介]谢芳(1965—),女,汉族,四川成都人,贵州民族大学旅游与航空服务学院副教授。
[德]赖欣巴哈,科学哲学的兴起.北京:商务印书馆,1991.

的课堂实践教学、技能训练、综合实训、见习和实习等,是一种以培养学生综合职业能力为主要目标的教学方式,是运用性学科的主要教学形式。实践性教学通常需要在教师引导下,使学生有目的地通过实际操作、模拟练习和实验、实习等方法,将所学知识转化为个人能力和素质。同时,实践性教学充分整合和运用各种教学资源,具有一套独特的评价体系,这种教学方法对于教育是一种创新。加强实践性教学,并采取正确、灵活的方法,无疑是提高实践性教学效果的关键。

二、旅游礼仪课实施实践性教学的意义

旅游礼仪学是旅游管理专业课程体系中一门重要的学科,该课程的教学目标是使学生成为具有较高礼仪修养,较强实际操作能力的高素质旅游工作者,是应用性、实践性很强的综合学科。实践性教学是该课程教学的必要环节,只有经过实际训练,教学才能收到好的效果,才能够更好地实现教学目标。在旅游礼仪教学中,旅游礼仪理论教学和实践教学必须有效结合,才能培养出符合社会需要的旅游服务人才。因此,实践教学的优越性显而易见。

实践性教学是促进旅游礼仪教学改革的重要途径,它可以极大地激发学生学习礼仪的兴趣,有助于礼仪知识和技能的掌握,为学生走向社会奠定良好的基础。实践性教学是巩固旅游礼仪理论知识和加深对理论认识的有效途径,是培养具有实践能力的高素质旅游工作者的重要环节。

三、旅游礼仪课程实践性教学方法的选择

实践性教学包括三个基本要素:基本目标、途径和衡量标准。其中,基本目标是一种教学方式的目的所在;途径是每一种教学方式的主要运作渠道,衡量标准则是对每一种教学方式进行评价和改进的依据。教学方法是师生为了实现共同的教学目标,完成共同的教学任务,在教学过程中运用的方式与手段的总称。它服务于教学目标,是保证教学质量的根本。旅游礼仪课程教学方法的选择应该根据该课程教学目标和教学内容来选择。

(一)教学方法的选择要服务于教学目标

旅游礼仪课程的教学目标主要应定位在三个方面:(1)使学生树立学习礼仪、提高礼仪素养的意识;(2)使学生掌握社交和旅游服务礼仪的规范;(3)正确运用社交礼仪和旅游服务礼仪知识和技能。要想实现上述三个教学目标,就要选择适当的教学方法,这是提高旅游礼仪课程教学质量的根本。

(二)基于教学内容的科学选择

围绕教学目标设定的教学内容,决定了教学方法的选择。根据旅游礼仪课程的教学目标,其教学内容主要应该选择学生走向社会所需的社交礼仪和旅游服务礼仪,具体涉及以下几点:(1)基本社交礼仪模块,主要包括称谓礼仪、介绍礼仪、握手礼仪、名片礼仪、电话礼仪、交谈礼仪等;(2)仪表礼仪模块,主要包括仪容修饰、行为举止、表情神态、常规着装和佩戴饰物等;(3)礼貌语言;(4)旅游服务礼仪,主要包括酒店服务礼仪、导游服务礼仪、旅游商务活动礼仪;(5)中国少数民族礼仪;(6)主要客源国礼仪习俗。这些围绕教

学目标设定的教学内容都与社会实践活动和旅游服务活动密切相关。

实践性教学是配合理论教学,培养学生分析问题和解决问题的能力,以及加强学生业务实践能力不可缺少的教学环节和教学方法。实践性教学方法是高质量完成旅游礼仪课程教学内容,实现教学目标的必然选择。

四、实践性教学方法在旅游礼仪课程中的具体运用

强调以学生为主体的实践性教学,不仅要关注学生掌握知识和技能的效果,还应关注学生获得知识的途径和方法。旅游礼仪课程的实践性教学方法形成于旅游礼仪实践教学,行之有效的实践教学方式可大大推动实践教学的有效实施。为了提高旅游礼仪课程的实践性教学效果,结合课程特点可以运用多种教学方法。

(一)应用训练教学法,提高学生的操作技能

训练教学法是为了结合理论教学,牢固掌握礼仪技能,以练习和反复训练为主的一种实践性教学方式,其目的是使学生在接受理论知识的基础上,熟练掌握基本技能及其操作要领和标准。由于礼仪课是一门应用性、操作性较强的课程,在进行理论知识的讲解、传授的同时,还需要技能的训练。因此,训练教学法是旅游礼仪课程实施实践性教学的重要教学方法,教师用训练教学法有效地组织学生进行学习和训练,能使学生有效掌握课程内容中要求掌握的技能。例如,课程的第二章旅游工作者基本社交礼仪、第三章仪容仪表规范、第四章礼貌服务语言、第五章酒店服务礼仪和导游服务礼仪,都必须通过大量的训练来学习。具体来讲,如在讲到社交礼节、站姿、坐姿、走姿、表情、服务手势、奉茶、斟酒、上菜、引领、敲客房门、礼貌服务语言等具体的内容时,都需要运用训练法来进行教学。

训练教学法在旅游礼仪课程中运用时,主要形式是由教师首先进行示范和讲解技能要求与标准,然后组织学生反复练习,直到掌握为止。由于训练比较艰苦,容易让学生厌学,所以教师要特别注意采用能提高学生兴趣的手段,来调动学生的学习热情和积极性。比如,在教学的开始,可以用正确动作与错误动作进行对比的手段,来加强学生对技术标准的感性认识,激发他们学习好技能的愿望;在训练过程中可以让学生们相互观摩,寻找做得好的学生和技术存在问题的学生,这样的手段可以提高学生的观察与思考能力,调动他们的主观能动性,进一步激发他们的学习热情;在训练的后阶段,可以采用汇报表演的形式来检查学生的学习效果,也能强化学习效果。当然,教师合理地安排训练强度也是必需的。

(二)采用情境教学法,加强教学的实践性

情境教学法,是指在教学过程中针对一些教学内容设置模拟情境、便于形象教学的方法。在旅游礼仪课程中采用情境教学法,模拟社交场景和岗位作业环境,其目的是运用直观形象的方式和手段,培养学生的服务角色意识、提高运用知识和技能的能力。事实证明,运用情景教学法增加实践性教学环节,更能激发学生的学习兴趣,更能提高课堂教学效果。旅游礼仪课的很多内容都适合情景教学法,譬如社交礼仪的综合运用、餐厅服务礼仪、客房服务礼仪、商务活动礼仪等。

由于这种教学方法对情景的选择设计、教师的课堂组织能力、评析讲解能力,以及学

生的表演能力都要求较高,所以要求教师要精选情景,选择的情景要贴近生活和学生毕业以后的工作。情景设计不能太复杂,在考虑知识点的同时,要考虑学生对情景的驾驭能力。具体实施时,老师可以把复杂的活动分片段让部分学生模拟演示,其他同学观察、评论并判断正误,最后老师点评。也可以将片段串成一个小品,设定情境进行表演,以此来增强学生学习的趣味性,调动学生参与的热情,加深学生对礼仪知识的感性认知。例如在进行基本社交礼仪教学时,就可以设计一个社交活动的小品,要求学生扮演不同的角色,创设社交活动的情境,让学生从着装、见面、称呼、介绍、交谈、告别等礼节上进行模拟演示。

(三)案例教学法,提高学生的辨析能力

案例教学法,是一种帮助学生理解和掌握抽象知识的常用方法。案例教学不仅可以传授给学生理论知识,还能使学生通过对各种案例的思考和分析,提高学生的判断与识别能力,增强分析问题和解决问题的能力。如在讲到座次礼仪时,可以通过一个在商务交往中因座次不当而造成合作失败的案例。在实施案例教学的时候,让学生自己先判断分析,然后老师评析,引导学生思考,进而达到教学目的。在导游礼仪、酒店服务礼仪的教学中都可以采用这种方法。

在实施案例教学的过程中,要注意以下两个方面:第一,教师根据教学内容,精选案例。因为案例是案例教学的核心,案例的选编是案例教学的基础和关键。一般来说,选择案例要考虑到案例的典型性、真实性和分析价值等。案例中所涉及的知识应是学生已学过的或即将学习的知识,这样才能保证案例教学的顺利进行。第二,教师可采用多种方式来实施案例教学。首先,老师可以用案例作为导入,以激起学生对即将学习的知识的兴趣。讲完一个案例后,给学生留下思考的问题,让学生带着问题进入到新知识的学习中,从而使学生对所学的知识印象更深刻,也更能激发学生解决案例中出现的问题的兴趣。例如,在着装礼仪教学中,就可以选择不规范着装而造成不良影响的案例教学,使学生意识到规范着装的重要性,从而激发学生学习规范着装的积极性。其次,可将案例作为课堂讨论用,即在讲完某一章节后,呈现多个案例,让学生根据所学知识,讨论并分析对错、原因和解决的方法。

(四)课堂讨论教学法,提高学生发散性思维

这种方法适用于基本行为规范和礼仪实践性基础知识的教学。例如,在电话礼仪、餐饮礼仪、拜访礼仪等内容的教学方面。教学中,教师可以让学生分组讨论这些活动中普遍存在的不良习惯,然后汇总学生讨论的结果,老师再根据学生讨论的情况进行归纳和补充。这种方法可以激发学生去思考、归纳和总结问题,从而使学生意识到现代社会存在电话礼仪缺失、餐饮礼仪和拜访礼仪存在的问题对社会交往的影响。由于学生看问题的角度不同,课堂讨论法为学生提供了宽松的学习环境,减轻了学生的心理压力,有助于培养学生的发散性思维和提高学习积极性。在运用这种教学方法时,教师要注意选择学生比较熟悉的问题来引导讨论。

(五)任务教学法,提高学生解决问题的能力

任务教学法是一种建立在"建构主义"理论基础上的教学法。这种理论认为,学生对知识的获得主要不是靠教师传授,而是学习者在一定的情境(即社会文化背景)下,借助

他人(包括教师和学习伙伴)的帮助,利用必要的学习资料,通过意义建构方式获得。建构既是对新知识意义的建构,同时又包含对原有经验的改造和重组。任务教学法最根本的特点即"以任务为主线、教师为主导、学生为主体",改变以往"教师讲,学生听",以教定学的被动教学模式,创造了以学定教、学生主动参与、自主协作、探索创新的新型学习模式。通过实践,发现任务教学法有利于激发学生的学习兴趣,培养学生的分析问题、解决问题的能力,提高学生自主学习及与他人协作的能力。旅游礼仪课程是一门灵活性、操作性较强的专业基础课,可以通过任务教学法来凸显该课程的实践性,以达到教学目标。

在旅游礼仪课程中运用任务教学法,需要教师根据现实生活的交际需要和旅游服务活动的需要确定学习任务,由学生围绕这一任务制订计划,并通过自己的努力去实现计划、完成任务,而且在这一过程中不断评估自己的学习。譬如,在旅游服务语言的教学中,就可以运用这种教学模式。教师先呈现一例因服务失误而导致顾客投诉的场景,让学生观察思考,告诉学生任务是平息顾客的愤怒。然后把学生分成几个小组,让学生们自己想出完成任务的办法。最后,老师对学生们的表现进行评析,最终总结出完成任务的最佳方案。

任务教学法对教学任务的确定、任务的分配、任务完成的评价都有较高要求,需要老师认真安排好每一环节的具体任务。教师要注意以下几点:第一,教师要认真设计任务。任务教学法的关键在于任务设计。任务的设计必须具有意义性、可操作性、真实性、差距性和拓展性等。具体地讲,教师要在总体学习目标的框架中,把总目标细分成一个个的小目标,并把每个学习模块的内容细化为一个个容易掌握的"任务",通过这些小的"任务"来体现总的学习目标。第二,学生的学习活动与任务或问题相结合,以探索问题来引导和维持学习者的学习兴趣与动机;创建真实的教学环境,使学生带着真实的任务去学习。在此过程中,学生拥有学习的主动权,教师能动地引导和激励,使学生真正掌握所学内容,并通过任务举一反三。第三,步骤要明细。第一步,前任务。教师引入任务,呈现完成任务所需的知识,介绍任务的要求和实施任务的步骤。第二步,任务环:以个人、双人、小组等形式执行各项任务,小组向班级报告任务完成的情况。第三步,后任务:由分析(学生分析并评价其他各组执行任务的情况)和操练(学生在教师指导下讲解难点)两部分组成。

综上所述,在旅游礼仪课程的教学中,运用以上五种方法进行穿插教学,不但使旅游礼仪课由枯燥无味变得生动活泼,而且提高了学生学习的积极性,使学生由被动地学习转变为积极、主动地学习,从而收到了良好的教学效果,提高了教学质量,进而为实现教学和人才培养的目标向前迈进了一大步。

[参考文献]

[1]金正昆.商务礼仪教程.北京:中国人民大学出版社,2005.

[2]胡定荣.课程改革的文化研究.北京:教育科学出版社,2006.

[3]张玉光.巧用电教手段,改进专业课教学.教育与职业,1999,(9).

[4]王化.对商务礼仪课程实践性教学的思考.中国校外教育,2009,(6).

[5]金正昆.外事礼仪.北京:首都经济贸易大学出版社,2002,(9).

[6]俞松坤,席洁.深化实践教学改革 培养学生创新能力.中国大学教育,2009,(8).

[7]齐冰.现代公关礼仪.联社中国商业出版社,1999.

[8]曾东海,吴教育.谈实践课的教学组织.职教论坛,2000,(4).

[9]韦维.礼仪课程教学问题初探.中国林业教育,2002,(5).

[10]刘萍,赵桂毅.高职学生的礼仪教育.中国职业技术教育,2005,(3).

[11]张岩松.论高职学生公关素养培养.公关世界,2006,(1).

从理论走向实践

——《旅游美学》精品课程研究

宋 涛

(贵州民族大学旅游与航空服务学院　贵州　贵阳　550025)

【摘　要】随着旅游业的快速发展,作为美学的分支学科之一的旅游美学,近年来在完成美学与旅游业嫁接的同时,也逐渐从理论繁荣朝向更活跃地参与现实——高校精品课程的方向发展。这对提高教学质量,培养高素质旅游业专门人才有重要意义,本文以旅游美学为研究对象,从多角度阐述精品课程建设中的研究与探索。

【关键词】旅游美学;理论与实践;精品课程

一、旅游美学作为学术话题的出现

旅游美学研究热潮自20世纪80年代以来至今余温未息,据不完全统计,近十年来关于旅游美学的相关研究文献已达近300篇。①面对丰富驳杂的研究成果,适时总结、梳理和反思,既具有学理的必要性,又能为进一步的学术研究提供新的支点。1979年,以"共同美"讨论为肇始,80年代第二次"美学热"席卷全中国。这次"美学热"中的美学研究大体有三个方向。

1. 借助20世纪80年代对于西方各类思潮的大量引入,利用西方思想资源进行相应的美学研究

例如,在当时先后出现的运用马克思主义理论思想发展起来的"实践美学"、"后实践美学"、"西马美学热",以及"弗洛伊德的精神分析美学热"、"现象学美学热"、"存在主义美学热"、"符号学美学热"、"阐释学美学热"、"结构主义美学热"、"解构主义美学热",等等。这些建立在不同哲学思想基础上的美学观,最终将中国美学研究推向了多元化的发展方向。

2. 美学研究,将视角投向中国古典美学资源,努力发掘中国古代美学资源,力图建构中国自己的美学史

这是一项极有意义的工作,因为一般认为,中国美学基于对西方美学观念的接受,它完全属于一类舶来品。这类研究恰好对此种误认形成反拨。其中,以宗白华的《美学散

[作者简介]宋涛(1973—),女,贵州贵阳人,贵州民族大学旅游与航空服务学院讲师,硕士,主要研究方向为旅游美学、旅游学。

① 朱红、王晶:《旅游美学研究文献综述》,《旅游纵览》2011年第4期,第69页。

步》、李泽厚的《美的历程》最具代表性。

3. 美学研究,则是站在现有美学资源基础上的创新研究,这也是能够保证美学学科良性、健康发展的重要研究方向

利用现有美学资源,同时又超越现有美学观念,开辟新的美学领域、美学范式,令美学研究始终处于前沿,保持与社会现实的紧密联系。中国当代美学研究在这方面作出了突出贡献,无限扩张了美学的界域。如景观美学、土地美学、技术美学、建筑美学、雕塑美学、艺术美学、音乐美学、旅游美学、电影美学、书法美学、广告美学等,旅游美学属于这类研究中成果较为显著的一种。1982年宗白华刊发在《文艺研究》第2期的《关于美学研究的几点意见》中,就提出中国园林景观审美的独特性,可以看作旅游美学之先声。其后陶济先后发表了《景观美学刍议》和《景观美学的研究对象及主要内容》,对于景观美学作出了较深入的研究,并从景观美学研究衍生出旅游美学。1984年11月浙江省美学研究会、园林学会、旅游学会和杭州市园林学会在杭州联合召开了关于景观美学的讨论会,首次将审美研究与旅游结合起来,旅游美学开始被正式引入中国学界。同年,郑家度所著的《旅游美学研究》一文发表在《财贸经济》第6期,文章主要研究了自然美与旅游主体的关系,以及对于自然美的开发和保护。该文虽然研究范围较窄,且以经济学研究视角为主,学术价值不高,但却是旅游美学学科建构的先声。同年11月,湖南人民出版社出版了卢善庆教授所著的《旅游美学闲话》一书,该书被称为"一部把旅游和美学贯通起来的书",成为我们能够见到的中国第一部系统研究旅游美学的专著。中国旅游业的全新发展则是考虑旅游美学发展的不可忽略的因素。在世界旅游业大发展的背景下,1978年成为中国旅游业发展的一个重要转折点,在这一年,中国旅游业终于脱离了外事接待工作的范畴,成为一个独立的经济产业。到20世纪90年代,旅游业已发展成为中国国民经济体系中的支柱性产业,同时对于旅游业的要求也在不断提高。这种要求不仅仅表现在表层的服务质量上,还体现在深层次的文化、理念与美学观上。因此,旅游美学的研究成为中国旅游业进一步健康发展的必然要求。

二、《旅游美学》精品课程建设的实践可能性

精品课程建设是高等院校教学质量与教学改革工程的重要内容之一,对于提高教学质量和人才培养的质量具有重要意义。《旅游美学》是贵州民族大学旅游与航空服务学院旅游管理专业的必修课,对于培养旅游管理专业学生的旅游审美素养有非常重要的作用。首先,《旅游美学》课程涉及多学科知识,就课程理论而言,涉及旅游学、美学、心理学;《旅游美学》中的美学部分,涉及美的特征、美的形式、形式美等内容;心理学部分主要是分析旅游主体的审美心理过程和规律。就课程内容来讲,还会涉及历史学、地理学、社会学等相关知识。这对于知识体系的架构、课程内容的组织、教学素材的积累和教师的知识储备都提出了相应的要求。其次,课程内容理解主观性强,就《旅游美学》的含义而言,它是一门研究旅游审美活动和审美价值的新兴学科,它运用美学的基本原理,指导人们在领略和欣赏旅游客体美的同时揭示其审美特征,它涉及人们社会活动中的精神层面,无论是对旅游主体活动的研究,还是对旅游客体美的研究,都离不开体验和感受,而这恰恰是有个体差异性的,具有明显的主观性,而授课的过程亦可视作与学生就图片和

视频进行的间接景观美的体验过程,学生的感受会是多样的,要尊重学生与己不同的审美感受。最后,授课方式以直观展示为主。《旅游美学》课程内容涉及各类景观的审美特征,需要直观展示,因此,在课堂教学中必须采用直观式的教学方法,通过"Microsoft"、"PowerPoint"软件制作授课课件,素材可以是图片、视频、音乐等,切忌制作过于花哨,形式大于内容,从而导致失去应有的作用,由于《旅游美学》课程更注重主体的审美感受,所以作为课堂的必要补充,课下还可以采用开放式教学方式,即"体验式教学"。

随着社会的快速发展,信息技术的不断更新,以"90后"为主体的学生的审美观,包括审美认知能力、审美价值取向、审美意识等都与以往有很大的不同,新教学理念强调以学生为主体、教师为主导,而旅游美学又是一门主观认识性很强的课程,因此,研究"90后"学生的审美心理和特点是非常必要的,它既关乎教学方法和手段的适用,也关乎教学效果的优劣和审美素养的构成。"90后"审美观具有如下特征:

(1)审美认知能力普遍较高。由于信息技术的发达,知识获取途径的多样化,"90后"学生在审美认知方面有一定基础,审美想象力丰富,但不排除有些认知尚显偏颇。

(2)审美价值取向呈现多元化。当今的社会是一个彰显个性的时代,"90后"学生尤其如此,对事物有自己的看法,同样在审美活动中也有自己的审美价值取向。

(3)对传统文化的审美内涵认识有限。"90后"学生有一定的审美认知能力和审美意识,但更多的是表现在对当下文化,甚或时尚文化的了解,而对传统文化或了解有限或不屑一顾。

(4)教与学之间存在审美认知差异。《旅游美学》课程本身就是主观性很强的课程,而教与学双方无论怎样都存在着年龄的差距,因此,相互间的审美认知总是会存在差异,授课对象这些审美观念意识的变化,对于授课内容的组织、教学方法的采用都提出了新的要求。加强美学基础学习,引导学生的开放性审美思维,拓宽传统文化的学习是实现教与学共鸣的基本思路。而就教师本身而言,缩小与学生的审美认知差异,也是一个很重要的课题,当然不是盲目迎合学生。

课程知识体系的构成和授课对象审美观的变化,在很大程度上决定了教学模式,即教学手段和方法,经过不断的教学实践摸索,将传统授课方式与多媒体授课方式相结合,结合课程各部分内容配以图片、视频、音乐等辅助教学素材,使授课内容直观可感,学生虽不能身临其境,但亦可从中获得美的感受和体验,有助于理解抽象的课程内容。教学方式的多元化还体现在对学生进行引导性思考,从课程内容来看,除前两部分理论基础以外,大部分内容与其他课程相比有非常明显的开放性和主观性,常常会因学生的审美情趣、爱好、取向等有所差异,而有不同的审美感受或体验。为此,教师授课时在阐述有关景观审美特征要旨、欣赏原则、方法的前提下,会积极鼓励学生进行发散性思维,在欣赏的过程中提出具有创见性的观点、想法等。体验式教学是对课堂教学有限课时的很好补充,通过课下进行的经验性训练,完成课堂教学无法完成的实景教学内容。《旅游美学》课堂讲授会以国内最具典型意义的各类景观为例,结合图片、视频进行文化内涵、审美特征的分析、比照,课下则要求学生以现有城市及周边地区作为旅游目的地,结合课堂内容对本地域的相关类型景观进行实地关照和体验,对其审美特征进行分析,这种课上宏观性讲解与课下体验式教学实践相结合的教学模式,能够大大提高学生对景观美的鉴赏能力。

《旅游美学》课程的教学资源,主要包括教材建设、课件制作、经验性训练基地确定,课程组在长期教学实践中确立了基本的教学理念,形成了比较科学、系统的知识体系,从最初的幻灯片到目前的"Powerpoint",从最初的生疏到目前的熟练运用,旅游美学课件对精品课建设的意义不容小觑,它在调动学生课堂上的审美情绪、审美意识,激发学生的学习热情,形成教与学良性互动等方面都起到了非常重要的作用。

审美实践活动是在完成课堂教学后进行实际体验和感受的过程,一般是指在市区内或近郊附近的旅游景点,这些景点的确定与课程内容存在必然联系,在这里没有老师的讲解,完全是学生的自主体验,每个学生根据自己的审美感受和观察,从审美角度完成与景点有关的小型论文,这一过程既是对课堂知识的必要补充和印证,也是学生进行创新思维、表达审美个性的过程。精品课程建设是一个长期的、动态的过程,无论是课程知识体系,还是教学模式、教学资源,都会随着社会的快速发展而发生变化,《旅游美学》精品课程研究将在今后的教学实践中对教学过程、教学对象进行阶段性的分析,及时调整教学的方式、方法,不断完善课程建设。

三、结语

将旅游美学理论应用于具体旅游景观和相关旅游产业开发所进行的实践研究,对于提升中国旅游质量和旅游文化的建设起到了重要作用。吕学斌等在《试论雁荡山的旅游美学特征及其形成机理》[①]等文中从旅游美学的角度集中考查了雁荡山的审美特征,从气候、地理、地貌,以及审美活动中主客体的关系等方面,深入分析了雁荡山独特的旅游美学特征的成因,以及由此形成的相应的旅游审美观念。在对雁荡山旅游美学资源理性分析的基础上,为雁荡山进一步的旅游建设提供了思想支持,同时其成功的旅游美学建构模式也成为了其他旅游景观可资借鉴的资源。属于此类的研究成果还有童牧林等著的《岳阳景观的旅游美学特征及景观开发》、韦祖庆著的《贺州市旅游美学定位分析》、赵成章著的《旅游美学视野下的云阳旅游发展规划研究》等,它们也都对当地旅游美学的深入建设、旅游业的发展起到一定的作用,为旅游文化的建设发挥重要作用。关注到民俗文化资源是旅游美学实践研究的重要价值方向。杨亮等在《民间艺术的旅游美学价值》中以乡村旅游为支点,重点研究了作为文化遗产的民间艺术的旅游美学价值,将民间艺术的旅游美学价值分为三种:悦耳悦目、悦心悦意、悦神悦志。从审美表象逐渐深入,最终形成一个完满的审美意象世界。另外,王金伟等著的《吉林民俗文化的景观美学属性及旅游开发研究》、《民俗旅游资源的美学特征分析及开发——以长春为例》,王毅品等著的《甘南民俗文化的景观美学价值分析及旅游开发研究》、《渝东南民俗旅游资源美学价值分析》,刘虹著的《饮食文化的旅游美学价值》等,都关注了民俗、民间文化艺术与旅游美学的关系,这类研究成果拓展了旅游美学的研究空间,加深了旅游景观本身的文化厚度,同时对民间文化的保护也起到了一定的作用。审视近年来的旅游美学研究可以发现,旅

---

① 旅游学刊,1997,(5).

行旅悟道

游美学在学科归属上更倾向于旅游学和旅游业。部分研究甚至将美学作为一种行业装饰。其直接后果就是过分关注旅游美学的实际应用性,而学理性研究不够深入。在短期内它或许会带给旅游学以及旅游业以新气象,但很难为其带来更深远、更高层次的提升。同时,我们也需要注意到一个非常严峻的问题,即旅游美学是在中国旅游热的推动下繁盛起来的,本身不可避免地带有投机性和商业性色彩。如何在商业形式的旅游热、学术性质的旅游美学研究热面前保持理性的冷静,真正为旅游美学的深入研究,中国旅游文化的合理建构提供学理性、实践性的思想资源,这也许才是今天美学研究更需要关注的一个重要命题。

如何利用"读秀"学术搜索引擎进行学科研究

肖丽丹

(贵州民族大学旅游与航空服务学院　贵阳　550025)

【摘　要】本文通过对多功能"读秀"学术搜索引擎概况、检索途径的介绍,以及"读秀"学术搜索在学术研究中提供个性化服务的研究,希望能帮助科研人员更好地利用"读秀"学术搜索引擎来获取需求的文献。

【关键词】读秀学术搜索引擎；检索方法；学科研究

学科研究,是科研人员个性化、私人化的劳动,每个人所从事的研究并非其他人都能替代的,但要在茫茫的信息海洋中找到所需的文献资源,成为科研人员十分关注的事情。在当今的信息化时代,搜索引擎已成为科研人员的得力助手,而其中"读秀"学术搜索库(以下简称"读秀")就是目前最有效的文献资源搜索工具,但很多人对它认识不够。本文旨在通过对"读秀"学术搜索库基本情况及检索途径的介绍,为广大科研人员探索一条获取知识资源的捷径。

一、"读秀"学术搜索库概况

(一)基本情况

"读秀"学术搜索库是全球最大的中文文献资源服务平台。主要提供图书、期刊、报纸、学位论文、会议论文等多种文献信息的检索服务,使读者可在所有的中文图书中进行搜索、查询和利用,能快速、有效地检索到所需要的文献资源。它所收录的图书资源信息很丰富。其中包括260万种中文图书书目信息,180万种中文图书已经全文数字化,提供有限制的全文/阅读。有2亿条目次、6亿页(图书、期刊)全文资料、5 000万条期刊原数据、2 000万条报纸等,中文图书占已经出版图书的90%以上,同时每年有10万多种以上图书的更新,可在知识产权允许范围内直接提供全文在线阅读或下载阅读[1]。

(二)图书特征信息

"读秀"提供图书的书目搜索、目录搜索、全文搜索、全文试读及供应商链接等服务。提供的图书特征信息包括书名、作者、丛书名、形态项(页数、尺寸)、出版项(出版社、出版年)、ISBN号、附有《中国图书馆分类法》分类号、原书定价、主题词、参考文献格式[2]。

[作者简介]肖丽丹(1973—　),女,土家族,贵阳市人,贵州民族大学旅游与航空服务学院馆员,主要研究方向为文献编目及图书馆学。

（三）图书相关信息

除上述内容外，"读秀"还提供与图书有关的其他相关信息。如本书收藏人：提供收藏本书的读者信息；其他功能：提供报告错误、推荐朋友、获得本书链接、获得CNMARC数据；其他项目：提供内容提要、评论，也可"发表我的评论"；如果需要获得该书的CNMARC数据，可填写用户的电子邮箱和所需要的图书书名，会尽快得到相应的回复[2]。

读者填写咨询表单

二、"读秀"的检索途径：基本搜索与高级搜索

首先输入 http://lib2.gznc.edu.cn 或 http://www.duxiu.com，在贵州民族大学图书馆首页上找到馆藏资源，然后在其下面找到"读秀"学术搜索，点击进入首页。

（一）基本搜索

基本搜索就是在"读秀"学术搜索主页上默认检索界面，只有一个检索框，只要在检索框内输入要查找的关键词，轻松单击，即可在"读秀"提供的全文、图书、期刊、报纸、学位论文和会议论文、专利、标准和视频多维检索频道中任意搜索。例如，查找有关美国著作权方面的信息，可这样输入："美国 AND 著作权法"，系统默认状态下是在全文频道中搜索，读者可根据需要，选定在单一频道中搜索。基本搜索界面如下图所示。

（二）高级搜索

"读秀"的"高级搜索"按钮隐含在搜索结果中（见下图），在主页中不出现。高级搜索设有更多的搜索框，如图书频道中设有书名、作者、主题词、出版社、ISBN号五个搜索框，另有图书分类和出版年代的选项。因此，利用高级搜索比基本搜索的目的性更强，能一下子满足读者的多条件搜索。无论哪种检索途径，均可通过已检索出的第一次结果直接链接与此书相关的分类检索途径，通过点击书名，不仅可了解该书的更多详细信息，还可以通过进一步链接与此书相关的作者和主题词检索途径，进行第二次检索。在"读秀"学术搜索默认界的右侧，点击"图书高级搜索"链接，进入高级搜索界面，现提供以下几种检索功能。

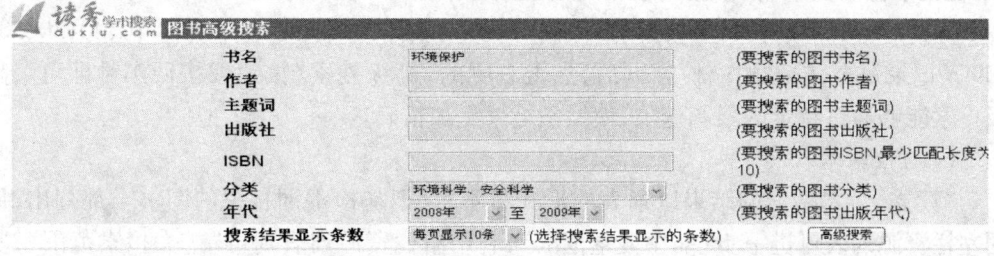

1. 书名检索

即通过特定的图书名称或图书名称中的部分词语检索图书的途径。此检索途径可通过三种方式进行，即基本检索和高级检索中的书名途径，以及基本检索中的"全部字段"，后者的检索结果可来源于任何与书名有关的信息部分。用户可以在输入框中直接输入书名，然后"在结果中搜索，就可更快地找到所需内容。"例如，以书名为"环境保护"来检索。

2. 作者检索

即可通过特定的作者名称（包括团体作者）检索图书的途径。其匹配方式为任意匹配,此检索途径可通过四种方式进行,包括可直接利用基本检索和高级检索中的作者途径,也可利用基本检索中的"全部字段"进行检索,其检索结果可来源于任何与图书有关的信息部分,还可利用已检索结果中的某作者进行进一步的链接检索。查找某一作者的论著信息,对应检索框中输入作者姓名,例如,《环境保护》作者"刘天齐",从而检索出其全部图书信息。

3. 出版社检索

利用基本检索中的"全部字段",输入 ISBN 号中的出版社代号前缀(如 0-669),可实现出版社检索,检索到特定出版社的全部图书信息。例如,要查找外文图书《The Heath Guide to College Writing》,输入该图书 ISBN:0-669-16785-1 中的前缀(0-669)即可检索到该书的全部图书信息。

4. ISBN 检索

利用基本检索中的"全部字段"和高级检索中的 ISBN 途径,可检索特定 ISBN 号码或非特定部分 ISBN 号码的图书,匹配方式为任意匹配。利用此途径,可检索某一具体 ISBN 号的图书,也可检索到所有出版社出版的第一种具有 ISBN 号的图书,以及某 ISBN 号的使用状况,其中的出版日期为倒排序[2]。如果需要获得外文资料,可点击"外文文献搜索"。例如,要查找《The Heath Guide to College Writing》这本外文图书,在检索框中输入 0-669-16785-1,即可检索到该书的全部图书信息。

(三)年代检索

在寻找某一特定领域的最新研究时,日期限制搜索可能会比较实用。输入要搜索的图书出版年代,可检索特定出版年代的图书信息,用以了解该年代或某年代段的图书出版情况,以及检索最新出版的图书信息。例如,查找 2007 年至今的"语义学"方面的文献,在文章检索框中输入"语义学",日期检索框中输入 2007-2010 即可。

除此之外,高级搜索还允许用户限制每页显示结果条数,可选择项有:10,20,30,50,100 条记录每页,输入相应检索词后,点击右侧的"高级搜索"按钮或按回车键即可。高级检索能够通过特定的限制选项,使检索结果更加精确。

(四)检索结果

"读秀"学术搜索的结果以列表的形式显示,可把与检索词相关的图书全部列出,使用左栏资源列表可进一步"缩小搜索范围",利用右栏资源列表则可"扩大检索范围",实现知识点多角度检索,把与检索词相关的词条、人物、(图书)期刊、报纸、学位论文、会议文献、专利、标准、网页等多维信息全面地展现出来。每一项搜索结果都代表一组学术研究成果,其中可能包含一篇或多篇相关文章,甚至是同一篇文章的多个版本。每一项结果都提供文章标题、作者、出版日期以及内容提要等编目信息。一组编目数据,都与整组文章相关联,而你自己就选择最具代表性的一篇进行搜索。检索结果目录:显示书名-作者-形态项-出版项-ISBN-定价-内容提要,你可点击相应的试读部分进行试读,或从本馆馆藏资源中借阅、电子全文阅读、申请文献传递、文献互助平台、图书馆馆际互借来获取所需要的文献资料。在本馆没有该书的情况下,"读秀"可以提供推荐购买功能。另外,你还可以查看哪些用户收藏了该书,点击用户名即可进入对方的个人图书馆。最后点击"我需要全文",即可看到全文的记录(需要下载安装超星阅览器)。

查看此书的详细信息

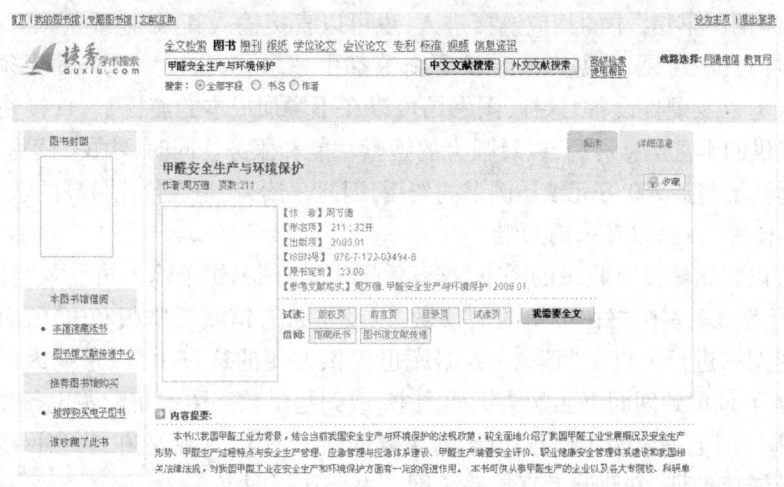

（检索结果目录见上图）

三、"读秀"学术搜索在学术研究中提供个性化服务

通过"读秀"学术搜索，读者能一站式检索馆藏纸质图书、电子图书以及其他学术文献资源，几乎囊括图书馆内的所有信息源。不论是学习、研究、写论文、做课题，"读秀"都能为读者提供最全面、最准确的学术资料。

（一）读秀通过文献传递为读者获取文献资料

"读秀"的价值在于它提供 260 万种图书的自动的文献传递服务。在图书详细信息页面，读者可点击"图书馆文献传递服务中心"，进入"图书馆参考咨询服务"页面。在利用此项服务时，读者须填写并提交咨询表单。提供咨询类型时，注意区分"图书"、"论文"、"提问"三种不同的咨询类型，文献传递虽然有页数限制，但多使用几次，同样可以得到整篇文献；自动文献传递不一定都能获得文献，如有特别需要，可以申请图书馆信息部的文献传递服务，咨询馆员会快速将所需文献 E-mail 到读者的电子邮箱中，使读者零距离获取珍稀学术资源。

（二）免费全文阅读

"读秀"的电子图书可提供免费全文在线阅读或下载阅读，除了具有直接提供的部分"免费全文阅读"网站外，在其"更多全文"中，进一步提供更多的"阅读/下载链接地址"，并提供链接地址、文件格式和阅读模式的详细信息。如在线阅读格式类型有 HTML Full TEXT；下载阅读格式有 PDF FULL TEXT、JPG。JPG 格式为超星阅读器专用格式，利用此格式可免费在线阅读电子图书的全文内容。利用需要安装的超星阅读器，以便阅读时可自动打开阅读器进行阅读。

（三）"读秀"性价比高、系统维护成本低

"读秀"学术搜索与超星数字图书馆一样，提供远程包库、本地镜像和读书卡三种专业服务平台。远程包库、本地镜像方式主要适用于团体单位用户购买超星的数字资源。

而读书卡方式主要面向个人用户,可在超星公司的主页进行注册、充值使用。采用远程包库或本地镜像的高校用户,通过 IP 地址控制使用权限,凡隶属于 IP 范围内的用户,既可通过"校园网图书馆"中的相应链接进入,也可以直接输入其 IP 地址进入。另外,所有的硬件、软件、资源建设、数据库的维护更新等都由超星公司自己负责,而无须购买单位额外投入人力以及硬件设备,这样,图书馆可以在不增加成本的前提下,直接使用"读秀"学术搜索提供的丰富信息资源,以及强大的搜索功能和服务。同时,购买"读秀"使用权的费用也远远低于购买 260 万元纸质图书的费用,因此,"读秀"是性价比最高的学术数据库。

(四)"读秀"提供推荐采购功能

读者可以将馆藏没有收录的图书,推荐给图书馆,图书馆采购人员登录"读秀",能看到"读秀"资源里每本图书在本馆的阅读量,以及是否有馆藏纸质版和电子版图书,可根据阅读量对图书进行征订。"读秀"数据库也提供方便的征订手续,采购人员可以通过"读秀"系统下订单到朗润书店购买纸质图书,或到超星数字图书馆购买电子图书。此外"读秀"还提供网上书店购买推荐功能,对主要的网上书店,如亚马逊、当当网等提供图书报价对比及链接地址,方便读者直接登录网上书店购买图书。

(五)个性化服务

读者在检索、获取文献资料的同时,还可以利用"读秀"的"我的图书馆"或"专题图书馆"保存有价值的信息,建立自己的知识收藏库。这是"读秀"为读者进行知识收藏管理专门提供的个性化服务。读者在"我的图书馆"首页上注册成功后就能够建立自己的图书馆,可以随时将自己在"读秀"里查到的重要资料、常用的资源、网站,以及参考其他人的资料等收藏在自己的图书馆,以备日后查找[3]。读者还能直接向图书馆提出自己的需求,让图书馆征订到自己需要的图书资料。对图书馆管理员来说,可以分析自己读者的阅读需求,有利于采购人员对图书资料的征订;对读者而言,如果图书馆能满足其所需要的资料,读者就会经常到图书馆来查找资料,这样有利于提高图书资料的利用率。

四、结束语

"读秀"学术搜索引擎系统基于庞大的电子图书资源,具有强大的搜索引擎功能,借助网络环境实现了信息资源共享和利用,为高校教学和科研工作提供了获取知识资源的捷径。笔者相信,"读秀"学术搜索引擎将会对我国数字图书馆的建设和发展产生深远的影响和积极的作用[4]。

[参考文献]

[1] http://www.duxiu.com.

[2] 吴文辉.如何利用 EBSCO 数据库进行学科研究.科教文汇,2006(4):176-177.

[3] 王会丽.读秀学术搜索在图书馆阅览室服务中的应用研究.图书馆理论与实践,2012(6):98-100.

[4] 洪跃.读秀学术搜索系统述评.新世纪图书馆,2010(3):63,76-78.

空中乘务专业实验教学体系建设的思考

吴 伟

(贵州民族大学旅游与航空服务学院 贵阳 550025)

空中乘务专业本科教育,由于专业设置较晚、受行业特点限制,大多存在理论教育基础薄弱、实践教学师资短缺,实验设备缺乏等问题,特别是实验教学体系的建设严重滞后,不能提供有效的实验教学服务,不利于教学质量的提高,且不利于学生综合素质的培养,更不利于学生职业能力的形成。

一、实验室建设薄弱

空中乘务专业设立时间晚,各高等教育机构受经费、实验仪器生产缺失、实验教学人员短缺,教学机构实验室由于实验设备简陋,实验室功能单一,只能承担部分简单技能训练,实验项目的开出率低、实验内容单一、实验层次不高。空中乘务专业实验教学是一个重要的实践性教学环节,有助于强化学生的实际操作能力、知识运用能力和专业实践能力,有助于培养学生理论联系实际的能力,独立分析与解决问题的能力。进而培养学生的创新意识与创新精神,形成良好的综合素质,满足社会对旅游专业人才的基本要求。同时旅游业的发展也要求空中乘务专业加强实践教学,使学生能具备一专多能的特质,实现人才与企业的零距离,与旅游业的发展趋势接轨。空中乘务专业实验教学现状受市场就业需求的影响,大多数旅游院校在学科培养结构中均开设了实验课,旨在培养能够适应社会所需的具备从业基本素质与操作能力的空中乘务专门人才。但就目前情况来看,空中乘务专业实验教学在实验项目数量、实验教学地位、实验教学内容、实验师资制度体系等方面均存在不足。

1. 开出实验项目少

目前,国内高校空中乘务专业日常教学仍以理论教学为主,对所开设课程中蕴含的实验环节未能深入挖掘。开出实验项目较少,且多是一些操作技能方面的实验,如基本技能训练等,实验开出率较低。

2. 实验教学附属于理论教学

目前,空中乘务专业实验教学内容基本是按照各门课程的教学要求设计的,实验教学依附于理论教学,实验教学为理论教学服务,而不是为学科素质培养服务。未形成相对独立的实验教学体系,达不到实验教学的目的。

3. 实验教学内容缺少层次性

实验教学的内容应遵循从简单到复杂、由单一到综合的趋势,实现层次化、模块化,

[作者简介]吴伟(1972—),男,贵州民族大学旅游与航空服务学院实验室主任。

但目前空中乘务专业实验教学项目简单、孤立,而且实验教学一般与理论教学同步,显得过于集中和呆板,使实验教学缺少层次性,不利于循序渐进地培养学生的能力。

4. 高素质专业师资缺乏

随着空中乘务专业高等教育事业的迅速发展,迫切需要大批高素质的专业实验教学教师,但由于我国长期以来没有进行空中乘务专业及相关专业的高等教育,高素质的空乘专业人员长期空缺,现有空中乘务专业师资一部分是相关专业教师转向而来,在一定程度上呈现出理论知识丰富,实践经验缺乏的状况;一部分是各航空公司一线空乘人员经培训后转岗而来,这部分教师具有一定的实践操作能力,但理论知识不足。这种状况在很大程度上制约着实验教学的发展。

5. 实验制度体系不完备

由于空中乘务专业的实验教学长期以来处于边缘状态,其实验教学体系的内容不太明确,制度体系也不完备,致使实验教学缺少相应的制度保障。

二、空中乘务专业实验教学体系构建设想

空中乘务专业实验教学体系应包括硬件和软件两方面内容。硬件方面主要是实验环境体系,即各类实验教学基地,实验环境体系是整个实验教学的载体;软件方面主要有实验队伍体系、实验内容体系和实验制度体系。实验教学体系与各方联系,实验内容体系和实验队伍体系是核心,实验环境体系是基础,实训制度体系是保障。

1. 空中乘务专业实验教学体系

空中乘务专业实验环境体系主要由两部分构成:校内实验环境与校外实验环境,前者为后者提供必要的基础支撑条件,而后者是前者的延续。校内实验环境"主要是指校内实践教学基地,主要是为学生专业岗位职业技能技术训练服务,是各专业课程实验教学活动和技能考核的主要场所。校内实验环境,通常由一系列培养学生从业基本素质与能力的模拟实验室构成,其中虚拟客舱实验室和虚拟机场服务实验室主要培养学生民航、机场、高铁等企业各方面的就业能力,如客舱服务、要客服务等,实验室主要培养学生个人形象塑造及职业素质能力,培养学生一线服务及基层督导技能、培养学生利用现代信息技术处理各种服务信息的能力。校外实验环境,是指校外实验教学基地,即与空中乘务服务相关的各类企业。对空中乘务专业而言,主要是校外实验教学过程中,学生可以直接参加生产和实际工作,以准员工的身份顶岗实习。校外实验环境体系的建设对空中乘务专业的实验教学具有非常重要的意义。校内实验教学基地受环境所限,其操作或管理大都是模拟性质,不能够提供全真的工作环境,学生不能够获得真实体验,实验效果及能力培养均受到影响。而校外实验教学基地所提供的实验教学环境是全面的、真实的,能够强化理论知识的综合运用,能够强化产、学、研的结合,对学生的专业技能职业素养管理能力等综合素质的养成,具有不可替代的作用。校内实验环境为校外实验环境提供毛坯产品,校外实验环境则为社会提供半成品,在校外实验环境内学生将真正做到三了解:了解社会、了解行业、了解自己,为自己将来的职业生涯规划提供真实参考。

2. 实验队伍体系缺乏实践经验的专业教师,是制约空中乘务专业实验教学的瓶颈

实验队伍体系应由业务优良、数量适当、结构合理、层次较高、相对稳定,具备双师型

素质的实验室工作队伍组成,才能确保实验开出率、更新率与开放率、发挥实验教学的特色与效益、才能保证完成实验教学、科学研究和社会服务的任务。当前实验室队伍建设的主要目标是,努力提高人员素质,特别是骨干教师和实验指导人员的素质,是他们在具体理论指导下的综合实践能力。培养途径可通过学术交流、派遣培训进修等措施持续提高实训人员业务水平和管理能力,或采用激励机制,鼓励现有实验人员深入航空企业实地学习,掌握空中乘务专业的最新动态和发展趋势。同时,也可鼓励实验人员对空中乘务专业的实验项目进行研究创新,突出实验项目的科学性、合理性和适度超前性,以达到产学研的相互促进。

3. 实验内容体系

实验内容体系,应根据专业培养目标,将原分散在理论课中的单项实验和一些分散的实验课程统筹安排,优化整合,按认识和能力,提高循序渐进的原则,分层次或分阶段安排实验内容,各个层次有明确的能力培养定位,分别以基础性实验、综合性实验、创新性实验和科研性实验为主,使实验内容自成体系,后一层次以前一层次为基础构成空中乘务专业实验内容体系。

4. 实验制度体系

实验制度体系,主要是指空中乘务专业实验教学的管理制度、运行制度、安全制度、文档管理制度等规范。空中乘务专业实验教学规章制度、实验制度体系能够确保空中乘务专业实验教学的顺利进行,具体而言,就是结合高校实验教学管理系统和专业实验室管理的各个环节,一方面,完善校内实验教学管理机制,建立岗位责任制,加强规范化和网络化管理。同时,对有条件的模拟实验室实行开放式管理。另一方面,加强校外实验教学基地的建设和评估,主要是校外实践教学基地的选择,实验指导人员的配备,实习生的管理三方面。

空中乘务专业实验教学平台的构建,不能简单遵循普通专业实验平台构建的模式,它具有自身特殊的需求。在空中乘务方面实验设备的购置中存在极大的困难,相当部分实验设备在国内受国家相关法律、法规的制约,没有相关厂家生产,也不能进行定制,这就给部分相关服务操作技能的培养带来困难。同时,简单的技能训练也不符合本科教育的要求,这就要求在实验教学体系的构建过程中更多地利用现代虚拟信息技术和信息管理系统技术,搭建以虚拟技术为基础、信息管理系统为骨架的综合空中乘务实验教学平台。

总之,空中乘务专业具有实践性强和内容更新较快的特点,只有与时俱进,不断深化空中乘务专业实验教学体系改革,构建与理论教学有机结合的相对独立的实验教学体系,提高实验项目的开出率,修订和完善各种规章制度,才能培养具有创新精神和实践能力的高素质人才。

从过程导向教学到学生实际能力的培养

——本科旅游专业《模拟导游》教学初探

徐 竹

(贵州民族大学旅游与航空服务学院 贵阳 550025)

【摘 要】 本文以旅游专业《模拟导游》课程为探讨内容,以过程导向教学在学科中的尝试和运用来分析本科理论教学中实践性的培养这一主题。如何使学生通过课程的渐进过程来逐步形成学科概念、专业习惯,以达到学科系统要求,而非以课程的结论性考试或考核来评价学生学科成绩是本文所探讨的核心问题。

【关键词】 过程导向教学;实际能力;旅游专业

随着社会经济的快速发展和人们生活水平的持续提高,旅游业以较快的速度发展,亟须旅游专业人才。高校在培养高技能、高素质旅游人才的同时,我们不得不看到在教学上的明显缺失和不足,本科教育对职业意识培养的淡薄,特别体现在《模拟导游》这类介于职业教育和本科教育之间的学科,我们的传统教学模式已经完全不能满足学生的需要,更不能完成这类学科实践性的需要,学生往往是听课、考试两步完成学科学习,而不能很好地达到听、学、练、讨论、纠正、提高的学习过程。"过程导向教学"正是基于这一学科的特性所提出的教学方法,它是一种强化平时授课教学任务,把教学体系分成若干模块,学生在每个实践模块授课结束后都有考核,学生的学科成绩在很大程度上来源于每个模块的考核,"教学过程"对他们来说比最后期末的那一次考试更为重要。因此,这样的教学突出了教与学过程的重要性,学生在教师的有意引导下完成学科目标,在培养学生旅游认知能力的同时,更关注对学生实践能力的培养,使他们通过有效的过程导向教学,获取和主动形成新知识的能力、培养职业要求的相关技能、运用技能培养解决问题的能力。

一、对教学目标的确立和模块的设计是"过程导向教学"的关键

1. 教学目标的确立

"过程导向教学"的实现是基于教师对学科进行系统的梳理后,针对旅游专业学生的特性和旅游行业对学生理论与实践性的需要而确立的有效的教学目标。由于《模拟导游》课程实践性强,对学生的动手能力和参与能力要求高。因此,教学目标可设立为知识目标和能力目标两大方面。知识目标是导游人员应知、应会的相关常识,如导游服务(主

[作者简介] 徐竹(1977—),女,贵州民族大学旅游与航空服务学院讲师。

要是全陪和地陪)规范程序、导游服务中涉及的相关美学、历史、地理、人文知识、旅行中的基本常识等。能力目标要求是教学目标的重点,并且有效地把知识目标也转化到能力目标的培养中,如语言的基本功训练、导游对特殊问题的处理能力、各类型景点讲解练习、对客服务技巧等。基于以上教学目标,教师再设计教学过程,这样的教学是有目的的、是有效并能具体实施的。

2. 教学模块的设计

在教学目标确立的基础上,教学过程的设计便是"教学过程导向"教学的关键,把教学目标中的知识目标和能力目标化解成一个一个学生具体可以操作和实施的过程,在教与学的过程中达到教学目标。

《模拟导游》教学过程设计(本课程以贵州为例)

教学模块	教学内容	教学目标
导游服务技能	团队迎送程序	知识目标:掌握导游带团流程、了解旅游者对旅游和导游服务的需要。 能力目标:掌握导游操作技能,能带团、会带团、能带好团。
	对客服务技巧	
	导游接团礼仪	
	特殊团队的导游服务	
	导游对突发事件的处理	
	导游在参观游览中的服务	
	购物、娱乐、餐饮服务	
导游讲解技能	导游语言的技能培养	知识目标:掌握导游语言的基本要求,熟悉贵州的主要旅游资源、历史文化。 能力目标:掌握导游语言表达技巧,能熟练运用相关知识,进行贵州主要旅游资源介绍和讲解,语言清晰、表达流畅、和旅游者自然交流。
	贵州省情、贵阳市情模拟导游	
	贵州主要少数民族风情模拟导游	
	贵州主要山体景观导游	
	贵州地质地貌模拟导游	
	贵州九大地州主要旅游资源模拟导游	
	贵州风物特产介绍	
	地陪旅游车模拟欢迎辞	

教学过程的设计为教师在此后的教学活动提供教学平台,每一模块都有考核,以此检验学生的学习效果。过程的学习便是学科最终的学习,每一次考核结果的综合就是学生学科的最终学习效果。这一教学模式摒弃了传统的"平时成绩"+"期末成绩"的教学模式,学生必须充分重视每一次教学过程;否则,便没有学科成绩,这也体现出教学最原始和最核心的精神。不同的能力模块共同推进学生综合实践能力的形成,而其中贯穿于学生能力始终的就是学生通过对教学模块的认知学习构建新知识的能力,也就是使学生

实现从"学会"到"会学"的转变,这种能力的培养正是在过程导向教学中通过教师的引导到学生的自主学习而不断形成的。

二、构建学生听、学、练、讨论、纠正、提高的过程教学体系

"过程导向"教学强调的是"过程",是让学生从领会他应掌握的能力目标出发,使学生在"听"后"学",学会后进行"练",然后有"讨论",发现问题及时"纠正",最后达到"提高"的全过程。过程的推进就是学生实践学习能力的提高过程,是学生培养职业情结、养成职业习惯、掌握职业技能的过程。

1."听"的重要性

《模拟导游》对授课教师的要求是很高的,"学生听你的什么","你能让学生听到什么"是过程教学的重点。学生的各种能力在最初阶段都是从模仿开始的,特别是导游这个职业和导游讲解的风格形成,所以授课教师是应该能使学生"听"到结合行业和职业的教学内容,"听"到不仅仅是教师的传授,而更像是资深导游的模拟示范课程。

2."学"的关键点

"学"是以学生为主导的教学过程,在最初的模仿学习到自主思考,继而到形成自己的讲解风格。教师在"学"中充当引导者,学生在各种能力目标的要求中寻找到学习的乐趣。

3."练"的方法

"练"是模拟导游的一种常规,也是最有效的方法,过程教学充分重视学生的每一次练习,有示范、有指导、有评价,练习的过程就是学生完成一个教学目标的过程,也是学生提高心理素质、适应职业要求的过程。

4.在"讨论"中"提高"

"讨论"是在练习中发现问题,在"像"与"不像","好"与"不好"的过程中达到能力的培养,强调导游的个性化,使学生在讨论中找到属于自己的服务理念、讲解风格,以此来提高对于职业的认知和能力的培养。

5."纠正"完善自己

"纠正"是为了更好,是在教师和同学的共同评议下,在讨论中使自己的带团技巧和讲解能力更加完善。因此,"纠正"很重要,它使过程导向教学在不断的反思中达到教师之前所设定的教学目标。

三、"过程导向教学"在实践性教学中的意义

1.学生从被动接受学习变为主动参与学习

"过程导向教学"使学生从被动的从属教学转变为积极主动的学习主体地位,因为教学目标告诉你如果不参与教学的过程,你在学习中的每一模块便没有考核成绩,而没有平时的模块成绩,就意味着你没有最终的学科成绩,这是从学科约束上而言。而与岗位密切结合的教学内容让学生从单一的"听课"变成课堂的主角,"参与"使他们对职业积累了认知,培养了职业的情感,产生了职业的认同感。因此,这样的"参与"是积极而愉快的。

2. 教学过程由传统的重结论转变为"过程才是学习"的教学理念

从教学角度来讲,教学的结论是教学所要达到的目标或需要的结果,所谓教学的过程,是为达到教学目的或获得所需结论而经历的教学程序。传统教学是重结论的,所以往往一张卷子定成绩,《模拟导游》学科的特殊性使这个结论并不是单一的结果,而是在教学过程中每一项能力的评估过程,所以"过程才是学习",过程的结果才是成绩。

3. 达到师生综合素质能力的双向提高

"过程导向教学"对教学目标的针对性和教学过程的有效设计有很高的要求,甚至要具备根据所拟教学目标开发校本教材的能力,这无形中对授课教师的理论功底、教学水平、实践经验、控堂能力提出了高标准。对教学目标的确定决定了教学过程的有效实施,教师要基于对旅游行业的调查了解,具有行业丰富的实践经验,能示范、能分析、能评价、能调控,过程才会变得有意义,才会有效果。学生只要在教师的引导下逐步完成教学目标,当每一项模块能力任务都能从完成到更好完成,学生的学科综合能力便在过程导向的教学中得以实现。

四、结语

在本科旅游教学中,我们似乎一直很难在"理论教学"和"实践教学"中找到一个平衡点,《模拟导游》是一门完全可以解放思想,将所讲授的理论和现实生活的旅游世界结合起来的学科,让旅游这门学科真正体现出与时俱进的学科特征。"过程导向教学"让教师有效"导向"到重视"过程"的教学,学生在课堂上感受行业要求,在理论的基础上转化能力,在每个模块能力的学习和考核中完成完整的学科体系。每一个课时都是学生导游职业的体验,都是学生主动参与教学的过程,学科的最终成绩已不再由一次考试来确定,而是由每个模块能力测试结果的自然生成。根据《模拟导游》的基本理论性和实践性,老师不但要进行基本理论教学,还要注重对学生实践技能的培养,实则就是把教学目标进行演示、学生反复练习到熟练技能的过程。"教师重视教学过程,学生享受教学过程",这是"过程导向教学"所追求的目的,也是我们对教学的最终期盼。

[参考文献]

[1] 樊海波.旅游管理专业实践教学模式研究.硕士学位论文,2008.

[2] 全国旅游职业院校协作会.旅游职业教育研究与探索.北京:旅游教育出版社,2009.

 八、科学求真、人文求善

科学求真、人文求善

——在贵州民族大学新生入学开学典礼上的演讲

龚 锐

各位同学,各位同人:

请首先允许我代表贵州民族大学全体老师向来自全国各地的莘莘学子道一声:大家辛苦了!同时,对你们加入到贵州民大这个温暖的民族大家庭来生活、学习表示最热烈的欢迎。

还记得自己初入大学时那种朦胧的快意,被高考折磨得酸疼肿胀的内心,一下子释去了千斤重负,轻松下来。那时校园俨然成了独木桥闯关成功者的花园,每张年轻的脸上还没有来得及抹去刚过鬼门关的庆幸,马上就换以一副副高傲,甚至是自负的表情。事实上,以后的日子证明我们乐观得太早。来自于对学习方法的困惑,来自于对立事之基、为人之本方面的迷茫,令初涉尘世的我们猝不及防。于是,我今天要和大家说些什么,其主题就在我对自己刚进大学时情形回忆的过程中变得清晰起来。我今天要和大家谈两个问题:一是科学求真,一是人文求善。

什么是科学?科学就是研究、认识、掌握客观事物及其规律,是符合实际办事,是顺乎客观规律办事,科学要解决的问题是,"是什么"、"为什么"是求真。作为学生就是要在求真的过程中,学会科学求真,即是在学习方法上要力求形成自己独到和适合自身特点的科学的学习方法。

我在这里所讲的科学求真,至少应该包括以下三个方面:科学思维、科学方法和科学精神。这是一个整体,不可或缺。

科学思维是正确思维的基础,科学思维主要是严密的逻辑。而严密的逻辑,才能保证思维前后的一致性、连贯性,从而无矛盾、无谬论。亚里士多德的巨大历史功勋就在于提出了作为正确思维基础的形式逻辑。这对以后的西方文明产生了极其深刻的影响。阿基米得的《几何原本》正是形式逻辑应用最早的范例,而牛顿所著的《自然哲学原理》即仿此而成。可以说,没有科学思维,轻则在学习上走弯路;重则在人生道路上入误区、遭失败。

科学方法是事业成功的前提。科学方法是科学知识按照科学思维而付诸实施的行为。显然,这就有可能保证行为是正确的,实施是成功的。"工欲善其事,必先利其器"。学习得有方法,方法体现着知识,体现着思维。离开知识与思维的方法是不存在的。事业的成败体现在方法实施的过程中。

科学求真的最后一点便是科学精神,科学精神是求真的精神,这是科学的精髓。迷之者挫,逆之者亡。科学精神正是我们所倡导和急需的。不欺人、不骗己、不蔽上、不蒙下,不搞"数字化"游戏,不搞"水货",认认真真、实实在在。勤勉学习、勤于思考,善于总结、敢于追问、勇于质疑、大胆挑战、永不言败,这就是我们今天所倡导的科学求真精神。让我们大家都来记住这样一句话:"吾爱吾师,吾更爱真理。"

再来谈一谈人文求善。什么是人文?人文是指满足个人与社会需要的终极关怀,是要关心人,关心集体、国家、民族社会、自然。人文要解决的问题是,"应该是什么"、"应该如何做",是求善。人文就是为了人能成为一个对社会负责的人,是一个真正的人的精神标准与内涵。

人文,人文文化之所以重要,是因为人的精神世界状况主要取决于人文的陶冶。人之所以为人,贵在有情、贵在有精神生活、贵在有人性与灵性相统一的精神世界,而人性与灵性的统一的核心是人格,人格的核心就在于求善。

人文,人文文化之所以重要,还因为它对于一个国家、一个民族而言,关系到生死存亡。所谓民族,最根本的是取决于人文文化,而不是取决于遗传基因或其他因素。

民族的概念事实上就是人文文化的概念,没有自己的人文文化,也就没有这个民族。一个国家的强弱兴衰取决于综合国力,而其中的关键又是民族凝聚力,民族凝聚力显然主要取决于对民族人文文化的认同。丧失人文文化,就意味着丧失民族自身的特点,而被异化,不打自垮。

人文,人文文化之所以重要,还在于它是历史的积淀,是人的精神世界升华的源流,也是一个民族的历史与灵魂重现。社会的进步、民族的发展,不仅有生产力的进步与发展。同时还必定有人文知识的进步与发展。因此,不关注人文,人文文化就等于是不关注人、不关注社会、不关注民族与国家的根本。

人文,人文文化之所以重要,更在于它是我们原创性思维的源泉。

大家知道,在人文文化中很重要的一个方面是人文思维,它是开放的形象思维,是直觉、是顿悟、是灵感,是人的灵性之最重要的体现。爱因斯坦以他切身的体验讲得多么深刻、多么好,他说:"物理给我知识,艺术给我想象,知识是有限的,而艺术所开拓的想象力是无限的。"他还讲道:"科学研究中最可贵的因素是直觉。"不只是爱因斯坦,还有许许多多著名的先哲圣贤都有类似的论述,可以说,没有人文思维,没有人文文化,就没有原创性。

人文精神是求善的精神,也是人文的精髓。人的一切活动,尤其是教育、学习,应该是在"止于至善"。

同学们,今天我们国家迎来了比以往任何一个时期更安定、更和谐、更富强的时期。我们学校也步入了快速发展、科教兴校的最好时期,在这样的背景下,我们没有任何理由在我们黄金般的年龄虚度光阴,也没有任何理由在青春勃发、朝气蓬勃的年代碌碌无为。当我们的国家、我们的民族、我们的父辈、我们的师长都在用殷殷眼神注视着我们的时候,我们每一个同学应该清楚地知道,我们应该怎样用实际行动来回答。在我即将结束我的演讲之时,我愿意以曾经是你们的学长,即将是你们的师长这样的身份,送给大家一句话:"科学求真、人文求善"。

同学们,让我们共同努力吧,让我们一同来展望吧,我们期待着当四年之后,你们走出校门,步入社会之时,有人问你是哪一个大学毕业的?那时你们可以自豪而响亮地回答:贵州民族大学!

试论贵州民族大学和谐校园建设

王 进

(贵州民族大学旅游与航空服务学院 贵阳 550025)

社会主义和谐社会建设,是以胡锦涛为总书记的党中央在十六大、十六届三中、十六届四中全会上提出的重大任务,他指出,社会主义和谐社会,应当是"民主法制、公平正义、诚信友爱、充满活力、安定有序、人与自然和谐相处的社会"。它们之间相互联系、相互作用,和谐社会从一个侧面反映出人类对人的生存空间、人生价值的理解,特别是完善人与社会、人与人、人与自然相处之道的积极思考,具有重要的社会现实意义。

和谐校园建设是近年来倍受关注的问题,一方面,随着高校的扩招,学生的素质拓展已经成为高校和谐建设所面临的社会问题;另一方面,由于高校在国家社会政治生活中所处的特殊地位及民族院校所特有的复杂性、民族性和长期性等特点,和谐民族院校的建设显得尤为重要。

一、建设和谐民大所面临的问题

1. 贵州民族大学是一所综合性的民族大学,其主体是少数民族,由于长期的历史原因,我国少数民族文化相对落后,构建和谐民大,少数民族素质的提高则是关键,由于历史性和民族性的原因,贵州民族大学构建和谐校园的任务比其他高校相对艰巨和复杂得多,一个民族文化的落后是构建和谐校园的障碍,这是世界性的共同经验和认识。在构建和谐社会的今天,少数民族教育得到较大的发展,但各民族间发展不平衡,少数民族学生的素质还相对较低,这就构成了建设和谐民大的特殊性和艰巨性,要改变这种状况,提高少数民族学生的素质是十分迫切的任务。

2. 随着信息时代的到来,文化走向了多元化,许多学生在西方自由主义思潮的冲击下,扭曲了自己的人生观和价值观,失去了国魂与人格,开始是非不分、见义不为、见死不救,践踏着中华民族的传统美德,背离了和谐,在道德的边缘上越走越远,在和谐的校园里追求名牌、追求时尚。"校园负翁"、"校园贵族"俨然已成为校园生活的一大亮点,一幕幕攀比的闹剧将青春推入了深渊,和谐校园内的不和谐现象,让一些人忍不住感叹:今天的天之骄子究竟怎么了?

3. 构建和谐民大中所学和所用的脱节。大学是时代变革的产物,进入21世纪,文化走向了多元化,高校传统的教学模式与现代社会的需求脱节,现代大学生仍然重分数,而轻动手能力,变成了死读书和读死书,很多人甚至害怕走进教室。有些学生经常逃课。在贵州民族大学也存在着这样的问题,我在担任班主任时,曾经帮助一位老师通知因生

[作者简介]王进(1971—),男,彝族,贵阳人,贵州民族大学旅游与航空服务学院副书记。

病请假不能正常上课,那是一堂基础课程,当我走进教室宣布今天因为老师生病这堂课取消时,教室里响起了掌声,学生不仅不因为老师生病而痛心,反而以鼓掌来庆祝这堂课的取消,让人不禁愤慨,在愤慨的同时我又陷入了深深的思索,这不仅是学风、校风的问题,更是教育和文化的危机,这些危机向我们传递着一个信息:构建和谐民大,推进教育制度的改革和提高大学生素养是关键。

二、如何促进和谐民大的建设

建设和谐民大,表现在高校管理者要进行自我管理,以自我为榜样,带动学生尊重学生,努力实现民大内部的和谐。其中,加强诚信建设,树立社会主义荣辱观,在奉献社会中体现人生价值,来带动社会的和谐。

1. 诚实守信。诚信是中华民族几千年的优良传统,早在《周易》中就提到"君子进德修业,忠信民以德也,修辞其诚,所以居业也"的诚信呼唤,一个讲诚信的个人谓之君子,一个讲诚信的民族谓之巨人。这两个字看似简单,但用永恒来恪守却很少有人能做到。在诚信的路上,中国共产党用自身的诚信宣言为我们作出了表率,中国共产党自从1921年成立后,把自己定格为为人民服务的政党之后,用不死的灵魂恪守了这句86年的历史承诺,凝结起中华民族13亿同胞的血液,践行着为人民服务的历史誓言。

孔子曰:"自古皆有死,民无信不立",所以新时期的国家决策者不会忘记这一古训,也不会忘记为人民服务的历史誓言,江泽民曾经指出:"中华民族自古就有以诚为本,以和为贵,以信为先的优良传统",胡锦涛也曾经提出"以诚实守信为荣,以见利忘义为耻"的道德宣言。他们都是中华民族诚信的践行者,重温着历史,掀起了一场"行莫高于爱民,行莫高于利民"的民本思想热潮。胡锦涛同志对当今的大学生提出了更高的期望,他表示:希望中国广大青年注重修养,努力追求高尚的精神境界,良好的道德风尚和新型的人际关系,是我国社会主义文明进步的重要标志,青年素有开风气的光荣传统,在道德修养方面应该有更高的追求。

回头看古代贤哲们在和谐社会理想上的求索,再看今天共产党的诚信人格,给了我们启示,我们只有肩负起总书记的重托,踏实做事、老实做人,提高自我的信用,以身教的力量和道德感召力来调动和团结全体同学,达到校园诚信的目标。同时,以心理情感为纽带,以情感渗透为原则的"德治"方式始终占主导地位。所以,在一个组织中老师和学生在建设和谐校园中都起着重要作用。一个人的诚信将会引发一群人的诚信,如果这个校园处处求和谐、人人讲诚信,那么和谐校园的实现将不再是一个神话。

2. 知荣去辱。八荣八耻导向鲜明,内涵深邃,概含中华民族五千年的传统美德,也体现出社会主义基本道德规范的本质要求。时代呼唤着社会主义荣辱观,这是我校发展新阶段的必然要求。

3. 奉献社会。青春只有奉献社会才能闪光,历史上无数的仁人志士,为了社会的和谐而把自己的生命推向了深渊,他们为的就是创建一个人与人、人与社会、人与自然和谐相处的社会状态。马克思主义认为,人的价值就其内容和结构来说,包括了个人价值和社会价值两个方面,人的社会价值如何,取决于他对社会和他人的满足程度。因此,贵州民族大学在现阶段的和谐构建,就要用共产主义价值观来指导个人行为,公而忘私、艰苦奋斗。为民大的和谐献出自己的全部力量,从而使个人价值在奉献中得到体现,实现与社会价值尺度的统一。

三、构建和谐民大的想法

当前,贵州民族大学正迎来一个构建和谐校园的良好局面,2012年4月12日,贵州民族学院更名为贵州民族大学,这是一个历史机遇,我校师生应紧紧抓住"升大"的机遇,在发展中壮大,由做大到做强,在校园内部提高核心竞争力,不断提高自身的素质来构建和谐民大。

1. 立足院情,实施院系带动

突出重点院系的和谐构建,是推进和谐民大的有效途径,用和谐的发展观来解决发展中的问题,从思想上突破,开展了形式多样的课外活动,在校园内开展以"树立诚信观"为主题的演讲活动、以"我与母校"为主题的征文活动、以"讲礼仪,树新风"为主题的知识比赛等,这些活动的开展,使学生走出了课堂,接触到了外面的世界,以保持学生对课外文化探询的激情。

充分发挥基层党组织的战斗堡垒及党员的先锋模范作用。要求各院系党委带领全体党员和教职员工,在教学科研、服务、育人的工作中充分发挥作用,全院师生思想统一,目标明确,团结务实,开拓创新,较好完成各项工作。党的思想建设得到了进一步加强,组织生活逐步得到完善,教风和学风不断得到改善,营造了良好、和谐的教书育人的环境,有力地带动和谐校园的进一步完善,呈现出一派繁荣祥和的景象。

2. 科学定位,突出特色

贵州民族大学是贵州省唯一的综合性民族大学,是贵州民族文化的中心,肩负着塑造地方民族个性和特色的历史重任。在这个空间里生活着30多个民族,30多个民族代表了30多种文化,这些文化在一起交流与碰撞,这种文化的交流不是一味的守成,文化的守成并不等于意识形态的守成,而是在社会主义市场经济下顺应历史潮流,吸收有利于自身文化建设的有益成分,从而实现了文化的再构建,形成了一种全新的文化理念。这种文化的交流与碰撞是其他高校所没有的资源。而民大利用这种文化交流来促进自身和谐,做到了"人无我有,人有我强,人强我特"的定位。在这种定位下,学校坚持民族性与科学性的统一,建设和谐校园与提高学生素质相协调,优化了空间结构,形成了高校和谐校园建设中贵州民族大学所特有的"民大现象"。

3. 提升校园形象,拓展素质教育

大学是什么?这是个古老而常新的问题,蔡元培说过:"大学研究高深学问者也",大学不像有人在博客里写的那样:"大学是造就有智商、没智慧,有前途、没壮志,有雄心、没烈胆,有文化、没教养,有眼光、没见识的场所。"要改变人们对大学的偏见,只有努力提升校园形象,加强校园建设,才是唯一的出路。

在今天这个形象传播时代,一个学校的形象建设不是取决于你做了什么,而是你传播了什么,民大拥有传播自身形象的良好资源,学报、大学生网站、校报、学生会、党团组织及学生区几十块宣传栏,这些都是贵州民族大学向外传播形象的重要窗口,民大利用这些资源宣传了和谐的校园文化,取得了显著的成效,直接提高了贵州民族大学的整体形象,并促进了和谐民大的建设。

此外,贵州民族大学和谐校园的建设要突出管理成效,要以"卫生、文明、有序"为核心,强化综合整治,对校园周边环境进行维护,取缔干扰教学和学生生活的网吧、酒吧等娱乐场所,实现从人治向法治的转变,管理方式从突击式向长效式的转变,实现贵州民族大学的和谐。

四、结语

构建和谐的贵州民族大学,我们拥有太多的优势,贵州民族大学历来就有科学真、伦理纯、艺术美、师生厚、思想明的优良传统,但我们也面临挑战,伦理与生活的反差,理论与实际的差距等,都成为构建和谐民大所面临的问题,我们只有以传统美德治标,以社会主义荣辱观治本,形成标本兼治,使挑战转化为机遇。

行胜于言,理论只有运用于实践才能带来巨大能量,才能形成一种以和为贵、以和为美、以和为真的社会氛围。这要求我们从点滴做起,俗话说"治大国如烹小鲜,不积跬步,无以成千里",细观和平年代的共产党员,他们的成功都源于在平凡生活中的小事,持之以恒积累而成。

构建和谐的贵州民族大学,这是一个永恒的主题,同时也是一个庞大的系统工程。它综合性强、涉及面广、工作量大,面对这些问题,我校师生将沉着应付,通过不懈努力来使民大走向和谐。

历史必将证明,民大人有这个志气,有这个恒心,也有这个能力。民大这块神奇的土地必将绘出一幅老师与学生,学生与学生,老师与老师和谐相处的融洽画面。

高技能人才失衡的分析及测度研究

李援越

(贵州民族大学旅游与航空服务学院 贵阳 550025)

【摘 要】通过对高技能人才在我国东、中、西、东北各区域及第一、二、三产业间分布失衡的现象进行分析,探索性地构建高技能人才区域综合失衡程度的测度体系及测度方法,定量化地研究高技能人才的失衡程度。

【关键词】高技能人才;失衡;测度;对策

随着我国社会经济的不断发展,产业结构的调整及世界制造业的中心逐渐向我国转移,时常见诸报端的"技工荒"及"大学生回炉重读技师学院"等报道,表明整个高技能人才队伍的状况出现了不可回避的失衡问题。高技能人才呈现出的总量短缺,行业与区域分布失衡等问题尤为突出,已然成为我国经济发展和参与国际化竞争的严重制约因素。

一、高技能人才失衡现状相关研究

高技能人才是在生产、运输和服务等领域岗位从业者中,熟练掌握专门知识和技术,具备精湛的操作技能,并在工作实践中能够解决关键技术和工艺的操作性难题的人。主要包括技术技能劳动者中取得高级技工、技师和高级技师职业资格及相应职级的人员[3]。他们具有基本技能、专门技能、特殊技能、独立处理和解决技术或工艺难题能力、指导培训与技术管理能力。

中国劳动力市场信息网监测中心对全国103个城市劳动力市场职业供求信息的统计分析表明:2007年第四季度全国103个城市劳动力市场在劳动力总体供大于求的背景下,高技能人才却供不应求:其中高级技师、技师和高级工程师的求人倍率较大,分别为3.36、2.2和2.07[4]。无技能或者低技能的劳动者占全国城镇就业人员的56.4%,初、中级技能人员占23.3%,中间层的高级技工、技师、高级技师仅占4.4%,决策管理层中工程师以上专业人员占15.9%。此统计数据表明:中国劳动力结构已经呈现典型的"两头大、中间小"的状况[5]。杨皖苏、邹幼明(2006),丁大建(2005)等分析我国高技能人才短缺的现状:我国7 000万技术工人中,初级工占60%以上,中级工占35%,高技能人才仅占4%。而德国、日本等发达国家高技能人才占技术工人的比例则达到了40%[6][7]。已有研究大都着眼于高技能人才现状的定性分析,针对失衡产生的原因、影响因子及解决人力资源失衡对策等方面进行探讨,没有作更深入的定量研究。本文通过对统计数据的分

[作者简介]李援越(1966—),女,贵州民族大学旅游与航空服务学院教授、博士,主要研究方向为管理学、经济学、统计学。

析,探索性地使用量化的方法对高技能人才失衡现象进行测度。

二、高技能人才失衡分析

按2006年中国统计年鉴修订的东、中、西、东北地区分组:东部区域包括:北京、天津、河北、上海、江苏、浙江、福建、山东、广东、海南等十省市;中部区域包括:山西、安徽、江西、河南、湖北、湖南六省;西部区域包括:内蒙古、广西、重庆、四川、贵州、云南、西藏、陕西、甘肃、青海、宁夏、新疆十二省区;东北区域包括:辽宁、吉林、黑龙江三省,分别统计了2005~2008年第一、二、三产业的国内生产总值(见表1)。从中可以看出:东部区域各年来的国内生产总值均大幅领先于其他地区,仅以2005年为例,东部区域的国内生产总值为109 924.64亿元,比其他三个区域的国内生产总值的总和88 314.19亿元还多。尤其在第二、三产业,中、西部、东北与东部地区差距悬殊。经过西部大开发及振兴东北老工业基地的努力,可以看出西部国内生产总值的增幅明显,以农、林、牧、渔业为主的第一产业产值占总产值的比例下降,第二、三产业的产值比例上升为特点:第一产业产值占总产值的比例由2005年的18.8%降至2008年的15.6%。而东北三省则表现出以制造业为主的第二产业产值占总产值的比例上升,由2005年的49.6%上升至2008年的53.0%,显示出老工业基地改造焕发出新的生机和活力。然而,东部与中、西部及东北地区之间的经济发展差距依然十分明显。区域与产业间发展的不平衡必然导致高技能人才的流动与转移,造成高技能人才在各区域及产业间的分布失衡。以下从两个方面进行分析。

表1 2005~2008年各区域三产业国内生产总值

(单位:亿元)

区域	2005				2006			
	总量	第一产业	第二产业	第三产业	总量	第一产业	第二产业	第三产业
东部	109 924.64	8 681.83 (7.90%)	56 673.16 (51.6%)	44 569.65 (40.5%)	128 593.05	9 343.33 (7.3%)	66 798.10 (52.0%)	52 451.63 (40.7%)
中部	37 230.30	6 204.57 (16.7%)	17 412.66 (46.8%)	13 613.07 (36.5%)	43 217.98	6 614.13 (15.3%)	20 958.59 (48.5%)	15 645.26 (36.2%)
西部	33 943.31	5 924.63 (18.8%)	14 331.62 (42.2%)	13 237.06 (39.0%)	39 527.14	6 396.07 (16.2%)	17 879.62 (45.2%)	15 251.44 (38.6%)
东北	17 140.78	2 192.62 (12.8%)	8 505.79 (49.6%)	6 442.37 (37.6%)	19 715.17	2 386.72 (12.11%)	10 010.10 (50.77%)	7 318.35 (37.1%)
区域	2007				2008			
	总量	第一产业	第二产业	第三产业	总量	第一产业	第二产业	第三产业
东部	152 346.38	10 488.16 (6.9%)	78 406.40 (51.5%)	63 451.82 (41.6%)	177 579.56	12 145.46 (6.8%)	91 726.68 (51.7%)	73 707.42 (41.5%)

续表

区域	2007				2008			
	总量	第一产业	第二产业	第三产业	总量	第一产业	第二产业	第三产业
中部	52 040.92	7 597.81 (14.5%)	25 734.57 (49.5%)	18 708.54 (36.0%)	63 188.03	9 227.14 (14.6%)	32 192.61 (50.9%)	21 768.28 (34.5%)
西部	47 864.14	7 645.08 (16.0%)	22 172.11 (46.3%)	18 046.94 (37.7%)	58 256.58	9 065.13 (15.6%)	28 018.59 (48.1%)	21 172.86 (36.3%)
东北	23 373.18	2 832.58 (12.12%)	12 024.13 (51.44%)	8 516.47 (36.44%)	28 195.63	3 307.80 (11.7%)	14 942.64 (53.0%)	9 945.19 (35.3%)

（资料来源：数据经由2006～2009年中国统计年鉴汇总计算而得，括号内为各产业产值占总产值的比例）

1. 区域间高技能人才分布失衡

从各区域总就业人数来看：东、中、西部的就业总人数相差不是太大，但中、西部第一产业就业人口的比例远高于东部，其绝对数量也超过了东部地区。2005年中、西部第一产业的就业人数分别为9 622.2万和10 666.7万，分别占该区域就业总人数的50.5%和54.8%；而东部区域第一产业的就业人数为8156.8万，只占该地区就业总人数的32.9%。东北第一产业就业人数占就业总人数的比例为43.2%，介于东部与中西部之间。随着经济的发展，各区域从事第一产业的人数均有所下降，到2008年，东部区域第一产业就业人数与就业总人数之比已降至27.9%，中部和东北已分别降至44.7%和40.4%，而西部从事第一产业的人数仍占就业总人数的一半以上（见表2）。

由于经济发展水平的差异，区域间高技能人才的分布也有明显差异。据统计，东、中、西部地区生产总值占国内生产总值的比重，由1978年分别为50.3、29.06%和20.63%，到2007年分别为59.27%、23.36%和17.37%。东部地区的比重不断上升，中西部地区相对下降。东部地区率先发展，应继续保持良好态势，继续保持着支撑国民经济增长的战略重心地位。地区生产总值占全国经济总量的比重达60%左右。以长三角、珠三角和京、津、冀为核心的三大都市圈已成为带动全国经济发展的重要核心区和增长极，成为拉动我国经济持续快速发展的引擎。而中西部和东北经济发展滞后，相对应的是职业发展空间也较狭小。表3各年的数据显示：(1)东部区域的高技能人才总数大大高于其他区域，表明东部区域的经济活动水平高，吸纳高技能人才就业的水平相应也较高；(2)西部和中部区域的高技能人才总绝对数虽然相差不是很大，但与其就业总人数相比，高技能人才所占比例很小；(3)东北老工业基地产业结构调整和转型带动高技能人才的需求激增，使相应院校的职前培养及企业的在岗培训工作随之加强，高技能人才的增量和存量数值都有所增长。2008年，相应的比例高于东部，达6.2%。

表2 2005~2008年各区域、各产业就业人数

(单位:万人)

区域	2005				2006			
	总人数	第一产业	第二产业	第三产业	总人数	第一产业	第二产业	第三产业
东部	24 810.1	8 156.8	8 236.8	8 416.5	25 787.7	7 931.5	8 951.8	8 904.4
中部	19 065.5	9 622.2	4 025.7	5 417.6	19 347.0	9 359.3	4 392.4	5 595.3
西部	19 448.0	10 666.7	2 916.0	5 865.3	19 788.9	10 507.6	3 255.3	6 026.0
东北	4 703.9	2 030.5	1 045.9	1 627.4	4 765.6	2 010.3	1 071.9	1 683.4

区域	2007				2008			
	总人数	第一产业	第二产业	第三产业	总人数	第一产业	第二产业	第三产业
东部	26 765.2	7 706.1	9 666.8	9 392.3	27 522.4	7 693.6	9 978.2	9 951.2
中部	19 628.4	9 096.4	4 759.1	5 773.0	19 923.2	8 905.9	5 031.6	5 985.7
西部	20 129.8	10 348.5	3 594.5	6 186.7	20 493.3	10 278.3	3 760.0	6 455.0
东北	4 827.3	1 990.1	1 097.8	1 739.4	4 911.9	1 984.8	1 105.5	1 821.6

(资料来源:2006~2009年中国统计年鉴)

表3 2005~2008年各区域按产业分布的高技能人才数量

(单位:万人)

区域	2005				2006			
	总人数	第一产业	第二产业	第三产业	总人数	第一产业	第二产业	第三产业
东部	377.90	11.34	283.43	83.14	453.65	13.61	340.24	99.80
中部	248.28	7.45	186.21	54.62	291.86	8.76	218.90	64.21
西部	218.32	6.55	163.74	48.03	259.67	7.79	194.75	57.13
东北	122.82	3.68	92.12	27.02	153.07	4.59	114.80	33.68

续表

区域	2007				2008			
	总人数	第一产业	第二产业	第三产业	总人数	第一产业	第二产业	第三产业
东部	523.08	15.69	392.31	115.08	603.91	18.12	452.93	132.86
中部	331.81	9.95	248.86	73.00	378.29	11.35	283.72	83.22
西部	297.58	8.93	223.19	65.47	342.03	10.26	256.52	75.25
东北	180.79	5.42	135.59	39.77	213.12	6.39	159.84	46.89

（资料来源：数据根据2004年全国经济普查年鉴、2006~2009年中国统计年鉴和2006~2008年中国劳动统计年鉴汇总计算而得）

与此同时，不同区域高技能人才分布的差异，使东部区域的产业更有利于向科技含量高的产业迅速发展，而中、西部及东北地区则仍然局限于传统的科技含量低的产业，从而导致经济发展缓慢，科技文化落后，更进一步加剧了高技能人才从中、西部向东部区域的流动。

2. 产业发展与高技能人才数量的失衡

2005~2008年，东、中、西部及东北区域的国内生产总值及产业产值的年增长率见表4，除东部第一产业年增长率为8.76%，其余数据均在10%以上，尤以西部第二产业的18.25%为最高。这和西部大开发和西三角制造业高速崛起直接相关。但根据表2和表3中2008年的数据计算，以制造业为主的第二产业中高技能人才数占总就业人数的比例为东部5.2%、中部2.5%、西部2.3%、东北4.2%，数据显示的就业水平仍然非常低。计算结果还表明，2005~2008年，无论哪个区域的三个产业中高技能人才数量的年增长率都在11%~12%间徘徊，这与经济增速显然不相匹配。而作为西部工业企业聚集的兰州、成都、重庆、柳州等地，"十五"期间有一大批技术工人面临退休，需补充技工60万人左右，但实际每年接受职业培训及职业技能鉴定的只有5万人，5年共计25万人，缺口达35万人。因此，产业的发展与高技能人才的数量之间存在明显失衡。

表4　2005~2008年各区域国内生产总值及各产业产值年增长率

（单位：%）

区域	总值	第一产业	第二产业	第三产业
东部	12.74	8.76	12.79	13.40
中部	14.14	10.43	16.61	12.45
西部	14.46	12.84	18.25	12.46
东北	13.25	10.83	15.13	11.47

（资料来源：数据经由2006~2009中国统计年鉴计算而得）

三、高技能人才失衡测度

（一）高技能人才区域性失衡测度体系

在对各区域高技能人才供需关系分析的基础上，分三个步骤进行高技能人才区域性失衡程度的测度。第一步，在统计各地区、各产业高技能人才实际就业人数与需求总人数的基础上，分别对东、中、西部地区不同产业高技能人才供需失衡的程度进行测度；第二步，判断各产业的重要程度，根据各产业中高技能人才对国内生产总值的贡献对各产业的重要程度赋予不同权重；第三步，将第一步中各产业高技能人才失衡程度按照第二步确定的各产业权重进行加和，对东、中、西、东北区域的高技能人才失衡程度进行综合测度。

（二）高技能人才区域性失衡测度模型

第一步：按照不同产业对各个地区人力资源供需情况进行分析，拟定下列模型：

$$\eta_{i,j} = \frac{1}{N_j} \sum_{k=1}^{N_j} \left| 1 - \frac{m_{i,j,k}}{M_{i,j,k}} \right|$$

其中：$i = 1,2,3$ 分别代表第一、二、三产业；$j = 1,2,3,4$ 分别代表东、中、西部及东北区域；N_j 代表 j 区域中所包含的省、区、市数量；k 代表相应的区域中第 k 个省（区、市）；$m_{i,j,k}$ 代表 j 区域中第 k 个省（区、市）第 i 产业实际就业高技能人才数；$M_{i,j,k}$ 代表 j 区域中第 k 个省（区、市）第 i 产业高技能人才需求人数。

此模型描述各区域高技能人才在各产业间分布的失衡程度，$\eta_{i,j}$ 越大，失衡的程度越大。

第二步：按各产业重要程度赋予不同的权重

第一、二、三产业重要程度的确定是测度高技能人才区域失衡的一个先决条件。采用各产业的产值占国内生产总值的百分比来确定其重要程度。具体数据见表5。

在计算各产业的重要程度时，可将距离当前最近年度（2008年）的统计值赋予较高的权重0.7，依次递减，分别为0.2、0.05、0.03、0.02。对2005~2008年的统计值进行加权平均，得到第一产业、第二产业、第三产业的重要程度分别为 $\alpha_1 = 0.11, \alpha_2 = 0.48, \alpha_3 = 0.40$。$(0 < \alpha_i < 1)$

表5　2005~2008年国内生产总值构成

（单位：%）

年份	第一产业	第二产业	第三产业
2005	13.4	46.2	40.4
2006	12.2	47.7	40.1
2007	11.3	48.7	40.0
2008	11.3	48.6	40.1

（资料来源：2006~2009年《中国统计年鉴》）

第三步：对各个地区人力资源失衡状况进行综合分析，建立下列模型：

$$\eta_j = \sum_{i=1}^{3} \alpha_i \eta_{i,j} = \alpha_1 \eta_{1j} + \alpha_2 \eta_{2j} + \alpha_3 \eta_{3j}$$

其中,η_j 表示 j 区域高技能人才失衡的综合程度,η_j 越接近 0 时,表明该区域高技能人才配置越均衡,η_j 越背离于 0,则该地区高技能人才失衡程度越显著。

四、结论

本文通过高技能人才在区域和产业间分布失衡现象的分析,探索性地提出了高技能人才失衡测度的体系和模型,测度模型不仅能够对各地区总体上人力资源的失衡程度进行测度,而且能够对某地区各产业间人力资源的失衡程度进行计量。体系的科学性和测度方法的可操作性可以在实际工作中加以检验与充实。可能出现的问题是,计算所需数据在现有统计口径下可能出现缺失,需要在今后的统计工作中加强所需数据的统计与搜集工作。

[参考文献]

[1] 国家职业分类和职业资格委员会. 中华人民共和国职业分类大典. 北京:中国劳动保障出版社,1999.

[2] 中国劳动力市场信息网监测中心. 2007 年第四季度部分城市劳动力市场供求状况分析. http://www.molss.gov.cn/gb/zwxx/2008 – 01/22/content_222087.html.

[3] 陈宇. 论中国高技能人才开发. 职业技术教育(教科版),2004(31):16 – 19.

[4] 杨皖苏,邬幼明等. 我国高技能人才短缺的原因分析及对策研究. 中国科技论坛,2006(3):120 – 123.

[5] 丁大建. 高技能人才的短缺与价值评价错位. 中国高教研究,2005(4):57 – 58.

基于生态学的高技能人才开发研究

李援越

(贵州民族大学旅游与航空服务学院　贵阳　550025)

【摘　要】 本文借鉴现代生态学的理论和方法,通过对高技能人才生态系统内部构成、外部环境、系统特性和功能的分析,探究从政府、培训机构、人才市场和用人单位等方面进行高技能人才数量扩大、素质提高、评价激励、合理流动的整体开发。

【关键词】 高技能人才;短缺,生态学;开发

随着我国社会经济的高速发展,高技能人才总量不足、行业分布不平衡、技能结构及年龄结构不合理等成为制约由"中国制造"向"中国创造"转型的突出矛盾。新技术应用及产业结构调整亟须提升劳动者素质,高技能人才短缺及低技能者就业难的矛盾日益突出。与此同时,高技能人才正在成为国际人才争夺的重要目标之一。中共中央办公厅、国务院办公厅联合下发的《关于进一步加强高技能人才工作的意见》指出,必须加快高技能人才队伍建设,充分发挥高技能人才在国家经济社会发展中的重要作用。因此,开展高技能人才开发理论与实践的研究,是建设具备创新意识和创新能力的产业工人队伍,并保持其可持续健康发展,是增强我国核心竞争力和自主创新能力、建设创新型国家的迫切需要,也是参与高技能人才国际流动及竞争的迫切需要。

早在19世纪初,英国植物生态学家坦斯利(A. G. Tanstey)就比较完整地提出了生态系统的概念。生态学作为一个学科名词,首先由德国生物学家海克尔(E. Haeckel)于1869年提出的,奥德姆(E. P. Odum, 1971)认为,应把生物与环境作为一个整体进行研究,定义生态学是"研究生态系统结构与功能的科学",研究一定区域内生物的种类、数量、生物量、生活史和空间分布,环境因素对生物的作用及生物对环境的反作用,生态系统中能量流动和物质循环的规律等[8]。经过一百多年的研究发展,现代生态学的研究领域早已超越纯生物学的范畴,具有重要的科学方法论意义,因而在人文社科及经济管理领域得到了广泛应用。基于现代生态学的理论和方法,产生了诸如企业生态学、商业生态学、人才生态学等交叉边缘学科。

本文试以现代生态学的理论和方法审视高技能人才短缺现状,旨在从系统和整体的角度研究高技能人才开发问题。

一、文献研究综述

中国劳动力市场信息网监测中心对2009年三季度全国103个城市的劳动力市场职业供求信息的统计分析表明:在劳动力总体供大于求的背景下,高技能人才供不应求,技师、高级技师和高级工程师需求缺口大。其中,技师、高级技师和高级工程师的岗位空缺

与求职者比例较大,分别为1.95、2.24、2.28(见图1)。现有高技能人才总量不足、技能结构及年龄结构老化、性别比例悬殊、复合型及创新型人才短缺[9]。

杨皖苏、邬幼明(2006)、丁大建(2005)等分析我国高技能人才短缺的现状:我国7 000万技术工人中,初级工占60%以上,中级工占35%,高技能人才仅占4%。而德国、日本等发达国家高技能人才所占比例达到了40%。并剖析了高技能人才短缺的诸多原因:高技能人才社会价值评价错位;高技能人才培养机制存在缺陷、培训经费投入不足;高技能人才培训师资力量不足;高技能人才鉴定与评价、激励及社会保障机制不健全等[10][11]。

肖坤梅(2007)、黎德良(2007)等论述校企联合培养高技能应用型人才实现校企双赢的多种办学模式[12][13]。

陈宇(2004)论述完善高技能人才选拔、鉴定、奖励、交流机制,提高高技能人才的社会地位及经济待遇[14]。刘峰(2007)探讨高技能人才培养中"双师型"教师考核激励体系和职称评审制度等举措[15]。田鹏辉、马蔡琛(2007)认为改革与完善高技能人才社会保障制度与财政税收政策,有利于提升整个国家的高技能人才发展水平[16][17]。

综上所述,高技能人才的短缺已经成为严重制约我国经济持续稳定发展的瓶颈。以上学者们研究的角度各异,主要从高技能人才短缺的影响因素和具体培养模式与开发措施等方面进行且缺少方法论的支持,从系统和整体的角度运用生态学理论对高技能人才开发的研究几乎是空白。

二、基于生态学的高技能人才研究架构

劳动与社会保障部颁布的《中华人民共和国职业分类大典》(1999)中对高技能人才的界定是:高技能人才是在生产、运输和服务等领域岗位一线的从业者中,熟练掌握专门知识和技术,具备精湛的操作技能,并在工作实践中能够解决关键技术和工艺的操作性难题的人。主要包括技术技能劳动者中取得高级技工、技师和高级技师职业资格及相应职级的人员[18]。高技能人才不可能脱离其所处的自然和社会环境而生存,从生态学的研究视角出发,高技能人才与之所处的自然社会

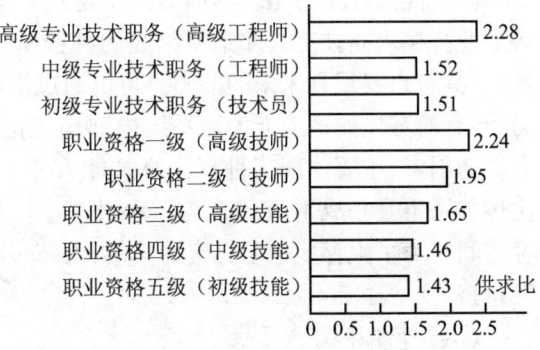

图1 按技术等级分组的供求人数比

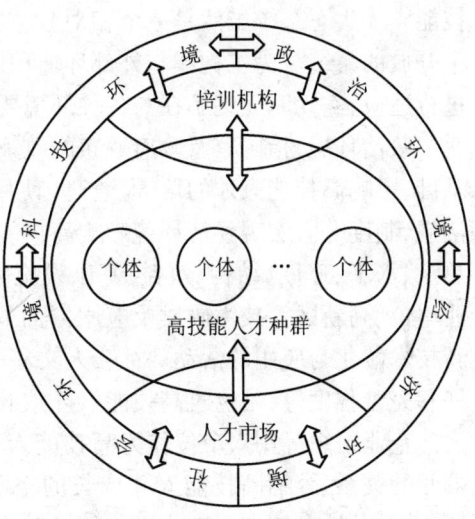

图2 高技能人才生态系统构架图

环境共同构成了一个类似于自然生态系统的高技能人才生态系统。系统内部的个体、种群及群落,以及外部环境之间都存在相互作用及相互影响的关系,如种群内部个体的协同竞争、与其他种群之间的竞争、对环境的适应与反馈等,而且存在着物质、能量和信息的交换与流动(见图2)。和自然生态系统相类似,可以构建高技能人才生态系统的研究架构,主要包括以下几方面内容:系统内部构成、系统外部环境、系统特性及系统功能。高技能人才生态系统是一个开放的、动态的、自适应的复杂系统,系统具有自我调节功能。

(一)系统内部构成

高技能人才生态系统内部由高技能人才个体、各种企业、行业或组织、科研院所及高等职业院校内高技能人才个体组成的种群所构成。其构成主体即高技能人才具有智能性,且具有自我规划未来的能力。可以通过学习、创新、人力资本投资等手段保持其生命力,具有对环境的适应能力。系统内部构成也包括影响高技能人才种群的形成、生存及发展的因素,主要体现为种群内高技能人才个体之间的共生关系——协同竞争。当然,主体关系不是一成不变,而是动态变化的。个体在系统中所处不同的生态位决定了其生存空间。为了生存或追求特定的目的,生态位相近的个体间同样存在生存冲突而导致相互排挤。

(二)外部环境

高技能人才生态系统的外部环境,是影响高技能人才生态系统形成、生存及发展的所有外部因素,主要包括:政治、经济、科技、社会、文化,以及企业组织等用人单位、培养机构、人才市场等。各种要素环境与高技能人才生态系统之间的关系是非常密切的。高技能人才生态系统虽然是一个相对独立的系统,但绝不是一个完全封闭的系统,而是一个开放的系统。为了构建与外部环境相协调的运行机制,对胁迫其系统发展的外部环境进行适应,它无时无刻不在与各种环境要素进行反馈与调整。

政治环境,指国家及政府颁布的政策、法规及施行的人才体制,是高技能人才开发的基础,影响高技能人才的培养、管理、使用和流动。包括高技能人才开发及流动的政策、法规、制度等。宏观经济环境影响高技能人才开发的地域、产业和专业分布。包括规模、总量、水平、速度、结构、效益、基础设施等。科技环境,指科研院所、高等职业院校、企事业单位、高新区等技术研发及应用方面的项目及经费的投入情况,推动高技能人才从事新技术转化与应用的活动。社会人文环境,包括文化氛围、人才价值判断、人才市场的发展和完善程度等,是构筑高技能人才成长及开发的社会基础,极具意识形态方面的影响力。企业组织等用人单位作为高技能人才施展才能的重要场所,包括人才制度、人才种群间的关系、容纳高技能人才成长的空间等。培养机构,主要指高等职业院校、科研院所、企业及社会培训和孵化机构等。其中,高等职业院校是高技能人才的知识和能力获取以及继续教育的主渠道,对高技能人才开发至关重要。包括办学模式、培养模式、培养体系、经费投入等。人才市场作为高技能人才流动与配置的服务性组织,为企业组织等用人单位与高技能人才之间架设沟通的桥梁。人才市场的软件和硬件系统、中介机构的服务功能、专业人才库和信息发布网、人事仲裁机构的职能等成为衡量系统功能是否完备的重要指标[19]。

(三)系统特性与系统功能

高技能人才生态系统是主体为人的人工系统,系统对外部环境有一定的依赖性,同时主体的智能性使系统能够对外部环境施加一定的影响作用,也具有较强适应新变化的能力。该系统具有地域性、动态性、相对性、多样性、可控性的特点。地域性,即不同国家和地区对高技能人才的定义和需求不同。动态性,即随着科技的进步和产业结构的调整,高技能人才内涵会提升,外延会发展。相对性,即高技能人才是在相对比较中产生的,没有绝对的标准。多样性,即高技能人才既包括身怀绝技或技艺精湛的能工巧匠,也包括技术技能型人才、复合技能型人才,以及掌握高新技术的知识技能型人才等。可控性,即高技能人才本身具有智能可控性。信息、知识和创新能够使系统的生产力水平大幅度提升。

三、基于生态学的高技能人才开发

从生态学视角研究高技能人才的开发,是一个通过营造良好的外部环境以促进系统内部调整其合理结构,保持生态系统良好的运营,以期取得系统最大效能的过程。也就是政策体系、社会价值体系、育人体系及用人体系有机结合的过程;实施扩大高技能人才数量、优化其知识及技能结构、优化其生存环境等相关举措的过程;改变高技能人才观念、调整高技能人才选拔、健全高技能人才评价、加强高技能人才培训、合理使用高技能人才、强化高技能人才,激励各个环节环环相扣的过程;实行国家政策指导下的宏观开发和企业组织等用人单位结合自身实际的微观开发相结合的过程。

(一)政府是高技能人才宏观开发的政策主导

政府是进行宏观高技能人才开发的政策制定主体。通过体制创新和政策引导,营造重视高技能人才开发的政策环境,落实和保障高技能人才生存及成长的政策与措施,加大培训高技能人才的教育机构的改革,疏通利于高技能人才流动的渠道。

1. 政府营造有利于高技能人才开发的政策环境

政府要拟定国家及区域层面的高技能人才开发战略,尤其在经济全球化的今天,要站在国际高技能人才竞争的高度,制定高技能人才培养的工作目标和任务;颁布切实有效的高技能人才开发的政策、法规,建立、健全高技能人才培养、鉴定、留用、奖励及流动的良性体制。认识高技能人才开发对减少不良产品率、提高科研成果转化率的重大意义,从而加大公共财政对职业教育的支持力度,安排专项资金,重点扶持技能型紧缺人才的发展;建立一批国家级高技能人才培养示范基地;制定促进高级技能型人才成长的财税政策;鼓励企业增加职工技能培训的资金投入,对重视高技能人才培训及使用的用人单位给予税收减免等优惠待遇。政府有效行使其服务职能,就能够协调产业协会、企业、职业院校、人才市场之间的关系,共同形成高技能人才英才辈出、人尽其才、才尽其用的局面。

2. 政府坚持有利于高技能人才成长的舆论导向

政府通过各种渠道,宣传高技能人才对国家及区域经济建设的重要性。加大对高技能人才的表彰和奖励力度,营造尊重高技能人才的良好社会氛围,建立国家或省部级的高技能人才技能大赛的常设制度,同时鼓励各行业企业开展树高技能人才典型及技能交流活动,增进高技能人才对自我价值的认同及自身技能提升的内在动力,进而充分发挥其示范效应,以促进整个社会成为高技能人才成长的沃土。

3. 政府明确职业教育在国家和区域发展战略中的重要地位

政府将高技能人才培养经费列入各级政府的财政预算,确保对职业技术教育的基本投入和职业技术院校软件和硬件设施的建设。设立高技能人才专项发展基金,用于高技能人才的引进、培训、奖励和保障,以及培训基地的建设。推进职业技术教育多元化与市场化的进程。政府要鼓励和引导企业及个人兴办或入股各类职业院校。

4. 政府要完善国家职业资格证书制度和职业技能鉴定制度

政府要提升职业资格证书制度的社会认可程度,扩大职业技能鉴定的覆盖范围,积极推行职业资格证书的就业准入制。

5. 政府要落实高技能人才的社会保障措施

社会保障作为国家意志的体现,是国家运用法律手段和行政手段而设立,用以保证社会成员基本生活需要的各种项目的总和。建立、健全保障机制,为高技能人才的成长创造良好的社会环境。高技能人才的社会保障必须纳入法制化轨道,提高高技能人才合法权益的保障水平,建立保障事务代理机构,协调高技能人才在跨所有制单位、跨行业、跨地区,甚至跨国流动中社会保险关系的转移和接续工作,使高技能人才摆脱社会保障方面的顾虑,能够根据市场需求进行合理流动,从而实现高技能人才的优化配置,提高人才的利用率。

(二)高等职业院校是高技能人才培养的重要基地

高等职业院校是扩大高技能人才数量、提高高技能人才素质的最重要的孵化基地。充分发挥职业院校的高技能人才培养的基础作用,坚持以就业为导向,并紧密结合企业岗位的要求,依照国家职业标准,确定和调整培养目标及课程设置,达到优化高技能人才的知识及技能结构的目的。

1. 高等职业院校要建立产学研结合的机制

充分发挥经济体制改革、产业结构调整及社会发展互促优化效应,形成高职教育的产业化及规模化发展。高职院校与企业或科研单位可组成高职教育集团,产生资源共享和优势互补的作用,还可克服成员间的竞争,利用整合效应获得规模化效益。高职院校开展订单式培养等校企合作、工学结合的人才培养模式,是高技能人才培养的最佳模式,以利于增强学校对市场的适应能力和发展后劲,实现高职院校和用人单位双赢的目标。

2. 提升高技能人才培养的标准

由传统的职业型单一培养标准向可持续发展的现代职能标准提升,培养的高技能人才,既适应现在岗位,又适应未来转岗需求的能力;由区域、国内的培养标准向国际高技能人才的标准提升。

3. 优化专业设置结构、更新课程体系和教学内容

专业设置顺应经济结构、产业结构的变化,专业设置及课程体系的设计应具有灵活性,可适时调整;也具有多样性,可及时选择;更具有组合性,可随时拆分重组,即具备多元整合的机制和功能。同时,企业的参与使课堂教学能够及时反馈职业技术、技能的变化,及时调整和更新教学内容,即增强了课程建设的实用性和前瞻性。

4. 建立双师型结构的高等职业院校教学团队

院校双师型教师、技能型专任教师及企业高技能人才兼职教师合理配比、各取所长、优势互补。具有高技能专长的兼职教师、教授主要实践技能课程，院校专职教师定期到企业顶岗实践，不断提高教师的理论与实践教学水平。

5. 加强国际交流合作、大力发展网络教育，拓宽人才的培养渠道

加强国际合作与学术交流，引进国际优秀的职业教育理念、教育资源、教育手段，甚至国外资金。打通职业院校学生出国深造、接收留学生及教师访学交流的途径。增强了解，取长补短、互惠互利。在信息时代，充分利用网络优势，营建高技能人才空中课堂，扩展高技能人才接受继续教育和自我完善的路径。

（三）人才市场是高技能人才开发的有效载体

经济全球化是国际资本在全球范围内的重新优化配置。资本全球范围流动或重新配置从一定意义上就意味着劳动力的跨国流动和就业岗位在全球的重新配置。我国劳动力与人才市场必须对高技能人才国际和国内的市场供求形势及时进行有效的调整。

1. 树立人才资源主要由市场配置的人才流动理念

充分发挥市场机制对高技能人才资源的基础性配置作用，实现劳动者与生产资源的优化结合，形成先进的现实生产力。

2. 加强高技能人才管理，准确统计高技能人才供需基础数据，建立科学的高技能人才需求预测系统。

3. 提高信息化程度，有利于引导高技能人才有序流动

网络发布就业政策、岗位需求及工资水平信息，改善用人单位与高技能人才之间信息不对称的现状，提供高技能人才理性迁移、就业的依据，提高高技能人才流动效率。开发异地人事代理等人才服务项目，搭建共享人才服务体系，为异地企业招聘人才提供配套服务。

（四）企业组织用人单位是高技能人才微观开发的实践单元

政府搭建政策平台、高职院校培养输送、人才市场合理配置之后，高技能人才最终还得立足于用人单位，施展其才干及潜能。因此，企业组织等用人单位应努力营造高技能人才生存及成长的良好内部环境。

1. 企业应建立和完善职工培训制度

企业应足额提取并合理使用职工教育经费，大力推行企业培训制度和技师研修制度，并通过技术交流、岗位练兵、技能比赛等形式，促进职工岗位成才，形成企业内高技能人才种群与其他人才种群协同共生，并相互转化补充的良性机制。生态系统的群落效应，是指生态系统的生物种群的种类和层次越多，系统越复杂，其稳定性就越好。企业内部多层次、多类型的人才彼此合作并相互促进，在很大程度上就优化了企业的人才结构。

2. 加强同高等职业院校的交流、沟通和协作

生态系统内外部的信息能、能量的交换是否通畅关系到生态系统自身健康。企业通过校企合作培养的高技能人才能迅速适应企业环境，企业是高职院校最大也是最真实的实训基地，由企业根据需要解决的问题确定学生毕业论文或设计的题目并在企业中完

成,不但可以解决企业的技术难题,而且为企业开发高技能人才提供可持续发展的动力。

3. 设立"首席技师"职位和技师工作室及名师带徒等制度

以生态学观点来看,在人才种群发展的每个阶段,都有精英人物成为种群的凝聚核,吸引和培育很多同类人才,形成高技能人才种核效应。

4. 建立以职业技能为导向、工作业绩为重点的高技能人才评价体系及薪酬激励体系

科学地规划高技能人才职业晋升阶梯,确保高技能人才梯队建设顺利进行。完善能力业绩与工资待遇相挂钩的收入分配办法,最大限度地激发高技能人才的活力和创造力。对优秀高技能人才可实行期权、股权的激励,在带薪学习、培训、休假、出国进修等方面向高技能人才倾斜。

四、结论

高技能人才的开发是一个庞大的系统工程。因此,需要政府、高等职业院校及培训机构、企业组织用人单位、职介机构及人才市场齐心协力,全方位整体推进高技能人才的开发。本文借鉴现代生态学的理论和方法,通过对高技能人才生态系统内部构成、外部环境、系统特性和功能的分析,探究从政府、社会、培训机构和用人单位等方面进行高技能人才数量扩大、素质提高、评价激励、合理流动的整体开发。高技能人才作为我国人才队伍的重要组成部分,作为我国产业大军的优秀代表和技术工人队伍的核心骨干,在加快产业优化升级、提高企业竞争力、推动技术创新和科技成果转化等方面具有不可替代的重要作用。只有加快培养掌握精湛技艺和高超技能的高技能人才,才能满足创新型国家建设的需要,并在激烈的国际人才竞争中立于不败之地。

[参考文献]

[1] E. P. Odum. 生态学基础. 北京:人民教育出版社,1981.

[2] 中国劳动力市场信息网监测中心. 2009 年第三季度部分城市公共就业服务机构市场职业供求状况分析 http://www.lm.gov.cn/gb/employment/2009 - 11/09/content_332846.html.

[3] 杨皖苏,邹幼明等. 我国高技能人才短缺的原因分析及对策研究. 中国科技论坛, 2006(3):120 - 123.

[4] 丁大建. 高技能人才的短缺与价值评价错位. 中国高教研究,2005,(4):57 - 58.

[5] 肖坤梅,苏华. 校企合作培养高技能人才的七种模式. 中国培训,2007,(10):20 - 21.

[6] 黎德良. 大力开展校企合作探索高技能人才培养的有效途径. 中国培训,2007,(5):37 - 38.

[7] 陈宇. 论中国高技能人才开发. 职业技术教育(教科版),2004,(31):16 - 19.

[8] 刘峰,孙佩石. 论高技能人才培养中的"双师型"教师队伍建设. 成人教育,2007,(10):29 - 30.

[9]田鹏辉,陈丽.论高技能人才社会保障制度的改革与完善.沈阳师范大学学报(社会科学版),2007,(31):143-146.

[10]马蔡琛.高技能人才发展的财税政策支持.职业技术教育,2007,(24):60-67.

[11]国家职业分类和职业资格委员会.中华人民共和国职业分类大典.北京:中国劳动保障出版社,1999.

[12]黄梅,吴国蔚.生态学视角下的创新人才开发路径研究.科技进步与对策,2008,(12):222-226.

浅析高校辅导员思想政治教育工作的开展

王宇钢

（贵州民族大学旅游与航空服务学院　贵阳　550025）

【摘　要】高校肩负着为中国特色社会主义事业培养合格的建设者和接班人的重任，高校辅导员更是常年奋斗在各高校，从事大学生思想政治教育工作、日常生活管理工作和专业知识技能培训工作的一线员工，笔者以多年来担任旅游与航空服务学院的思想政治辅导员的工作经历为个案，结合实际情况，从高校辅导员必须正视本职工作岗位和充实自身的人格魅力、在校大学生在生理和心理上发生的微妙变化，以及在对大学生思想政治教育工作中比较容易出现的问题等多个方面入手进行探究，以期高校辅导员能够在对大学生的思想政治教育工作中更加科学化、规范化和情感化地开展工作。

【关键词】大学生；辅导员；思想政治

高校辅导员作为一线的学生工作者，既是师生之间的纽带，又是学校与学生沟通的桥梁，可以说是大学期间"任课"时间最长、"课程"最多的老师。思想政治教育工作是辅导员的第一要务。作为辅导员，要树立一种服务意识。辅导员的责任，诸如帮助学校更好地落实和践行各种规章制度；更好地帮助和指导学生更加充实地走过大学四年的历程；更好地帮助学生，使他们知道如何才能使自己锻炼成可造之材。

一、增强职业归属感

归属感缺失在高校辅导员群体中是一个非常鲜明的问题，他们普遍存在安全感、归属感、成就感等多重问题。作为高校，追求教学目标、追求大学生毕业的就业率，原本无可厚非！但仅仅因此而荒废或者是忽视高校辅导员团队建设是极为不妥当的，因为学校育人是一个系统工程，仅仅是课堂上的传道、授业、解惑是远远不够的，课堂外的很多因素同样对教学质量的评估起着至关重要的作用，所以高校辅导员队伍建设得不到重视，只是在学生方面出现严重问题时，才想到对相应的辅导员兴师问罪，未免只是亡羊补牢，悔之晚矣！不管工作的环境如何，高校辅导员的身份让你陷入多么尴尬的境地，其自身必须要有一个平和的心态去积极地应对，职业没有高低贵贱之分，只有岗位之别，只要是在本职工作岗位上付出了百分之百的努力并倾尽了满腔的工作热情，即使是国家主席，与打扫卫生的大叔大妈又有什么区别呢？他们不是同样地受人尊敬吗？

[作者简介]王宇钢(1975—　)，男，汉族，贵阳市人，贵州民族大学旅游与航空服务学院辅导员。

二、充实自身的人文素养

高校辅导员,就其整体而言,是一个普普通通有思想、有情感的群体,而大学生抛开其学生的身份不谈,他和高校辅导员之间也没有什么不同的地方,他们都有各不相同的生活方式和人际圈,最终在教育的大背景下把二者有机地联系在了一起,学生为了学到知识和满足自己的需要而来到了大学的殿堂,辅导员们为了帮助和指导学生能够更好、更加顺利和圆满地完成自己的人生目标而留在了校园,二者在地位上是对等的,不同之处在于辅导员是教育者,而学生则是受教育者,在二者的沟通层面上其实质则是更多地偏向于心际间的交流、情感与情感之间的磨合,那么如何才能成为一名合格的高校辅导员呢?笔者认为,高素质的人文修养是基础,处事不偏不倚的公正态度是条件,在高校辅导员的实际工作中会出现许许多多难以决断的问题,如何才能把这些事情处理得尽善尽美,不落口实是一个颇值得辅导员们考究的问题,是机遇,同样也是挑战!做好了,皆大欢喜,辅导员会更加获得同学们的信任,做得不好,不仅会使辅导员们丧失积极、饱满的工作热情和职业归属感,更会招来同学们的埋怨和不信任,在这方面,作为旅游与航空服务学院的思想政治辅导员,我感触颇深。例如,每年国家都会针对一部分成绩好的学生和家庭贫困的学生发放一定额度的奖励与补助,谈钱色变,因为这对同学们来说是一个相当敏感的话题,如果处理不妥,不仅会影响同学之间的关系,使之产生隔阂和间隙,更会影响辅导员们在以后思想政治工作上的顺利开展。对此,我们谨小慎微!深入寝室和同学们谈心,去了解他们在想什么、他们需要什么,最后按照学校的相关规定,把同学们在学校的综合表现和心底需求充分结合起来,在不违反大的规章制度的原则下,实行适当的倾斜,尽最大可能地做到公平和公正!我想此事最大的难点就在于是否做到了实事求是、广开言路吧!至少我是感觉自己做到了。

三、做同学们最忠实的聆听者

辅导员们的工作其实在同学们刚入校时就已经开始,这个时候是辅导员们和同学之间关系萌芽之时,双方关系发展得好坏、辅导员以后在同学们心中的地位和信任度有多高,往往取决于在军训时是否能够成功地融入到同学们的圈子里和他们打成一片,因为在军训时,辅导员和同学们相处的时间是最长的,尤其是在同学们"吃苦耐劳"时,辅导员们能够和他们在一起,就特别能够赢得同学们的好感,当然这也不是绝对的,同学们和辅导员们的关系会随着同学们对学校生活、学习方式认知度的逐渐提升,也会随着同学们生理和心理上的不断成熟而慢慢淡化,当同学们觉得自己能够有能力应对在校所有问题时,在心底的需求和认可上也就不再需要辅导员了,在某些时候,甚至还会对辅导员们产生抵触情绪,产生这方面的原因是双方面的,主要是因为在军训以后,几乎所有的班集体都会产生一个由同学们自主选举产生的班干部领导小组,这个小组被辅导员们赋予了一定的职权,代替辅导员贯彻和落实学校或者学院下达的一些方针与政策,辅导员的良苦用心是好的,同学与同学之间是好交流、好相处的,像这样做,能够在更大层面上增加同学们的自律性;但这样做的弊端也很明显,在班上正是由于大家都是同龄人,所以难免有一丝丝的傲气,大家在心底谁都不服谁,特别是在班干部做事有时偏颇,带着浓厚的感情和情绪的时候,更会激发和同学们之间的隔阂与矛盾,所以辅导员们像这样定期或者不定期地通过班干部的汇报来掌握同学们学习和生活等各个方面的动向信息来源是极为不全面,甚至是狭隘的,这样断层式的教育和指导往往会为一些突发性事件埋下隐患,事情发生了,辅导员们在第一时间内还很被动,还不知道究竟事件的真实原因是什么,正因如此,为了同学们的学习和生活习性能够更加有序地健康发展,我觉得辅导员们必须做同学们最为忠实的聆听者,利用在军训时打拼下来的良好印象为平台,在私下或是在同学们的课余时间,多和他们在情感上沟通和交流,这样双管齐下,不仅仅能够在第一时间内获得班集体的真实信息,同学们也会把辅导员们当成最知心的朋友。

四、情感升华

在教育心理上提到过这样一个教师和同学们相互认知的问题,在入学之初,课堂上是老师主动与学生交流,随着同学们对任课老师的认知不断加深,在课堂上同学们开始主动和老师交流,在经过这样一段时间的磨合后,同学和老师成为了无话不谈的朋友,在除了课堂时间之外,老师和同学的私交甚好,开始了除课堂学习以外的人际交流,我想这样的模式用在辅导员老师和同学之间同样奏效,辅导员老师和同学们的交流过程也就是一个相互认知的过程,从相识到相知,继而从相知到朋友,在这里面超越了长辈和晚辈的界限,达者为师,关系甚是融洽,二者即使是天各一方,也能神交,要达到这样的精神层面说来容易,做时难,这需要辅导员用大学四年的时间倾尽心血去努力灌溉,所以大学辅导员老师们的路还需要很长一段时间去走,这同样是对辅导员老师们的艰苦磨炼,是一个自身综合能力不断提高、一个不断成就自身职业归属感的过程。

五、总结

高校辅导员老师是一份光荣的职业,"春蚕到死丝方尽,蜡炬成灰泪始干",这句赞美老师的话同样可以运用在辅导员老师们的身上,因为他们的辛勤劳动,默默耕耘铸就了大学生们很多在课本中学不到的智慧,比如说思维方式、为人处世,这些都会伴随着大学生们的成长而受用终生,所以高校的辅导员们,恳请你们正确地认识自己、尽心尽职、呕心沥血地为具有中国特色社会主义事业培养出"德、智、体、美、劳"全面发展的社会主义四有新人!

从《萨摩亚人的成年》看我们的教育

王婵娟

(贵州民族大学旅游与航空服务学院 贵阳 550025)

【摘　要】玛格丽特·米德,是世界上最广为人知的女人类学家,在美国甚至成为成功女性的象征,其著作《萨摩亚人的成年》是米德学术声誉的奠基之作,不仅为学界中人所熟悉,更重要的是她使人类学的一些基本知识走出了象牙塔,进入了民众的知识世界。笔者结合《萨摩亚人的成年》相关内容,对其中涉及的几个问题谈谈自己的感受和想法。

【关键词】萨摩亚人的成年;教育

　　《萨摩亚人的成年》是针对"美国当时的现状向心理学家、教育学家、社会学家提出了严峻的挑战,要求他们对成长中的年轻一代的困窘能够作出令人满意的解释"的背景下开始调查研究的。其中,主要是萨摩亚教育与我们的教育对比,将萨摩亚社会生活中的点点滴滴和当今社会进行比较,试图通过"他者"的研究来解释发生在自己所属文化中的一些社会现象,先前的那些疑问也逐个得到解释,获得更多的启发。

　　知识与技能——当今社会的发展,对人力资源的要求越来越高,人才的受教育程度直接影响了他的就业,因此对人力资源的要求就转到对教育质量的要求上面。实际上,我们可以看见一个人的受教育程度与其社会对他的需求并不总是成正比的,这当中存在着多种因素,并且都不是容易控制和协调的,但相对于其他因素而言,教育程度成为了一个可参加的首要标准,在这种影响下,我们的教育模式化,企图做到规范而系统,并且已形成一套较为完备的体系,且不说它的科学性,至少我们的父母就按部就班地让我们的孩子接受这样系统化的教育,特别是在中国,义务教育的普及更是如此,小学、初中、高中、大学一路上去,我们的父母认为通过这样的教育方式就可以使我们能成为社会和国家所需要的人才。然而请看,今天大学生的就业前景,使我们不得不深思,到底是哪里出了问题。诚然,中国的教育模式在一个像中国这样的国家,在一定程度上提高了全体国民的基本素质,但随着社会的发展和变迁,仅仅是提高国民素质是远不能适应社会发展对人力资源的要求的,社会需要的是什么样的人,我们就要培养什么样的人,这样我们才能生存。毕竟不是所有的人都能成为文人和艺术家,社会的存在有其基本的功能需求,大部分人都是在这样的社会中生存和发展的。所有这些,对我们教育的内容实质就提出了要求,到底该传授什么样的东西给孩子们,才能使他们在成年后能够很快地适应社会的需求,找到自己理想的工作。现实中,我们的教育更多的是对知识的传授,一个小孩从四五岁开始就懂得了很多常识,接受系统化教育后,严格的教育体制和考试制度,使孩子们在自然、人文等各个方面都了解了很多知识,按理说,这样的教育是成功的,可为什么当他们步入社会时却不适应了,并且那些知识在科技日益更新和技术不断改进的今天,

行旅悟道

显得是那么的薄弱，大家都困惑了。我们只传授知识，并没有教孩子们如何运用知识，从我们的考试制度中就很容易看到，我们更多的是考查学生是否知道，而对学生如何应用知识的关注度不够。除此以外，衡量一个小孩的标准就是学习的好坏，扼杀了很多可以在其他方面有所成就的小孩的可能性，过分地重视对知识的学习和掌握。与此同时，我们也看到另外一种情况，很多小孩从小学习相当好，当他们成年后所掌握的知识也使他们找到了理想的工作，但在生活技能上却十分欠缺，反而影响了他们。转而看看在萨摩亚人的社会中，小孩子从几岁开始就融入到成人的生活中，生活技能在日常的社区生活中就慢慢习得，在他们的社会结构中，生活的技能远比对知识的掌握更重要。当然我们的社会不可能像这样的单一文明一样，我们在这里只是想强调，如果在现行的教育体系下，增强对孩子们生活技能的培养，对知识的应用，不要让大量知识填鸭式的学习占用孩子们懂得如何生活的空间，让孩子们不仅仅是通过书本来了解世界，更多的是从实践中去认识世界，在这样的情况下，当孩子们成年后，从小具备的生活技能和学校所传授的知识可以使他们在各自的工作岗位更加游刃有余，更容易适应社会对他们的要求。

鼓励——在《萨摩亚人的成年》一书中，我们可以看到萨摩亚人对孩子的鼓励是比较特殊的，和我们截然相反，在他们的社会中是不鼓励进步的，反而是对表现突出的孩子有一种无形的压制。其实可以看到，毕竟现实中大部分的孩子都是普通水平，如果像我们一样都是对表现突出的孩子给以极大鼓励，无形中打击的是大部分孩子，让表现突出的孩子从小就孤立起来，缺乏和同龄人的交流，从小就被排斥，现实中很多年幼时被认为优秀的小孩为什么长大后，出现这样或那样的心理问题，可能也是由于这个原因所致。鼓励并不是树立榜样，我们希望的是所有的孩子都能健康成长，无论他们的智力水平和身体健康状况如何，对于每一个孩子来说机会都应该是均等的。父母应该善于发现孩子的优点，对自己的孩子进行及时的鼓励，而不是拿社会统一的"好孩子"的标准来要求自己的孩子，这样，孩子的天性可以充分地展现出来，在某一方面的特长就可以充分发挥，对孩子的培养并不一定都是一个模式，在我们的社会中不是也有这样的个案吗？除此，在萨摩亚人的社会中，他们的舞蹈作为一种特殊形式，给那些生理和心理存在缺陷的孩子提供了一个很好的调适空间，让这些孩子从小就不会有自卑感和挫折感，通过舞蹈，首先，它有效地冲淡了儿童们在通常状态下由于所受的严格支配而产生的消极情绪。其次，降低了儿童们对羞怯的敏感性，通过舞蹈矫正缺陷，以此获得某种补偿，使孩子们获得成就感。这些是在我们的社会中所没有的；相反，如果我们的社会中可能偶尔有这样的机会给这些存在某种缺陷的孩子，可我们的父母一定会尽量回避，害怕伤害他们，这种害怕本身就源于父母潜意识里的自卑。当然我们也能看到，在我们的社会里，在某些小的范围，如儿童村，聋哑学校所举办的活动中会对这些小孩给予极大鼓励，但仅仅是这些小范围的，它不可能像萨摩亚人那样普及到整个社区中。

男女性别差异——我们的社会强调男女机会平等，所以在我们的教育中几乎没有明显的男女性别差异，可是当我们接受了同样教育的孩子在面临就业问题上，社会以其最残酷的方式否定了我们所谓的男女机会平等。不得不承认，男女在生理上是存在差别的，社会分工也要求男女在技能上有所差别，在萨摩亚人的社会中，男女性别差异所导致的社会分工是十分明显的，孩子从小就知道将来自己将循着什么样的道路而发展，当然，我们不可能像他们一样，毕竟我们的社会更复杂得多，对人的要求也更高，只是借用一下他们的某些观念，在我们的社会中加以应用，可能会对我们的社会有所帮助。如果在我们的教育中体现一些男女性别差异的技能学习，让男孩子和女孩子都适当了解自己能力范围内能做些什么，将来在面对就业时就不会出现那么多的冲突和不平等，也能更加理解社会对人的分工要求。当然也有些例外的，我们所谓的女强人及那些愿意从事传统上属于女性工作的男同胞。社会分工对男女性别的选择不应该是成年以后的社会选择，为了让孩子更迅速适应，应该从小培养，只是给予男女孩子同等的机会，并给予明显的区分就可以的，这样也为那些例外的创造一些条件。

生死观念及两性问题——在我们的社会里，这些问题面对孩子都是极端敏感的，是要回避的，源自父母对孩子的担心，害怕由于年龄幼小而无法面对生死的痛苦，害怕由于年少无知和好奇做出一些违背伦理的事情。事实证明，尽管父母担心害怕，所有的这些顾虑还是一如既往地在孩子身上发生，越是害怕，越是来得更猛烈。相反，萨摩亚人在生死观念和两性问题上在孩子很小时就不加以回避了，通过社区里的生活，孩子们都会有一些初步的认识和理解，面对生死也不害怕，面对两性问题也是如此之自然。而我们呢，从小就为孩子们创造理想世界和童话王国，当他们第一次面对生死时可能都是很大以后的事情了，这种打击所带来的冲击远比小时候在无意中就慢慢了解大得多和突然得多。在两性问题上，萨摩亚人从六七岁的孩子就有明显男女回避和对抗，实质上就形成鲜明异性区别，并且对待性的问题上宽容得多，我们的社会虽然也存在这种男女区别，却不像他们这般明显，其实小孩子从有意识起就对两性关系有所感受的，如果不加以正确引导和解释，仅仅是模糊或是逃避，自然而然到了青春期，无论是生理和心理上的巨大变化都会给他们带来冲击，发生一些父母不想看到的事情，其实孩子在这个过程中有些仅仅是出于好奇和新鲜，但是后面由于所受的道德伦理观念带来的却是孩子无法自拔的痛苦挣扎，与此同时，父母受传统观念的影响，又认为这是无法避免的，随他吧，过几年就好了，忽略了对孩子的正确引导，让孩子独自去面对这生理和心理上的变化，伴随着躁动和不安，孩子们畸形地成长，当然随着年龄的成长，有些孩子能适时调整过来，但不是所有孩子都能顺利地度过这个时段，毕竟是一种折磨和纠结的过程，甚至会影响自己孩子以后的人生。我们的社会远比萨摩亚复杂而多变得多，萨摩亚的方式不一定就适用于我们的社会，但它可以作为一种参照，我们可以在孩子的生死和两性问题上作一些尝试，看看在什么时候让孩子们了解是最适合他们的。

长幼之间——萨摩亚人的家庭组成关系的特点（从书中第四章萨摩亚人的户可以看到），使其长辈和小辈之间的关系比起我们的社会更融洽和和谐得多。我们社会的家庭组成关系随着对人口增长的控制，规模逐渐地缩小而固定化，在家庭中，父母成为最权威的，对影响孩子是最重要的，而其他亲戚仅仅是一个称谓，在对孩子的教育中，承担的责任仅仅是很小的一部分，甚至不承担任何责任都是允许的。父母的这种绝对控制和权威性，使孩子得不到适时的情绪宣泄，小的时候出于对人身安全和经济依赖，孩子只好听命于父母，但当孩子对人身安全和经济依赖逐渐减弱，也就是进入青春期时，孩子开始有情绪不满的宣泄，父母就认为孩子不听话了，甚至对孩子的管教更是变本加厉，此时，谁也不让步，长幼间的代沟就油然而生，彼此就越来越不理解，矛盾和冲突就伴随其中。而在

行旅悟道

萨摩亚人的社会中,重视亲属关系,每一位长辈都可以对孩子进行管教和关心,父母的作用淡化,更加强调户中领袖人物气质对孩子的影响,孩子要是在自己家中生活得不满意,就可以搬到其他亲戚家中,其亲戚也会给予他足够的关心,在情感上得到一种补偿,给孩子一个自我调适的过程。换作在我们的社会,这种行为可以算是离家出走了,父母肯定是无法理解的,由于在我们的社会,亲属关系远不如他们的紧密,亲戚也不可能给予太多的关心,所以孩子们在家庭生活中要是不满到达一定程度,就会做出很多过激行为,矛盾加剧,长幼的代沟便不断加深。诚然,不可能把我们的社会家庭关系改造成为萨摩亚人的那种形式,但是我们作为单一家庭的父母可以设想,在你管教孩子时,给予他们适当的情感补偿,不要把控制和掌控作为管教孩子好坏的关键,给予他们足够的尊重和宽容,也许面对很多问题时就简单得多,并且容易沟通得多,理解是解决问题的关键,父母可以成为孩子人生的最好的老师。

浅谈高校辅导员如何做好学生思想政治教育工作

陶盛阳

(贵州民族大学旅游与航空服务学院　贵阳　550025)

【摘　要】 辅导员是高校学生日常思想政治教育和管理工作第一线的组织者、实施者和指导者,是将思想政治教育理论与教育实践活动相结合最为紧密的群体,肩负着大学生思想政治教育工作的重要职责。如何做好学生的思想政治教育工作,须建立在具备胜任工作的基本素质之上,通过科学的工作方法予以实现。

【关键词】 高校;辅导员;学生;思想政治教育

大学生是民族的希望和祖国的未来,加强和改进大学生思想政治教育工作,提高他们的思想政治素质,把他们培养成为中国特色社会主义事业的建设者和接班人,对于全面实施科教兴国和人才强国战略,确保中国特色社会主义事业兴旺发达、后继有人,具有重大而深远的战略意义。高校是学生思想政治教育的主阵地、主课堂、主渠道,辅导员是高等学校教师队伍和管理队伍的重要组成部分,具有教师和干部的双重身份,是开展大学生思想政治教育的骨干力量。作为高校学生日常思想政治教育和管理工作第一线的组织者、实施者和指导者,是将思想政治教育理论与教育实践活动相结合最为紧密的群体,肩负着对大学生思想政治教育工作的重要职责。

一、辅导员在高校学生思想政治教育工作中的角色定位

中央在《关于进一步加强和改进大学生思想政治教育的意见》中明确指出:辅导员是大学生思想政治教育的骨干力量,辅导员按照党委的部署有针对性地开展思想政治教育活动,负有在思想、学习和生活等方面指导学生的职责。辅导员在学生思想政治教育工作中的角色可以定位在三个方面:管理者、教育者、服务者。

(一)大学生日常思想政治教育和管理工作的组织者、实施者和指导者

辅导员工作在大学生思想政治教育的第一线,是大学生日常思想政治教育和管理工作的骨干。大学生日常思想政治教育的一线工作主要靠辅导员来指挥和协调,辅导员既要组织协调班主任、学生干部等从不同角度和方面开展日常思想政治教育与管理工作,又要围绕大学生学习、生活中的实际问题开展工作,具体实施与大学生思想政治教育有关的各项工作部署,还要指导学生党支部、学生会和班委会的建设,指导学生开展各项教育活动。

[作者简介]陶盛阳(1983—　),男,汉族,贵阳市人,贵州民族大学旅游与航空服务学院讲师。

(二)大学生的人生导师,承担着教育者的角色,做好教学育人的工作

辅导员要用马克思主义,以及马克思主义中国化的最新成果武装当代大学生,运用马克思主义的基本原理、观点、方法以及邓小平理论、"三个代表"重要思想和科学发展观来引导大学生认识世界、了解社会、辨别是非,提高大学生的政治鉴别力和政治敏锐性。大学阶段是一个人世界观、人生观、价值观形成和变化的关键时期,辅导员在这一时期对大学生发挥着特别重要的教育和引导作用。辅导员就是教师,是在用自己的知识、经验和感悟辅导学生,做思想政治教育工作是在教学生如何做人和做事,从而不断提高大学生的思想政治素质,使之成为政治合格、品德优良、德才兼备的建设者和接班人。

(三)大学生健康成长的知心朋友,承担着服务者的角色,做好服务育人的工作

首先,要当好大学生职业生涯的设计师,引导大学生理性择业,鼓励大学生自主创业。针对不同学生的实际情况,对他们进行就业教育,使学生能充分认识自己,客观分析环境,科学树立目标,使学生能在大学求学阶段中,分目标、分阶段地完成各项任务,为他们能成功地走向社会打下坚实的基础。其次,要成为大学生心理健康的培育者。随着高校扩招,高等教育由精英教育向大众教育转变,大学生群体的组成有了新的变化,以及学生就业制度的改革等,有部分学生存在着心理问题。辅导员应通过开展各种活动,有针对性地帮助学生融入集体生活中,树立生活的信心,塑造健康的心理和高尚的人格。辅导员具有比青年学生更丰富的人生经历,辅导员伴随学生经历大学生活的各个阶段,帮助学生应对成长中的困惑和问题,了解学生的所思、所想,做学生的知心朋友,才能真正成为学生的人生导师,才能做好思想政治教育和管理工作。

二、做好学生思想政治工作的基本素质要求

首先,辅导员的思想政治素质是辅导员基本素质的灵魂。只有具备过硬的政治素养,才能深刻理解学生工作的内涵,准确把握党的教育方针,做到理论联系实际,具体问题具体分析,正确认识发展中出现的各种社会现象和思潮,帮助学生解决现实中的各种问题,以马克思主义的立场、观点和方法引导学生树立正确的世界观、人生观和价值观,坚定社会主义信念,把握正确的人生方向,成为中国特色社会主义事业的合格建设者和可靠接班人。

其次,辅导员必须具备较为宽广的科学文化知识。思想政治教育是以人为对象的工作,大学生思想活跃、求知欲强,辅导员不仅需要掌握教育学、心理学、管理学和社会学等方面的知识,还需要对所管理的学生学习的专业知识具有一定的了解,这样能拉近师生之间的距离,扩展与学生沟通的渠道,全面地分析学生所存在的问题,不论在专业学习还是生活方面,都能帮助学生解决思想上的困惑,提高辅导员解决具体问题的能力。

同时,辅导员要有强烈的责任心和良好的心理素质,使辅导员在工作中能充分地发挥主观能动性,提高工作的效率与质量,并克服在工作中出现的各种困难与压力。

三、做好学生思想政治教育的科学途径

(一)发挥党的政治优势和组织优势

指导大学生的党建、团建工作是辅导员的重要职责。学生党员发展工作是高校学生

党支部最重要的工作之一,要坚持标准,保证质量,把优秀大学生吸纳到党的队伍中来。对大学生党员要加强党员先进性教育,使他们严格要求自己,提高党性修养,充分发挥在大学生思想政治教育中的骨干带头作用和先锋模范作用。创新学生党支部的活动方式,增强凝聚力和战斗力,使学生党支部成为开展思想政治教育的坚强堡垒。发挥共青团和学生组织的作用,学生会要自觉接受党的领导,在共青团指导下,开展生动有效的思想政治教育活动,把广大学生紧密团结在党的周围,更好地发挥桥梁和纽带作用。

(二)重视学生干部的培养,发挥他们在思想政治教育中的助手作用

学生干部是学生党团及班级建设中的核心,是学校和学生之间沟通的桥梁、联系的纽带,是发挥学生"自我教育,自我管理,自我服务"的中坚力量。学生干部的选拔应综合考虑学生的学习成绩、工作能力、群众关系、道德品质、合作精神和发展潜力。作为学生干部,必须肩负一定的责任,应在学习、工作、生活等方面表现突出,有责任心和集体主义精神,严于律己,愿意为组织作出贡献,能够在学生中起到良好的带头作用。同时,科学的考核评价机制是加强学生干部队伍建设的关键环节,要建立奖惩制度,注重用学生干部身边的先进典型教育、引导、激励学生骨干。

(三)着力加强班级集体建设

班级是大学生共同学习、生活的基本组织,也是大学生进行自我教育、自我管理的基层群体,是大学生思想政治教育的重要阵地。班级建设包括班委会建设、班风建设、日常事务管理、文化建设、班级工作制度建设等。班级制度应全面、完善,力求有特色,与班级的具体情况相适应,与班级整体建设目标相一致,与班级文化相符合。以班风、学风建设为基点,班级活动为载体,塑造班级精神文化,组织开展丰富多彩的主题班会等活动,发挥团结学生、组织学生、教育学生的职能。加强对大学生社团的领导和管理,高度重视大学生生活社区、学生公寓、网络虚拟群体等新型大学生组织的思想政治教育工作,发挥大学生自身的积极性和主动性,增强教育效果。

[参考文献]

[1]中共中央,国务院.关于进一步加强和改进大学生思想政治教育的意见(16号文件)[Z],2004-08-26.

[2]教育部.普通高等学校辅导员队伍建设规定(24号令)[Z],2006-07-23.

[3]冯刚.辅导员队伍专业化建设理论与实务.北京:中国人民大学出版社,2010.

试论高校后勤形象建设　推进后勤服务育人

杨　云

(贵州民族大学旅游与航空服务学院　贵阳　550025)

【摘　要】 以公共关系的组织形象为理论依据,探讨高校后勤社会化中管理模式的创新,以提高后勤整体水平和后勤服务育人,使其在激烈的市场竞争中立于不败之地,并得到长足发展。

【关键词】 高校后勤;形象建设;形象功能;服务育人;心理素质

21世纪是我国加快推进社会主义现代化发展的新阶段。中国市场经济逐步完善,知识经济时代初见端倪,高校之间的竞争愈演愈烈,竞争内容、方式及手段等都发生了根本性变化,已从单一、单项的竞争转为整体形象的竞争。随着高校后勤社会化改革工作的不断深入,高校后勤经济实体(集团、总公司)如雨后春笋般地应运而生。按照国务院关于全国高校后勤社会化改革工作会议精神的要求,到2003年高校后勤工作基本实现社会化,届时作为既姓"企"又姓"教"的高校后勤经济实体将以具有法人资格的企业组织独立于社会主义市场经济大潮中,对推进后勤服务育人具有重要的意义,高校后勤形象建设得如何,将决定着其命运的兴衰。

一、高校后勤形象建设

(一)高校后勤形象建设的必要性

形象是一个社会组织的标志,是一份巨大的无形资产。在计划经济时代,形象方面不是组织管理的重心,而在市场经济条件下组织形象就成了管理的核心问题。树立组织优秀形象,创立知名品牌产品(服务也是产品),会产生极大的综合优势效应。这对陆续剥离学校不久的高校后勤集团的生存和发展是至关重要的。

1. 后勤形象建设是教育事业发展的需要

在知识经济时代,社会对劳动者的素质要求越来越高,劳动者在人才市场激烈竞争的推动下,也越来越重视接受教育培训,教育已成为社会的基本要求,这使教育事业的基础性地位越来越突出。人们越是重视教育,高校的竞争越是加剧。激烈的竞争使学校的管理思想和方式发生了很大的变化。各校纷纷采取新措施,千方百计地想把各自的学校办成国内外知名的高水平大学或世界一流大学。一流大学需要一流的后勤保障体系、一流的管理水平和一流的服务质量。因此,需要有一套一流的组织形象。

[作者简介]杨云(1965—　)男,土家族,贵州民族大学旅游与航空服务学院,主要从事后勤工作。

2. 后勤形象独特的功能决定其成就和发展

后勤能否取得成就和发展,与拥有自己有活力的组织形象息息相关。因为后勤部门的一切活动,不论是精神上的还是物质上的,无不打着后勤形象的烙印,具体来讲,就是员工的一言一行、一举一动以及后勤保障设施所创造的教学、科研环境和育人氛围等。美好的后勤形象一旦在广大师生员工和社会公众中树立起来,就会成为一种无形的控制力、感染力、规范力和强大的凝聚力及巨大的信誉保证。稳定、吸引人才,与给予消费者以信任,为后勤取得学校、社会各界公众的支持和帮助创造有利的条件,这是后勤形象所具有的独特功能决定的。其主要功能有:导向功能、凝聚功能、激励功能和约束功能。此外,后勤形象还具有传播功能、协调功能、控制功能,等等。这些功能能够产生极大的综合力量,促进后勤取得很大的成就,快速发展。

3. 后勤形象建设能保证后勤可持续发展后劲

后勤如果没有自己的形象,就谈不上可持续发展。后勤形象有助于提高全体员工的素质,增强后勤发展的实力。后勤实体是否具有活力,关键在于后勤活力资源的开发。后勤活力源泉在于全体员工的积极性,在于智慧和创造力的发挥,是提高全体员工全面素质的一个有效途径,能有效地改善和提高后勤形象、竞争能力,增强自己的实力,保证后勤工作可持续发展的后劲。

(二)高校后勤形象建设的内涵

高校的后勤形象,是后勤的代码或象征符号,但又不单纯是一种标志,而是蕴藏着精神价值、技术价值、财富价值、产品水平、服务承诺等多种因素的社会影响效应,这种社会影响效应实际上是后勤的多种形象要素经过长期坚持不懈地整合传播而形成的社会综合评价状态。它主要是由后勤的精神品质、外观面貌和行为风格三方面要素构成的,这三个方面分别构成三个独立的系统。

精神品质系统,是指后勤的生存观念和行为准则,一般由后勤的精神风格、经营观念、服务理念、用人理念、工作行为规范等构成。精神品质系统是后勤形象的基础和核心,也是后勤的灵魂,决定着后勤外观面貌和行为风格的走向。

外观面貌系统,一般指后勤形象比较直观的内容,包括后勤名称、规模、实力、环境、产品形象、服务质量、形象标志系统等。

行为风格系统,就是后勤在其精神品质的直接影响下,逐步养成的一套独特的行为方式,主要由管理模式、服务风格、人才机制、经营作风、开发机制等内容组成,这种行为方式具有一贯性和鲜明的个性。

(三)高校后勤形象建设评价

后勤形象是由自身因素和外界评价共同组成的。后勤形象既是自身构成因素的客观显现,又是公众舆论对这种客观显现的总体评价。自身因素可以通过分析形象构成因素系统,即定性研究作出评估;外界评价即公众舆论,则需要通过对公众舆论的调查来把握,调查的方法有很多,当前用来评价后勤形象最常用且简洁的量化手段就是知名度、美誉度和认可度测评系统。

(四)高校后勤形象建设的途径

高校后勤形象建设,就是指通过各种途径和方法,使后勤在运行过程中显示出最优的行为特征和精神风貌,以获得最美好的社会评价。它是一个复杂的系统工程,因此,要综合考虑,分步进行。

1. 培育团队精神

团队精神是后勤形象的核心和基础,它渗透在后勤工作的各个环节中,决定着后勤在强手如林的竞争中的成败。事业精神好似一种黏合剂,有利于减少内耗。它所体现的共同理想目标、共同价值取向、共同行为准则,能增强后勤的凝聚力,使单位与员工一体化。通过各种手段和途径,有效地引导单位和员工按社会主义市场经济的要求去做,并在内部引导全体员工围绕后勤发展的总体目标协同工作。依靠团队精神,调动全体员工的积极性,使后勤的发展拥有无穷的动力源泉。

2. 建设高水平的员工队伍

通过教育、培训、派出学习、引进人才等,把建设高水平的员工队伍,尤其是高水平的干部管理队伍作为后勤形象建设的重点。大力实施人才战略,吸引优秀人才,增加后劲,提高水平。重视后勤内部各种群体组织的作用,党、政、工、团齐抓共管,协同作战,通过开展"创先争优"评"先进"、评"标兵"、评"优秀干部"等一系列的活动,激发全体职工的主人翁的责任感和归属感,提高全体员工的整体素质,增强后勤的竞争力。

3. 优质服务,赢得公众信誉

对于一个后勤企业而言,要想获得良好的社会形象,最重要的在于自己的实际工作,在于对师生员工和社会公众能够扩大自己的服务程度与提高自己的服务水平。有关专家认为,21世纪的企业竞争,"产品"已非唯一取胜的法宝,优质完善"服务"策略的运用,将会使企业赢得更大的优势。优质服务是尊重公众,为公众服务意识的体现,"服务意识"是后勤及其成员为公众服务的态度和观念,包括对公众的情感、服务的积极性、责任心,等等。后勤的领导者必须十分重视服务,把服务作为一种强有力的竞争手段,提出种种服务策略,使出新招、绝招为顾客提供尽善尽美的、令其满意的服务。例如,实行服务承诺制,使新成立的后勤经济实体在全校师生员工中树立新形象,抓好员工服务意识的建设,服务技能、技巧的训练,把服务真心落到实处。此外,还要建立起强有力的服务系统,如建立用户档案,根据用户的需要设计服务项目;建立常见的事故处理档案,形成服务网络等;建立快速反应"部队",重要客户的重要故障能迅速处理;设计产品的保健卡,跟踪服务,等等。以最佳的服务真正赢得众多用户,使后勤形象因此而深入人心,扎下根来。

4. 制定全员道德规范,从岗位上建立保障体系

要实现后勤形象建设的目标,必须由后勤上下全员参与。全员岗位的形象建设是达到目标的核心因素,所以重视职工讲工作效益、讲工作质量,必须实行全员职业道德行为规范标准化管理,从岗位上建立实现后勤形象的保障体系。规定全员岗位的标准性管理细则,要把概念名词分解成数量化的标准,要把抽象的原则变成看得见、摸得着,能做到有所提高,易检验的具体化标准,使每个岗位,每项工作都有章可循,有标准可依、照标准办事,用标准定责,按标准检验,奖优罚劣。岗位细则应有定额标准、质量标准、工作程序、道德标准、考核标准和经济责任等内容,标准要符合可行性和先进性。

5. 选定标志性工作目标,开创后勤工作新局面

作为后勤社会建设与发展的起步,需要做的工作很多,根据学校工作的重点,师生关心的"热点",后勤工作的难点,选定标志性工作目标,开创后勤工作新局面,对树立后勤形象至关重要。

现在从全国来讲,学生宿舍问题是制约高校发展的"瓶颈"之一。因此,后勤工作要以学生宿舍建设和管理问题为突破口,想尽一切办法,利用学校投资、社会集资、银行贷款等多种筹资形式,运用新机制建设和管理学生公寓,带动学生宿舍管理,实现宿舍文化建设的全面发展。

学生食堂伙食状况一直是学校及广大师生关注的热点,也是后勤工作的重点和难点。为此,要设法稳定食堂的膳食价格,确保卫生安全,积极摸索膳食服务市场规律,通过改造现有的经营地和设施,增加适销对路的食品供应,不断提高为师生员工服务的质量和水平。后勤各实体都要有自己的标志性成果,结合师生员工的关注和自身存在的不足,选定自己的工作重点,制定详细的服务标准和规程,全面开创后勤工作的新面貌、新形象和新局面。

6. 扩大宣传、创造环境

在激烈的市场竞争中,后勤要在公众面前树立好的形象,除了自身的形象建设以外,还必须善于通过有效的传播手段,宣传自我,让外部认知自己,使后勤(包括其产品)与学校、社会公众相互知晓、相互了解,进而达到相互理解、信任、支持与合作,形成良好的外部环境,这样便能开拓市场,并站稳脚跟。

后勤形象建设,既是一项长期而艰巨的系统工程,又是一项非常现实而紧迫的工作,必须加大力气,长期坚持,不断努力,才能取得预期的效果,达到理想的目的。

二、推进后勤服务育人

自1985年高校提出"服务育人"的口号以来,各高校从自身实际出发,从提高后勤职工的政治、文化素质入手,增强职工服务育人的意识,大力改善服务环境,取得了很好的社会效益。但后勤职工的心理素质这一课题还一直被遗忘。

(一)后勤职工心理素质状况及形成原因

当代的高校后勤是一个庞大的机构,素有"大后勤"之称,所谓"大",一是人员多;二是部门复杂;三是工作内容多;四是涉及面广。这些特点加大了后勤工作的难度,要求从事后勤工作的职工不仅要具有较高的政治、文化素质修养,还必须具备良好的心理素质修养。职工心理素质,是指职工在实践中的认识活动和通过认识活动所形成的意识倾向性,以及他们身上所具有的个性特点。主要体现在职工的职业道德、工作技能、工作作风、服务意识,意志情感等方面。心理素质的优劣,直接关系到后勤工作能否达到服务育人的目的。高校后勤职工中大多数人的心理素质是好的,但是由于人多,文化素质参差不齐,因而产生的心理素质也是不同的。同时还受到传统观念的影响,对后勤不重视,认为后勤工作谈不上科学性,是任何人都可以干的体力劳动,还有些领导言行不一,这些因素都是值得注意的。

（二）服务育人的方法和途径

马克思曾经指出："在现实世界中，个人有许多需要，他们的需要即他们的本性。"美国心理学家马斯洛提出的需要层次理论，包括"低级需要"（生理、安全和社会需要）和"高级需要"（受到尊重、自我实现的需要）。高校后勤职工同时也有他们的自身需要，一旦需要被人遗忘或得不到满足，就会表现出消极的情绪，就会影响整个后勤工作的运行，使其处于瘫痪或停滞状态。因此，需要了解后勤职工的需要，使他们的欲望得到一定的合理满足，因势利导，把后勤职工潜在的能动性和聪明才智充分发掘出来，达到服务育人的目的。这就要求在工作中，一要了解后勤职工的心理，做到有的放矢；二要努力实现思想教育与自我教育相结合；三要充分理解和尊重后勤职工的劳动。

（三）后勤人员良好的心理素质在服务育人中的作用

高校的根本任务是培养社会主义现代化事业所需要的建设者和接班人，在大学阶段，学生的世界观逐渐形成，思想日趋成熟，并为走上社会奠定基础，因而是全面育人的一个关键时期。育人必先育己，要把学生培养成哪种人，教育者本身就应当是哪种人，后勤系统作为高校工作正常运转的两个轮子之一，肩负的育人任务既繁重，也很重要，在后勤服务工作中能不能达到育人的目的，育人的效果如何，是与服务人员素质的高低成正比的。后勤人员与大学生打交道的机会多，他们的思想态度，工作作风，一言一行，一举一动，都会对学生产生耳濡目染、潜移默化的作用。如果后勤职工的心理素质好，认识能力强，胸襟开阔，甘于奉献，职业道德高尚，工作热情饱满，在处理错综复杂的矛盾中能保持冷静，在遇到不同意见时能兼容并蓄，就必然会对大学生产生积极的影响，大学生会通过这个窗口接触社会、了解社会，认识和发现人们身上美好的东西，从而为他们今后走向社会打下健康的心理基础。反之，如果后勤职工心理素质差，相互钩心斗角，无视职业道德，上班纪律松弛，服务态度恶劣，就会使涉世未深的大学生受到不良影响，给他们今后走向社会埋下祸根。由此可见，后勤职工心理素质的优劣，直接关系到服务育人的方向和质量。我们要坚持通过正确的方法和途径，帮助后勤职工培养健康的心理素质，清除大学生成长过程中的不良习气，不断提高高校服务育人的水平。

以上两方面的论述体现出高校后勤形象建设推进服务育人对高校后勤社会化改革起着重要的作用，是否把握好这两个方面，是决定后勤社会化改革成功的关键。现在推行学校与社会接轨，有利于我国当前的西部开发与建设，并为发展输送大量的人才，也有利于实现科教兴国。我国加入世界贸易组织对高校带来的巨大冲击，要求各高校必须树立面向现代化、面向世界、面向未来的后勤社会化改革的目标，把高校的内部小环境融入到外部的社会大环境中去，真正地实现后勤社会化。

后 记

有感《行旅悟道》

道者,乃事物内在的本质与规律。

"大学之道,在明明德,在亲民,在止于至善"。即大学的本质,在于发扬光明的德性,更新民心,达到完善的境界。换言之,大学教育的目的,除传播知识外,更重要的是:追求真理,弘扬学术,塑造人格,立德树人。

从大学的本质出发,大学教育的第一要义,便是要以学为尊,崇尚学术,把对真理,对学问的追求放在第一位。大学之大,首先在学问之大。如蔡元培先生所言:"大学者,研究高深学问者也。"研究学术,造就人才,正是大学和大学教师的根本任务,只有把握住这一根本任务,有内在的价值追求,大学才能出淤泥而不染,成为传承文化的圣地,大学教师也才能成为呵护人类道德良心的灯塔,才能源源不断地为社会输送优秀和卓越之人才。

《行旅悟道》这本书,正是在这样的教育理念感召、濡染下编辑出版的。它汇集了我院大部分教师及管理人员在一个时段内对教育、管理、学习、旅游、文化的体会与感悟。

作为大学里主司旅游学科的教学科研单位,我们常常把对大地和田野的阅读作为我们的教学任务之一,把对旅游发展的文化脉络的把握当作教师自身学养的必修课。当我们游走于山川大地、江河湖海时,以《穆天子西游》和《山海经》为代表的神话之游,令我们遐想;以秦皇汉武巡游为代表的政治之游,使我们震撼;以玄奘和丘处机为代表的宗教之旅,叫我们感叹;以李白、欧阳修等文人骚客为代表的山水之行,引我们入胜。然而,一个叫徐霞客的旅游之路却让我们充满敬意。他用脚步丈量的路径给中国旅游史画上了生命的年轮。徐霞客对人类文化的贡献,在于他用人文精神与科学精神的文字,将中华民族赖以生存的山川和大地予以逼真的描绘。在人与自然、人与社会、人与自我意识等方面,他完成了开拓性的全方位生态探讨与审美观照。徐氏走出书斋,深入田野,将自然和人文有机结合起来的方法论,正是我们今天的旅游人必须吸纳和学习的。

于是,这部名为《行旅悟道》的编著成为我们学院真正领悟"大学之道",真正感知"徐霞客"的开始。于是,我们记住的不仅是一个人、几篇游记,而是一种行动、一种思想、一种精神。

龚 锐
2013 年 4 月于花溪

责任编辑：孙延旭

图书在版编目（CIP）数据

行旅悟道 / 龚锐主编. -- 北京：旅游教育出版社，2013.8

ISBN 978-7-5637-2710-0

Ⅰ. ①行… Ⅱ. ①龚… Ⅲ. ①旅游教育—文集 Ⅳ. ①F590-53

中国版本图书馆 CIP 数据核字（2013）第 184061 号

行旅悟道

龚锐　主编

石朝平　毛继桂　副主编

出版单位	旅游教育出版社
地　　址	北京市朝阳区定福庄南里 1 号
邮　　编	100024
发行电话	（010）65778403　65728372　65767462（传真）
本社网址	www.tepcb.com
E - mail	tepfx@163.com
印刷单位	北京中科印刷有限公司
经销单位	新华书店
开　　本	787mm×1092mm　1/16
印　　张	18.5
字　　数	341 千字
版　　次	2013 年 8 月第 1 版
印　　次	2013 年 8 月第 1 次印刷
定　　价	56.00 元

（图书如有装订差错请与发行部联系）